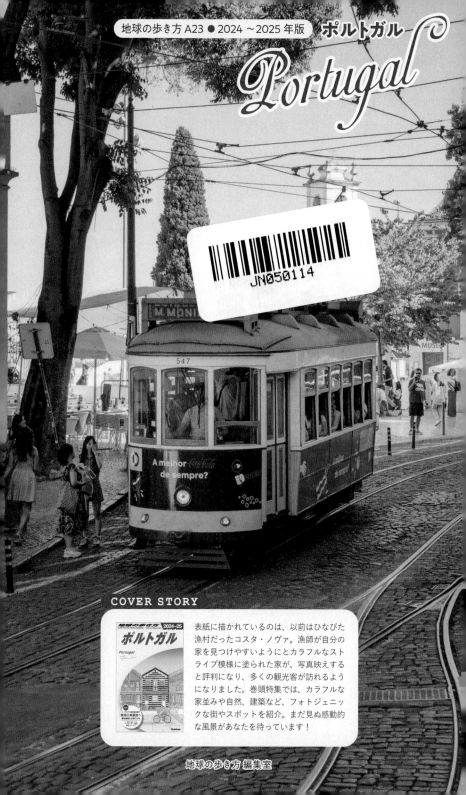

地球の歩き方 A23 ● 2024～2025年版　ポルトガル

Portugal

JN050114

COVER STORY

表紙に描かれているのは、以前はひなびた漁村だったコスタ・ノヴァ。漁師が自分の家を見つけやすいようにとカラフルなストライプ模様に塗られた家が、写真映えすると評判になり、多くの観光客が訪れるようになりました。巻頭特集では、カラフルな家並みや自然、建築など、フォトジェニックな街やスポットを紹介。まだ見ぬ感動的な風景があなたを待っています！

地球の歩き方 編集室

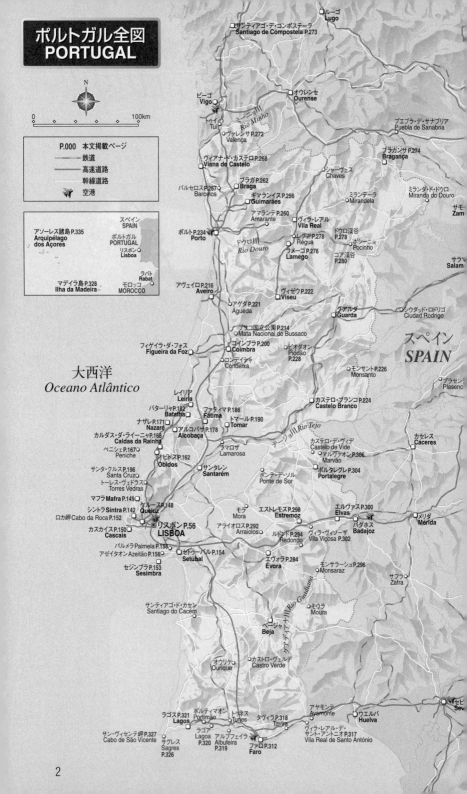

ポルトガル全図
PORTUGAL

N

0　　　　　　　　100km

P.000　本文掲載ページ
　　　　鉄道
　　　　高速道路
　　　　幹線道路
✈　　　空港

スペイン
SPAIN

アゾーレス諸島 P.335
Arquipélago
dos Açores

ポルトガル
PORTUGAL

リスボン
Lisboa

マデイラ島 P.328
Ilha da Madeira

ラバト
Rabat

モロッコ
MOROCCO

大西洋
Oceano Atlântico

スペイン
SPAIN

ルーゴ
Lugo

サンティアゴ・デ・コンポステーラ P.273
Santiago de Compostela P.273

ビーゴ
Vigo

オウレンセ
Ourense

トゥイ
Tuí

Rio Minho

プエブラ・デ・サナブリア
Puebla de Sanabria

ヴァレンサ P.272
Valença

ブラガンサ P.274
Bragança

ヴィアナ・ド・カステロ P.268
Viana do Castelo

シャーヴェス
Chaves

バルセロス P.267
Barcelos

ブラガ P.262
Braga

ミランデーラ
Mirandela

ミランダ・ド・ドウロ
Miranda do Douro

サモ
Zam

ギマランイス P.256
Guimarães

アマランテ P.260
Amarante

ヴィラ・レアル P.278
Vila Real

ポルト P.234
Porto

Rio Douro

レグア P.278
Régua

ドウロ渓谷
P.278

ポシーニョ
Pocinho

サラ
Salam

ラメーゴ P.276
Lamego

コア渓谷
P.280

アヴェイロ P.216
Aveiro

ヴィゼウ P.222
Viseu

グアルダ
Guarda

シウダッド・ロドリゴ
Ciudad Rodrigo

アゲダ P.221
Águeda

ピオダオン
Piódão
P.228

コインブラ P.200
Coimbra

モンサント P.226
Monsanto

プラセンシ
Plasen

マタ国立公園 P.214
Mata Nacional do Bussaco

フィゲイラ・ダ・フォス
Figueira da Foz

ロンデイシャ
Condeixa

カステロ・ブランコ P.224
Castelo Branco

レイリア
Leiria

カセレス
Cáceres

バターリャ P.182
Batalha

ファティマ P.186
Fátima

ナザレ P.171
Nazaré

トマール P.190
Tomar

カステロ・デ・ヴィデ
Castelo de Vide

カルダス・ダ・ライーニャ P.168
Caldas da Rainha

アルコバッサ P.178
Alcobaça

マルヴァオン P.306
Marvão

ペニシェ P.167
Peniche

ラマロザ
Lamarosa

ポルタレグレ P.304
Portalegre

サンタ・クルス P.196
Santa Cruz

オビドス P.162
Óbidos

トーレス・ヴェドラス
Torres Vedras

サンタレン
Santarém

ポンテ・デ・ソル
Ponte de Sor

マフラ Mafra P.149

シントラ Sintra P.142

ケルース P.148
Queluz

モラ
Mora

エストレモス P.298
Estremoz

エルヴァス P.300
Elvas

ロカ岬 Cabo da Roca P.152

リスボン P.56
LISBOA

アライオロス P.292
Arraiolos

ヴィラ・ヴィソーザ P.302
Vila Viçosa

バダホス
Badajoz

メリダ
Mérida

カスカイス P.150
Cascais

パルメラ Palmela P.158

ルドンド P.294
Redondo

アゼイタオン Azeitão P.156

セトゥーバル P.154
Setúbal

エヴォラ P.284
Évora

モンサラーシュ P.296
Monsaraz

セジンブラ P.153
Sesimbra

ザフラ
Zafra

サンティアゴ・ド・カセン
Santiago do Cacém

モウラ
Moura

ベージャ P.290
Beja

オウリケ
Ourique

カストロ・ヴェルデ
Castro Verde

アヤモンテ
Ayamonte

ウエルバ
Huelva

セビ
Sev

ラゴス P.321
Lagos

ポルティマオン
Portimão

トゥネス
Tunes

タヴィラ P.318
Tavira

ヴィラ・レアル・デ・サント・アントニオ P.317
Vila Real de Santo António

サン・ヴィセンテ岬 P.327
Cabo de São Vicente

ラゴア P.320
Lagoa

アルブフェイラ P.319
Albufeira

ファロ P.312
Faro

サグレス P.326
Sagres

2

交通図

0°00′	鉄道	
0°00′	バス	
0°00′	フェリー	

数字は、2地点間をつなぐ最短での便を利用した場合、およその移動所要時間を表す。
例) 1°30′=所要1時間30分
※この交通図は主要な路線を示したものであり、すべての路線を網羅しているわけではありません。

飛行機

アソーレス諸島 — 2°30′ — リスボン
マデイラ島 — 1°45′

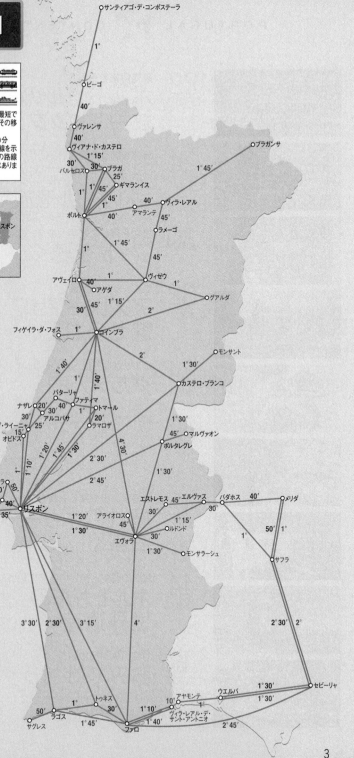

サンティアゴ・デ・コンポステーラ
1°
ビーゴ
40′
ヴァレンサ
40′
ヴィアナ・ド・カステロ
1°15′
バルセロス 30′ 30′ ブラガ
1° 1° 25′
45′ ギマランイス
1° 45′ 40′ ヴィラ・レアル
ポルト 40′ アマランテ
1° ラメーゴ
1°45′ 45′
アヴェイロ 1° ヴィゼウ
40′ アゲダ 1°
45′ 1°15′ 2° グアルダ
30′
フィゲイラ・ダ・フォス 1° コインブラ
2° モンサント
1°30′
カステロ・ブランコ
1°40′
1° バターリャ
1°40′ ファティマ
ナザレ 20′ 40′ 1°
30′ アルコバサ トマール
カルダス・ダ・ライーニャ 25′ 20′
15′ ラマロザ
オビドス 1°20′ 45′ マルヴァオン
1°45′ 1°30′ ポルタレグレ
1°10′ 1°30′
マフラ 50′ 2°30′
シントラ 40′ 2°45′
カスカイス 1° リスボン エストレモス 45′ エルヴァス バダホス 40′ メリダ
35′ 1°20′ アライオロス 30′ 30′
1°30′ 45′ 1°15′
エヴォラ ルドンド 1° 50′ 1°
30′ サフラ
1°30′ モンサラーシュ
3°30′ 2°30′ 3°15′ 4° 2°30′ 2°
セビーリャ
50′ トゥネス アヤモンテ ウエルバ 1°30′
ラゴス 1° 30′ 10′ 1°30′
1°45′ 1°10′ ヴィラ・レアル・デ・
サグレス ファロ 1°45′ サント・アントニオ 2°45′

3

PORTUGAL CONTENTS

MAP INDEX

ポルトと
北部地方 P.229

コインブラと
中部地方 P.197

エストレマドゥーラと
リバテージョ P.159

リスボンと
コスタ・デ・リスボア
P.51

アレンテージョ
P.281

アルガルヴェと
マデイラ島
アソーレス諸島
P.309

出発前に必ずお読みください！
旅のトラブルと安全情報
13、75、363

COLUMN＆特集

309 | アルガルヴェと マデイラ島 アソーレス諸島

341 | 旅の準備と技術

CLOSE UP!

世界遺産

新型コロナウイルス感染症について

新型コロナウイルス（COVID-19）の感染症危険情報について、全世界に発出されていたレベル1（十分注意してください）は、2023年5月8日に解除されましたが、渡航前に必ず外務省のウェブサイトにて最新情報をご確認ください。

◎外務省 海外安全ホームページ・ポルトガル危険情報
📶 www.anzen.mofa.go.jp/info/pcinfection
spothazardinfo_174.html#ad-image-0

旅のキーワード

ポルトガルへ行く前に、以下の単語だけでも覚えておこう。旅がぐっとスムーズになること間違いなし。

┃エスタサォン
Estação

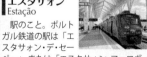

駅のこと。ポルトガル鉄道の駅は「エスタサォン・デ・セーペー」、または「エスタサォン・フェロヴィアリア」という。

┃ロドヴィアリア
Rodoviária

バスターミナル。「テルミナル・ロドヴィアリオ」ともいう。バス会社によって乗り場が異なることもあるので注意。

┃プラサ
Praça(Pr.)

広場のこと。町の中心となる広場は、「ロシオ Rossio」と呼ばれることもあり、人々の憩いの場となっている。

┃イグレジャ
Igreja(Ig.)

教会のこと。司教座がおかれた教会は「セー Sé」または「カテドラル Catedral」と呼ばれ、大聖堂と訳されることが多い。

┃メルカード
Mercado

市場。昼過ぎには店じまいするところも多く、午前中がにぎわう。スーパーマーケットは「スーペルメルカード」という。

道と住所について

ポルトガル語で道を示す言葉には、英語のStreetに当たる**ルア Rua**、大通りの**アヴェニーダ Avenida＝Av.**、小路を表す**トラヴェッサ Travessa＝Trav.**などがあり、通りの一方の側に奇数、反対側に偶数の番地が並んでいる。また本書の本文中や地図に記載されているポルトガル語のカタカナ表記は、日本で一般的に通用しているものを採用しているため、現地での発音と異なることがある。

本書で用いられる記号・略号

本文中および地図中に出てくる記号で、[i]はツーリストインフォメーション（観光案内所）を表します。その他のマークは、以下のとおりです。

アクセス
目的地への行き方
✈ 飛行機
🚃 列　車
🚌 バ　ス

[住] **住所**
☎ **電話番号**
[FAX] **ファクス番号**
[URL] **ホームページアドレス**
（http://は省略）
[E-mail] **eメールアドレス**
[交] **交通機関を使った行き方**
[開] **開館時間**
[営] **営業時間**
[休] **閉館日、休業日**
クリスマスや年末年始などの休みは一部省略。12/25、1/1は商店や美術館などはクローズ、12/24、12/31は午後からは休業するところがほとんど
[料] **入場料金**
学生料金で入場するときは国際学生証を提示すること。なお、65歳以上はシニア割引料金を設けている博物館なども多い。年齢の証明にはパスポートを提示のこと

宮殿兼修道院が威容を誇る　Mafra

マフラ

左右対称の堂々としたファサード

リスボンの北西約40km、人口5万人ほどの小さな町に、巨大な宮殿がそびえ建つ。18世紀前半、植民地ブラジルにおけるゴールドラッシュは、ポルトガル本国に巨額の富をもたらした。時の国王ジョアン5世は、ライバル国スペインのエル・エスコリアル宮に対抗し、また数年来の願いであった王女誕生を神に感謝し、宮殿を建立した。

おもな見どころ

大航海時代の遺産
マフラ国立宮殿
Palácio Nacional de Mafra　★★

1711年、世継ぎに恵まれなかったジョアン5世と王妃マリア・アナは、子供を授けてくれたら修道院を建立すると神に誓った。間もなく王女が誕生し、1717年に建設を開始。ドイツ人建築家フリードリッヒ・ルートヴィヒの指揮のもと約5万人が作業に従事、部屋数2000にも及ぶ宮殿兼修道院は13年後に完成した。

建物の中央部分にある礼拝堂のドームは、バチカンのサン・ピエトロ寺院を模倣したもので、高さ70mに及ぶ。バロック様式の内部にはピンク、白、灰色などの大理石が施されていて美しい。

300人を収容できたという病院、中国風の陶器が置かれた薬院、鹿の角が飾られた食堂などがあるが、一番の圧巻は蔵書3万冊を超す図書館。奥行きは83.6mあり、詩人カモンイスの名著『ウズ・ルジアダス』の初版など貴重な本が収められている。

数々の絵画や彫刻で飾られた礼拝堂

Porto
マフラ
Lisboa

アクセス
リスボンから
🚌 カンポ・グランデのバス乗り場から2740番のエリセイラ Ericeira 行きで約50分、毎時1～2便（土・日・祝は減便）。
シントラから
🚌 シントラ駅の隣のポルテーラ・デ・シントラ Portela de Sintra 駅前から2626番のマフラ行きで約50分、ほぼ2時間おき（土・日・祝は減便）。

[世][界][遺][産]
マフラの王家の建物－宮殿、バシリカ、修道院、セルク庭園、狩猟公園（タパダ）（2019年登録）

マフラの[i]
[住] Av. Movimento das Forças Armadas 28
☎ 261 818 347
[URL] www.cm-mafra.pt
[開] 毎日　10:00～18:00
[休] 1/1、聖日曜、5/1、12/25

マフラ国立宮殿
[住] Terreiro D. João V
☎ 261 817 550
[URL] www.patrimoniocultural.gov.pt
[開] 水～月　9:30～13:00
14:00～17:30
※入場は閉館45分前まで
[休] 火、1/1、聖日曜、5/1、12/25
[料] €6、学割・65歳以上€3
宮殿と修道院は、建物左側の入口でチケットを買って中に入り、ガイドの案内で見学する。

※マフラ修道院では、日曜16:00からパイプオルガンのコンサートが行われる。

リスボンとコスタ・デ・リスボア
ケルース／マフラ

149

[E] エンター
テインメント
[R] グルメ
[S] ショップ
[H] ホテル

ア・セヴェーラ
老舗のファドレストラン
店名は19世紀最高といわれるフ
ガレート
50年以上の歴史をもつ有名店
リスボンっ子なら一度は足を運ん
Av. da República
コロンボ・ショッピングセンター
Centro Comercial Colom
ポルトガルで一番大きなSC
MAP：P.58/
3階建ての巨大ショッピングセン
Av. Lusiada 1500
ポサーダ・デ・リスボン
Pousada de L
重要文化財の建築物を改装
★★★
MAP P.
コメルシオ広場に面した、立地のよい高級ホテル。市役所の隣にあるこの建物は、かつて内務省として使用されていた。内部はエレガントに改装されており、客室の防音対策も万全だ。レストラン、屋内プールやサウナが利用できる。
Pr. do Comércio 31
210 407 640
www.pestana.co
ⓈⓌ€300～512
ADMV
90
Wi-Fi 無料
Baixo-Chiado 駅徒歩5分

Ⓢシングルルーム
Ⓦダブルまたはツインルーム
Ⓓドミトリー（ユースホテルなど）
※ホテルの料金は、特に記載のないかぎり、トイレ、シャワーまたはバス付きの1室当たりのものです。

地　図

H	ホテル
Y	ユースホステル
R	レストラン
B	バル
C	カフェ
S	ショップ
E	エンターテインメント
☎	電話局
⊤	郵便局
⊗	警察署
✚	病院
M	地下鉄駅
🚌	バスターミナル
₹	バス停

はみだし はみだし情報

投稿 読者からの投稿

★★★ **見どころの**
　　　おすすめ度
見どころの重要度を、
編集室でランクづけ。
プラン作りの目安とし
てご利用ください。
★★★　見逃せない観
　　　　光ポイント
★★　　訪れる価値あり
★　　　時間が許せば
　　　　行ってみたい

住 住所
☎ 電話番号
FAX ファクス番号
URL ホームページアドレス
E-mail eメールアドレス
営 営業時間　**休** 休業日
料 宿泊料金
カード 利用可能なクレジットカード
　A アメリカン・エキスプレス
　D ダイナースカード
　J JCB カード
　M マスターカード
　V ビザカード
客室数 客室数　**ベッド数** ベッド数
Wi-Fi ホテル内の無線 LAN
交 最寄り駅からのアクセス

■本書の特徴

　本書は、ポルトガルを旅行される方を対象に、個人旅行者が現地でいろいろな旅行を楽しめるように、各都市のアクセス、ホテル、レストラン、ショッピングなどの情報を掲載しています。もちろんツアーで旅行される際にも十分活用できるようになっています。

■掲載情報のご利用に当たって

　編集部では、できるだけ最新で正確な情報を掲載するように努めていますが、現地の規則や手続きなどがしばしば変更されたり、またその解釈に見解の相違が生じることもあります。このような理由に基づく場合、または弊社に重大な過失がない場合は、本書を利用して生じた損失や不都合などについて、弊社は責任を負いかねますのでご了承ください。
　また、本書をお使いいただく際は、掲載されている情報やアドバイスがご自身の状況や立場に適しているか、すべてご自身の責任でご判断のうえでご利用ください。

■データについて

　本書は特に記載のないかぎり、2023 年 7 ～ 11 月の現地取材および追跡調査をもとに編集されています。しかしながら、時間の経過とともにデータの変更が生じることがあります。特にホテルやレストランなどの料金、交通機関の状況などは、皆さんが実際に旅行される時点で変更されている場合もあります。本書のデータはひとつの目安としてお考えいただき、最新の情報は現地で確認されることをおすすめします。

■発行後の情報の更新と訂正について

　発行後に変更された掲載情報や訂正箇所は、『地球の歩き方』ホームページの本書紹介ページ内に「更新・訂正情報」として可能なかぎり最新のデータに更新しています（ホテル・レストラン料金の変更などは除く）。下記 URL よりご確認いただき、ご旅行の前にお役立てください。
URL www.arukikata.co.jp/travel-support/

■投稿記事について

　投稿記事は、多少主観的になっても体験者の印象や評価などをそのまま載せるほうが、ホテルやレストランを選ぶ目安ともなりますので原文にできるだけ忠実に掲載してあります。投稿記事のあとに(神奈川県　○○太郎　'23) とあるのは、寄稿者と旅行年度を表しています。旅行年度のないものは 2020 年以前の投稿で、2023 年 7 ～ 11 月に再確認を行ったものには、寄稿者データのあとに調査年度を入れ ['23] としています。
※皆さんの投稿を募集しています（→ P.340）

ジェネラル インフォメーション

ポルトガルの基本情報

▶ 旅の会話集→ P.364

国 旗
緑は誠実と希望を、赤は新世界発見のため大海原に乗り出したポルトガル人の血を表す。紋章は天測儀で、イスラムから奪い返した7つの城、ポルトガルの王を表す5つの楯からなる

正式国名
ポルトガル共和国
República Portuguesa

国 歌
ア・ポルトゥゲーザ
A Portuguesa

面 積
約9万2225km²。日本の約4分の1

人 口
約1029万人。日本の約10分の1（'21）

首 都
リスボン Lisboa。人口約55万人（'21）
リスボン首都圏は約280万人

元 首
マルセロ・ヌノ・ドゥアルテ・レベロ・デ・ソウザ大統領
Marcelo Nuno Duarte Rebelo de Sousa

政 体
共和制。EU（欧州連合）に加盟

民族構成
ポルトガル人（先住イベリア人、ケルト人、ゲルマン系、フェニキア人、ベルベル人などの混血）

宗 教
カトリック教徒が圧倒的多数

言 語
公用語であるポルトガル語が主

通貨と為替レート

▶ 旅の予算とお金 → P.348

銀行の ATM は 24 時間サービス（ATM の操作方法→ P.348）

通貨単位はユーロ€、補助通貨単位はセント¢。それぞれのポルトガル語読みは「エウロ Euro」と「センティモ Céntimo」となる。

€1 = 100¢ ＝約 162 円（2023 年 11 月 10 日現在）。紙幣は 5、10、20、50、100、200 ユーロ。硬貨は 1、2 ユーロと 1、2、5、10、20、50 セント。

1 ユーロ

2 ユーロ

5 ユーロ

10 ユーロ

20 ユーロ　　50 ユーロ

100 ユーロ　　200 ユーロ

1 セント

2 セント

5 セント

10 セント　20 セント

50 セント

入出国

▶ ポルトガル入出国→ P.352

ビザ（シェンゲン・ビザ）
観光を目的としてポルトガルに入国する場合、6 ヵ月間で 90 日以内の滞在の場合はビザの取得不要。
※ポルトガル入国の際には往復予約済の航空券が必要

パスポート
ポルトガル出国時に 3 ヵ月以上の有効残存期間と査証欄の空白ページ（2 ページ以上）が必要。

★ 2025 年より ETIAS 申請が必須となる予定（→ P.342）

電話のかけ方

▶ 通信事情→ P.357

日本からポルトガルへかける場合 〈例：123-456-789 にかける場合〉

事業者識別番号 0033 （NTTコミュニケーションズ） 0061 （ソフトバンク） 携帯電話の場合は不要	＋	国際電話識別番号 010 ※	＋	ポルトガルの国番号 351	＋	相手先の電話番号 123-456-789

※携帯電話の場合は 010 の代わりに「0」を長押しして「＋」を表示させると、国番号からかけられる
※NTT ドコモ（携帯電話）は、事前に WORLD CALL の登録が必要

日本からの直行便はないので、まずヨーロッパの主要都市へ飛び、ポルトガル行きの飛行機に乗り換えるのが一般的。乗り継ぎ時間を入れて所要17〜20時間程度。航空会社によってはリスボンのほかマデイラ島などに直接乗り継ぐこともできる。

ポルトガルの空の玄関、リスボン空港

日本からのフライト時間

▶ ポルトガルへのアクセス→ P.350

気　候

1年を通して温暖な気候。一般的に6月から9月までが乾期。昼間は暑くても朝晩は冷えることもあるので、カーディガンやジャケットなど羽織るものを持参しよう。

秋から春にかけては雨が多く、1日のうちでも晴れたり雨が降ったりと不安定な天気が続く。特に北部は雨量が多いので、傘はもちろん、防水ジャケットがあるとよい。

▶ 旅のシーズン→ P.344

リスボンと東京の気温と降水量

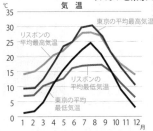

気　温

℃
35 30 25 20 15 10 5

東京の平均最高気温
リスボンの平均最高気温
リスボンの平均最低気温
東京の平均最低気温

1 2 3 4 5 6 7 8 9 10 11 12月

降水量

mm
200 150 100 50

リスボン
東京

1 2 3 4 5 6 7 8 9 10 11 12月

からりとした晴天が続く夏はポルトガルの観光シーズン

時差とサマータイム

日本との時差は9時間で、日本時間から9を引けばよい。つまり、日本のAM8:00がポルトガルでは前日のPM23:00となる。これがサマータイム実施期間中は8時間の差になる。サマータイム実施期間は3月の最終日曜AM2:00（＝AM3:00）〜10月の最終日曜AM3:00（＝AM2:00）。

なお、ポルトガルではグリニッジ標準時（GMT）を採用しており、スペインなどの中央ヨーロッパ時間（CET）とはマイナス1時間の時差があるので注意すること。またアソーレス諸島は、ポルトガル本土よりさらにマイナス1時間の時差がある。

★サマータイムは廃止予定（時期は未定）

ビジネスアワー

ショップやレストランなどは店によって異なるので、以下は一般的な営業時間の目安。夏のバカンスシーズンなど、長期休暇を取る店も多いので注意が必要。

銀行
月〜金曜 8:30 〜 15:00。土・日曜と祝日は休み。

ショップ
月〜金曜 9:00 〜 13:00、15:00 〜 19:00、土曜9:00 〜 13:00。日曜と祝日は休み。ショッピングセンターは毎日 10:00 〜 23:00。

レストラン
昼12:00 〜 15:00、夜 19:00 〜 22:00。カフェやバルは 8:00 〜 23:00。

ポルトガルから日本へかける場合　〈例：東京(03)1234-5678にかける場合〉

| 国際電話識別番号 00 | + | 日本の国番号 81 | + | 市外局番 or 携帯電話の最初の0を除いた番号 3 | + | 相手先の電話番号 1234-5678 |

●ポルトガルの国内通話
市外局番はないので、9桁の電話番号をそのままダイヤルする

リスボンに夏を告げる
聖アントニオ祭

キリスト教に関わる祝祭日が多く、年によって異なる移動祝祭日（※印）に注意。

月	日		祝祭日
1月	1/1		新年
3月	3/29 ('24)	※	聖金曜日（'25 は 4/18）
	3/31 ('24)	※	聖日曜日（'25 は 4/20）
4月	4/25		自由記念日
5月	5/1		メーデー
	5/30 ('24)	※	聖体祭（'25 は 6/19）
	6/10		ポルトガルの日
6月	6/13		聖アントニオ祭（リスボンのみ）
	6/24		聖ジョアン祭（ポルトのみ）
8月	8/15		聖母被昇天祭
10月	10/5		共和制樹立記念日
11月	11/1		諸聖人の日
	12/1		独立回復記念日
12月	12/8		無原罪の御宿り
	12/25		クリスマス

電圧とプラグ

　電圧は 230V で、周波数 50Hz、プラグは C タイプ。日本国内用の電化製品を使用する場合には変圧器とプラグアダプターが必要だが、デジタルカメラ、PC、携帯電話などはアダプターを付けるだけで使えることが多いので、説明書を確認しておこう。

C タイプのプラグと
差し込み口

映像方式

　ポルトガルのテレビ・ビデオ方式（PAL）は、日本（NTSC）と異なるので、一般的な日本国内ビデオデッキでは再生できない。DVD ソフトはリージョンコードが日本と同じ「2」と表示されていれば、DVD 内蔵パソコンでは通常 PAL 出力対応なので再生できるが、一般的な DVD プレーヤーでは再生できない（PAL 対応機種なら可）。ブルーレイディスクでは、ポルトガルは「リージョン B」で日本の「リージョン A」とは異なるため再生不可。

チップ

　ポルトガルにもチップの習慣はあるが、義務というわけではなく、特別なことを頼んだ場合やサービスをしてくれた人に対する感謝の気持ちを表す心づけとして渡すもの。払い過ぎないように注意したい。

タクシー
　おつりの小銭を渡すか、きりのいい金額に切り上げて支払う。

レストラン
　店の格にもよるが、一般には料金の 5 ～ 10％くらいの額を、テーブルでの支払いのときにきりのいい金額に切り上げて渡すか、おつりの小銭をテーブルに残して席を立つ。カフェで飲み物だけなら不要。

ホテル
　ベルボーイやルームサービスを頼んだとき €1 程度。

飲料水

　ポルトガルの水は一般的に硬水が多いが、天然水の「ルーゾ Luso」のような軟水もある。水道水はそのまま飲用できるが、水が変わると体調を崩すこともあるので、気になる人はミネラルウオーター（アグア・ミネラル Agua Mineral）を利用したほうが安心。炭酸入り（コン・ガス com gaz）と炭酸なし（セン・ガス sem gaz）の 2 種類があり、500 mℓ 入りはスーパーマーケットで買うと ¢20、駅の売店などでは €1 程度。

右は炭酸なし、
左は炭酸入り

税 金

ポルトガルではほとんどの商品に通常23%のIVA（付加価値税）がかかっており、旅行者は手続きをすれば最大で16%の税金が戻ってくる。ただし、戻ってくるのは買い物で支払った税金。ホテル代や飲食代の分は還付されない。

▶ 免税手続き、税金還付（リファンド）について→ P.362

郵 便

ポルトガルの郵便局はCTT（コレイオ Correio）という。営業時間は通常、月～金曜9:00～18:00、土・日曜と祝日は休み。なお切手（セーロシュ Selos）だけなら、Correioまたは Selosの看板がある雑貨屋でも買える。ポストは2種類あり、赤は普通便用、青は速達便用。日本へのエアメールの場合、はがき、封書（20gまで）ともに€1.15。

ポルトガルのポスト

▶ 郵便事情→P.359

安全とトラブル

比較的治安のよいポルトガルだが、近年はリスボン、ポルトなどの大都市を中心に、スリ、置き引き、ひったくりといった犯罪が増加傾向にある。特に地下鉄や市電など、人が密集している乗り物内では注意が必要。現金などの貴重品は、宿泊先の安全な場所に保管するか、貴重品袋などに入れて体から離さないようにしよう。なおポルトガルでは、身分証明書の常時携帯が義務づけられている。事前にパスポートのカラーコピーをとって所持しておくのがよい。

警察・消防・救急 112

▶ 旅のトラブルと安全対策→ P.363

年齢制限

ポルトガルでは、18歳未満の飲酒と喫煙は禁じられているが、購入時に身分証明書が必要というわけではない。また、レンタカーは空港や主要観光地などで借りることができるが、年齢制限があり（25～60歳というレンタカー会社もある）、身分証明書代わりにクレジットカードの提示を要求される。カードを持っていない場合はかなりのデポジット（預託金）が必要となる。

度量衡

洋服 女性	日本（号）	7	9	11	13	15	17
	ポルトガル	36	38	40	42	44	46
洋服 男性	日本	S		M		L	LL
	ポルトガル	44/46		48/50		52/54	56
靴	日本（cm）	23	24	25	26	27	28
	ポルトガル	36	38	40	42	44	46

日本の度量衡と同じで距離はメートル法、重さはグラム、キロ、液体はリットル単位。ただし洋服や靴のサイズ表示は日本と異なるので注意しよう。

その他

公衆トイレの表示

トイレ
ポルトガル語でトイレはカーザ・デ・バーニョ Casa de Banho、またはサニタリオ Sanitário（複数形はサニタリオス Sanitários）という。女性用はセニョーラ Senhora、男性用はオーメン Homen。公衆トイレは少ないので、できるだけ美術館やレストランに行った際に済ませておくとよい。カフェのトイレで鍵がかかっている場合は、店の人に言って鍵を借りる。駅やバスターミナル、街なかにある公衆トイレはほとんどが有料。

フロアの呼び方
ポルトガルではほかのヨーロッパ諸国同様、日本とはフロアの呼び方が異なる。日本式の1階は地上階、2階は1階となる。

教会でのマナー
大声での会話、フラッシュをたいての写真撮影、またタンクトップやショートパンツなど肌を露出した服装は避けること。特にミサの時間に訪れる際は、信者のじゃまにならないよう、後方で静かに見学しよう。

喫煙
2008年1月1日より公共施設での喫煙が禁止となった。レストラン、カフェなどの飲食店では喫煙エリアでのみ喫煙できる。

クリスマスと年末年始
12月25日と1月1日はほとんどの観光名所や美術館、商店が休みとなる。また、12月24日と12月31日の夜は休業するレストランも多いので注意が必要。

サウダーデ
Saudade
郷愁、思慕、寂しさなどの意味をもつ言葉。過去の記憶とともによみがえる再び会いたい、見たいといった感情の総体で、ポルトガル人独特のもの
▶ P.30

ガロ
Garo
幸せと奇跡のシンボルとして知られる雄鶏。その発祥であるポルトガル北部バルセロスに伝説が残る
▶ P.267

ポートワイン
Vinho do Porto
発酵途中にアルコール度の高いブランデーを加え、酵母の働きを止めて造る甘いワイン。白は食前、赤は食後酒として
▶ P.246

○ポルト
Porto

大航海時代
Idade do Descobrimento
ポルトガル人をはじめヨーロッパ人が15世紀半ばから、海外進出を目的に行った大規模な航海
▶ P.18

バカリャウ
Bacalhau
塩漬けにした干しダラで、1000とりものメニューがあるといわれるどポルトガル料理には欠かせない
▶ P.35

ナタ
Nata
日本ではエッグタルトとして知られる、ベレン地区のジェロニモス修道院発祥の伝統菓子
▶ P.40

ポルトガル
Portugal

サルディーニャス
Saldinhas Nata
イワシ。最もよく食べられる魚介のひとつで、シンプルな塩焼きが有名。春から夏が旬
▶ P.35

ロカ岬
Cabo da Roca
北緯38度47分、西経9度30分。大西洋に向かって突き出た、広大なユーラシア大陸で最も西端に位置する岬
▶ P.152

ファド
Fado
ギターの調べに合わせ、人生の喜びや哀しみといった心の感情を歌い上げるポルトガルを代表する民俗歌謡
▶ P.30

○リスボン
Lisboa

キーワードで読み解くポルトガル❶

世界における栄光と衰退を経験してきたポルトガル。そうしたなか、"サウダーデ"に代表される独特の民族感情、メンタリティを築き上げてきた。日本の約4分の1という国土でありながら、近隣ヨーロッパ諸国とはまたひと味違ったさまざまな魅力で満ちあふれた奥深い国——。ここでは、そんなポルトガルを知るきっかけとなるいくつかのキーワードを紹介しよう。

ポザーダ
Pousada
古城や宮殿、修道院などの歴史的建造物を改装した国営の宿泊施設で、ポルトガル全土に計37軒ある
▶P.42

ペロリーニョ
Pelourinho
その昔、処刑された罪人を見せしめにつるしていた石柱。現在も各町や村の広場などに残っている
▶P.164,293など

【知っておきたい人物】

エンリケス
(1109年頃～1185年)
ポルトガル王国を建国したアフォンソ1世のこと。フランス出身のポルトゥカーレ伯爵、アンリ（ポルトガル語でエンリケ）の息子であることからエンリケス（エンリケの子）と呼ばれる。領地をめぐってカスティーリャ王国に対抗し独立を勝ち取った。

ルイス・デ・カモンイス
(1524年頃～1580年)
ポルトガルを代表する詩人。当時植民地であったインドのゴアで戦闘に参加、その後マカオの士官として勤務し、大航海時代におけるポルトガルの栄光を綴った叙事詩『ウズ・ルジアダス』を執筆した。

闘牛
Tourada
古代ギリシア・ローマで始まり、その後スペイン、ポルトガルへ。牛を観衆の目の前で殺さない点がスペインとの大きな違い
▶P.95

ヴェンセスラウ・デ・モラエス
(1854～1929年)
1899年に来日し、ポルトガル領事館で領事を務めた外交官・作家。神戸在住中、芸者のおヨネ（本名・福本ヨネ）と一緒に暮らすようになるが先立たれ、ヨネの故郷である徳島市へ移住、その地で生涯を閉じた。代表作に『おヨネとコハル』『日本精神』など。
▶P.81 コラム

アズレージョ
Azulejo
伝統的な装飾タイル。14世紀にイスラム教徒によってスペインに、その後ポルトガルに伝わった
▶P.32

フェルナンド・ペソア
(1888～1935年)
ポルトガルのモダニズム運動の中心的存在で、国民的作家として知られる人物。生前はほぼ無名であったが、死後に発見された数々の遺稿によって高い評価を得るようになった。代表作に『ポルトガルの海』など。

天空の村
Aldeias no Céu

外敵の脅威から逃れるために築かれた城塞の村が、いくつも点在。今もその地で人々の暮らしが営まれている
▶P.226,296,306など

アルヴァロ・シザ
(1933年～)
ポルトガルを代表する建築家。周囲の環境を生かしながら、幾何学的な変形を用いたシンプルで独特な空間構成が特徴で、彼が生み出した作品は「詩的」ともいわれるほど。これまでにプリツカー賞、日本芸術院賞など受賞している。ポルトを拠点に活躍。
▶P.243 コラム

フィリグラーナ
Filigrana
糸状にした金や銀をレースのように編んだ伝統工芸品。女の子が生まれると球状のものを贈るという習わしも
▶P.46

オリーブオイル
Azeite de Oliva
スペイン、イタリアなどと並び、世界5大オリーブ産地として知られる。世界的権威のあるコンクールで受賞したことも

コルク
Cortiça
全世界の5割以上の生産量を誇り、品質ともに世界一。弾力性と保温性を生かしたさまざまな商品が造られている
▶P.47

WHAT'S PORTUGAL?

ポルトガルの栄光と衰退

711年にムーア人に占領されて以来、400年近くに及びイスラム教徒の支配を受けてきたポルトガル。レコンキスタを進めることで国土を回復し、1139年ポルトガル王国が建国された。その後、交易地、植民地を求めて新大陸へといち早く乗り込み、世界商業の中心的存在に。だが、ほかのヨーロッパ諸国との激しい競争や産業革命の出遅れもあって衰退。王政崩壊後は40年以上もの独裁政治が続くが1974年、"最後の植民地帝国"はついにすべての植民地を手放すこととなり、民主国家としての道を歩み始めた。

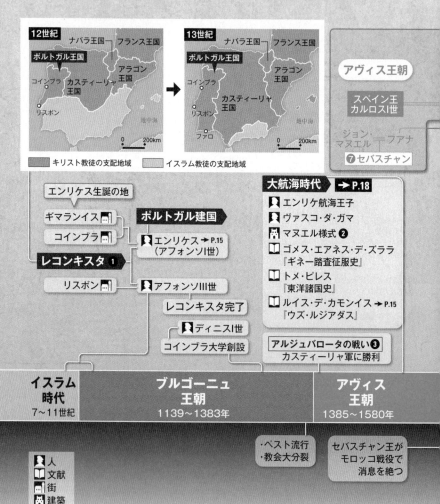

12世紀
ナバラ王国 フランス王国
ポルトガル王国
アラゴン王国
コインブラ カスティーリャ王国
リスボン
地中海
0 200km

13世紀
ナバラ王国 フランス王国
ポルトガル王国
アラゴン王国
コインブラ
カスティーリャ王国
リスボン
地中海
ファロ
0 200km

■ キリスト教徒の支配地域　　□ イスラム教徒の支配地域

アヴィス王朝
スペイン王
カルロスⅠ世
ジョン・マヌエル フアナ
⑦ セバスチャン

エンリケス生誕の地
ギマランイス 🏠
コインブラ 🏠

ポルトガル建国
🧍 エンリケス ➡ P.15
（アフォンソⅠ世）

レコンキスタ ❶

リスボン 🏠
🧍 アフォンソⅢ世
レコンキスタ完了

🧍 ディニスⅠ世
コインブラ大学創設

大航海時代 ➡ P.18
🧍 エンリケ航海王子
🧍 ヴァスコ・ダ・ガマ
🏛 マヌエル様式 ❷
📖 ゴメス・エアネス・デ・ズララ
『ギネー踏査征服史』
📖 トメ・ピレス
『東洋諸国史』
📖 ルイス・デ・カモンイス ➡ P.15
『ウズ・ルジアダス』

アルジュバロータの戦い ❸
カスティーリャ軍に勝利

イスラム時代	ブルゴーニュ王朝	アヴィス王朝
7~11世紀	1139~1383年	1385~1580年

・ペスト流行
・教会大分裂

セバスチャン王がモロッコ戦役で消息を絶つ

🧍 人
📖 文献
🏠 街
🏛 建築

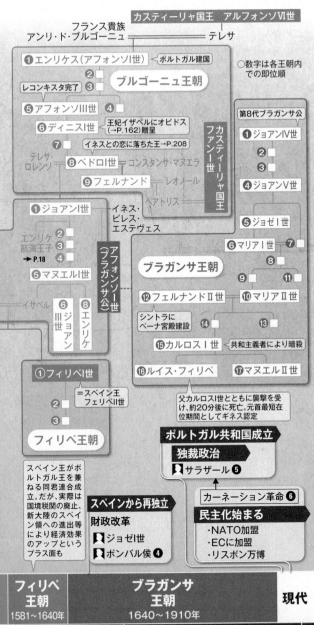

フランス貴族
アンリ・ド・ブルゴーニュ ══ テレサ
カスティーリャ国王　アルフォンソVI世

❶エンリケス（アフォンソI世）　ポルトガル建国
❷
レコンキスタ完了 ❸
ブルゴーニュ王朝
❺アフォンソIII世 ❹
❻ディニスI世　王妃イザベルにオビドス（→P.162）贈呈
❼　イネスとの恋に落ちた王→P.208
テレサ・ロレンソ　❽ペドロI世　コンスタンサ・マヌエラ
❾フェルナンド　レオノール
ベアトリス
カスティーリャ国王ファン一世

❶ジョアンI世　イネス・ピレス・エステヴェス
エンリケ航海王子 ❷❸❹→P.18
アフォンソ一世（ブラガンサ公）
❺マヌエルI世
イザベル ❻ジョアンIII世 ❽ジョアン　エンリケ

①フィリペI世 ＝スペイン王フェリペII世
②
③
フィリペ王朝

○数字は各王朝内での即位順

第8代ブラガンサ公
❶ジョアンIV世
❷
❸
❹ジョアンV世
❺ジョゼI世
❻マリアI世 ❼
❽
❾ ⓫
ブラガンサ王朝
⓬フェルナンドII世 ❿マリアII世
シントラにペーナ宮殿建設 ⓮ ⓭
⓯カルロスI世　共和主義者により暗殺
⓰ルイス・フィリペ ⓱マヌエルII世

父カルロスI世とともに襲撃を受け、約20分後に死亡。元首最短在位期間としてギネス認定

ポルトガル共和国成立
独裁政治
👤サラザール ❺

カーネーション革命 ❻
民主化始まる
・NATO加盟
・ECに加盟
・リスボン万博

スペインから再独立
財政改革
👤ジョゼI世
👤ポンバル侯 ❹

スペイン王がポルトガル王を兼ねる同君連合成立。だが、実際は国境税関の廃止、新大陸のスペイン領への進出等により経済効果のアップというプラス面も

【キーワード】

① レコンキスタ
711年にイスラム教徒がイベリア半島に侵入して以来、15世紀末まで続いたイスラム教国の支配に対するキリスト教国家による再征服活動（国土回復運動）。ポルトガルでは1249年のファロ陥落で終了。

② マヌエル様式
マヌエル1世の時代にポルトガルで流行した建築様式。後期ゴシック、ルネッサンス、イスラム建築の要素に貝や網、地球儀、ロープの結び目など大航海時代を謳歌する過剰ともいえる装飾が施されている。

③ アルジュバロータの戦い
フェルナンドが男子なきまま没したため、王位をめぐって1385年に勃発。娘のベアトリスがカスティーリャ国王ファン1世と結婚して継承しようとするが貴族たちの軍に敗北し、ジョアン1世の王位が確立。

④ ポンバル侯
ジョゼ1世の宰相として近代化を進めた政治家。イギリスの産業革命を見本に経済を立て直し、インドの植民地における奴隷制を廃止、教育にも力を入れた。リスボン大地震後には見事な手腕で町を再建。

⑤ サラザール
王政崩壊後、首相、大統領として権力を振るった政治家。社会改革者として支持を得る一方、秘密警察を組織して反対勢力を排除。エスタド・ノヴォ（新国家体制）と呼ばれるファシズム的な独裁政治を行った。

⑥ カーネーション革命
1974年に発生した、独裁体制の変革を目指す国軍の青年将校らによる軍事クーデター。無血革命に終わり、革命成功を喜ぶ民衆がカーネーションを手に革命軍兵士らと交歓したことから、こう呼ばれる。

フィリペ王朝 1581～1640年	ブラガンサ王朝 1640～1910年	現代

スペインに併合
インド洋の植民地の大部分を喪失

寛容だった1、2世の時代が終わり、フィリペ3世時代になるとスペイン支配に対する反感が高まる

・対スペイン戦争で経済が悪化
・リスボン大地震
・フランス軍が侵入
・英国軍の支配
・ブラジル植民地の喪失
・反王政運動が激化
ヨーロッパの後進国に転落

・アンゴラ独立戦争
・インドがゴアを武力併合
・マカオを中国に返還

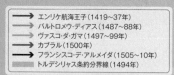

→	エンリケ航海王子(1419〜37年)
→	バルトロメウ・ディアス(1487〜88年)
→	ヴァスコ・ダ・ガマ(1497〜99年)
→	カブラル(1500年)
→	フランシスコ・デ・アルメイダ(1505〜10年)
▬	トルデシリャス条約分界線(1494年)

トルデシリャス条約分界線とは?
大航海で到達した土地の領有権をめぐり、1494年にスペインとポルトガル間で締結された条約。世界を両国で勝手に分割し、西経46度37分を境に東はポルトガル、西はスペインの領有とした

イギリス
オランダ
スペイン
フランス
ポルトガル
アソーレス諸島
•リスボン
マディラ諸島
カナリア諸島
——ヴェルデ岬
シエラレオネ
大西洋

太平洋

大航海時代の幕を開いた第一人者。キリスト騎士団の指導者で、騎士団の莫大な資産を資金源に、自ら航海に出ることはなかったが、探検事業家およびパトロンとして航海者たちを援助・指導した。が、その歴史的事実および人物像についてはいまだ謎が多い

エンリケ航海王子
Infante Dom Henrique
(1394〜1460年)

コーヒー
金
ダイヤモンド　砂糖
ブラジル

奴隷
金
香辛料

カブラル
Cabral
(1467年頃〜1520年頃)
ヴァスコ・ダ・ガマの後を継ぎ、第2回インド遠征隊の隊長として派遣される。途中、航路を見失いブラジルに漂着するが、モザンビーク、ケニアなどを経てインドに到達し、コーチで香辛料を得ることに成功

マゼラン海峡

父と祖父はエンリケ航海王子に仕えた航海者で、自らも王室に仕えた。ジョアン2世にアジアとの交易路確保のためアフリカ周回航海の遠征隊長に命じられ、ヨーロッパ人として初めてアフリカ大陸の南端、喜望峰に到達

喜望峰

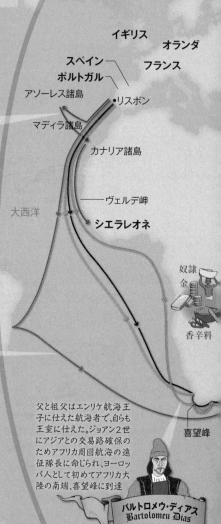

バルトロメウ・ディアス
Bartolomeu Dias
(1450年頃〜1500年)

日本との関わり

ポルトガル人を乗せた中国船が種子島に漂着して以来、日本とのつながりが深いポルトガル。16世紀半ばには本格的に**南蛮貿易**が始まり、江戸幕府が鎖国政策に転じる1639年までにわたってさまざまなものが日本に伝わった。当時の状況は、今では日本語として定着しているカステラ、ビードロ、カッパ、カルタ、コンペイトウ、コップ、天ぷら、パン、ボタンなどといった言葉からもうかがい知れる。1582～90年には、九州のキリシタン大名らが伊東マンショ、千々石ミゲル、中浦ジュリアン、原マルティノの4人の少年を中心とした**天正遣欧少年使節**（→P.291）をリスボンなどに派遣。ちなみに、日本に初めてポルトガル領事館が開設されたのは1899年。領事として神戸に赴任し徳島で亡くなるまで日本に滞在したヴェンセスラウ・デ・モラエス（→P.15）は、日本を世界に紹介する数々の作品を書き残した。

フランシスコ・ザビエル
Francisco de Xavier
（1506～1552年）
スペイン人の宣教師で、イエズス会創設メンバーのひとり。ポルトガル王ジョアン3世の命でインドのゴアに派遣され、その後、1549年に鹿児島に来航。日本に初めてキリスト教を伝えた

ルイス・フロイス
Luís Fróis
（1532～1597年）
1563年に来日して以来、生涯を日本でのキリスト教の布教にささげたポルトガル人の宣教師。織田信長や豊臣秀吉などとも謁見。当時の様子を伝える貴重な史料『日本史』を記したことでも知られる

モスクワ大公国

茶

生糸

香辛料

日本

長崎

キリスト教

明

マカオ

鉄砲

ムガル帝国

オスマン帝国

ゴア　カリカット

モンバサ
マリンディ

コーチ

マラッカ

太平洋

インド洋

モルッカ

ヴァスコ・ダ・ガマ
Vasco da Gama
（1469年頃～1524年）
ヨーロッパ人として初めてアフリカ南岸を経てインドへ到達する航路を切り開いた探検家。イスラム商人に対抗して香辛料貿易を進め、その後展開されることとなるポルトガル海上帝国の礎を築き上げた

ソフィラ

フランシスコ・デ・アルメイダ
Francisco de Almeida
（1450年頃～1510年）
ポルトガルの貴族。マヌエル1世に任命され、ポルトガルの初代インド副王としてインドへ赴任。インド洋沿岸の各地にポルトガルの拠点となる要塞を築き上げ、インド洋におけるポルトガル勢力の拡大に貢献した

キーワードで読み解くポルトガル**❸**

大航海時代から
見えてくる今の姿

15～17世紀にかけて、ヨーロッパにとどまらず、さらなる新天地を求めて海外へと乗り出した大航海時代。その先駆けとなったのがポルトガルだった。地球規模の貿易、植民活動を展開することで、支配する者とされる者といった構造を生み出した。その一方で、思想や暮らし、文化などにおける多様性を認識する「世界の一体化」を創り上げたのもまた、大航海時代があったからこそのことである。

見どころ満載！
ポルトガル エリアナビ
Portugal Area Navi

ユーラシア大陸で最も西に位置し、ヨーロッパ最西端にある
国ポルトガル。首都リスボンと第2の都市ポルトをはじめ、
エリアによって気候や風土、文化はさまざま。ぜひ食べてみ
たい郷土料理や、各地の特産品を紹介しよう。

●ポルト

コインブラ

世界遺産のバターリャ修道院

エストレマドゥーラと
リバテージョ　→ P.159
Estremadura & Ribatejo

●ナザレ

リスボン

エヴォラ

城塞に囲まれたオビドスの村やいまも
伝統が息づく海岸の町ナザレ、さらに聖
母マリアの奇跡で知られるファティマな
ど、散策するにはもってこいの町が点在
する。リスボンからも近く、日帰りで訪れ
ることのできるエリアとして人気。

おもな見どころ
- 城壁に囲まれたオビドス
- ナザレの海岸線
- アルコバサと
  バターリャの修道院

アローシュ・
デ・マリシュコ
Arroz de Marisco
魚介のリゾット

ジンジーニャ Ginginha
ジンジャ（サクランボ）から
作ったオビドス名産のリキュール

●ファロ

アルガルヴェ　→ P.309
Algarve

リスボンと
コスタ・デ・リスボア　→ P.51
Lisboa & Costa de Lisboa

リスボン市街をケーブルカーが走る

テージョ川河口に広がるポルトガルの首都リスボン
を中心とするエリア。街歩きに美術館・博物館巡り、
食べ歩きなど、楽しみは尽きない。
周辺にはシントラやカスカイスなど
の避暑・リゾート地もあり、エクスカ
ーションにも最適。

おもな見どころ
- リスボン旧市街の街並み
- ジェロニモス修道院とベレンの塔
- 城や宮殿が点在するシントラ

アズレージョ Azulejo
リスボン名物の市電が
描かれている

サルディーニャス・アサーダス
Sardinhas Assadas
アルファマ地区では初夏に
イワシを焼く匂いがたちこめる

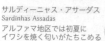

ヨットが停泊するファロの港

ユーラシア大陸最南端に位置するエリア。
年間を通じて温暖な気候で、国際空港のある
ファロを中心に海沿いにリゾート地が点在す
る。観光シーズンは夏だが、2月頃には春の
花々で彩られる。また、歴史的見どころも多い。

おもな見どころ
- ユーラシア大陸最西南端の
  サグレス
- ファロの旧市街

セスト・デ・
カナ
Cesto de Cana
木の枝などを
素材にしたカゴ

カタプラーナ Cataplana
カタプラーナと呼ばれる鍋で魚介
や肉、野菜を蒸し煮にした料理

ポルトと北部地方

→ P.229

Porto & Norte de Portugal

リスボンに次ぐ第2の都市ポルトを中心に、ポルトガル発祥の地ギマランイスなど歴史的な町が点在する。ドウロ川を挟んで南部にはドウロワインで有名なワイナリーが並び、北部には世界遺産の歴史地区が広がる。

ドウロ川沿いにポルト市街が広がる

ポートワイン
Vinho do Porto
独特な甘みの酒精強化ワイン

おもな見どころ
- 世界遺産のポルト歴史地区
- ドウロ川沿いのワインセラー
- ポルトガル誕生の地・ギマランイス

トリパス Tripas
ポルト名物、牛の臓物の煮込み

コインブラと中部地方

→ P.197

Coimbra & Centro de Portugal

中部地方の中心地コインブラは、ヨーロッパ最古の歴史を誇るコインブラ大学を中心に丘の上に広がる町。周辺にはヴィゼウ派を生み出した芸術の町ヴィゼウなど、歴史と文化の薫りあふれる町が点在する。

コインブラの旧大学は内部を見学できる

おもな見どころ
- コインブラの旧大学
- アヴェイロの運河をモリセイロで散策
- 自然の芸術岩に囲まれたモンサントの村

シャンファーナ Chanfana
ヤギの肉をワインと香草で煮込んだもの

オヴォシュ・モーレシュ
Ovos Moles
アヴェイロの銘菓。かわいらしい形の皮の中に卵黄クリームがたっぷり

マグカップ
Caneca
アゲダの傘祭りがモチーフになっている

マデイラ島とアソーレス諸島

→ P.328、335

Madeira & Açores

国内最高峰のピコ山はアソーレス諸島にある

リスボンの南西1000～1800kmの大西洋上に浮かぶ南国の小さな島々。緑豊かな自然とビーチに魅了され、多くの欧米人がバカンスを楽しみに訪れる。ポルトガル本土からは飛行機で行き来することができる。

おもな見どころ
- マデイラ島のジラオン岬
- サン・ミゲル島のセッテ・シダーデス湖

ビッフ・デ・アトゥン
Bife de Atum
マグロのステーキ

ポンシャ・ダ・マデイラ
Poncha da Madeira
ラム酒にレモン汁とハチミツを加えた地酒

アレンテージョ

→ P.281

Alentejo

古城が残るモンサラーシュ

城壁に囲まれた古都エヴォラを中心に、のどかな穀倉地帯が広がるエリア。チーズやワイン造りなどの産業も盛んで、この地方ならではの食文化も発達している。山奥には、絵はがきのような風光明媚な小さな村も点在する。

おもな見どころ
- エヴォラの歴史地区と人骨堂
- モンサラーシュとマルヴァオンの小さな村

ミーガス Migas
ラードで味つけした豚肉をニンニクと一緒に揚げ、その油をパンに浸み込ませて練ったもの

コルク製品
Cortiça
アレンテージョはコルクの一大生産地

アソーレス諸島
ポルトガル
リスボン
マデイラ島
アフリカ

21

最旬情報をお届け！

ポルトガルの注目トピックス

首都リスボンと、ポルトガル第2の都市ポルトで、新しくオープンした施設や話題のスポットをピックアップ。

リスボンっ子に話題の新名所、ルア・ヴェルデ

Lisboa
リスボン

「緑の道」という意味のルア・ヴェルデは、シルヴァ通りとその周辺の通称。2019年頃、この通りに住んでいるアルマンドおじさんが、人々がもっと心地よく暮らせるようにと、道で植物を育てるグリーンプロジェクトを始めた。その後、新型コロナの影響で道が閉鎖され、短い距離だが歩行者天国になり、それが今でも続いている。ここにある植物は、捨てられたプランターを拾って植え直したもの。お隣さん同士で互いに協力し合い、それがコミュニティのようになっていった。現在は子供たちが遊び、夕方からは小さなレストランがオープンする一角となり、地元民や観光客が行き交う場となっている。

ルア・ヴェルデ Rua Verde
MAP:P.60/C2 🏠 Rua da Silva 🕐 見学自由 🚃 市電25番 Conde Barão から徒歩2分

❶夕方からにぎわいを見せるシルヴァ通り Rua da Silva ❷ルア・ヴェルデにある人気レストラン「ア・オブラ」（→ P114) ❸隣のペスカドーレス通り Tv. dos Pescadores にもレストランが増加中

Porto
ポルト

❶ポルトの街並みを一望できる絶好のロケーション ❷石造りのポートワイン貯蔵庫を再生 ❸ワインなどを販売するショップも充実 ❹気軽に利用できるバーラウンジもある

ワインを体験できる施設「WOW」が誕生！

ポートワインのセラーが並び、世界遺産にも登録されているヴィラ・ノヴァ・デ・ガイア地区。この地にあった古いワイン貯蔵庫を修復し、2020年にオープンしたのが、ワインをテーマにした複合文化施設「WOW」だ。7つのミュージアム、ワインスクール、ショップ、展示ホールなどからなり、さまざまな視点からワインやポルトの街の歴史・文化に触れることができる。

ワインについての知識を深めたあとは、美食とワインのペアリングを楽しむのもおすすめ。ミシュラン2つ星シェフ監修の「Mira Mira by Ricardo Costa」、伝統的なポルトガル料理を味わえる「T&C」、魚介料理が自慢の「Golden Catch」など、レストランやバーも充実している。

WOW（World of Wine）
MAP:P.235
🏠 Rua do Choupelo 39
☎ 220 121 200 🔗 www.wow.pt
🕐 施設によって異なる
💰 入場無料（ミュージアムは有料） 🚇 Ⓜ Jardim do Morro 駅から徒歩10分

絶景に乾杯！

最新アクティビティ、ヒッポトリップが人気！

リスボンの街を周遊するアクティビティとして人気を集めているのが、水陸両用バスのヒッポトリップ。4月25日橋のたもとから出発し、カイス・ド・ソドレ、リベルダーデ通り、ベレン地区など主要エリアを走りながら、ガイドが陽気にリスボンの歴史と文化を解説してくれる。その後、バスは大きな波しぶきをあげてテージョ川へ飛び込み、水上からベレンの塔や発見のモニュメントを正面から眺める。陸と川からリスボンの観光地を20ヵ所以上も楽しめる、充実の約1時間半の旅だ。▶DATA→P.74側注

①水中と陸上の両方で生活するカバ（ヒッポ）にちなんで名づけられたヒッポトリップ ②バスは高さがあるので眺めもいい ③世界遺産に登録されているベレンの塔を水上から眺める ④窓ガラスがないので開放感抜群

フェルナンド・ペソア記念館の改装工事が終了

ポルトガル屈指の作家にして詩人のフェルナンド・ペソアが1935年に亡くなるまで15年間住んでいた建物が、記念館として公開されている。3階には彼の文学作品をはじめ、私蔵書籍約1300冊を展示。ペソアの住まいがあった2階には、当時の家具が置かれ、寝室が再現されている。フロアごとに特徴ある展示は見応えがあり、作家の世界に浸れる。また建物裏に併設されたレストランも評判がよく、ランチにおすすめ。

①トレードマークの黒い帽子をかぶった肖像画がお出迎え ②2階にはペソアの遺品も展示されている ③各国語に翻訳されたペソアの著作 ④外壁を残しながら記念館として改装

フェルナンド・ペソア記念館
Casa Fernando Pessoa
MAP:P.60/B2 🏠 Rua Coelho da Rocha 16-18
☎ 213 913 270 URL casafernandopessoa.pt
🕐火〜日 10:00〜18:00 🚫月、1/1、5/1、12/25 💰€5 🚃市電25/28番 R. Saraiva Carvalho から徒歩5分

ボリャオン市場が新装オープン

ポルト市民の台所、ボリャオン市場が3年以上にわたる改修工事を終え、2022年3月にリニューアルオープン。以前はさびれた雰囲気だったが、見違えるほどモダンでおしゃれになった。生鮮食品のほか、缶詰やチョコレートなどおみやげにぴったりの品も売られており、またポートワインとおつまみを買ってその場で味わうこともできる。▶DATA→P.243

①地元客や観光客でにぎわう市場内 ②カットフルーツやジュースも販売 ③おみやげに人気の缶詰も種類豊富

新バスターミナルが完成して便利に

長距離列車が発着するポルトのカンパニャン駅に隣接して、カンパニャン・バスターミナル（TIC）が2022年にオープン。それ以前は会社ごとにバス乗り場が点在していたが、現在はほとんどがこの新ターミナルに発着するようになり、利便性がよくなった。▶DATA→P.236

メトロの駅にも接続しており、乗り換えもスムーズ

旅情を誘う美景がここに!

フォトジェニックな ポルトガルを旅する

歴史と文化が築きあげてきた街並みや建築、自然が創造する壮大な景色。
心が震えるほど美しい風景を撮影して、旅の思い出を残そう!

アヴェイロ ▶ P.216

運河に沿って、アールヌーヴォー
様式の美しい建物が並んでいる。
モリセイロと呼ばれるカラフルな
小舟と一緒に撮影すると映える。

リスボン ▶ P.56
「7つの丘の街」と呼ばれる起伏に富んだ土地に、パステルカラーの家々が折り重なるように建ち並ぶ。特にアルファマ周辺の展望台（→ P.86）からの眺めは絶景！

アゲダ ▶ P.221
「アゲダの傘祭り」として有名になった、色とりどりの傘が空に浮かぶ風景は 7 ～ 9 月限定。アヴェイロ近郊にあり、コスタ・ノヴァと合わせて訪れるのがおすすめ。

カラフルな街並み

コスタ・ノヴァ ▶ P.218
アヴェイロ郊外にある漁師町。ストライプやボーダー柄の家並みは「パジャマシティ」とも呼ばれている。東向きに建っている家が多いので、午前中の撮影がおすすめ。

ラゴア ▶ P.320

断崖絶壁と白砂のビーチ、真っ青な海の絶景が広がるラゴア周辺。なかでも船でしか行けないベナジル洞窟は、神秘的な光景が話題を呼び、近年人気のスポットとなっている。

サン・ミゲル島 ▶ P.336

アソーレス諸島で最も大きなサン・ミゲル島。セッテ・シダーデスでは、青と緑のふたつのカルデラ湖を眺めながらハイキングを楽しめる。夏は遊歩道を彩るアジサイが美しい。

ドウロ渓谷 ▶ P.278

山の斜面にブドウ畑が築かれ、ポートワインの産地として知られるドウロ川上流域。世界遺産に登録されているこの地域を巡るには、ポルト発のバスツアー（→ P.236）が効率的。

美しき自然

アズレージョと建築

ポルト ▶P.234
「世界で最も美しい駅」のひとつに選ばれたこともあるサン・ベント駅(→ P.241)。アズレージョで飾られた構内を撮影するには、日の光が差し込む午後のほうがおすすめ。

シントラ ▶ P.142

王家や貴族の別荘地だったシントラには、ペーナ城（上）、モンセラーテ宮殿（左下）、レガレイラ宮殿（右下）など、豪奢で奇抜な建造物が多く、写真映えすると評判。

哀愁を帯びた歌声とギターの調べ
ファドを聴く

人生の歓びや哀しみ、郷愁の想いなどを奏でるポルトガル人の心の歌、ファド。
サウダーデの感情あふれる旋律は言葉を超えて私たちを魅了する。

Fado

ファドはこんな音楽

ポルトガルの民俗歌謡といわれるファドはもともと、社会の底辺にいる貧しい人たちが親しむ大衆的な音楽だった。リスボンのアルファマ地区など、下町には船乗りや沖仲仕、売春婦や失業者、アフリカ人奴隷などが多く住んでいた。こうした人たちが日々のつらい生活のなかで、ひとときの娯楽としてファドを聴き、仲間とともに歌っていた。

ファドという言葉は「運命」や「宿命」を意味するラテン語の"fatum"に由来するといわれる。またポルトガル語の「サウダーデ」という語は、失われたものに対する郷愁、悲しみや懐かしさなどの入り交じった感情である。歌のなかにサウダーデの言葉がよく使われるように、ファドは人々のさまざまな心の感情を表現している。

起源と歴史

かつて南米のブラジル、アフリカやアジアなど世界各地に進出したポルトガルは、植民地から収奪した資源を本国に送り込んだ。それとともに、外国人や異国文化がポルトガルに流入する。リスボンの下町で歌い出されたファドだが、もともとポルトガルにあったという説から、イスラム起源やアフリカ伝来の説まで、その起源には諸説ある。

有力な説のひとつは、ブラジルでアフリカ人奴隷が親しんでいた官能的な音楽舞踊が、リスボンの下町に広まったというもの。それにほかの音楽の要素が加わり、しだいに打楽器の要素が失われ、歌の部分が強調されるようになる。ファドの形式は19世紀に確立され、しだいに庶民の間に広まってきた。そして現代まで受け継がれている。

左／リスボンのファドハウス
下／ファドを描いたアズレージョ

ファドの楽しみ方

　ファドを聴かせる店は「カーザ・ド・ファド」と呼ばれ、リスボンのアルファマ地区やバイロ・アルトに多い。食事もできる店がほとんどで、庶民的な食堂風から一流レストラン並みのところまで、予算に応じて選べる。一般的に高級な店のほうが出演者のレベルも高い。ほかで食事を済ませ、ドリンクだけを注文することもできるが、その場合はミニマムチャージ（最低料金）を設定している店が多い。予約なしでも空席があれば入れるが、人気店や週末は満席になることもあるので、予約しておいたほうが無難だ。

　演奏は 21:00 頃に始まる。ギターをはじめ 3 人くらいの演奏者に、通常 3、4 人のファディスタ（歌い手）が登場し、最終の公演が終わるのは深夜 2:00 頃。帰りが遅くなる場合は店の人にタクシーを呼んでもらおう。

ファド おすすめSPOT

◆ リスボンのカーザ・ド・ファド
　→ P.108 〜 109
◆ アマリア・ロドリゲス記念館
　→ P.85
◆ ファド博物館 → P.91

演奏者の構成

基本は歌い手、ギターラ奏者、ヴィオラ奏者の 3 名。
これに低音ギターのバイシャ・ヴィオラかコントラバスが加わる場合もある。

ファディスタ Fadista

歌い手。女性は黒いショールをまとって歌うことが多い。コインブラ・ファド（→ P.207）の歌い手は男性のみ。

ギターラ Guitarra

6 組の複弦、全 12 弦をもつポルトガルギター。どこか物悲しく、またときには明るいファド独特の旋律を生み出す。

ヴィオラ Viola

一般のクラシックギター。柔らかな音色がギターラの可憐な音色と絡み合い、絶妙なバランスでファディスタの歌声を支える。

ポルトガルの至宝
アズレージョに魅せられて

ポルトガル芸術を語るうえで、必ず紹介されるのがアズレージョ。これは装飾タイルのことで、教会や修道院、鉄道の駅舎、レストランやホテルの内部、民家の外壁など、いたるところで目にすることができる。名所や旧跡だけでなく、人々の暮らしに溶け込んでいるアズレージョに注目してみるのも、ポルトガルを旅する楽しみのひとつだ。

Azulejo Português

ポルトのアルマス礼拝堂は写真映えスポットとしても人気

\訪ねてみたい！/
アズレージョ
Spot 5

アズレージョの見どころはポルトガル各地に点在するが、そのなかから編集部おすすめのスポットをご紹介。

左／建物自体のアズレージョもすばらしい　右／時間をとってじっくり見学したい

国立アズレージョ美術館
かつて修道院だった建物に、アズレージョが年代別に展示されている。アズレージョの歴史を知るうえで欠かせないスポットだ。(→ P.91)

「紋章の間」の狩りを描いたアズレージョ

シントラの王宮
王家の離宮だっただけに、建物を装飾するアズレージョは質・量ともに国内随一といわれる。(→ P.144)

アズレージョの起源とその歴史

イスラム様式の
タイルが伝来

　アズレージョという言葉はアラビア語で「光沢のある小石のモザイク片」を意味する az-zulayj が由来といわれ、15世紀にスペインを経由してポルトガルにもたらされた。16世紀にはスペインのセビーリャ産タイルが輸入され、その一部はコインブラの旧カテドラル（→ P.206）などに今も残る。

幾何学模様が特徴のセビーリャ産タイル。1500 〜 1520年

モジュールタイルの
大量生産時代

　17世紀後半は、国内のみならず植民地ブラジルでも需要が高まったため、大量生産が行われるようになった。製作コストを抑えるため、反復模様を用い、青1色または青・黄2色の規格化されたモジュールタイルが主流になった。

リスボンで作られたモジュールタイル。1650 〜 1670年

アズレージョの大衆化

　1755年のリスボン大地震をきっかけに、装飾より実用的なものとして、一般住宅にもタイルが使われるようになる。また18世紀後半には、ロココ調の優美で繊細なデザインが好まれた。

ロココ調の多色焼きタイル。1750 〜 1775年

15世紀	16世紀	17世紀	18世紀	19世紀	20世紀〜現代

ルネッサンス様式へと変遷

　16世紀に入ると、スペインやイタリアなどからポルトガルにやってきた陶工たちが工房を構え、国内で生産されるようになった。同時に彼らは、ルネッサンス期に生まれたマヨルカ焼き技法をもたらした。それによって、タイルに神話や宗教的モチーフを描いたり、色をつけることが可能となった。

リスボンの守護聖人サント・アントニオを描いたタイル。1560年

デルフトタイルの流行

　中国や日本の磁器の影響を受けたデルフトタイルが、17〜18世紀にかけてオランダで流行。ポルトガルでも青の単色タイルが盛んに作られ、宮殿や教会などの壁面を大きく飾った。

デルフト焼きの影響を受けた絵タイル。1713 〜 1725年

アート作品としての
アズレージョ

　19世紀末〜20世紀初頭には、アールヌーヴォーやアールデコの芸術家たちにより、個性的なアズレージョが作られた。現代の作品としては、リスボンの地下鉄インテンデンテ駅、オリアイス駅などにタイル芸術の傑作を見ることができる。

ボルダロ（→ P.170）によるアズレージョ。19世紀末

今も人の手によって描かれている
アゼイタオンの工房
16世紀の手法でアズレージョを製作しており、作業の見学や絵付けの体験もできる。（→ P.157）

インド攻略を描いた大階段のアズレージョ
パレス・ホテル・ド・ブサコ
王家の離宮がホテルに。建物の内外にアズレージョの装飾が施され、特に大階段は見事。（→ P.215）

サン・ベント駅の構内
ポルトのサン・ベント駅＆
アルマス礼拝堂
サン・ベント駅は、世界で最も美しい駅のひとつに選ばれたこともある。（→ P.241/244）

Gourmet in Portugal
ポルトガルを食べ尽くそう！ グルメ入門

海と山の幸に恵まれたポルトガルには、おいしいものがいっぱい。素朴で飾り気はないけれど、
素材を生かしたあっさり味の料理は日本人にもなじみやすく、どこか懐かしさを感じさせてくれる。
個性豊かなポルトガルワインとともに味わってみよう。

スープとサラダ *Sopa & Salada*

定番

カルド・ヴェルデ
Caldo Verde

ポテトスープをベースに、千切りの
チリメンキャベツを煮込んだもの。
オリーブオイルを加えて食べる。

編集部
おすすめ

クレム・デ・マリシュコ
Creme de Marisco

魚介類のクリームスープ。魚のだし
が効いたこくのある味わいが、クル
トンの香ばしさとマッチする。

アソルダ・アレンテジャーナ
Açorda Alentejana

生のコリアンダーとニンニクをすりつ
ぶし、パンとポーチドエッグを加え
た、アレンテージョ地方のスープ。

定番

ソーパ・デ・レグーメス
Sopa de Legumes

野菜スープ。ポテトスープをベー
スに、ニンジン、青菜などを煮込ん
だ、ポタージュタイプが一般的。

サラーダ・ミシュタ
Salada Mista

ミックスサラダ。レタス、トマト、
キュウリ、ニンジン、タマネギ、オ
リーブなどの入ったものが定番。

サラーダ・デ・ポルヴォ
Salada de Polvo

タコのサラダ。ほかにサラダのバリ
エーションとしては、ツナのサラダ
Salada de Atumなどがある。

米料理 *Arroz*

アローシュ・デ・マリシュコ
Arroz de Marisco

エビ、イカ、アサリ、カニなどが入っ
たシーフードリゾット。コリアンダー
が味にアクセントをつけている。

アローシュ・デ・ポルヴォ
Arroz de Polvo

タコのリゾット。ポルトガル人は日本
人同様、タコをよく食べる。汁気のな
い、タコの炊き込みご飯もある。

編集部
おすすめ

アローシュ・デ・タンボリール
Arroz de Tamboril

アンコウのリゾット。このほかおじ
や風、炊き込みご飯風など、さまざ
まな種類の米料理がある。

バカリャウ・アサード
Bacalhau Assado

バカリャウ（干しダラ）は魚料理で最も大衆的な素材。これは塩抜きしたバカリャウをオーブンで焼いたもの。

定番

サルディーニャス・アサーダス
Saldinhas Assadas

イワシの塩焼き。庶民的なレストランでは、店の外の炭焼き器で焼いてくれる。春から夏にかけてが旬。

バカリャウ・コジード
Bacalhau Cozido

塩抜きした干しダラをゆでたもの。付け合わせのゆでた野菜と一緒に、酢とオリーブ油をかけて食べる。

定番

バカリャウ・ア・ブラス
Bacalhau à Brás

干しダラとタマネギを炒め、千切りのフライドポテトを合わせ、卵でとじたもの。素朴な家庭の味。

カルデイラーダ
Caldeirada

ポルトガル風ブイヤベース。魚介類と野菜をトマトソースで煮込んだシチュー。海辺で食べるとおいしい。

定番

パシュテイシュ・デ・バカリャウ
Pastéis de Bacalhau

干しダラのコロッケ。レストランでは前菜で出てくることが多い。バルの総菜コーナーでも売られている。

バカリャウ・ア・ゴメス・デ・サ
Bacalhau à Gomes de Sá

干しダラとタマネギを炒め、ゆでたジャガイモとゆで卵を合わせたもの、またはオーブンで焼いたもの。

ビッフ・デ・アトゥン
Bife de Atum

マグロのステーキ。ポルトガルでは、脂の少ない赤身の部分を使う。あっさりとした味は日本人好み。

編集部
おすすめ

カタプラーナ
Cataplana

ハマグリ、エビ、腸詰め、野菜などを、カタプラーナと呼ばれる鍋で蒸し煮にしたアルガルヴェ地方の料理。

肉料理 *Carne*

定番

コジード・ア・ポルトゲーザ
Cozido à Portuguesa

各種のソーセージ、肉、野菜、豆を煮込んで、その煮汁で炊いた米を付け合わせた、ポルトガル風ポトフ。

ビッフ・デ・ヴァッカ
Bife de Vaca

牛肉のステーキ。ポルトガルでは牛肉より豚肉のほうがポピュラーだが、もちろん牛肉も食べられる。

編集部
おすすめ

アローシュ・デ・パット
Arroz de Pato

鴨の炊き込みご飯を器に盛ってソーセージを飾り、こんがりとした焦げ目がつくまでオーブンで焼く。

定番

フランゴ・アサード
Frango Assado

ローストチキン。ポルトガルの鶏は味がしっかりしている。シンプルな料理だが、素材がいいのでおいしい。

コエリョ・ア・カサドール
Coelho à Caçador

ウサギ肉のシチュー。日本ではあまりなじみがないが、鶏肉と味が似ていて淡泊なので食べやすい。

シャンファーナ
Chanfana

子ヤギ肉をワインや香草と一緒に煮込んだ、コインブラの郷土料理。見かけよりあっさりしている。

編集部
おすすめ

カルネ・デ・ポルコ・ア・アレンテジャーナ
Carne de Porco à Alentejana

赤ピーマンのペーストで味つけした豚肉とアサリを炒め、コリアンダーとレモン汁で仕上げた料理。

レイタオン・アサード
Leitão Assado

子豚のロースト。生後2週間ほどの子豚をかまどでこんがりと焼く。コインブラに近いバイラーダの料理。

ビフィニョス・デ・ペルー
Bifinhos de Peru

七面鳥のステーキ。ポルトガルでは一般的な七面鳥は、くせがなく淡泊な味なので、日本人にも食べやすい。

デザート *Sobremesa*

プディン・フラン
Pudim Fran

最もポピュラーなデザート。ねっとりとした味わいのプリンはどこで食べてもおいしい。

モロトッフ
Molotofe

メレンゲにカラメルを混ぜ、蒸し焼きにしたもの。フワフワとした口当たりと香ばしいカラメルの香りが◎。

アローシュ・ドース
Arroz Doce

ライスプディング。お米を砂糖とミルクで煮て卵黄を加え、シナモンを表面に飾る。

サラーダ・デ・フルータ
Salada de Fruta

季節のフルーツのシロップあえ。お酒の香りがほのかにして、さっぱりとした味わい。

ムース・デ・ショコラーテ
Moose de Chocolate

ムースは子供たちの大好物。ウイスキーやラム酒をかけて食べると大人の味に変身する。

マッサァン・アサーダ
Maçã Assada

焼きリンゴ。生のリンゴ、オレンジ、メロンなどの果物もポピュラーなデザート。

レストラン利用法

❶ 席に着く
入口のメニューを見て、値段と予算がうまく合ったらいざ足を踏み入れよう。ウエーターが案内してくれなければ、空いている席に座っていい。

レストランの表示。フォークの本数が多いほど高級

❷ 料理を選ぶ
メニューは、スープ、前菜、メインディッシュの魚と肉、そしてデザートで構成されている。メインディッシュには通常、ご飯かポテト、サラダが一緒に盛られているので、よほど大食の人でなければこれ1品で十分。なお「メイア・ドーゼ Meia Dose」は「半分の量」という意味で、普通よりも少なめになる。濃い味が苦手な人は"薄味で Menos sal, por favor"とひと言添えよう。
●メニューの手引き→ P.368 ～ 371

❸ 飲み物
料理が決まったら"お飲み物は？ Para beber?"と尋ねられる。ワイン、ビール、水など、好みのものを注文しよう（→ P.38 ～ 39）。有名なポートワインは、食前・食後酒なので、食事中は飲まない。

❹ デザートとコーヒー
メインディッシュを食べ終わると、"デザートは？ Sobremesa ？"と聞かれる。おなか

前菜とパンはお好みで！
席に着くとオリーブ、チーズ、コロッケといった前菜が出される。これらは別料金なので、食べたくなければ"Não Obrigado"（けっこうです）と言って下げてもらおう。またパンは€1～2程度だが、まったく手をつけなかったら支払う必要はない。最後のお勘定の際 "Eu não comi o pão"（パンは食べていません）と言おう。

前菜のメニューは店によって異なる

がいっぱいなら、コーヒーにとんでしまってもかまわない。ただしカフェといえば Bica と呼ばれるエスプレッソコーヒーを指すので、濃いコーヒーが苦手な人は好みのコーヒー（→ P.38）を注文しよう。

❺ お勘定
ウエーターに"A conta, faz favor"と頼むと、小皿に勘定書が載せられてくる。食べていない前菜やパンの料金が含まれていることもあるので、金額をチェックして、お金を小皿の上に置く。おつりが戻ったら、チップを残して席を立つ。チップはあくまでも気持ちの問題だが、高級レストランなら5～10%、庶民的な店ではおつりの小銭で十分だろう。

チップを置いて席を立つ

飲み物 🍷 *Bebida*

セルヴェジャ *Cerveja*
ビール。瓶入りはガラファGarrafaとも呼ばれ、サグレスとスーパー・ボックが2大ブランド。

インペリアル *Imperial*
生ビール。注文するとビールサーバーからグラスに注いでくれる。

サグレス *Sagres*
ポルトガル大手のビールメーカー。リスボン近郊に工場があり、おもに南部で飲まれる。軽めで、さっぱりとした後味。

スーパー・ボック *Super Bock*
ポルトガルで約42%のシェアを誇る地ビール。ポルトに工場があり、おもに北部で飲まれる。こくがあり、キリッとした後味。

コラル *Corral*
マデイラ島で造られている地ビール。さわやかで、すっきりとしたのどごしのピルスナータイプで、南国の気候によく合う。

パナシェ *Panache*
ビールをレモン味の炭酸飲料で割ったもの。軽くさわやかな味わいで、アルコールが苦手な人でも飲みやすい。

ヴィーニョ *Vinho*
赤ワインはティントtinto、白ワインはブランコbrancoという。普通のレストランなら、ただ赤/白と言えば、ハウスワインを持ってきてくれる。

アグア・ミネラル *Agua Mineral*
ミネラルウォーター。炭酸入りはコン・ガスcon gas、炭酸なしはセン・ガスsem gas。冷えたものはフレスカfresca、常温はナトゥラルnaturalという。

カフェの軽食メニュー

カフェやパステラリアでは、昼に簡単な食事ができる。また1日を通じて食べられる軽食メニューも。小腹がすいたときに利用してみよう。

トシュタ・ミシュタ *Tosta Mista*
薄切りにしたパンにハムとチーズを挟んで、バターを塗ったフライパンなどで焼いたホットサンド

ビファナ *Bifana*
焼いた豚肉、または甘辛いソースで煮込んだ豚肉をパンに挟んだ、ポルトガルの代表的なファストフード

プレーゴ *Prego*
牛肉のステーキをパンに挟んだポルトガル風ハンバーガー。ボリュームがあるので軽い食事にもおすすめ

コーヒーとお茶 ☕
Café & Chá

カフェ *Café*
エスプレッソ。リスボンではビッカBica、ポルトではシンバリーノCimbalinoと呼ばれる。

カフェ・クルト *Café Curto*
コーヒー豆の量はカフェと同じだが、水を少なくしたもの。カフェより濃い。

カフェ・シェイオ *Café Cheio*
エスプレッソと同じ濃さのコーヒーが、カフェと同じカップに多めに注がれたもの。

カフェ・ピンガード *Café Pingado*
カフェにミルクを数滴たらしたもの。ポルトなど北部ではピングPinguと呼ばれる。

ガロット *Garoto*
ミルクにコーヒーを少しだけ入れたもの。カップの大きさは一般のカフェと同じ。

メイア・デ・レイテ *Meia de Leite*
コーヒーとミルクが半々のミルクコーヒー（カフェオレ）。大きなコーヒーカップで出てくる。

ガラオン *Galão*
メイア・デ・レイテと同じミルクコーヒーだが、グラス入りで量が多い。

アバタナード *Abatanado*
コーヒーをお湯で割った、ポルトガル風のアメリカンコーヒー。

シャー・デ・リマオン *Chá de Limão*
レモンの皮をカップに入れ、お湯を注いだレモンティー。

ポルトガルワインの楽しみ方 Portuguese Wine

地方によって気候や土壌が異なるポルトガルは、個性豊かなワインの宝庫。
現在19の原産地管理呼称地域（D.O.C）があり、
厳しい品質管理のもとに良質のワインが生産されている。
そのなかから特におすすめの産地とワインを紹介しよう。

❶ ブラガ●
❷ ●ヴィラ・レアル ❸
❹ ●ヴィゼウ ❺
リスボン● ❻
❼
❽ ●フンシャル

❶ ヴィーニョ・ヴェルデ
Vinho Verde

「緑の（若い）ワイン」という名のとおり、完熟前のブドウから造られる。そのためアルコール分も低く、酸味が強く軽い炭酸を含む。さわやかな口当たりで、特にシーフードと相性がいい。

Alvarinho Soalheiro
Terramatter 2017
（€ 15.45）

❷ ヴィーニョ・ド・ポルト
Vinho do Porto

ドウロ川上流で栽培されたブドウを使い、河口の町ポルトで熟成される。途中アルコールを加えることで発酵を止め、ブドウの自然な甘みを残した酒精強化ワインの一種。詳しくは→P.246。

Nieporto
20years Old Tawny
（€ 50）

→P.246

知っておきたいワイン用語

◆甘口：ドース doce
◆辛口：セコ seco
◆中辛：メイオ・セコ meio seco
◆銘柄：マルカ marca
◆ハウスワイン：
　ヴィーニョ・ダ・カーザ
　vinho da casa
◆ワインリスト：
　リスタ・デ・ヴィーニョス
　lista de vinhos

❸ ドウロ
Douro

産地はドウロ川流域。なかでもごく少量しか造られないバルカ・ヴェーリャと呼ばれる銘柄は、伝説のワインとして珍重されている。赤が中心だが、繊細な香りをもつ辛口の白も造られる。

Casa Ferreirinha
Quinta da Leda 2016
（€ 38.40）

❹ バイラーダ
Bairrada

ポルトとコインブラの間、ダオンの西に位置する歴史の古いワイン産地。ここの赤ワインの特徴は、バガという小粒で濃厚な品種のブドウを使うこと。タンニンと酸を多く含み、色合いも濃厚。

Quinta das
Bágeiras Garrafeira
2015（€ 25）

❺ ダオン
Dão

ヴィゼウを中心とした、ダオン川流域の丘陵地帯で造られる。ポルトガルを愛した作家・檀一雄が、自分の名前と似ていたため愛飲したことでも知られる。赤ワインは強く重厚な風味がある。

Quinta de Lemos
Dona Georgina 2011
（€ 34）

❻ セトゥーバル
Setúbal

リスボンの南、大西洋に流れ込むサド川地域。マスカットから造られるモシュカテル・デ・セトゥーバルは、甘いデザートワインで有名。白ワインが有名だが、濃厚な赤ワインも生産されている。

Jose Maria
da Fonseca Hexagon 2014
（€ 41.60）

❼ アレンテージョ
Alentejo

近年注目を集めている産地。以前から一部の愛好家の間では「ポルトガルの隠れた最大の宝」と評されてきた。重厚かつまろやかな風味をもつ赤が中心だが、フレッシュな白もおすすめ。

Casa Blanca
Mouchão 2013
（€ 39.90）

❽ マデイラ
Madeira

大西洋に浮かぶマデイラ島で造られる。ポートワイン、スペインのシェリーと並ぶ、世界3大酒精強化ワインのひとつ。芳醇な香りと味わいが特徴で、食前・食後酒として楽しむのが一般的。

Blandy's Verdelho
2000
（€ 60.70）

撮影協力：ガラフェイラ・ナシオナル（→P.130）※価格は参考

ポルトガルの**スイーツ**に夢中!

グアルダナップ
Guardanap
折ったナプキンの形に見たてたお菓子。スポンジ生地に卵黄のクリームがサンドしてある

パポ・デ・アンジョ
Papo de Anjo
「天使ののどぼとけ」という意味。卵黄と砂糖で作られていて、口の中でフワフワと溶ける感じ

ケック Queque
一般的なカップ型のバターケーキ。英語の「ケーキ」がなまって「ケック」になったそうだ

人気 Best1

パステル・デ・ナタ
Pastel de Nata
ポルトガルでは「ナタ」と呼ばれるエッグタルト。特にベレンのものが有名(→ P.119)

人気 Best2

ケイジャーダ Queijada
チーズタルト。シントラのものが有名だが、地方によって少しずつレシピや味に違いがある

エクレアみたいな形

ティビア Tibia
骨に見たてたシュー菓子。生クリームと卵黄クリームを混ぜたものが中に入っている

バルキーニョス
Barquinhosa
港町ナザレ発祥の焼き菓子。舟のような形をしていて、チョコレートが塗られたものもある

小舟という名の焼き菓子

ポルトガルの伝統菓子

パオン・デ・ロー
Pão de Ló
日本のカステラの原型と考えられている。もともとはポルトガル各地で守護聖人へのお供え物として焼かれていたもので、現在も復活祭には欠かせないお菓子。特にポルトガル北部でよく食べられる。

フィオス・デ・オヴォシュ
Fios de Ovos
伝統菓子のなかでもかなり古く、大航海時代に海外へ伝えられた。日本では「鶏卵そうめん」として、昔とほぼ同じ製法で作られる。ポルトガルでは全国的に作られ、ほかのお菓子の材料にも用いられる。

コンフェイト
Confeito
日本の「金平糖」のもとになった砂糖菓子。ポルトガルでは一般的に聖週間に食べられる。首都リスボンには少ないものの、コインブラやポルト、アソーレス諸島などでいまも細々と作られている。

カステラやボーロといった南蛮菓子のふるさと、ポルトガル。
お菓子屋さんやカフェには、素朴で懐かしい味のお菓子が並ぶ。
コーヒーやお茶を飲みながら、じっくり味わってみよう！

フランス生まれの
パイ菓子

日本のおまんじゅう
みたいな味

パステル・デ・フェイジャオン
Pastel de Feijão
白豆をペースト状に練り潰して焼い
たお菓子。アーモンドの香りも効い
ている独特な味わい

パルミエール Palmier
日本の「源氏パイ」のもとに
なったお菓子。ヤシの葉をか
たどっている

ザラメ・デ・ショコラーテ
Salame de Chocolate
砕いたクッキーが入ったチョコレー
トケーキ。店で頼むとサラミのよう
に薄切って出される

人気
Best **3**

中にはとろりとした
卵黄クリーム

ボーラ・デ・ベルリン
Bola de Berlin
直訳すると「ベルリンのボール」。たっぷ
りのカスタードクリームを挟んだ揚げド
ーナツ

ミニ・トルタ Mini Torta
オーソドックスな小さなロールケ
ーキ。中にとろりとした卵黄のク
リームが入っている

ボーロ・デ・アローシュ
Bolo de Arroz
米粉を使ったカップケー
キ。素朴な味で、控えめ
な甘さなので朝食にも適し
ている

パステル・デ・テントゥガル
Pastel de Tentúgal
紙のように薄くのばした生地で卵黄クリームを
包んで焼いたパイ菓子。コインブラ近くのテン
トゥガル村に伝わる修道院菓子

国内ではさまざまな伝統菓子がいまも女性たちの手によって作られている。なかにはかつて日本に
伝えられた南蛮菓子のルーツもあり、そんな「海を渡ったお菓子」を求めて旅するのも楽しい。

フィリョーシュ
Filhós

クリスマスや聖週間などキリ
スト教の行事には欠かせない揚
げ菓子。日本にはキリスト教と
ともに伝えられたが、禁教令の
発令によってその姿を「がんもど
き」に変え、現在にいたっている
と考えられる。

モルガディーニョス・デ・アメンドア
Morgadinhos de Améndoa

南部の銘菓で、アーモンドか
ら生地を作り、果物や動物など
をかたどったもの。その姿形は
和菓子の練りきりにそっくり。日
本の熊本では、男の子が生まれ
た家は練りきりで大きなコイを
作ってお祝いする。

ボーロ・レイ
Bolo Rei

王さまのお菓子という意味の
菓子で、クリスマスから年末年
始にかけて食べられる。中には
ファヴァ（乾燥そら豆）が入って
おり、それに当たった人はもう
ひとつのボーロ・レイを買わな
ければならない。

憧れのポザーダに泊まる *Pousadas*

ポザーダは、古城や修道院など歴史的建造物を改装したり、景勝地に建てられた、ポルトガルらしさを満喫できるホテル。ポルトガルに点在する計 37 軒のうち、特に人気の 5 軒を紹介。

オビドス 石造りの城で中世にタイムトリップ

カステロ・オビドス
Pousada Castelo Óbidos DATA：P.166

歴代の王妃に愛されてきた美しい村オビドス。15世紀の城を改修したポザーダは、白い家並みを囲む城壁の頂に建っている。3つある塔の内部はスイートルームになっており、1階がバスルーム、2階が寝室という贅沢な造り。中世の王族になったような優雅な気分で眠りにつきたい。

❶丘の上に建つ中世の古城を改装したオビドスのポザーダ
❷村を見下ろすテラスで朝食やお茶を楽しみたい
❸石壁が重厚なスイートのベッドルーム

リスボン 目の前に絶景が広がる

アルファマ
Pousada Alfama DATA：P.132

歴史的建造物を修復し、2023年4月にオープンした、リスボンでは2軒目となるポザーダ。アルファマ地区の一等地にあり、目の前の展望台からの眺めがすばらしい。1階のカフェバーは宿泊客以外でも利用でき、優雅な気分に浸れる。

❶伝統と現代が調和した客室はエレガントな雰囲気
❷観光客に人気の市電28番が走る通りに面している
❸リスボン出身のアーティスト、ボルダロ・セグンドの作品が迎えてくれるカフェのテラス席

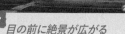

ギマランイス 建国の地にそびえる壮麗な修道院

モステイロ・デ・ギマランイス
Pousada Mosteiro de Guimarães DATA：P.259

　ポルトガルの初代国王、アフォンソ・エンリケスが生まれた町ギマランイス。小高い丘の中腹に建つポザーダからは、世界遺産に登録された歴史地区とその向こうに広がる山並みを一望することができる。居心地のよいサロンやバー、また広大な庭園には眺めのよいプールもあり、静けさのなかでくつろいだ滞在が楽しめる。

❶まるで宮殿のようなたたずまいの立派な外観
❷すてきな夢が見られそうな天蓋付きベッド
❸石のアーチが歴史を感じさせるレストラン

ヴィアナ・ド・カステロ 山頂から「リマの女王」を見下ろす

ヴィアナ・ド・カステロ
Pousada Viana do Castelo DATA：P.271

　ミーニョ地方にあるヴィアナ・ド・カステロは、「リマの女王」と呼ばれる美しい町。サンタ・ルジア山頂に建つポザーダからは、その町並みとリマ川、そして大西洋が一望できる。刻々と表情を変える眺望を楽しみながら、贅沢な一夜を過ごしたい。

❶レストランからの眺めもすばらしい　❷ナチュラルカラーでまとめられた、居心地のよい客室　❸ソファが置かれたサロンでくつろぐ

エストレモス ポルトガルいち美しい王妃の城

カステロ・エストレモス
Pousada da Castelo Estremoz DATA：P.299

　城壁に囲まれた町の頂に、威容を誇る13世紀の城がそびえる。ディニス王によって王妃として迎えられたイザベルはこの城に暮らし、数々の奇跡を起こして後に聖女となった。サロンや塔から、白壁の家並みとアレンテージョ地方の田園風景が一望できる。

❶眺めのよいサロンでお茶が楽しめる　❷中庭を抜けて塔に上ってみよう　❸アンティークの家具が置かれた客室

悠久の歴史と美しい自然に触れる
ポルトガルの世界遺産

太古の岩絵から大航海時代のモニュメントまで、
日本の4分の1ほどの国土に17もの世界遺産があるポルトガル。
歴史と文化が刻まれた遺産を巡ってみよう。

❶ リスボンのジェロニモス修道院とベレンの塔 → P.99～103

いずれもマヌエル1世の命により16世紀に造られた、ポルトガル黄金期を象徴する建造物。かつて新大陸に向けて船が出航したリスボンのベレン地区にある。

❷ シントラの文化的景観 → P.142

夏の避暑地として王侯貴族に愛され、イギリスの詩人バイロンが「エデンの園」と呼んだ美しい町。王宮のほか丘の上にはペーナ宮殿やムーアの城跡がある。

❸ マフラの王家の建物 → P.149

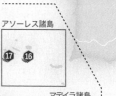

リスボン郊外の小さな町に、18世紀にジョアン5世が建てた巨大な宮殿兼修道院がそびえる。周辺のセルク庭園と狩猟公園も世界遺産に登録されている。

❹ アルコバサ修道院 → P.179～181

ポルトガル建国の祖アフォンソ・エンリケスが1152年に建立。シトー会の精神を反映した修道院内に、悲恋の主人公ペドロとイネスの棺が置かれている。

❺ バターリャ修道院 → P.183～185

カスティーリャ軍を破ったジョアン1世が、勝利を聖母マリアに感謝して1388年に着工。ポルトガル独立を象徴する修道院で、マヌエル様式の回廊が美しい。

❻ トマールのキリスト教修道院 → P.191～193

テンプル騎士団によって12世紀に創設された、ポルトガル最大の修道院。後にキリスト騎士団に引き継がれ、エンリケ航海王子の団長時代に最盛期を迎えた。

❼ コインブラ大学 ──アルタとソフィア → P.200

1290年創立の、ヨーロッパでも屈指の伝統を誇るコインブラ大学。丘の上のアルタ地区にある大学の建造物群と下町のソフィア地区が世界遺産に登録されている。

アソーレス諸島

マデイラ諸島

8 ポルト歴史地区 →P.234

ドウロ川河口の丘陵に広がるポルトの街。川を挟んで北側はカテドラルや教会など歴史的建造物が多く、南側にはポートワインの酒蔵が点在している。

10 ブラガの ボン・ジェズス・ド・モンテ聖域 →P.262

「祈りの町」と呼ばれるブラガ。山頂に建つボン・ジェズス教会にいたる約600段の階段には、キリストの受

難を表す礼拝堂が並び、巡礼者は祈りを捧げながら歩いて上る。

12 コア渓谷の先史時代の岩壁画 →P.280

ドウロ川支流のコア渓谷で発見された、旧石器時代の岩絵群。動物などをモチーフにした線画が岩壁に描かれ、「世界で最も大きな野外博物館」と呼ばれる。

14 エルヴァスとその要塞群 →P.300

スペイン国境までわずか12km、世界最大級の星形要塞に囲まれた旧市街と、周辺にあるふたつの要塞、アモレイラの水道橋が世界遺産に登録されている。

16 アソーレス諸島の アングラ・ド・エロイズモ →P.337

テルセイラ島の南岸に位置し、新大陸への中継地として発展した港町。1980年の大地震で被害を受けたが、現在はかつての美しい町並みに復興されている。

9 ギマランイス歴史地区 →P.256

ブルゴーニュ王朝を開いた初代ポルトガル国王、アフォンソ・エンリケスが生まれた町。城や教会など史跡も多く、町並みは中世のたたずまいを色濃く残す。

11 ドウロ川上流 ワイン生産地域 →P.278

川の両側の急斜面にブドウ畑が広がる、世界的に有名なワインの産地。ここで収穫されたブドウは、ポルトの酒蔵で熟成され、芳醇なポートワインとなる。

13 エヴォラ歴史地区 →P.284

ローマ人によって築かれたアレンテージョ地方の古都。ローマ時代の城壁や神殿をはじめ、各時代の建造物が保存され、町全体が博物館のようになっている。

15 マデイラ島の月桂樹林 →P.328

温帯から亜熱帯まで多様な植生が見られるマデイラ島。ヨーロッパ大陸では氷河期に消え去ってしまった太古の森が、温暖な気候に守られて生き残っている。

17 ピコ島のブドウ園 文化の景観 →P.338

アソーレス諸島で2番目に大きなピコ島。大西洋から吹きつける潮風からブドウを守るため、畑は小さな石を積んだ細長い壁に囲まれ、独特な景観を造り出している。

メイド・イン・ポルトガルの

作り手のぬくもりが感じられる手工芸品、ポルトガルのシンボルであるニワトリや

ガログッズ

ココ！

ポルトガルみやげの
定番、ガロの置物

背中が爪楊枝入れに
なっている

あると便利なマグネット

ガロってなに？

バルセロス（→P.267）の町に伝わる「奇跡の雄鶏伝説」にちなんだニワトリ。幸運を呼ぶラッキーアイテムとして愛されている。

刺繍 & 装飾品

ポルトガル北部に伝わる恋文ハンカチ。その昔、女性が愛の言葉を刺繍して好きな男性に贈ったという

マデイラ刺繍のランチョンマット。ハンカチやテーブルクロスなどさまざまなアイテムがある

金や銀を延ばしてレースのように編んだ伝統工芸品、フィリグラーナのペンダントヘッド ①

ポルトガル北部の民俗衣装で身につける、刺繍が施された革製のスリッパ

イワシグッズ

イワシを盛りつけたいホーロー製プレート

Tシャツにもイワシ！

イワシのイラストがかわいいノート

ファドシンガーが描かれたイワシ型の置物 ②

陶磁器 & アズレージョ

コインブラ郊外で作られるコニンブリガの陶器（→P.209）は、植物や動物を描いた繊細な模様が特徴

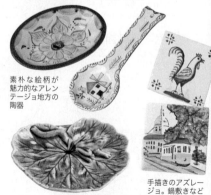

素朴な絵柄が魅力的なアレンテージョ地方の陶器

カエルがシンボルのボルダロ・ピニェイロ（→P.170）の陶器

手描きのアズレージョ。鍋敷きなどに加工されているものもある

キュートな雑貨にひとめぼれ♥

イワシグッズなど、 自分好みの逸品を見つけよう!

コルク製品

軽くて断熱性があり、水にも強いコルクは帽子にも最適 ③

生産量・品質ともに世界一のポルトガルのコルクはさまざまなアイテムに加工されている ③

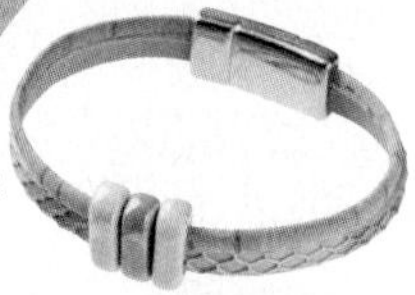

コルクがおしゃれなブレスレットに ③

ウール＆布製品

ポルトガル中部の山岳地帯で昔から作られてきた毛織物を、モダンなデザインのブランケットに ④

足元を温かく包んでくれる、フェルトと羊毛のスリッパ

伝統的な柄の布地で作られたポーチ ⑤

ポルトガル製のコットンやリネンは上質でお手頃価格 ⑥

工芸品

バルセロス製のブリキのジョウロ

バルセロス（→P.267）で作られるユーモラスな土人形。キリスト教をモチーフにしたものが多い

クリスマスシーズンに飾られるプレゼピオ人形 ⑦

アシで編んだ伝統的なカゴバッグ

ソープ

イワシをかたどったソープ。使うのがもったいない！⑨

1887年創業の老舗「クラウス・ポルト」の香り高い高級石鹸 ⑧

街のイラストが描かれた「シティコレクション」⑨

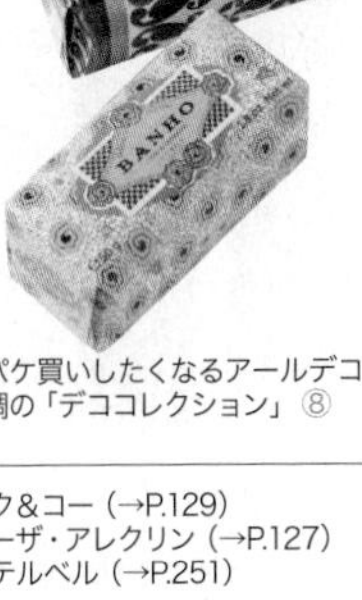

パケ買いしたくなるアールデコ調の「デココレクション」 ⑧

Shop List

① オウリヴェザリア・ダ・モーダ（→P.129）
② ヴィスタ・アレグレ（→P.128）
③ コルク＆コー（→P.129）
④ ブレル（→P.129）
⑤ アルマゼン・ドス・リニョス（→P.251）
⑥ テレーザ・アレクリン（→P.127）
⑦ ア・ヴィダ・ポルトゲーザ（→P.130）
⑧ クラウス・ポルト（→P.252）
⑨ カステルベル（→P.251）

※番号のない商品は一般的なみやげ物店などで見つけられる

ポルトガルの味 をお持ち帰り

おいしいもの たくさん！

大切な人や自分へのおみやげに、専門店で購入できる"ちょっといいもの"をご紹介！

Foods

⑭€2.75 ⑰€2.29

魚の缶詰
1930年創業の老舗店の缶詰はレトロなパッケージが人気。バカリャウ、イワシ、アジなど種類も豊富 ⓒ

€4.50

マラクージャのジャム
アソーレス諸島で栽培されたマラクージャ（パッションフルーツ）とパイナップルを使用 Ⓑ

€5.42

アソーレスのチーズ
サン・ジョルジュ島の独特な自然環境から生み出される希少なチーズ。熟成が進むほど濃厚な味わいに。写真は4ヵ月熟成 Ⓑ

€2.50

ピリピリ・ソース
ポルトガルの家庭料理「ピリピリチキン」に欠かせないトウガラシソース Ⓑ

€15.95

イワシの卵の缶詰
希少なイワシの卵をオリーブオイルに漬けたもの Ⓐ

€6.95

チョリソー
バランコス地方で作られる高級チョリソー。日本には持ち帰れないので、ホテルでワインのお供に Ⓐ

€4.50

イワシのパテ
トマト味のパテは、パンやクラッカーに塗っておつまみに Ⓐ

各€3.50

フロール・デ・サル
「塩の花」と呼ばれる高級天然海塩。左はローリエ・オリーブ・ニンニク味、右はレモン・ラベンダー味 Ⓐ

€4.95

€5.50

オリーブのペースト
ピリ辛味なのでおつまみにぴったり。パスタに入れても◎ Ⓐ

ドーセ・デ・バタタ
サツマイモのペースト。パンに塗るほか、料理やお菓子にも使える Ⓑ

ピリピリ・オリーブオイル
ピリピリ（トウガラシ）を漬け込んだスパイシーなオイル Ⓐ

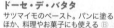

€3.25

Shop List
Ⓐ メルセアリア・ポッソ・ドス・ネグロス（→P.131） Ⓑ メルセアリア・ドス・アソーレス（→P.131）
Ⓒ コンセルヴェイラ・デ・リスボア（→P.131）
Ⓔ コンパニーア・ポルトゲーザ・ド・シャー（→P.130）　　　Ⓓ エクアドル（→P.252）

48

Sweets

各€9.50

€10.50

チーズタルト
ポルトガルではケイジャーダと呼ばれる伝統的なお菓子。これはアソーレス諸島サン・ミゲル島で作られたもの Ⓑ

チョコレート
ポルトに本店がある「エクアドル」の高級板チョコ。ポートワインやフルーツを使ったものなどフレイバーが豊富 Ⓓ

€3.80

ビスケット
リスボンの南にあるアゼイタオンに伝わる、S型に焼いた素朴なビスケット Ⓐ

Tea

シャー・ブランコ
アソーレス諸島サン・ミゲル島の「ホワイト・ティー」と呼ばれる希少な茶葉。25g入り Ⓔ

€12

€5.35

€13

グリーンティー
アソーレス諸島でオーガニック栽培された茶葉はデリケートな味わい。60g入り Ⓔ

オレンジ・ペコ
ヨーロッパ唯一の紅茶の産地として知られるアソーレス諸島で、新芽から2番目に若い葉を摘み取ったもの Ⓑ

Wine & Liqueur

各€2.75

各€4.99

フルーツのリキュール
パッションフルーツやパイナップルなどアソーレス諸島のトロピカルフルーツを使用。ミニボトル入り Ⓑ

ワイン&リキュール
60ml入りのミニサイズなので、おみやげに最適。左からポートワインのタウニー、オビドスのジンジャ（サクランボのリキュール）、パステル・デ・ナタ（エッグタルト）味のリキュール Ⓑ

ポルトガルは缶詰大国

大西洋に面したポルトガルでは、水産加工業が盛んで、缶詰のバリエーションも豊富。100年以上の歴史をもつ缶詰メーカーもあり、昔から変わらないレトロなパッケージがポルトガルらしいと人気を呼んでいる。スーパーやみやげ物店で販売されているほか、専門店もある。

お気に入りのデザインをおみやげに

ここでGET!

おしゃれな缶詰専門店
ロジャ・ダス・コンセルヴァス
Loja das Conservas
ポルトガル魚介類缶詰協会が運営するアンテナショップ。300種類以上の缶詰が会社別に陳列されている。リスボン店には缶詰を使った料理を提供するレストランも併設。

缶詰の種類の多さにびっくり！

▶リスボン店
MAP：P.64/C1
🏠 Rua do Arsenal 130　☎911 181 210
🕐 月～木10:00～20:00、金・土10:00～21:00、日12:00～20:00

▶ポルト店
MAP：P.237/B2　🏠 Rua de Mouzinho da Silveira 240　☎960 472 930　🕐 月～金11:00～17:30、土・日11:00～18:00

プチプラが うれしい♪ スーパーマーケットへ行こう

ポルトガルらしい食材やお菓子など、おみやげにいいアイテムが安く手に入るスーパーは旅行者の強い味方！ ※ ℗マークのある商品は「ピンゴ・ドーセ」のプライベートブランド

各€1.39

魚のペースト
イワシ（左）とツナ（右）のパテはパンに塗って。食べきりサイズ4個入り ℗

€1.65

オリーブの実
ニンニク入り。味がしっかりとついていて、おつまみにぴったり ℗

€1.19

ポテトチップス
オリーブオイルで揚げてある。薄めで軽くて食べやすい ℗

€1.09

細切りポテトチップス
スナックとして食べられるだけでなく、ポルトガルの伝統的な料理にも使われる ℗

€0.55

ミニパスタ
アルファベットの形がかわいい。ゆでてサラダやスープの具に。250g入り ℗

€0.89

魚介スープの素
エビのだしがきいたインスタントスープ。超お手軽に魚介の味が楽しめる ℗

€3.57

ハチミツ
南部アルガルヴェ地方で採蜜された、オレンジの花のハチミツ。ほんのりとした香りがポイント ℗

€1.79

フロール・デ・サル
「塩の花」と呼ばれる、上質な海の粗塩。トマトにかけるのがおすすめ ℗

€1.69

ブラックチョコレート
ポルトガルの良質なオレンジとアーモンドが入ったビターなチョコ ℗

€0.85

赤ピーマンのペースト
家庭料理には欠かせない調味料。豚肉や鶏肉をマリネしたり、炒め物に入れたりするとコクが出る ℗

€1.49

プディン・フランの素
ポルトガル人が大好きな、超濃厚タイプのプリンがお手軽に作れる

€2.09

イワシの缶詰
薄く切ったフランスパンをトーストし、トマトやタマネギをのせてオードブルに

€2.79

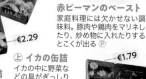

€2.29

Ⓛ イカの缶詰
イカの中に野菜などの具がぎっしり詰まっている。白米にもジャガイモにも合う

Ⓣ ムール貝の缶詰
酢漬けにしたムール貝はサラダに入れたり、手軽なおつまみとして

€1.79

ミルクチョコレート
キャラメルコーティングしたアーモンドと塩入り。甘じょっぱ党にはたまらない！ ℗

ここでGET！

ポルトガルのおもなスーパー

ピンゴ・ドーセ Pingo Doce
約470の店舗をもつ、ポルトガルを代表する大手スーパー。プライベートブランド商品の品揃えが豊富で、質がよく手頃なので人気がある。
▶リスボン店→P.126

pingo doce

ミニプレッソ Minipreço
400店舗以上を展開するディスカウントスーパー。都市部に多い「Minipreço Express」は小規模で、コンビニのような存在。総菜も売られており、何かと便利だ。

Ⓜ mini preço express

レジでの支払い方法

1 自分でカゴから商品を取り出してベルトコンベアの上に載せたら、前後の人の商品と間違われないように仕切り板を置く。

2 順番がきたら店員さんに「オラ！」とあいさつ。クレジットカードは端末に差し込んで暗証番号を入力するかタッチ決済で。

3 支払後、商品を自分で袋に詰める。レジ袋（有料）が欲しい場合は「ウン・サコ・ポルファヴォール」と言う。

リスボンのアルファマ地区を市電が走る

リスボンとコスタ・デ・リスボア
Lisboa & Costa de Lisboa

リスボンとコスタ・デ・リスボア
Lisboa & Costa de Lisboa

▎気候

リスボンは東京に比べると温暖で過ごしやすい気候だ。夏は気温が30度を超える日があるものの、湿気が少ないので日陰や屋内は涼しく、夜は快適に就寝できる。10月から翌年3月までは雨が降る日も多いが、冬の気温はめったに氷点下にはならない。

▎周遊のヒント

リスボンから近郊の町へは、バスの路線網が充実している。ただしバス会社や発着するターミナルがそれぞれ異なるので、本書の各都市のアクセス欄を参照しておこう。一部の町へは列車でも行ける。不安な人はリスボンの観光案内所で尋ねてみよう。

▎おもな祭りとイベント

●リスボン・ハーフマラソン
Meia Maratona de Lisboa
リスボン ………………………… 3/10（'24）
●国際インディーズ映画祭　Indie Lisboa
リスボン …………………… 5/23 ～ 6/2（'24）
URL indielisboa.com
●現代アートフェア　ARCO Lisboa
リスボン ……………………… 5/23・24（'24）
URL www.ifema.es/en/arco/lisboa
●聖アントニオ祭　Festas de Santo António
リスボン（コラム→ P.89）………… 6/12・13
●シントラ音楽祭　Festival de Sintra
シントラ ………………………… 6月中旬～下旬
URL festivaldesintra.pt

リスポンとコスタ・デ・リスポアで
楽しみたいことベスト5

1 シントラのレガレイラ宮殿で 秘密のらせん階段を下りる

大富豪によって19世紀末に造られた宮殿と庭園は、まるで迷宮にさまよいこんだかのよう。秘密の階段や迷路、洞窟など写真映えする場所がたくさんあり、観光客に人気のスポットになっている。→ P.145

レガレイラ宮殿の庭園にある階段

2 ユーラシア大陸最西端のロカ岬で 大西洋の海原を眺める

最果ての地ともいえる、ユーラシア大陸最西端のロカ岬。シントラの市内観光と合わせて訪れるとよい。大西洋から吹きつける風を感じながら、大航海時代に思いをはせよう。→ P.152

最西端の断崖の上に石碑が立っている

3 セジンブラの美しいビーチで のんびりと海水浴をする

夏にはリスボンからの行楽客が多いが、外国人旅行者も安心して海水浴が楽しめるのがセジンブラの美しい砂浜。国内有数の漁港の町としても知られており、新鮮な魚介を使った料理が食べられる。→ P.153

美しいビーチが広がっていて砦も残る

4 セトゥーバルのサン・フェリペ城で サド川を一望

国内第4の人口規模を擁する町で、サド川の河口にひらけている工業都市セトゥーバル。丘の上にサン・フェリペ城が残っており、テラスのカフェから眺める町並みとサド川は絶景だ。→ P.155

南側にはトロイア半島も見える

5 アゼイタオンの工房で アズレージョ造りを見学

色鮮やかな装飾タイルのアズレージョ。昔ながらの手法で職人たちによって造られている工房がアゼイタオンにある。作業の様子を工房で見学し、おみやげに気に入った商品を購入したい。→ P.157

色とりどりなアズレージョが作られている

リスボンとコスタ・デ・リスボア

イントロダクション

リスボンでしたいこと ベスト 10

リスボンの夜はファドで更ける

1 市電に揺られてリスボン散歩

20世紀初頭から使われているレトロな市電は、旅行者に人気のリスボン名物。特に観光に便利な28番は、アルファマ地区の狭い通りをすり抜けるようにして走り、まるで遊園地の電車に乗っているように楽しめる（→ P.92）。

市電に乗ってリスボン観光に出かけよう

2 ファドを聴いてサウダーデを感じる

リスボンの下町で生まれたといわれるファドは、人生の喜びや悲しみ、郷愁の思いなどを奏でる民衆音楽。カーザ・デ・ファドと呼ばれるレストランで、本場の歌声に耳を傾け、ポルトガル人の魂に触れてみたい（→ P.30、108）。

車も通れない細い路地が続いている

3 アルファマで庶民の暮らしに触れる

サン・ジョルジェ城の麓に広がるアルファマ地区は、リスボンで最も古い街並みを残すエリア。迷路のような路地を歩けば、洗濯物がはためき、イワシを焼く煙が漂ってくる。人々の日常生活を垣間見られる場所だ（→ P.86）。

4 レトロなエレベーターに乗る

低地バイシャと高地バイロ・アルトを結ぶ巨大な鉄塔、サンタ・ジュスタのエレベーター。1902年完成の木製エレベーターに乗って展望デッキに上れば、サン・ジョルジェ城をはじめリスボンの街並みが一望できる（→ P.78）。

夜は美しくライトアップされる

5 ビッカのケーブルカーで記念撮影

坂道の多いリスボンで市民の足として活躍しているのが、市内に3ヵ所あるケーブルカー。なかでもテージョ川を背景に走るビッカのケーブルカーは、リスボンを象徴する風景として、絵はがきや映画にもよく登場する（→ P.83）。

これぞリスボン！といった風景

6 展望台から リスボンの街並みを 眺める

「7つの丘の街」と呼ばれるリスボンには、サン・ジョルジェ城（→ P.89）をはじめ、数多くの展望スポットがある。なかでも、バイロ・アルト地区のサン・ペドロ・デ・アルカンタラ展望台（→ P.84）は、夕景が美しいことで有名。

グラサ展望台（→ P.86 側注）から市街を望む

7 グルメ市場で ポルトガル料理を 食べる

リベイラ市場（→ P.120）やカンポ・デ・オウリケ市場（→ P.121）にはフードコートがある。有名レストランの支店も入っているので、好みに応じてポルトガルの味を楽しもう。

生の肉を選ぶとその場で焼いてくれる

8 ベレン地区で 大航海時代に思いをはせる

リスボン西部、テージョ川の河口に位置するベレン地区は、かつて新大陸に向けて船が出航した歴史的なエリア。世界遺産に登録されているジェロニモス修道院やベレンの塔などを訪れ、大航海時代のロマンを感じてみたい（→ P.98）。

かつては要塞だったベレンの塔

ベレンに行ったら立ち寄るべし

9 ポルトガルで一番 おいしいナタを食べる

ポルトガルで最もポピュラーなお菓子パステル・デ・ナタは、クリームたっぷりのエッグタルト。ジェロニモス修道院から伝わったレシピを守る創業 1837 年の老舗、パステイス・デ・ベレンで絶品ナタを味わってみて！（→ P.119）

皮はパリパリ、クリームはとろり

線路に沿った壁にグラフィティが描かれたグロリア線ケーブルカー

10 ストリートアートを楽しむ

古きよき旅情を感じさせるレトロな街並みが魅力のリスボンだが、近年はカラフルでポップなストリートアートが増えている。映える写真を撮影して、SNS にアップしてみては？（→ P.124）

サン・ジョルジェ城からリスボンの街とテージョ川を一望する

Porto●

リスボン

アクセス

ポルトから

🚄 カンパニャン駅から AP または IC で 2 時間 50 分〜3 時間 10 分、毎時 1〜2 便。

🚌 カンパニャン・バスターミナルから 3 時間 15 分〜4 時間 15 分、毎時 2〜3 便。セッテ・リオス・バスターミナル行きとオリエンテ・バスターミナル行きがある。

世界遺産

リスボンのジェロニモス修道院とベレンの塔
（1983年登録）

　リスボン（ポルトガル語ではリシュボアと発音する）は、大西洋に注ぐテージョ川の河口から約12km上流の右岸に位置する、ヨーロッパ大陸最西端の首都。ギリシア神話の英雄オデュッセウスによって築かれたという、ヨーロッパの都市のなかでも有数の美しさを誇るリスボンにふさわしい伝説をもつ。「7つの丘の街」と呼ばれる起伏が激しい土地に約55万人、首都圏を含めると280万人以上が暮らす。

　古代よりフェニキア人やカルタゴ人によって港として利用され、ローマ、イスラムの支配を経た後、1147年にアフォンソ1世がイスラム教徒から街を奪回し、1260年にはアフォンソ3世がコインブラからリスボンに遷都。15世紀から始まる大航海時代には、アジアや南米との交易によって莫大な富がもたらされ、ジェロニモス修道院やベレンの塔といった壮麗な建築物が造られた。

　ヨーロッパの都市のなかでも比較的治安がよく、のんびりとしたリスボン。ここでは、ガイドブックや絵はがきと同じ風景を求める点から点への移動ではなく、どこかへ行く、その途中の雰囲気を大切にしたい。ゴトゴトと走る旧式の市電に揺られ、石畳の道を踏みしめ、街の息遣いを肌で感じながら歩けば、初めてなのになぜか懐かしい、そんなサウダーデ（郷愁）を感じることだろう。

　古きよき都リスボンで、生涯忘れえぬあなただけのすばらしい思い出ができますように。Boa Sorte（Good Luck）！

オリエンテーション

1 バイシャ周辺

ロシオ広場とコメルシオ広場の間に広がる、碁盤の目状のエリア。商店やレストランが軒を連ねており、リスボンきっての繁華街を形成している。

（→ P.77）

4 アルファマ周辺

バイシャの東側、1755年のリスボン大震災以前の面影を残す地域。迷路のような路地に洗濯物がはためき、庶民の生活を身近に感じることができる。

（→ P.86）

2 リベルダーデ通り周辺

オフィスビル、高級ホテル、ブランド店などが並ぶリスボンの目抜き通り。ポンバル侯爵広場の北側にはエドゥアルド7世公園が広がっている。

（→ P.80）

5 市北部

近代的なオフィスビルやアパートが建つ新市街。広いエリアに、美術館、公園、動物園、闘牛場、サッカースタジアムなどが点在している。

（→ P.94）

3 バイロ・アルト周辺

バイシャの西側の高台に位置し、古い建物が密集する地域。路地に入るとファドハウスやナイトクラブも多く、夜が更けるほどにぎやかになる。

（→ P.82）

6 ベレンと市西部

市中心部からテージョ川に沿って西へ。ベレン地区には大航海時代の栄華を伝える歴史的建築物が残り、ジェロニモス修道院とベレンの塔が世界文化遺産にも登録されている。

（→ P.98）

リスボン概略図

リスボン

0　　1km

A

アマドーラ
Amadora

国立演劇博物館
Museu Nacional do Teatro

国立衣装博物館
Museu Nacional do Traje

ポンティーニャ
Pontinha

P.139 ジョゼ・アルヴァラーデ・スタジアム
Estádio José Alvalac

P.69 カンポ・グランデバス乗り場（オビドス行きなど）

アルフォネロス
Alfonelos

カルニーデ
Carnide

テリエイラス
Telheiras

カンポ・グラン
Campo Gran

アマドーラ・エステ
Amadora Este

シントラへ

コレジオ・ミリタール/ルス
Colégio Militar / Luz

ルス・スタジアム P.139
Estádio da Luz

レボレイラ
Reboleira
レボレイラ駅
Reboleira

シダーデ・ウニヴェルシタリア
Cidade Universitaria

サンタ・クルス/ダマイア駅
Sta. Cruz / Damaia

アルト・ドス・モイニョス
Alto dos Moinhos

ラランジェイラス
Laranjeiras

ベンフィカ駅
Benfica

B

IC 19

動物園
Jardim
Zoológico

ジャルディン・ズロジ
Jardim Zoológico

モンサント城
Forte de Monsanto

マルケゼス・デ・
フロンテイラ宮殿
Palácio dos Marqueses
de Fronteira

セッテ・リオス駅
Sete Rios
プラザ・デ・エスパーニ
Praça de Espanha

N 117

モンサント森林公園
Parque Florestal de
Monsanto

カンポリーデ駅
Campolide

A5

市電 25 28

C

P.99

アルカンタラ・テッラ駅
Alcântara Terra

Av. Infante Santo

市電 25

アジュダ宮殿
Palácio Nacional da Ajuda

国立古美術館
Museu Nacion
de Arte Antig

ベレン
Belém

エルシシュ・ファクトリー
LX Factory
P.104

アルカンタラ・マール駅
Alcântara Mar

エストリル/
カスカイスへ
アルジェス駅
Algés

ジェロニモス修道院
Mosteiro dos Jerónimos

ベレン駅
Belém

ヒッポトリップ
P.23 / 74

市電18

市電15

マート（アート・建築・テクノロジー美術館）P.106
MAAT(Museu de Arte,
Arquitetura e Tecnologia)

4月25日橋 P.104
Ponte 25 de Abril

発見のモニュメント
Padrão dos Descobrimentos

ベレンの塔
Torre de Belém

トラファリア/ポルト・ブランダオンへ
Trafaria / Porto Brandão

クリスト・レイへ

1　**2**

3

リスボン空港
Aeroporto
de Lisboa

キンタ・ダス・コンチャス
Quinta das Conchas

下鉄
ーン・ライン

ボルダロ・ピニェイロ美術館 P.97
Museu Bordalo Pinheiro

スポン博物館 P.97
useu de Lisboa

アルヴァラーデ
Alvalade

ンポ・グランデ
Campo Grande

都市
ade
versitária

・カンポス
re Campos

ローマ
Roma

ローマ
P.137

エントレカンポス駅
Entrecampos

カンポ・ペケーノ
Campo Pequeno

グルベンキアン美術館
Museu Gulbenkian

ン・セバスティアン
o Sebastião

サルダーニャ
Saldanha

ピコアス
Picoas

ルケ・アルド
arque アルド
公園
Eduardo VII

マルケス・デ・ポンバル
Marquês de Pombal

アウェニーダ
Avenida

レスタウラドーレス
Restauradores

ロシオ駅
Estação do Rossio

市電 ロシオ
市電28
Baixa
バイシャ・シアード
Baixa-Chiado

バイロ・アルト
Bairro Alto

カイス・ド・ソドレ
Cais do Sodré

カイス・ド・ソドレ駅 P.64
Estação de Cais do Sodré

駅

エンカルナサオン
Encarnação

スターイン・リスボン・
エアポート P.136

ヴァスコ・ダ・ガマ・
ショッピング・センター
P.125

4 モスカヴィーデ
Moscavide P.133

アエロポルト
Aeroporto

ヴァスコ・ダ・ガマ・タワー
Torre Vasco da Gama
イリアド・バイ・サナ

Av. Cidade do Brasil

Mal. Craveiro Lopes

Av. de Roma

Av. Alm. Gago Coutinho

Av. E.U. da América

Av. Berlim

国際公園(旧万博会場)
Parque das Nações P.97

オリエンテ駅
Estação do Oriente
オリエンテ
Oriente P.69

オリッシポ オリエンテ
P.136
カボ・ルイヴォ
Cabo Ruivo

Av. Marechal Gomes da Costa

オリヴァイス
Olivais

アトランティック・
パビリオン
Pavilhão Atlântico

カジノ・リスボン
Casino Lisboa P.97

リスボン水族館
Oceanário
de Lisboa
P.97

A

シェラス
Chelas

ベラ・ヴィスタ
Bela Vista

ブラソ・デ・プラタ駅
Braço de Prata

ローマ・アレイロ駅
Roma-Areeiro
アレイロ
Areeiro

マルヴィラ駅
Marvila

オライアス
Olaias

シェラス駅
Chelas

アラメダ
Alameda

アロイオス
Arroios

Rue Morais Soares

Estr. de Chelas

Av. Infante Dom Henrique

Av. D. Henrique

B

アンジョス
Anjos

国立アズレージョ美術館 P.91
Museu Nacional do Azulejo

P.62〜63

インテンデンテ
Intendente

マルティン・モニス
Martim Moniz

サンタ・アポローニア
Santa Apolónia

サンタ・アポローニア駅
Estação de
Santa Apolónia

サン・ジョルジェ城
Castelo de São Jorge

P.87

アルファマ
Alfama

テレイロ・ド・パソ
Terreiro do Paço

P.60〜61

テージョ川
Rio Tejo

C

カシーリャスへ(10分)
Cacilhas

モンティージョへ(30分)
Montijo
セイシャルへ(15分)
Seixal
バレイロへ(30分)
Barreiro

サナル
Sanal

3

4

H	ホテル
Y	ユースホステル
R	レストラン
B	バル
C	カフェ
S	ショップ
E	エンターテインメント

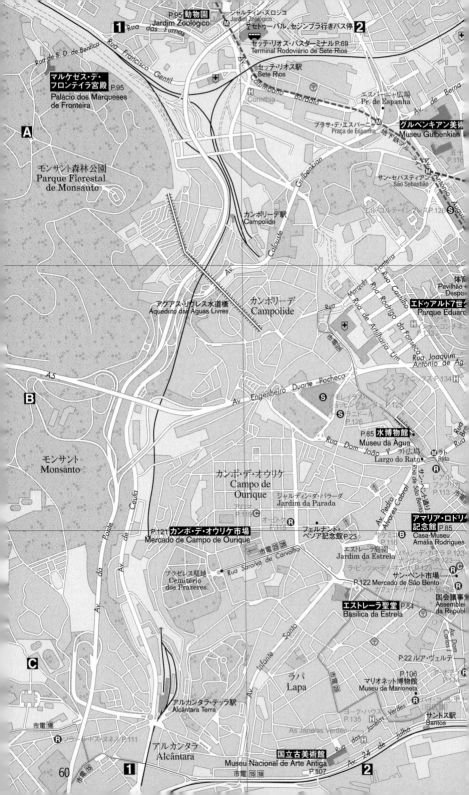

P.95 動物園
Jardim Zoológico
Rua das Furnas

ジャルディン・ズロジコ
Jardim Zoológico

セットゥーバル、セジンブラ行きバス停
セッテ・リオス・バスターミナル P.69
Terminal Rodoviário de Sete Rios

セッテ・リオス駅
Sete Rios

Rua de S. D. de Benfica

Rua Francisca Gentil

マルケゼス・デ・フロンテイラ宮殿 P.95
Palácio dos Marqueses de Fronteira

Columbano Bordalo

Corinthia

エスパーニャ広場
Pr. de Espanha

A

プラサ・デ・エスパーニャ
Praça de Espanha

グルベンキアン美術館
Museu Gulbenkian P.118

モンサント森林公園
Parque Florestal de Monsanto

サン・セバスティアン
São Sebastião

Av. António Augusto

ロポ・コルテインス P.126

カンポリーデ駅
Campolide

Calouste

体育館
Pavilhão
Despo

エドゥアルト7世
Parque Eduardo

Av.

アグアス・リブレス水道橋
Aqueduto das Águas Livres

A5

カンポリーデ
Campolide

Rua Marques Fronteira

Rua Castilho

Rua Rodrigo da Fonseca

Rua de Artilharia Um

Rua Joaquim António de Ag

フェニックス P.134

B

モンサント
Monsanto

Ceuta

Av. Engenheiro Duarte Pacheco

アモレイラス・ショッピングセンター P.125
アニードレ P.126

P.85 水博物館
Museu da Água

Rua Dom João V

ラト広場
Largo do Rato

ラト
Rato

レアル・ファブリカ P.113

Av. da Ponte

カンポ・デ・オウリケ
Campo de Ourique

ジャルディン・ダ・パラーダ
Jardim da Parada

Av. Pedro Álvares Cabral

サン・ベント通り P.113

アマリア・ロドリゲス記念館 P.85

P.119 P.115

オ・トスカーノ P.115

フェルナンド・ペソア記念館 P.23

Rua de São Bento

Casa-Museu Amália Rodrigues

P.121 カンポ・デ・オウリケ市場
Mercado de Campo de Ourique

Rua Saraiva de Carvalho

エストレーラ庭園
Jardim da Estrela

パウン・デ・カナラ P.123
サ・ピッツァ・テ P.23

プラゼレス墓地
Cemitério dos Prazeres

ラ・ビッツ・テ P.125
カフェテリア・クインブラ P.

P.122 Mercado de São Bento

サン・ベント市場

国会議事堂
Assembleia da Repúbli

エストレーラ聖堂 P.84
Basílica da Estrela

C

Av. Infante Santo

ラパ
Lapa

P.22 ルア・ヴェルデ

P.106
マリオネット博物館
Museu da Marioneta

Av. Dom Carlos I

アルカンタラ・テッラ駅
Alcântara Terra

ヨーク・ハウス P.135

サントス駅
Santos

As Janelas Verdes

Rua das Janelas Verdes

ソラール・ドス・ブレネス P.111

アルカンタラ
Alcântara

Av. 24 de Julho

国立古美術館
Museu Nacional de Arte Antiga
P.107

1 **2**

リスボン中心部

1　ボンバル侯爵広場へ

Campo dos Mártires da Pátria **2**

Rua Alexandre Herculano
Rua Rosa Araújo
Rua Barata Salgueiro
Rua do Salitre
Rua Rosa

リベルダーデ通り Av. da Liverdade

セン・モラス（コインランドリー）P.75
ドン・サンチョ P.リオイロ
プルゼニア P.134
H P.138
S Louis Vuitton

A

Rua do Salitre アヴェニーダ Avenida
サリトレ Avenida

Rua do Sol

P.81
モラエスの生家
Casa de Moraes

植物園 P.82.
Jardim Botânico
科学博物館
Museu da Ciência
ラド広場
プリンシペ・レアル P.129
アレグリアP.137 H
Pr. da Alegria

R.64

ケーブルカー（ラヴラ線）

S カーザ・ドス・タベンタダ P.126
S デ・アコイ・オロロ P.129
S P.113
プリンシペ・レアル広場
Pr. do Príncipe Real P.17
P.114 タスカルドソ
ソラールP.128
R R
市電24
レスタウラドーレス広場
Pr. dos Restauradores

R フローレス広場
Pr. das Flores
R フローレスターバ P.123

R サン・ペドロ・ドゥ・アルカンタラ P.117
Tv. da Boa Hora

ザ・ルミアレス P.132

レスタウラドーレス
Restauradores M

ロシオ駅
Estação do Rossio

ロシオ
Rossio M
ロシオ広場
Rossio
フィディ
Pr. Fig

B

Tv. da Água de Flor

Tv. da Queimada

サン・ロケ教会
Ig. de São Roque

バイロ・アルト
Bairro Alto

Tv. do Poço da Cidade

カルモ教会
Ig. do Carmo

バイシャ
Baixa

Tv. dos Fiéis de Deus
Tv. das Mercês

バイロ・アルト・ウォッシュ&ゴー（コインランドリー）P.75

Rua do Loreto
カモンイス広場
Pr. de Luís de Camões

Rua Garrett

バイシャ・シアード
Baixa-Chiado

シアード
Chiado

S S メルセアリア・オッソ・ドス・ネクロス P.13
コンパニーア・ポルトゥゲーザドマッキーナ
P.130

サンタ・カタリーナ展望台
Miradouro de Santa Catarina
市電25

市電28

S エミダ・ド・ディペンデンテ
P.131

Rua da Boa Hora

Rua de São Paulo
リスボン・ローリング
H P.138

Rua Vítor Cordon

C

Rua Dom Luís
市電15 18

ドン・ルイス広場
Jardim
Dom Luís I

←ベレンへ

リベイラ市場 P.120
Mercado da Ribeira

Pr. de São Paulo

Pr. Dudue de Terceira

Av. 24 de Julho

カイス・ド・ソドレ
Cais do Sodré M

カイス・ド・ソドレ駅
Estação do Cais do Sodré

Rua da Ribeira das Na

62

カイス・ド・ソドレ
フェリーターミナル
（カシーリャスCacilhas, セイシャルSeixal, モンティージョMontijo行き）

1　　**2**

0   500m

N

A

B

C

3　**4**

インテンデンテ
Intendente

インテンデンテ広場
Largo do Intendente
P.87

P.86
セニョーラ・ド・モンテ
展望台
Miradouro da
Senhora do Monte

グラサ展望台
Miradouro
da Graça
P.86

グラサ
Graça

ノッサ・セニョーラ・ダ・グラサ教会
Igo. da Nossa Senhora da Graça

泥棒市
Feira da Ladra

サンタ・エングラシア教会
Ig. de Santa Engrácia
P.90

サン・ヴィセンテ・デ・フォーラ教会
Ig. de São Vicente de Fora P.89

サンタ・
アポローニア駅
Estação de
Santa Apolónia

サンタ・アポローニア
Santa Apolónia

軍事博物館
Museu Militar P.91

マルティン・モニス
Martim Moniz

サン・ジョルジェ城 P.89
Castelo de São Jorge

装飾芸術美術館
Museu Escola de
Artes Decorativas

アルファマ
Alfama

ファド博物館
Museu do Fado

P.87

サント・アントニオ教会
Ig. de Santo António
P.88

カテドラル
Sé P.88

くちばしの家 P.79
Casa dos Bicos

テレイロ・ド・パソ
Terreiro do Paço

テレイロ・ド・パソ
フェリーターミナル

テージョ川クルーズ乗り場

バレイロへ
Barreiro へ

テージョ川
Rio Tejo

リスボン到着

入国の手順

リスボン空港
Aeroporto de Lisboa　　　　　　　　　　MAP：P.59/A3

リスボン空港（ウンベルト・デルガード空港）は、街の中心ロシオ広場から北へ約 7km。ポルトガル航空をはじめ主要な航空会社が発着するターミナル 1 と、イージージェットやライアンエアなどの格安航空会社が発着するターミナル 2 があり、両ターミナル間には無料のシャトルバスがほぼ 10 分おきに運行されている。

リスボンの空の玄関

1 入国審査 Passport Control
飛行機を降りたら「Arrivals」の表示に従って入国審査へ。EU 加盟国とその他の国に分かれているので、日本のパスポートを持っている人は後者の列に並ぶ。自分の番が来たら審査官にパスポートを提示する。通常は特に質問されることもなく、パスポートに入国スタンプを押して返してくれる。
※シェンゲン協定加盟国（→ P.352 側注）で日本からの飛行機を乗り継いだ場合は、それらの国の空港で EU への入国審査があるので、リスボン空港での入国審査は省略される。

2 手荷物受け取り Baggage Claim
入国審査を抜けるとバゲージクレーム（手荷物受取所）に出るので、自分が乗ってきた飛行機のフライトナンバーが表示されたターンテーブルで預けた荷物を受け取る。もし自分の荷物が出てこなかったら、ロストバゲージ Lost Baggage のカウンターに申し出ること。またバゲージクレームの脇に両替所 Câmbio があるので、荷物を待っている間に両替を済ませておこう。

3 税 関 Customs
申告するものがなければ緑のゲート（Nothing to declare）に進む。審査官はいてもほとんどフリーパスだ。申告するものがあれば、赤のゲート（Goods to declare）で税関申告書を提出する。

4 到着ロビーで
税関を抜けると到着ロビーに出る。正面にツーリストインフォメーション❶があり、リスボンの地図や資料が無料でもらえるほか、ホテル予約、タクシーバウチャー（→ P.67）、リスボンカード（→ P.71）なども扱っている。このほか到着ロビーには旅行会社や両替所、レンタカーの営業所、荷物預かりなどがある。

リスボン空港
● インフォメーションデスク
☎218 413 500
URL www.ana.pt
開 毎日　　　7:00 ～ 24:00
● 両替所（到着ロビー）
開 毎日　　　5:00 ～翌 1:00
● 両替所（バゲージクレーム）
開 毎日　　　5:00 ～ 24:00
M Aeroporto 駅から徒歩 1 分

バゲージクレームの両替所。隣には銀行の ATM もあり、クレジットカードや海外専用プリペイドカードを持っていればユーロの現金が引き出せる

ポルトガル入国時の免税範囲
→ P.352 側注

免税範囲なら緑のゲートを通って外に出る

到着ロビーの❶
☎218 450 660
URL www.visitlisboa.com
開 毎日　　　7:00 ～ 22:00
休 1/1、12/25

交通や観光に関する情報はここで得られる

リスボン空港の到着ロビーと出発ロビーにボーダフォン Vodafone の窓口があり、プリペイド SIM が購入できる。電話番号付き 10GB（30 日間有効）が€ 25。購入にはパスポートが必要。

 リスボン空港
（ターミナル1）

 観光案内所　 両替　 郵便局　 トイレ　 駐車場

ゲート7-13　ゲート14　ゲート15　ゲート16　ゲート17　ゲート18-21　ゲート22　ゲート23　ゲート24-47→

カフェ
免税店
免税店
タックス返金受け取り
タックス返金申請

5階(Level 5)
出発ロビー

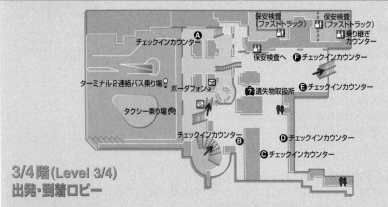

チェックインカウンター Ⓐ
保安検査（ファストトラック）　保安検査（ファストトラック）
乗り継ぎカウンター
保安検査へ　Ⓕ チェックインカウンター
ターミナル2連絡バス乗り場
ボーダフォン
Ⓔ チェックインカウンター
遺失物取扱所
タクシー乗り場
チェックインカウンター Ⓑ
Ⓓ チェックインカウンター
Ⓒ チェックインカウンター

3/4階(Level 3/4)
出発・到着ロビー

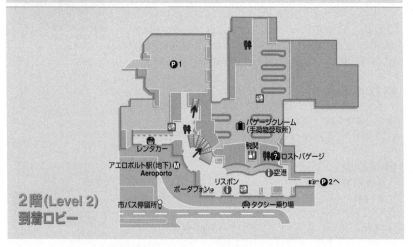

Ⓟ1
バゲージクレーム（手荷物受取所）
税関
レンタカー
ロストバゲージ
アエロポルト駅(地下) Ⓜ
Aeroporto
リスボン　空港　Ⓟ2へ
ボーダフォン
市バス停留所　タクシー乗り場

2階(Level 2)
到着ロビー

空港から市内へ

公共の交通手段は地下鉄（メトロ）かタクシー。また市バスもいくつかの路線が運行しているが、規定のサイズ（50cm×40cm×20cm以内）を超える大きな荷物は車内に持ち込めないので注意したい。

地下鉄　Metro

ターミナル1の到着ロビーを出た所に、地下鉄アエロポルトAeroporto駅へのエスカレーターがある。空港から市内方面へは6:30から翌1:00頃まで運行しており、グリーンラインとの乗り換え駅であるアラメダAlameda駅まで約20分。ただし早朝や深夜は利用客が少ないので、なるべくタクシーを利用したほうがいい。地下鉄の路線図と料金は→ P.70〜71。

タクシー　Taxi

必ずタクシー乗り場を利用しよう

到着ロビーを出た所にタクシー乗り場がある。所要時間と料金は行き先や時間帯によっても異なるが、街の中心のロシオ広場まで20〜30分、メーター料金で€10〜15。トランクに荷物を入れた場合は、追加料金€1.60がかかる。

リスボン空港で客待ちしているタクシーには悪質なドライバーも多く、日本人のなかには市内まで€40〜50請求されたという人も。心配な人はタクシーバウチャー（→側注）を購入するか、ウーバーなどの配車サービス（→下記コラム）を利用するのがおすすめだ。

情報を収集する

リスボンのツーリストインフォメーション（観光案内所）❶は、空港やサンタ・アポローニア駅のほか、市内数ヵ所にある。なかでも街の中心に位置し、旅行者でも利用しやすいのがコメルシオ広場にある❶（ウエルカムセンター）。リスボンの地図や各種パンフレット、イベントのスケジュールが掲載された小冊子などを無料で配布しているほか、さまざまな質問や相談にも答えてもらえるので、積極的に活用したい。

空港バスについて
コロナ禍前は市内までアエロブスというシャトルバスが運行していたが、2023年11月現在運休中で、再開は未定。

空港内の地下鉄乗り場表示

タクシーバウチャー
タクシーでのトラブルを避けたい場合は、多少割高になるが、タクシーバウチャーを利用するのもいい。行き先によって料金が設定されており、リスボン中心部まで€16、21:00〜翌6:00の夜間と土・日・祝は€19.20。空港到着ロビーにある❶（→ P.65）で申し込む。

コメルシオ広場の❶
MAP：P.64/C2
🏠 Pr. do Comércio
URL www.visitlisboa.com
☎ 210 312 810
📅 毎日　　10:00〜19:00
🚫 1/1、12/25

コメルシオ広場の❶

空港から配車サービスを利用する

遠路はるばるやってきた旅行者をリスボン空港で待ち受けているタクシーは、以前から、遠回りする、ぼったくる、と悪評が高かった。しかし、現在では配車サービスアプリのウーバーやボルト（→ P.358）が普及し、言葉が通じなくても目的地を確実に指定でき、支払いはクレジットカードで自動決済されるため、心配は不要となった。

リスボン空港のターミナル1でウーバーに乗る場所は、バゲージクレームで預け荷物を受け取って税関を通り、制限エリアを出たら左側へ歩いて突きあ

たりにある「P2（第2駐車場）」。※変更されることもあるので、最新情報は要確認。

アプリを使用するにあたって、空港内では無料Wi-Fiも利用できる。またスマホのプリペイドSIMを購入するなら、制限エリアを出た所にあるボーダフォンで（→ P.65 はみだし）。P2ではほかにもウーバー利用者が待っているので、配車された車をよく確認してから乗車すること。なお目的地に到着後にアプリがチップを払うか聞いてくるが、特に必要なく、ポルトガルではチップを払う客は少ない。

リスボンの駅

以下に旅行者がよく利用する鉄道駅を紹介する。行き先によって発着駅が異なるので、事前によく確認しておこう。

サンタ・アポローニア駅

Estação de Santa Apolónia　　　　　　　　　MAP：P.63/B4

コメルシオ広場から北東へ約1.5kmの場所にあり、地下鉄サンタ・アポローニア駅と接続している。近郊列車のほか、コインブラやアヴェイロ、ポルト行きなど、おもにポルトガル北部への列車が発着する。この駅に発

駅舎の色はときどき塗り替えられる

着する列車はすべてオリエンテ駅にも停車するので、旅のプランによって便利なほうを利用しよう。

オリエンテ駅

Estação do Oriente　　　　　　　　　　　　MAP：P.59/A4

街の北東、国際公園の入口にあり、地下鉄オリエンテ駅と接続している。サンタ・アポローニア駅に発着する列車はすべてこ

1998年に開業したモダンな駅

の駅に停車し、またエヴォラやファーロなどポルトガル南部へ向かう列車の発着駅となっている。近郊列車も停まるので、エントレカンポス駅やセッテ・リオス駅、シントラ方面へ行く人はここで乗り換えると便利だ。なお切符売り場は小さく混雑していることが多いので、切符を購入する場合は時間に余裕をもつか、ポルトガル鉄道のアプリ（→ P.358）を利用しよう。

サンタ・アポローニア駅の施設
●観光案内所
☎ 915 789 923
⏰ 水～日　10:00 ～ 13:00
　　　　　　14:00 ～ 19:00
🚫 月・火
●コインロッカー
最初に1時間分の料金（ロッカーの大きさにより€1.50 ～ 2.50）を支払い、荷物を取り出す際に利用時間に応じて追加料金を支払う。3時間まで€1.50 ～ 2.50、6時間まで€3.50 ～ 5.50、24時間まで€6 ～ 9。24時間以降は1日につき€7.50 ～ 11.50。

構内にはスーパーもある

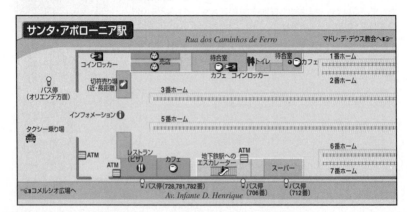

サンタ・アポローニア駅

Rua dos Caminhos de Ferro　　　　　　マドレ・デ・デウス教会へ ▶

コインロッカー　　売店　　待合室　　トイレ　　待合室　　カフェ　　1番ホーム

カフェ　コインロッカー　　　2番ホーム

バス停（オリエンテ方面）　　切符売り場（近・長距離）　　3番ホーム

インフォメーション ℹ　　5番ホーム

タクシー乗り場

ATM　　レストラン（ピザ）　カフェ　地下鉄駅へのエスカレーター　ATM　スーパー　6番ホーム

ATM　　　　　　　　　　　　　　　　　　7番ホーム

◀ コメルシオ広場へ　　バス停（728,781,782番）　バス停（706番）　バス停（712番）
Av. Infante D. Henrique

ロシオ駅
Estação do Rossio
MAP：P.59/C3

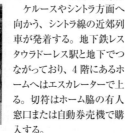
マヌエル様式の美しい駅舎

ケルースやシントラ方面へ向かう、シントラ線の近郊列車が発着する。地下鉄レスタウラドーレス駅と地下でつながっており、4階にあるホームへはエスカレーターで上る。切符はホーム脇の有人窓口または自動券売機で購入する。

カイス・ド・ソドレ駅
Estação do Cais do Sodré
MAP：P.59/C3

エストリル、カスカイス方面への列車が発着する。コメルシオ広場から西へ約700mの所にあり、地下鉄カイス・ド・ソドレ駅と接続。駅構内にはスーパーもあって便利だ。駅の南側にはフェリーターミナルが隣接しており、テージョ川南岸のカシーリャス、セイシャル、モンティージョへの船が発着している。

リスボンのバスターミナル

バス会社や行き先によって乗り場が異なるので、あらかじめよく確認しておこう。

セッテ・リオス・バスターミナル
Terminal Rodoviário de Sete-Rios
MAP：P.60/A2

リスボン最大のバスターミナル。おもにRede Expressos社の長距離バスが発着するほか、スペイン行きの国際バスもここが始発。また、ターミナル北側の高架脇の道路にあるバス停からは、セトゥーバルやセジンブラなどリスボン近郊の町へのバスが運行している。地下鉄ジャルディン・ズロジコ駅、ポルトガル鉄道のセッテ・リオス駅から歩いてすぐ。

オリエンテ・バスターミナル
Terminal Rodoviário da Gare do Oriente
MAP：P.59/A4

ポルトガル鉄道または地下鉄のオリエンテ駅下車。Rede Expressosのほか、RENEX、FlixBusなどが発着。またセッテ・リオス・バスターミナルから出るスペイン行きの国際バスも停車する。

カンポ・グランデ
Campo Grande
MAP：P.58/A2

地下鉄カンポ・グランデ駅下車。オビドス行きのほか、マフラなどリスボン近郊へのバスが発着する。オビドス行きは、改札を出たら南側（サッカースタジアムの反対側）に出て左側へ進み、道路を渡った所にある一番手前のバス停。切符は運転手から買う。

▶駅のコインロッカー
リスボンではサンタ・アポローニア駅のほかオリエンテ駅、ロシオ駅、セッテ・リオス駅にコインロッカーがある。料金はいずれもサンタ・アポローニア駅と同じ。

▶ロシオ駅利用の注意点
シントラ行き列車の始発駅であるロシオ駅は、地下鉄ロシオ駅とはつながっておらず、ロシオ広場を挟んで東側にある。地下鉄を利用してロシオ駅へ行く際は注意しよう。

カスカイス線が発着するカイス・ド・ソドレ駅

▶リスボン近郊のバス路線
市内から郊外へ向かうバスは、Carris Metropolitanaが運行しており、下記のサイトで時刻表を検索できる。
URL www.carrismetropolitana.pt

セッテ・リオス・バスターミナル。荷物預かりもある

オリエンテ駅の西側にある

カンポ・グランデにあるオビドス行きのバス乗り場

地下鉄やバスのほか、リスボン名物の市電、坂の多い街ならではのケーブルカーが、市民の重要な足となっている。なお、これらの交通機関は乗車時に現金で支払うと割高になるので、ヴィヴァ・ヴィアジェン（→側注）など各交通機関が発行するチケットを乗り放題券またはプリペイドカードとして使用したほうがお得。

地下鉄 Metropolitano

略してメトロ Metro。路線はアズール（青）、アマレーラ（黄色）、ヴェルデ（緑）、ヴェルメーリャ（赤）の４つ。それほど複雑ではないので旅行者にも利用しやすい。地下鉄の窓口で路線図 Guia do Metro（ギアドメトロ）をもらっておくと便利だ。

地下鉄の乗り方

地下鉄の運行時間
6:30 から翌 1:00 まで。5 分おきくらいに運行しているが、早朝と深夜は 10 ～ 15 分おきと本数が少なくなる。
URL www.metrolisboa.pt

地下鉄の自動券売機

ヴィヴァ・ヴィアジェン Viva Viagem
リスボンの地下鉄が発行するカード。購入する際にカード代€ 0.50（払い戻し不可）が必要だが、繰り返し何度でも使えるので、最終日まで携帯しておくようにしよう。チケットは以下の3とおりに使用できる。
①乗車券として使う：地下鉄のほかカリス（→ P.72 側注）が運行するバスと市電とケーブルカー、CP（ポルトガル鉄道）の近郊線などで使える。1 回券を何枚かまとめて購入することも可能。
②プリペイドカードとして使う：券売機でチャージすると、地下鉄、カリス、CP の近郊線、フェリーなど、リスボン都市圏の公共交通機関に使用できる。チャージした金額は 1 年間有効だが、残金は返金されない。
③乗り放題券として使う：地下鉄とカリスに乗車できる 1day（24 時間有効）チケットは€ 6.60。
※いずれも残金がある状態ではほかの用途に使えないので注意すること。

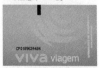
カードはひとり 1 枚必要

このほか、CP が独自のカードを発行しているが、ヴィヴァ・ヴィアジェンと同様に、リスボン都市圏の交通機関に使用できる。

1 切符を買う

地下鉄の入口は、赤いMのマークが目印。夜や週末は閉鎖される入口もあるので注意しよう。階段を下りると改札の手前に、有人の切符売り場と自動券売機がある。駅や時間帯によっては切符売り場が閉まっており、自動券売機しか使えないこともあるので、小銭を用意しておくとよい。

メトロのマーク

切符の種類と料金
地下鉄は「Coroa L」と「Coroa 1」のふたつのゾーンに分けられているが、料金はどこまで乗っても均一で€ 1.65。
なお、チケットを最初に購入する際に、地下鉄のカード「ヴィヴァ・ヴィアジェン」の発券代として€ 0.50 がかかる。
「ヴィヴァ・ヴィアジェン」にあらかじめ券売機などでお金をチャージしておいた場合は、1 回の乗車につき€ 1.47。
※地下鉄のカード「ヴィヴァ・ヴィアジェン」については欄外参照

券売機の使い方
初期画面はポルトガル語になっているので、英語にする場合は左下のイギリス国旗をタッチ。
①すでに持っているヴィヴァ・ヴィアジェンにチャージする場合は上、新規に購入する場合は下のアイコンをタッチ。

②チケットの種類を選ぶ。お金をチャージする場合は「Stored Value」、乗り放題券の場合は一番下の「Bus / Metro Daily Ticket」をタッチ。

③お金をチャージする場合は画面に表示された金額のなかから、また乗り放題券の場合は使用する日数（24 時間単位）を選ぶ。

❷ 改札からホームへ

チケットを手に入れたら改札へ。すべて自動改札になっており、緑の矢印が点灯している改札機を通る。機械の上部にある青色の読み取り部分に、地下鉄のチケット「ヴィヴァ・ヴィアジェン」や「リスボンカード」をタッチすると扉が開く。

改札はすべて自動

切符は読み取り機にタッチ

❸ 乗車する

案内板に表示されている路線名や行き先をよく確かめてから、ホームへと向かう。車両のドアはすべて自動。車内では次の駅名を知らせるアナウンスがあるのでわかりやすい。

自分の乗る路線の終着駅名をたどって行く

❹ 出口へ

目的地に着いたら、出口 Saída に向かって歩く。通常、出口は 2 ヵ所以上あり、通り名などが表示されていることもある。乗り換えのときは、次に乗る路線の表示に従って進めばよい。

出口の表示は緑色で、通り名などが書かれている

リスボンカード
Lisboa Card

短期間に観光名所を見て回りたい、という人に便利なカード。地下鉄、バス、市電、ケーブルカー、エレベーター、ポルトガル鉄道のシントラ線とカスカイス線に乗り放題のほか、リスボンと周辺の見どころが無料または割引に、さらに観光ツアーやショップなどでも割引が受けられる。料金は 24 時間€22、48 時間€37、72 時間€46（4 ～ 15 歳は割引あり）。空港や市内の❶で購入可。

URL www.lisboacard.org

無賃乗車に要注意!

ヴィヴァ・ヴィアジェン、リスボンカードともに乗車する際にはそのつど、読み取り機にタッチする必要がある。たとえ乗り放題券であっても同様。無賃乗車とみなされた場合は、運賃の約 100 倍の罰金が科される。

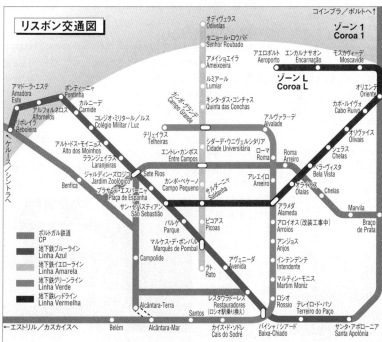

リスボン交通図

凡例:
- ポルトガル鉄道 CP
- 地下鉄ブルーライン Linha Azul
- 地下鉄イエローライン Linha Amarela
- 地下鉄グリーンライン Linha Verde
- 地下鉄レッドライン Linha Vermelha

※リスボンでは 2023 年 11 月現在、メトロの延伸工事が行われている。最新情報は要確認。

▶アプリを活用しよう
スマートフォンにカリスのアプリ（→ P.358）をダウンロードしておくと、市バスと市電の路線や時刻表などを検索でき、また待ち時間がリアルタイムでわかるので便利。

バス停の表示。E が付いている番号は市電の路線

市電の路線
12 番：マルティン・モニス〜カモンイス広場
15 番：カイス・ド・ソドレ〜アルジェス
18 番：カイス・ド・ソドレ〜セミテリオ・アジュダ
24 番：カモンイス広場〜カンポリーデ
25 番：コルポ・サント〜カンポ・デ・オウリケ
28 番：マルティン・モニス〜カンポ・デ・オウリケ

※公共工事のため、市電やバスの路線が一部変更されている。市電 15 番の始点は本来はフィゲイラ広場だが、2023 年 11 月現在、カイス・ド・ソドレに変更されている。工事終了は 2025 年以降になる予定。最新情報は現地で要確認。

15 番を走るモダンな新型車

バ ス Autocarro

路線が限られているメトロと違って、市内を縦横に走り回るバスは、旅行者にとっても利用価値が大きい。また、リスボンの街並みを眺めながら移動できるのも楽しい。

運行時間は路線にもよるが、5:30 頃から 21:30 頃まで。深夜に運行するバス（200 番台）も 6 路線ある。乗車券は車内で運転手から購入すると€ 2、あらかじめチャージしておいたプリペイドカードで支払うと€ 1.47。

慣れると便利な市バス

バスの乗り方

バス停はパラージェン Paragem。その停留所に停まるバスの番号と路線図が掲示されているので、乗る前によく確認しよう。バスが来たら手を挙げて合図する。リスボンのバスはすべてワンマンカーで、前乗り、後ろ降り。ヴィヴァ・ヴィアジェンなどのプリペイドカードや乗り放題の 1 日券は、乗車口にある読み取り機にカードをタッチする。

バスを降りるときは、車内にいくつかあるボタンを押すと、前方にある Parar または Stop と書かれたライトが点灯する。

プリペイドカードは黄色の改札機にタッチする

市 電 Eléctrico

石畳の狭い道路をきしみながらゴトゴト走る市電は、ポルトガル情趣満点。路線もそれほど複雑ではないので、ぜひ乗ってみたい。特に利用価値の高い路線は、アルファマ〜バイシャ地区〜バイロ・アルトをぬって走る 12 番と 28 番、カイス・ド・ソドレからベレン地区へ行く 15 番だ。

料金は車内で支払うと€ 3、プリペイドカードで支払うと€ 1.47。停留所や切符の買い方、乗り方もバスと同じ。

ただし 15 番を走っている 2 両編成の新型車両は、どのドアからでも乗り降りできるようになっている。市電が停まったらドアの脇にあるボタンを押すとドアが開く。また切符は運転手からではなく、車両中ほどにある自動券売機で買う。降りるときはドアの脇にあるボタンを押して知らせる。

観光客に人気の市電 28 番

ケーブルカー Ascensor

　7つの丘の街、リスボンの低い所と高い所とを短距離で結ぶ。グロリア Glória 線、ラヴラ Lavra 線、ビッカ Bica 線の3路線あるが、特に重宝するのはレスタウラドーレス

坂の街リスボンならではの便利な乗り物

広場からバイロ・アルトへ上るフォス宮脇のグロリア線。あれっ?と思うほど短いけれど、横にある急な階段を歩いて上るのはやっぱりハードだ。料金は車内で支払う場合は往復のみで€3.80、プリペイドカードで支払うと片道€1.47。

タクシー Taxi

　リスボンのタクシーは台数が多いうえ料金も安く、気軽に利用できる。駅前や主要広場などにあるタクシー乗り場のほか、流しのタクシーをひろうこともできる。車体の

リスボンのタクシー

色はクリーム色と黒の2種類あるが、料金体系は共通である。空車表示は「リヴレ Livre」。ドアの開閉は自分で行い、乗ったら行き先を告げる。紙に書いて見せれば間違いがないだろう。料金はメーター制だが、わざと遠回りしたり、メーターを操作して高い料金を請求したり、おつりを渡さないで走り去るといった悪質なタクシーもいるので注意しよう。特にメーターナンバー（T1とT2がありメーターに表示される。欄外参照）については、走行中にこっそり切り替えるふとどき者もいるので、常に目を光らせておくこと。チップは特に必要なく、おつりの端数を渡す程度でよい。

ケーブルカーの運行時間
●グロリア線
🕐	月〜金	7:15 〜 23:55
	土	8:45 〜 23:55
	日・祝	9:15 〜 23:55

●ラヴラ線
🕐	月〜金	7:00 〜 20:30
	土・日・祝	9:00 〜 19:55

●ビッカ線
🕐	月〜土	7:00 〜 21:00
	日・祝	9:00 〜 21:00

タクシーの料金
T1：平日の 6:00 〜 21:00。基本料金€3.25、以後1kmごとに€0.51 ずつ加算。
T2：平日の 21:00 〜翌 6:00 と土・日・祝。基本料金€3.90、以後 1kmごとに€0.61 ずつ加算。
上記のメーター料金に、荷物をトランクに入れた場合は€1.60、電話で呼んだ場合は€0.80 を加算して支払う。

配車サービスについて
リスボンなど都市部では、配車サービスのウーバーやボルト（→ P.358）が利用できる。通常はタクシーより安く、キャッシュレスで乗車できるためぼられることもなく安心だ。

Column

小型車両を利用してリスボン観光

　リスボン市内をトゥクトゥクと呼ばれる三輪バイクが頻繁に走っている。観光客向けに主要な見どころを回るツアーで、4人乗りは1時間で€45 〜。細い坂道が多いリスボンを初めて訪れる人には利便性がよい。コメルシオ広場など観光客が多い所で客待ちしているのですぐ乗れる。

観光に便利なトゥクトゥク

　また、下記レッドツアーでは電動立ち乗り二輪車のセグウェイによるツアーも行っている。
レッドツアー Red Tour
MAP：P.64/B2
🏠 Rua dos Douradores 16
☎210 965 030
🔗 www.redtourgps.com
🕐 毎日 10:00 〜 19:30
　（10 〜 3月は〜 18:30）
休1/1、聖日曜、12/25
料 バイシャ地区（2時間）€ 35、バイシャ地区とアルファマ（3時間）€ 79、ベレン地区（3時間）€ 74。料金はいずれも1名。

気軽に乗れるセグウェイ

観光バスツアー Sightseeing Bus Tours

イエローバス
URL www.yellowbustours.com

シティサイトシーイング
URL www.citysightseeing.com

シティラマ（グレイライン）
URL www.cityrama.pt

インサイドリスボン
URL www.insidelisbon.com

ヒッポトリップ Hippotrip
水陸両用車によるツアー。バスとしてリスボンの中心部を回ったあと、フェリーになってテージョ川を遊覧する。所要1時間30分、料金€30。（→ P.23）
MAP：P.58/C2
URL www.hippotrip.com

市電ツアー
赤い市電に乗って、オーディオガイドによる説明を聴きながら、市電28番と同じルートを回る。サンタ・ジュスタのエレベーター、市電、ケーブルカーにも24時間乗り放題で、料金€25。予約はイエローバスのサイトで。

効率よく観光しようと思ったら、バスツアーを利用するのも便利。❶やホテルにパンフレットが置かれており、ホテルのフロントに頼めば予約もしてくれる。

黄色い車体のイエローバス

市内ツアー

イエローバスやシティラマ（グレイライン）などが、ホップオン・ホップオフバスと呼ばれる、リスボン市内を循環する観光バスを運行している。市内の主要スポットにバス停があり、ルート上ならどこでも乗り降り自由。2階建てバスなので眺めがいいし、日本語の音声ガイド付きで街の概略をつかむのにも役立つ。料金は1日（24時間）€21 〜。テージョ川クルーズやウオーキングツアー付きのチケットもあるなど、それぞれ内容や料金が異なるので比較検討してみよう。このほか、ガイド付きで市内の見どころを巡るバスツアーも催行されている。

近郊ツアー

各社がポルトガル語と英語のガイド付きで、リスボン近郊の町を訪れるバスツアーを催行している。特に、オビドスやナザレなどを巡るファティマ1日ツアー（→下記）は、時間がかぎられている個人旅行者にはとても便利だ。

シティラマ（グレイライン）のツアー例 ※ 2024 年 3 月までのスケジュール。1/1、12/25 は運休

コース名	出発時間	料金	内容・備考
リスボン・クラシック	毎日 9:00	€38	ベレン地区ではジェロニモス修道院とアジュダ宮殿（水曜は王立宝物館）に入場するほか、ベレンの塔と発見のモニュメントを見学。またアルファマ地区とバイシャ地区をアプリを見ながら歩いて回る。所要4時間。
リスボン・ファドの夜	月・水・金・土 19:00	€90	リスボン市内やベレン地区を車窓から眺めたあと、ファドを楽しむ。夕食付き。11 〜 3月は水・土曜のみ催行。所要3時間30分。
リスボン・アウトレット	要確認	€14	リスボン市内から約30分、テージョ川対岸のアルコシェテにあるファッション・アウトレットでショッピングを楽しむ。所要5時間。
シントラ半日	毎日 14:30	€59	シントラの王宮に入場して見学後、ロカ岬（11 〜 2月は地獄の口）、ギンショの浜を訪れる。シントラとカスカイスでフリータイムあり。所要5時間。
シントラ1日	毎日 9:00	€76	シントラのペーナ宮殿に入場して見学後、ロカ岬（3 〜 10月のみ）、地獄の口などを訪れる。シントラ、ロカ岬、カスカイスでフリータイムあり。昼食付きは€94。所要9時間。
ファティマ半日	水・金・土 14:30	€57	キリスト教の聖地ファティマを訪れる。自由時間には聖堂でミサに参列することもできる。所要5時間30分。
ファティマ1日	毎日 9:00	€76	聖地ファティマのほか、オビドス、ナザレ、世界遺産に登録されているバターリャの修道院を訪れる。昼食付きは€94。所要11時間。
エヴォラ・ワインツアー	火・土 9:00	€76	エヴォラのディアナ神殿、カテドラル、サン・フランシスコ教会などを見学。ワインセラーでの試飲付き。昼食付きは€94。所要10時間。

役に立つアドレス

在ポルトガル日本大使館 Embaixada do Japão

MAP：P.61/B3

🏠Av. da Liberdade 245-6F

☎213 110 560　FAX213 537 600

URLwww.pt.emb-japan.go.jp

🕐月～金　9:00 ～ 12:30、14:00 ～ 17:00

休土・日、ポルトガルと日本の一部の祝

🚇MMarquês de Pombal 駅から徒歩 1 分

郵便局 CTT

MAP：P.64/A1

🏠Pr. dos Restauradores 58

☎210 471 616　URLwww.ctt.pt

🕐月～金　9:00 ～ 21:00

休土・日・祝

🚇MRestauradores 駅から徒歩 1 分

両替 Câmbio

　ポルトガルでは、他国通貨の現金からユーロに両替できるところが非常に少なくなっている。できるだけクレジットカードで支払ったり、クレジットカードやデビットカードなどを使って銀行の ATM からユーロの現金を引き出す方法（→ P.348）がおすすめだ。

　以下に、リスボンで日本円を両替できるところを 2 軒紹介しよう。

●ウニカンビオ Unicâmbio

MAP：P.64/B2

🏠Pr. da Figueira 4　☎213 425 345

URLwww.unicambio.pt

🕐9:00 ～ 19:00（土・日・祝は～ 18:00）

休1/1、12/25

🚇MRossio 駅から徒歩 1 分

　日本円は紙幣の両替ができる。ほかにリスボン空港にも窓口がある。

●ノヴァ・カンビオ Nova Câmbios

MAP：P.64/B1

🏠Calçada do Carmo 2　☎213 405 170

🕐月～金　8:30 ～ 19:00
　　土・祝　9:00 ～ 13:00、
　　　　　　14:00 ～ 17:30

休日、1/1、12/25

🚇MRossio 駅から徒歩 2 分

　日本円は 1 万円札のみ両替可能。

コインランドリー Lavandaria

●セン・モラス Sem Molas

MAP：P.62/A1

🏠Rua de Sant Marta 38A　☎917 622 584

🕐毎日　7:30 ～ 24:00

🚇MAvenida 駅から徒歩 3 分

●ウオッシュ・ステーション Wash Station

MAP：P.64/B2

🏠Rua da Madalena 231　☎919 772 701

🕐毎日　8:00 ～ 22:00

🚇MRossio 駅から徒歩 3 分

●バイロ・アルト・ウォッシュ&ゴー Birro Alto Wash & Go

MAP：P.62/B1

🏠Rua Luz Soriano 18　☎917 338 269

🕐毎日　8:00 ～ 23:00

🚇MBaixa-Chiado 駅から徒歩 5 分

リスボンの治安

　比較的治安がよいといわれているポルトガルだが、近年は犯罪発生件数が増加傾向にあり、特に日本人の被害はリスボンに集中している。以下におもな被害の手口や注意点をまとめたので、参考にして安全な旅を心がけよう。

●乗り物内でのスリ

　被害で一番多いのが、市電、バス、地下鉄などでのスリ。特に観光客が多い市電 15 番や 28 番は要注意だ。犯人は停留所の行列に紛れ、乗降時のどさくさを利用してスリを働く。観光客のふりをして手に地図を持っていたり、手元を隠すため上着を腕にかけていることも多い。またカップルを装ったり、複数で接近するケースも多く、車内で自分の周りが混雑している場合は特に気をつけたい。

●置き引き

　レストランやカフェ、ホテルのロビー、空港などで発生している。貴重品は常に身につけ、かばんをベンチや椅子の背もたれに置きっぱなしにしないこと。レストランでは店の人と犯人がグルの場合もある。

●ひったくり

　路上でのひったくりのほか、観光客が多い場所では、市電やバスの乗降時を狙ったひったくりも起きている。

●声をかけてくる人には要注意

　観光客を装った女性の 2、3 人組みが「お城はどこですか？」と地図を広げて英語で尋ねてきて、地図で手元を見えないようにしてスリを働く。また「お金をなくして困っている。€50 貸してくれないか」といった借款詐欺もある。

リスボン旧市街を巡る

見晴らしのよい丘に上って街並みを眺めつつ、旧市街の主要な見どころを周遊しよう。

- サン・ペドロ・デ・アルカンタラ展望台
  Miradouro de São Pedro de Alcântara
- ロシオ広場
  Rossio
- サン・ジョルジェ城
  Castelo de São Jorge
- ポルタス・ド・ソル広場
  Largo das Portas do Sol
- ファド博物館
  Museu do Fado
- カテドラル
  Sé
- コメルシオ広場
  Pr. do Comércio
- カイス・ド・ソドレ駅
  Estação do Cais do Sodré
- 0　500m

1 10:00　**サン・ジョルジェ城**　➡ P.89

バイシャ地区から徒歩とエレベーターを利用して上れる。城壁から大パノラマを満喫。

徒歩約10分

2 11:30　**ポルタス・ド・ソル広場**

この広場かサンタ・ルジア展望台（MAP：P.87/A1）まで歩き、アルファマの家並みを眺める。

徒歩約20分

3 12:00　**昼食**

アルファマ地区の坂道や階段をゆっくり下り、飲食店が集まるエリアでランチを。

徒歩約2分

4 13:30　**ファド博物館**　➡ P.91

ポルトガルの民俗歌謡ファドの歴史が学べる。ギターや著名歌手の写真など展示が充実。

徒歩約10分

5 15:00　**カテドラル**　➡ P.88

さまざまな建築様式が交じり合っている大聖堂。内部の宝物館や回廊も見学できる。

徒歩約10分

6 16:30　**コメルシオ広場**　➡ P.79

広場からテージョ川を眺めたあとは、バイシャ地区などでショッピングを楽しもう。

ケーブルカーと徒歩で約15分

7 18:00　**サン・ペドロ・デ・アルカンタラ展望台**　➡ P.84

サン・ジョルジェ城とリスボン市街が一望できる。ここで夕暮れ時を過ごすのも一興だ。

徒歩約5分

8 20:00　**夕食**

展望台から南へ歩くと飲食店エリアがあるので、好みに応じてレストランを選ぼう。

ベレンと市西部を巡る

中心街から西方面へ行き、世界遺産に登録されたベレン地区の建築物などを見学する。

- 0　2km
- モンサント森林公園
  Parque Florestal de Monsanto
- ポンバル侯爵広場
  Pr. Marquês de Pombal
- ベレンの塔
  Torre de Belém
- 国立古美術館
  Museu Nacional de Arte Antiga
- ロシオ広場
  Rossio
- ジェロニモス修道院
  Mosteiro dos Jerónimos
- リベイラ市場
  Mercado da Ribeira
- 発見のモニュメント
  Padrão dos Descobrimentos

1 10:00　**ジェロニモス修道院**　➡ P.99

リスボン中心街から市電15番で約30分。チケットをネット購入しておけば並ばずに入れる。

徒歩約3分

2 11:30　**パステイス・デ・ベレン**　➡ P.119

ポルトガルで最もおいしい銘菓パステル・デ・ナタ（エッグタルト）を食べながらひと休憩。

徒歩約8分

3 12:30　**発見のモニュメント**　➡ P.102

歴史上の人物像が彫刻されている。モニュメント前の広場で、日本地図を探してみよう。

徒歩約5分

4 13:00　**昼食**

ベレン文化センター（MAP：P.99）内にレストランとカフェがあり、ここで昼食が取れる。

徒歩約10分

5 14:30　**ベレンの塔**　➡ P.103

人気が高い歴史的建築物なので、チケットを事前にネット購入しておいたほうがよい。

市電と徒歩で約15分

6 16:00　**国立古美術館**　➡ P.107

ポルトガルを代表する美術館。国内の芸術家による作品をはじめ、日本の屏風もある。

市電と徒歩で約10分

7 18:00　**リベイラ市場**　➡ P.120

フードコートに店が軒を連ねるグルメ市場。軽く食べても、早めの夕食を済ませてもよい。

ケーブルカーと徒歩で約15分

8 20:00　**ファドを聴く**　➡ P.108

バイロ・アルト地区はファドの店が随所にある。ワインを飲みながらファドを堪能しよう。

バイシャ周辺

夜遅くまでにぎわうバイシャ地区のアウグスタ通り

町の中心はロシオ広場。ここからテージョ川に面したコメルシオ広場までの一帯は、バイシャ（低い土地という意味）と呼ばれる。バイロ・アルトとアルファマのふたつの丘に挟まれたこの地域は、碁盤の目状の道路に商店、レストラン、みやげ物屋などが軒を連ね、リスボンで最もにぎやかな繁華街となっている。

歩き方

リスボン市民の待ち合わせ場所として親しまれてきた**ロシオ広場 Rossio**。噴水のしぶきが陽光にきらめき、中央にはドン・ペドロ4世の像がそびえる。広場の北西側にはシントラ行き列車が発着する**ロシオ駅 Estaçao do Rossio** がある。

ロシオ広場から東に入った所が、ドン・ジョアン1世の騎馬像が立つ**フィゲイラ広場 Pr. da Figueira**。ここから北東へ進むと**マルティン・モニス広場 Pr. Martim Moniz** に出る。観光客に人気の市電12番と28番は、この広場が始点となっている。

ロシオ広場からバイシャ地区に入り、歩行者天国の**アウグスタ通り Rua Augusta** を歩いてみよう。カフェやレストランのテーブルが並び、いつも大勢の人でにぎわっている。

ロシオ広場から数えて5本目がコンセイサオン通り Rua da Conceição。この通りには、バイロ・アルトやアルファマへ行く市電28番の停留所がある。アウグスタ通りの南端に立つ**勝利のアーチ Arco da Victória** を抜けると、**コメルシオ広場 Pr. do Comércio** に出る。海軍省や郵政省などに囲まれ、正面をテージョ川の青で彩られた、開放的でたいへん美しい広場だ。

コメルシオ広場から西へ500mほど行くと、ベレン地区やカスカイス方面への列車が発着する**カイス・ド・ソドレ駅 Estação do Cais do Sodré** があり、駅の脇にはベレン地区へ行く市電15番の乗り場もある。また駅の南側はカシーリャスなどテージョ川の対岸に渡るフェリー乗り場になっている。

にぎやかなレストラン街

ロシオ広場のドナ・マリア2世国立劇場に向かって右の道に入ると、そこがポルタス・デ・サント・アンタオン通り Rua das Portas de S. Antão。シーフードを売りにしている店も多く、ウインドーに魚介類がきれいにディスプレイされている。観光客向けなので値段は高めだが、ほとんどのレストランが閉まってしまうクリスマスや年末年始も営業している。

通りにはテーブルが並ぶ

バイシャ地区の通り

アウグスタ通りの2本東にあるプラタ（銀）通りは、名前のとおり以前は銀を扱う商人の店があった。2本西はアウレア（金）通り。またサパテイロス通り、コレエイロス通り、ドウラドーレス通りには、地元の人が利用する庶民的なレストランが多い。どちらかというと地味な通りだが、注意して歩けばお気に入りの店が見つかるかも。

庶民的なレストランが多いコレエイロス通り

フェリーでテージョ観光

時間があればテージョ川を渡るフェリーに乗ってみるものいい。カイス・ド・ソドレ駅から対岸のカシーリャスまで約10分。カシーリャスにはシーフードを食べさせるレストランもあるので、のんびりとランチを楽しむのもいい。毎日5:30～翌1:30頃、毎時3～7便運航。片道€1.40。

市民の足でもあるフェリー

ロシオ広場

文Ⓜ Rossio 駅から徒歩 1 分

広場の脇には、ファサードの美しいドナ・マリア2世国立劇場が建つ

▶カフェ・ニコラ
Café Nicola

ロシオ広場の西側にある、1787年創業のカフェ。アールデコ様式の店内には、常連客だった18世紀の詩人ボカージェの像がある。名物の薄切りステーキのほか、朝食や軽食、スイーツも食べられる。

MAP：P.64/B1
⌂ Pr. Dom Pedro IV 24
🕐 毎日　7:00 〜 24:00

テラス席でくつろげる

サンタ・ジュスタのエレベーター

⌂ Rua do Ouro
☎ 214 138 679
🕐 毎日　7:30 〜 23:00
💰 往復€5.30（乗車時にチケットを買う場合。乗り放題券も使用できる）
文Ⓜ Baixa-Chiado 駅から徒歩 3 分

📷 おもな見どころ

リスボンのヘソ　　　　　　　　　　　MAP：P.64/A1 〜 B2
ロシオ広場
Rossio　　　★★★

　正式名はドン・ペドロ4世広場 Pr. Dom Pedro IV だが、リスボンっ子にはロシオ（公共の広場という意味）の愛称で親しまれている。中央の円柱の頂から広場を見下ろしているのは、初代ブラジル国王となったドン・ペドロ4世のブロンズ像。広場の南側には名物の花売りの姿も見える。周囲にはカフェやみやげ物屋が並び、1日中にぎわっている。

リスボンで最もにぎやかな広場

バイシャ地区のランドマーク　　　　　MAP：P.64/B2
サンタ・ジュスタのエレベーター
Elevador de Santa Justa　　　★★★

　20世紀初頭にエッフェルの弟子のフランス人建築家によって造られた。高さ45mの巨大な鉄塔の内部を、クラシックなエレベーターが上り下りする。上にはバイロ・アルトへ通じる連絡橋があり、カルモ教会の裏側に出ることができる。また頂上は展望台になっており、リスボンの街並みとサン・ジョルジェ城が一望できる。

CLOSE UP! エレベーターに上ってみよう！

エレベーターを降りるとバイロ・アルトに通じる連絡橋があり、カルモ教会の裏側に出られる

レトロなエレベーターの内部。観光シーズンには乗車を待つ長い列ができる

エレベーターを降りてさらにらせん階段を上ると、眺めのよい展望台になっている

展望台からの眺め。正面にサン・ジョルジェ城、右側にはカテドラルやテージョ川も見える

投稿　サンタ・ジュスタのエレベーターは、上りは長蛇の列ですが、下りは待たずに乗れます。そこで、まずレスタウラドーレス広場からグロリア線のケーブルカーに乗り、サン・ロケ教会、カルモ教会を見学するとエレ✎

リスボンの海の玄関口

コメルシオ広場

Pr. do Comércio ★★★

1755 年の大地震で破壊されたマヌエル 1 世の宮殿があったこ

とから、別名テレイロ・ド・パソ Terreiro do Paço（宮殿広場）とも呼ばれる。1908 年にはカルロス 1 世と皇太子が暗殺されるなど、さまざまな歴史の舞台ともなった。中央に立つのはドン・ジョゼ 1 世の騎馬像で、18 世紀のポルトガルの彫刻家マシャード・デ・カステロによるもの。

勝利のアーチ展望台から広場を見下ろすことができる

建築学的に珍しい

MAP：P.63/C3

くちばしの家

Casa dos Bicos ★

16 世紀に、第 2 代インド総督アフォンソ・アルブケルケの息子によって建てられた邸宅。鳥のくちばしのようなとがった石で覆われており、その形から「ダイヤモンドの家」とも呼ばれる。館内には考古資料などが展示されている。

とげとげの外壁が目を引く

リスボンの歴史を体感する

MAP：P.64/C2

リスボン・ストーリーセンター

Lisboa Story Center ★

フェニキア人の交易地として街が築かれた紀元前から近代まで、リスボンの歴史を日本語の音声ガイドを聞きながらたどることができる。特に 1755 年の大地震を再現した映像は迫力がある。所要約 1 時間。

ビジュアルな展示でわかりやすい

コメルシオ広場

交Ⓜ Terreiro do Paço 駅から徒歩 2 分

アウグスタ通りから勝利のアーチを抜けコメルシオ広場へ

▶勝利のアーチ展望台
Arco da Rua Augusta
別称 Arco do Triunfo と呼ばれる。アーチの上は展望台になっていて、街を一望することができる。
MAP：P.64/C2
住 Rua Augusta 2
☎ 210 998 599
開 毎日　10:00 ～ 19:00
※入場は閉門 30 分前まで
料 €3.50（リスボン・ストーリーセンターとの共通券€ 9）

くちばしの家
住 Rua dos Bacalhoeiros 10
☎ 210 993 811
URL www.museudelisboa.pt
開 月～土　10:00 ～ 18:00
休 日、1/1、5/1、12/25
料 €3（1 階は無料）
交Ⓜ Terreiro do Paço 駅から徒歩 3 分

リスボン・ストーリーセンター
住 Pr. do Comércio 78-81
☎ 211 941 027
URL www.lisboastorycentre.pt
開 毎日　10:00 ～ 20:00
※入場は閉館 1 時間前まで
休 12/15
料 € 7（勝利のアーチ展望台との共通券€ 9）

Column

ポルトガルワインを試飲する

　コメルシオ広場にある「ヴィニ・ポルトガル」では、ポルトガルの各地方で生産されるワインを手頃な値段で試飲できる。いろいろ飲み比べて、お気に入りを見つけてみては。
ヴィニ・ポルトガル Vini Portugal
MAP：P.64/C2　住 Terreiro do Paço
☎ 213 420 690　URL www.viniportugal.pt
開 毎日12:00～20:00（11～3 月は月～土11:00～19:00）

ポルトガルワイン協会が運営

↘ ベーターの最上階まではすぐ。展望台（リスボンカードで無料）に行き景色を楽しんだあと、下りのエレベーターに乗ります。待つ時間がもったいないという人には絶対におすすめのコースです。（東京都　鈴木徹）['23]

リベルダーデ通り周辺

▶キオスクでひと休み
街のあちこちにあるキオスク Kiosk は、リスボンっ子の憩いの場。カフェやビールなどが手軽に購入でき、軽食も注文できる。街歩きの途中、ひと休みしたいときに立ち寄ってみよう。

プラタナスの木陰が涼しげなリベルダーデ通りのキオスク

エドゥアルド7世公園からテージョ川方向を望む

ポンバル侯爵広場周辺は、ホテルや銀行などが集まるビジネス街になっている。ここからリスボンのシャンゼリゼと呼ばれるリベルダーデ通りが南に向かって延び、その終点がレスタウラドーレス広場。このエリアの散策は、エドゥアルド7世公園から始めるとよい。レスタウラドーレス広場までずっと下り坂なので、歩くには効率的だ。

🔍 歩き方

まず、**エドゥアルド7世公園 Parque Eduardo VII** の一番上にある展望台へ行こう。リスボンの地形を頭に入れるには格好の場所だ。正面に見えるのは、ポンバル公爵の像が立つ**ポンバル侯爵広場 Pr. Marquês de Pombal**。その先に**リベルダーデ通り Av. da Liberdade** が続き、右側にはバイロ・アルトの丘、左側にはサン・ジョルジェ城。そして晴れていれば、青く輝くテージョ川と対岸までもが見渡せる。

ポルトガルのシャンゼリゼとも呼ばれるリベルダーデ通りは、1755年の大地震の後、都市再建計画によって造られた幅90m、長さ1500mのリスボンを代表する大通りだ。リベルダーデとはポルトガル語で「自由」。歩道にはプラタナスが植えられ、道行く人々に涼しい木陰を提供している。

▶リスボンの石畳
リベルダーデ通りをはじめ、リスボンの通りのほとんどは石畳が敷き詰められている。これら形も大きさもバラバラの敷石は、すべて職人の手作業によるものだ。白と黒の2色で模様が描かれていることもあるが、これはリスボンの守護聖人サン・ヴィセンテが1173年に2羽のカラスに守られてリスボンに運ばれたことに基づく。死とカラスを意味する黒、サン・ヴィセンテの純粋性を象徴する白はリスボンのシンボルカラーだ。

リベルダーデ通りの東側、小さな池を過ぎたあたりで左に Largo da Anunciada を入ると、ラヴラ線のケーブルカー乗り場がある。ちょっと寄り道して乗ってみよう。ケーブルカーを降りたらすぐ左側の階段を下り、右に曲がると Trav. da Cruz do Torel に出る。この通りの4番地に、日本ともゆかりの深い**モラエスの生家 Casa de Moraes** が建っている。

リベルダーデ通りの終点は、スペインからの独立を記念したオベリスクが立つ**レスタウラドーレス広場 Pr. dos Restauradores**。広場西側にある**フォス宮 Palio Foz** の脇から、バイロ・アルトに上るグロリア線のケーブルカーが出ている。

歩くときは石畳にも注目

公共トイレは広場の地下などにある。使用料は€ 0.50 程度で、硬貨を入口で投入すると扉を開ける。紙幣は使えないので、小銭はなるべく切らさないようにしよう。

📷 おもな見どころ

リスボンの街が一望できる
エドゥアルド 7 世公園
Parque Eduardo VII

MAP：P.60/B2 ★★

エドゥアルド 7 世公園
🚇 Ⓜ Parque 駅から徒歩 2 分

展望台にあるモニュメント

幾何学模様の植え込みが美しい

　　斜面を利用した緑豊かな公園。1902 年、イギリスのエドワード（エドゥアルド）7 世がリスボンを訪問したのを記念して造られた。フランス式庭園で、敷地内には小さな熱帯植物園**エストゥファ・フリア Estufa Fria** もある。公園の頂からはリスボンの街並みや晴れていればテージョ川まで見渡せ、絶好の展望台だ。5・6 月には南米原産のジャカランダの木が、紫色の美しい花をつける。

政治家ポンバル侯の像が建つ
ポンバル侯爵広場
Pr. Marquês de Pombal

MAP：P.61/B3 ★

ポンバル侯爵広場
🚇 Ⓜ Marquês de Pombal 駅から徒歩 1 分

広場の中央に立つポンバル公爵の像

　　ポンバル侯爵（1699 〜 1782 年）は、ジョゼ 1 世の宰相を務めたポルトガルを代表する政治家。1755 年の大地震のあと行われたリスボン再建計画をはじめ、政治、経済、教育など多くの分野で改革を行い、近代ポルトガルの礎を築いた。巨大な円柱の頂から、ライオンを従えた侯爵の像が、リスボンの街を見下ろしている。

広場は交通量の多いロータリーになっている

ポルトガル再独立を記念する
レスタウラドーレス広場
Pr. dos Restauradores

MAP：P.64/A1 ★★

レスタウラドーレス広場
🚇 Ⓜ Restauradores 駅から徒歩 1 分

オベリスクが立つ広場

　　16 世紀末からスペインに支配されてきた屈辱の 60 年間。民族の自立を願う愛国者たちは、1640 年についに蜂起し、ポルトガルの再独立を勝ち取った。レスタウラドーレスとは「復興者たち」という意味だ。広場中央には、勝利と独立の精神を表す高さ約 30m のオベリスクが立っている。

Coluna
日本を愛したモラエス

　　海軍士官だった作家のヴェンセスラウ・デ・ソウザ・モラエスは、1899 年にポルトガル領事として神戸に赴任。その翌年には芸者の福本ヨネと同棲を始め、『日本通信』をポルトガルへ送り続けた。1910 年、本国で革命が起こりポルトガル共和国が成立すると官を辞して、1912 年におヨネが死亡してからは徳島で斎藤コハルとの生活を始めた。1929 年に 75 歳で亡くなるまで、

『おヨネとコハル』『徳島の盆踊り』など日本を世界に紹介する作品を書き残した。モラエスの生家（MAP：P62/A2）は内部非公開。

生家の壁に埋め込まれたアズレージョ

▶シアード名物、ペソア像
いつも大勢の人でにぎわっているカフェ・ア・ブラジレイラ（→ P.118）の前にポルトガルの詩人フェルナンド・ペソア（→ P.15）の座像がある。隣には椅子が置いてあって、腰かけることができるようになっている。シアードを訪れた記念に、大詩人と一緒に記念撮影はいかが？

観光客に人気の撮影スポット

▶カルサダ・ド・ドゥケ通り
サン・ロケ教会前のトリンダーデ・コエーリョ広場の東側からロシオ駅へと通じる階段 Calçada do Duque には、安くておいしいレストランがあり、地元の人でにぎわっている。階段から見えるライトアップされたサン・ジョルジェ城も美しい。

夏は夜風が心地よい

植物園
1873 年に開園した、リスボン大学工学部付属の植物園。亜熱帯植物を中心に、約2500種の植物が集められている。
MAP：P.62/A1
🏠 Rua da Escola Politécnica 54
☎ 217 967 624
🕐 毎日 9：00 ～ 20：00
(10 ～ 3 月は～ 17：00)
🚫 1/1、12/25
💶 €5、学割€2.50
🚇 ⓜRato 駅から徒歩 7 分

リスボンらしい風景に出合えるビッカのケーブルカー

　バイシャ地区の西側、丘の上に広がるのが「高い地区」という意味のバイロ・アルト。ファドハウスやレストラン、若者に人気のバーも多く、特に週末の夜はにぎわう。

🔍 歩き方

　ロシオ広場の西南角から延びるカルモ通り Rua do Carmo とそこから西へ折れるガレット通り Rua Garrett 界隈は、**シアード Chiado** と呼ばれ、高級ブティックや老舗カフェが並ぶ 1 等地。ガレット通りの途中には、いかにも歴史を感じさせる店構えのカフェ・ア・ブラジレイラ（→ P.118）がある。リスボン最古のカフェのひとつで、かつてあまたの芸術家や知識人たちが集った場所だ。

　ガレット通りの突き当たりは、市電 12、24、28 番の停留所がある**カモンイス広場 Pr. de Luís de Camões**。ここから北に向かって、ミゼリコルディア通り Rua da Misericórdia が延びている。この通りから西へ折れる路地が造る一画が、ファドハウスやレストランが軒を連ねるバイロ・アルトの中心。

　ミゼリコルディア通りが終わるあたりには日本とも関係の深い**サン・ロケ教会 Ig. de São Roque** があり、さらに進むと、右側にフォス宮脇から出るグロリア線ケーブルカーの終点が見えてくる。その先が**サン・ペドロ・デ・アルカンタラ展望台 Miradouro de São Pedro de Alcântara** だ。疲れた人はケーブルカーに乗ればレスタウラドーレス広場に戻れる。

　まだ余力のある人は、展望台の先のドン・ペドロ 5 世通り Rua Dom Pedro V をたどっていこう。通り沿いには骨董品店が並び、ウインドーを眺めるだけでも楽しい。直進すると、大きな木々が茂る**プリンシペ・レアル広場 Pr. do Príncipe Real** があり、さらに進むと右側に**植物園 Jardim Botânico** への入口がある。この先の**ラト広場 Largo do Rato** まで、左へ折れる道があったら立ち止まってみよう。両側に建ち並ぶ家並みの間に、**エストレーラ聖堂 Basílica da Estrela** の白いドームが見えるはずだ。

📷 おもな見どころ

リスボン大地震の遺構
カルモ教会
Ig. do Carmo
MAP：P.64/B1 ★★

1389年に建てられた教会で、当時はリスボン最大だったというが、1755年の大地震で倒壊した。石造建築をも崩壊させてしまう、地震の威力を実感させられる場所だ。

内部は考古学博物館になっている

偉大な詩人を記念した
カモンイス広場
Pr. de Luís de Camões
MAP：P.64/B1 ★

ポルトガル最大の詩人としてたたえられるルイス・デ・カモンイス（1525～1580年）は、叙事詩『ウズ・ルジアーダス』で大航海時代のポルトガル人の偉業をうたい上げた。広場の敷石は『ウズ・ルジアーダス』をテーマにしたものだ。

中央にはカモンイスの像が立つ

天正遣欧少年使節が滞在した
サン・ロケ教会
Ig. de São Roque
MAP：P.64/B1 ★★

1584年、苦難の航海の末にリスボンにたどり着いた日本の天正遣欧少年使節（→ P.291）が、1ヵ月ほど滞在したイエズス会の教会。16世紀末にイタリア人建築家によって建てられたイタリア・バロック様式の教会だが、正面ファサードは1755年の大地震で破壊され、その後再建された。
　教会奥にあるサン・ジョアン・バプティスタ（洗礼者ヨハネ）の礼拝堂は、瑠璃、めのうやモザイクで飾られたリスボンでも有数の美しいチャペルとして知られている。また教会正面に向

イタリア・バロック芸術の傑作、サン・ジョアン・バプティスタの礼拝堂

かって右側には付属の美術館があり、ジョアン5世のコレクションを中心に、宗教画や祭礼用の宝物が展示されている。

カルモ教会
🏛 Largo do Carmo
☎ 213 478 629
URL www.museuarqueolog icodocarmo.pt
開 月～土　　10:00～19:00
　　（11～4月は～18:00）
休 日、1/1、5/1、12/25
料 €5、学割・65歳以上€4
交 Ⓜ Baixa-Chiado 駅から徒歩3分

▶おいしいジェラート屋
1949年創業の「サンティニ Santini」は、夏になると長蛇の列ができるほど人気の店。特に新鮮なフルーツをふんだんに使ったジェラートがおすすめ。
MAP：P.64/B1
🏛 Rua do Carmo 88
☎ 213 468 431
URL www.santini.pt
営 毎日　　11:00～23:30

カモンイス広場
交 Ⓜ Baixa-Chiado 駅から徒歩1分

▶ビッカのケーブルカー
カモンイス広場から Rua do Loreto を200mほど進むと左にケーブルカーのビッカ線がある。両脇に家々がぎっしりと建ち並ぶ間を黄色のケーブルカーが行き来し、その向こうには青く輝くテージョ川。最もリスボンらしい風景として、映画やポスターの撮影場所にも使われる。

サン・ロケ教会
🏛 Largo Trindade Coelho
☎ 213 460 361
開 月　　　13:00～19:00
　火～日　10:00～19:00
　　（10～3月は～18:00）
料 無料
交 グロリア線ケーブルカー終点から徒歩2分
●付属美術館
URL museusaoroque.scml. pt
開 火～日　10:00～19:00
　　（10～3月は～18:00）
※入場は閉館30分前まで
休 月、1/1、聖日曜、5/1、12/25
料 €2.50

教会前の広場にバイロ・アルト名物、宝くじ売りの彫像がある

サン・ペドロ・デ・アルカンタラ展望台
🚋 グロリア線ケーブルカー終点から徒歩1分

まるで絵はがきのような展望台からの眺め

エストレーラ聖堂
🏠 Pr. da Estrela
☎ 213 960 915
📅 月～金　10:30～19:30
　　土・日　10:30～20:00
💰 無料、展望室€5
🚋 市電 25/28 番 Estrela から徒歩1分

国立シアード現代美術館
🏠 Rua Serpa Pinto 4
☎ 213 432 148
🌐 www.museuartecontemporanea.gov.pt
📅 火～金　10:00～13:00
　　　　　14:00～18:00
　　土・日　10:00～14:00
　　　　　15:00～18:00
※入場は閉館30分前まで
🚫 月、1/1、聖日曜、5/1、6/13、12/25
💰 €4.50
🚇 Ⓜ Baixa-Chiado 駅から徒歩3分

夕暮れ時が美しい　　　　　　　　　　　MAP：P.64/A1
サン・ペドロ・デ・アルカンタラ展望台
Miradouro de São Pedro de Alcântara　★★★

　小さな公園になっており、下にはちょっと色あせたオレンジ色の屋根の波が、正面には堅固なサン・ジョルジェ城が見渡せる。特に夕暮れ時は、西日を受けたリスボンの街並みが黄金色に輝き、いっそう美しさを増す。

ドームが印象的な白亜の教会　　　　　　MAP：P.60/C2
エストレーラ聖堂
Basílica da Estrela　★★

　待望の王子を授かったドナ・マリア1世が神に感謝し、1779年に建設を開始。1790年に完成した。灰色、ピンク、黄色の大理石や絵画で美しく彩られた堂内には、ブラジルで亡くなったドナ・マリア1世の墓所がある。

大きなドームとふたつの鐘楼をもつ

🖼 美術館と博物館

現代美術を展示する　　　　　　　　　　MAP：P.64/C1
国立シアード現代美術館
Museu Nacional de Arte Contemporânea do Chiado　★

　建物は旧サン・フランシスコ修道院を改装したもの。19世紀中頃から20世紀にかけての油絵、彫刻、素描など、ポルトガル人芸術家の作品を中心に展示されている。

さまざまな企画展も行われる

サン・ペドロ・デ・アルカンタラ展望台からの眺め

セニョーラ・ド・モンテ展望台　　　グラサ展望台

水道橋の歴史が学べる　　　　　　MAP：P.60/B2

水博物館
Museu da Água　★

　かつてリスボンの街に水を供給していたアモレイラス貯水池
Reservatório da Mãe d'Água das Amoreiras の一部が博物館とし
て公開されている。今でも池はそのままで、屋内に広がるコバルト
ブルーの水面がどこか神秘的な雰囲気。水に関するパネルなどが
展示されている。1748 年に市街地北西部のカンポリーデにアグアス・
リヴレス水道橋 Aqueduto das Águas Livres（MAP:P.60/A1 ～
B2）が完成すると、水はいったん貯水池に送られ、そこからリスボ
ンの街へと供給されていた。1755 年の大地震の際にも崩壊するこ
とはなく、1967 年に廃止されるまで水を送り続けたという。水道橋
の上を、ガイドとともに歩くツアーも開催されている。

スター歌手の日常生活をしのばせる　　MAP：P.60/C2

アマリア・ロドリゲス記念館
Casa-Museu Amália Rodrigues　★★

　国会議事堂から北側に歩いて数分。往年のファド歌手アマリア・
ロドリゲスが夫とふたりで住んでいた邸宅が、博物館として公開さ
れている。アズレージョの内装に囲まれた広い居間には、趣味の
よい調度品が置かれ、ショーケースには国内外から授与された賞
状や勲章が飾られている。ここではかつて演奏者が集まってよく練
習をしており、レコー

ディングをしたこともあ
るという。また食器が
並べられたダイニング
ルーム、夫妻の寝室、
ステージ衣装や靴な
どがずらりと並べられ
たタンスなど、アマリ
アの当時の暮らしぶり
がうかがえる。

館内は係員の解説を聞きながら見学する

水博物館
🏠 Rua Alviela 12
☎ 218 100 215
URL www.epal.pt
🕐 火〜日　10:00 ～ 12:30
　　　　　　13:30 ～ 17:30
休 月
料 博物館€4、アグアス・リ
ヴレス水道橋€6（博物館、
水道橋、貯水池を回るツア
ー€15）
※ツアーは一定の人数が揃
い次第催行。詳細は問い
合わせを。
🚇 Ⓜ Rato 駅から徒歩 2 分

博物館の展望台からも水道橋
の一部が見える

アマリア・ロドリゲス記念館
🏠 Rua de São Bento 193
☎ 213 971 896
URL amaliarodrigues.pt
🕐 火〜日　10:00 ～ 18:00
休 月・祝
料 €7、学割€4.50
🚇 Ⓜ Rato 駅から徒歩 8 分

黄色の外壁が目印

サン・ジョルジェ城　　　　　　　カテドラル

アルファマ周辺

▶リスボン大地震
1755年11月1日9:30、リスボンの街を大地震が襲った。倒壊した建物は約9000、津波の高さは約12.5m、約6万人もの人々が亡くなったといわれている。その後ポンバル侯爵の復興計画によって街は再建されたが、大地震の被害をあまり受けなかったアルファマ地区は、それ以前のイスラム支配の影響を色濃く残す街並みを現在に伝えている。

▶アルファマ周辺の展望台
サン・ジョルジェ城の北側、グラサ教会脇にグラサ展望台 Miradouro da Graça がある。さらにその北には、小さな公園になっているセニョーラ・ド・モンテ展望台 Miradouro do Senhora do Monte があり、サン・ジョルジェ城からエドゥアルド7世公園まで広がるリスボンの大パノラマが楽しめる。どちらも市電28番で Graça 下車。

▶歩き慣れた靴を!
リスボンは急な坂や階段が多く、石畳の歩きにくい道もある。アルファマ地区の北側に位置する展望台などへ行く際は、歩き慣れた運動靴やスニーカーを履いたほうがよい。

▶ユニークな公衆トイレ
ポルタス・ド・ソル広場からテージョ川方向へ続く階段を下ると、すぐ左側に公衆トイレがある。アーチ状の通路に描かれた漫画風のカラフルなイラストは、リスボンの歴史を表したもの。なかには「日本」の文字もあるので探してみよう。
MAP：P.87/A1

密かな人気撮影スポット

丘の斜面に白壁の家々が積み重なる

バイシャ地区の東に広がるのが、リスボンで最も古い街並みを残すアルファマ地区。「アル」で始まる単語はアラビア語が起源だが、迷路のような路地や白壁の家々はかつてのイスラムの影響を色濃く残している。「リスボンの下町」と呼ばれるこの地域では、観光名所を訪れるだけでなく、ただぶらぶらと歩き回るだけでも楽しい所だ。

🧭 歩き方

コメルシオ広場から数えて北3本目、コンセイサオン通り Rua do Conceição の東端にあるマダレーナ教会に向かって左側の坂を上っていくと、**サント・アントニオ教会 Ig. de Santo António**、さらにその先に**カテドラル Sé** が見えてくる。上り坂を歩くのがきつい人は、コンセイサオン通りから12、28番の市電に乗り、カテドラル前で降りてもいい。

カテドラルを見学したら、前の停留所から737番のバス（始発はフィゲイラ広場）に乗り、細く急な坂を上り、城門付近で下車。**サン・ジョルジェ城 Castelo de São Jorge** からリスボンのパノラマを楽しんだあとは、**ポルタス・ド・ソル広場 Largo das Portas do Sol** まで歩いて下る。ここからのテージョ川とアルファマの風景はすばらしく、カフェもあるのでひと休みするのもいい。

さて、ポルタス・ド・ソル広場脇の階段を下っていくと、リスボンの庶民が暮らすアルファマの中心部。洗濯物が風にはためき、イワシを焼く煙が漂ってくる。道に迷ったら上へ上へとたどればポルタス・ド・ソル広場に戻れる。

風情あるアルファマの路地

アルファマ散策のあとは、ポルタス・ド・ソル広場から市電28番に乗って**サン・ヴィセンテ・デ・フォーラ教会 Ig. de São Vicente de Fora**へ。歩いても行けるが、建物に手が届きそうなほど狭い路地をすり抜ける楽しさは市電ならでは。サン・ヴィセンテ・デ・フォーラ教会に向かって左側の道を進むと、市場のある**サンタ・クララ広場 Campo de Santa Clara**に出る。火曜か土曜なら、広場周辺に**泥棒市 Feira da Ladra**が立つ。

サンタ・クララ広場の下には「ポルトガルのパンテオン」と呼ばれる**サンタ・エングラシア教会 Ig. de Santa Engrácia**があり、さらに坂を下ると**サンタ・アポローニア駅 Estação de Santa Apolónia**に着く。

狭い道を市電が走り抜ける

サンタ・アポローニア駅からメトロに乗ると街の中心に戻れるが、時間に余裕があるなら、**国立アズレージョ美術館 Museu Nacional do Azulejo**へ足を延ばしてみよう。サンタ・アポローニア駅から線路沿いに東へ約1.5km、駅前からバス759番に乗る。

▶インテンデンテ広場
アルファマの北側にあり、以前はあまり治安のよくない場所だったが、市の整備によって生まれ変わった。周囲にはかわいらしい建物が並び、なかでもタイルメーカー「Viúva Lamego」のアズレージョはリスボンで最も美しいといわれる。隣にはおしゃれな雑貨店「ア・ヴィダ・ポルトゲーザ」(→ P.130)がある。
MAP：P.63/A3
交 Mintendente駅から徒歩1分

広場にはカフェのテラス席が並ぶ

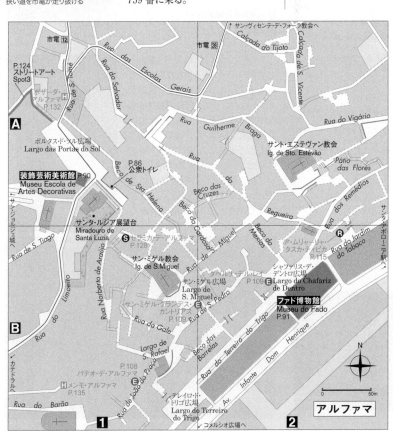

サント・アントニオ教会

サント・アントニオ教会
🏠 Largo Santo António da Sé
☎ 218 869 145
🕐 月～金 8:00 ～ 19:00
土・日 8:00 ～ 20:00
💰 無料
🚃 バス 737 番または市電 12/28 番 Sé から徒歩1分
● 博物館
🕐 火～日 10:00 ～ 18:00
🚫 月、1/1、5/1、12/25
💰 €3

教会前の広場には聖アントニオの像が立つ

リスボンの守護聖人を祀る　　　　　　　MAP：P.63/C3

サント・アントニオ教会
Ig. de Santo António
★

地元の人が訪れる静かな教会

リスボンの守護聖人、サント・アントニオ（1194 ～ 1231 年）誕生の地に建てられた教会。正面に向かって左側には付属の博物館もある。サント・アントニオはイタリアのパドヴァで活躍したフランシスコ派の僧侶で、縁結びの聖人としても知られている。6 月 13 日の聖人祭はリスボンの祝日となり、12 日は夜更けまでアルファマがにぎわう。

カテドラル
🏠 Largo da Sé
☎ 218 866 752
🌐 www.sedelisboa.pt
🕐 6 ～ 10 月
月～土 9:30 ～ 19:00
11 ～ 5 月
月～土 10:00 ～ 18:00
※ 入場は閉門 45 分前まで
🚫 日・祝
💰 €5（宝物館、合唱隊席などを含む）
🚃 バス 737 番または市電 12/28 番 Sé から徒歩1分

2 本の高い塔が目印　　　　　　　　　　MAP：P.63/C3

カテドラル
Sé
★★★

リスボンをイスラム教徒から奪回したアフォンソ・エンリケスの命により、モスクの跡地に 1147 年から建設が始められた。当時は砦の役目もあったらしく、堅固な造りは 1755 年の大地震にも生きのびた。後期ロマネスク様式の聖堂に、後にゴシック様式の回廊、バロック様式の祭壇などが付け加えられ、さまざまな様式が交じり合っている。正面入口の上には有名なバラ窓があり、薄暗い聖堂内部に美しい光を与えている。

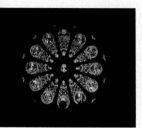

キリストと 12 使徒を描いたステンドグラスのバラ窓

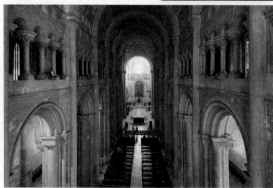

右上／カテドラル前を市電が走る　　下／身廊とふたつの側廊をもつ大聖堂内部

サン・ジョルジェ城

リスボンの歴史を見守ってきた

Castelo de São Jorge　★★★

MAP：P.63/B3

　ユリウス・カエサルの時代、ローマ人の手によって要塞として建設され、その後、西ゴート族、イスラム教徒、キリスト教徒の王など、数百年の間に城の居住者は次々と替わってきた。現在、城内は

城からは遠く4月25日橋まで見渡せる

公園になっており、城壁からはリスボンの一大パノラマが展開される。1500年前の創設時、ここに立った人の目にはいったいどんな風景が映ったのだろう。けた外れの古さに思わず身震いしてしまう。夕日が沈んだあとのほんのひととき、街は紫色に染まる。まさに「憂愁のポルトガル」がそこにある。

サン・ヴィセンテ・デ・フォーラ教会

付属の修道院がある

Ig. de São Vicente de Fora　★★

MAP：P.63/B4

　ふたつのルネッサンス様式の鐘楼をもつ白亜の教会。デ・フォーラとは「外の」という意味だが、1147年にアフォンソ・エンリケスがイスラム教徒からのリスボン奪回を記念して建てた当時は、城壁の外に位置していた。現在の建物は1582年から1627年にかけて建てられたもので、教会正面に向かって右が修道院Mosteiroへの入口。内部にはブラガンサ王朝の霊廟がある。回廊のアズレージョも美しいが、必見なのが聖器室Sacristia。大理石をふんだんに用いたすばらしい壁に囲まれている。

ルネッサンス様式のファサード

サン・ジョルジェ城
住 Rua de Santa Cruz do Castelo
☎ 218 800 620
URL castelodesaojorge.pt
開 毎日　9:00～21:00
（11～2月は～19:00）
※入場は閉館30分前まで
休 1/1、5/1、12/24・25・31
料 €15、学割€7.50
交 バス737番 Castelo から徒歩2分

今も堅牢な城壁が残る

▶エレベーターで楽々移動
バイシャ地区からサン・ジョルジェ城のふもとまで、エレベーター（MAP P.64/B2）を利用すると移動が楽だ。Fanqueiros通り176番地の建物1階に乗り場がある。上ったらMadalena通りを渡り、広場左奥のスーパー「Pingo Doce」の入口にある第2のエレベーターへ。ここからサン・ジョルジェ城まで徒歩約10分。
開 毎日　9:00～21:00
料 無料

サン・ヴィセンテ・デ・フォーラ教会
住 Largo de S. Vicente
☎ 218 810 559
URL mosteirodesaovicente defora.com
開 毎日　10:00～18:00
※入場は17:00まで
休 1/1、聖金・日曜、5/1、12/25
料 €5、学割・65歳以上€3
交 市電28番 Vos Operário から徒歩1分

リスボンの聖アントニオ祭

　リスボンには有名な聖人が4人あり、そのなかでも聖アントニオは縁結びの聖人として人気が高い。アルファマ地区のサント・アントニオ教会に祀られたこの聖人は、リスボンの人たちにとっては、恋人や子供の守り神としてあがめられている。聖アントニオの日である6月13日は、リスボンでは祝日になり、その前夜はリベルダーデ通りでパレードが開催される。広場や路上ではイワシ炭火焼きの屋台が並び、愛の鉢植えマンジェリコが売られる。かつては男性から愛する女性に、マンジェリコの小鉢に愛の詩を書き添えて、プロポーズしたそうだ。今でも6月13日は、結婚式を挙げるカップルが多いという。

前夜祭にはパレードも行われる

泥棒市

- 📍 Campo de Santa Clara
- 🚃 市電 28 番 Vos Operário から徒歩 3 分

▶おすすめグルメショップ
泥棒市が立つサンタ・クララ広場の真ん中にある旧サンタ・クララ市場内に、ポルトガル食保存協会が運営する「Centro das Artes Culinárias」があり、ポルトガル産のおいしいビオワインやオリーブオイル、レシピ本など、料理好きにはたまらない商品が揃う。
- ☎ 218 853 211
- 🕐 火〜日　10:00 〜 18:00
- 🚫 月・祝

サンタ・エングラシア教会

- 📍 Campo de Santa Clara
- ☎ 218 854 820
- 🔗 www.panteaonacional.gov.pt
- 🕐 火〜日　10:00 〜 18:00
　（10 〜 3 月は〜 17:00）
- 🚫 月、1/1、聖日曜、5/1、6/13、12/25
- 💰 €4、学生・65歳以上€2
- 🚃 市電 28 番 Vos Operário から徒歩 5 分

ヴァスコ・ダ・ガマの棺も安置されている

装飾芸術美術館

- 📍 Largo das Portas do Sol 2
- ☎ 218 814 600
- 🔗 www.fress.pt
- 🕐 水〜月　10:00 〜 17:00
- 🚫 火、1/1、5/1、12/25
- 💰 €4、学生・65歳以上€2
- 🚃 市電 12/28 番 Largo das Portas do Sol から徒歩 1 分

のみの市が開催される　　　　　MAP : P.63/B4

泥棒市
Feira da Ladra ★★

広場の周りに露店が並ぶ

サン・ヴィセンテ・デ・フォーラ教会とサンタ・エングラシア教会の間のサンタ・クララ広場で、毎週火曜と土曜、10：00 頃から 16：00 頃まで開かれる。ラドラ Ladra とは「女泥棒」のこと。といっても別に盗品の市ではない。新品、中古品からガラクタまで何でも出揃い、ときおり掘り出し物が見つかる。土曜の午後ともなればすごい人出。スリにくれぐれも用心するように。「泥棒」のいわんとするところは、こっちなのかも？

白いドーム屋根が印象的　　　　　MAP : P.63/B4

サンタ・エングラシア教会
Ig. de Santa Engrácia ★★

現在の建物は 1682 年に着工し、1966 年に完成。ポルトガルには「サンタ・エングラシアのようにきりがない」という言葉がある。完成までに約 300 年かかっているので、なかなか終わらないことの例え

になってしまったのだ。エンリケ航海王子やヴァスコ・ダ・ガマなど、ポルトガル史上活躍した人物を祀る国立のパンテオン（霊廟）になっている。

ドームに上ることもできる

🖼 美術館と博物館

内装にも注目したい　　　　　MAP : P.87/A1

装飾芸術美術館
Museu Escola de Artes Decorativas ★

ポルタス・ド・ソル広場に面した、17世紀の邸宅を利用した美術館。ポルトガルおよび旧植民地の家具調度品、金銀細工、カーペット、絵画など、銀行家エスピリト・サント・シルヴァのコレクションが展示されている。アズレージョで飾られた豪華な内装もすばらしい。また館内には雰囲気のいいカフェもあり、ひと休みにぴったり。

広場に面して入口がある

音楽を聴きながらファドの歴史が学べる
ファド博物館
Museu do Fado ★★

MAP：P.87/B2

博物館がある広場周辺にはファド・レストランも多い

　ファド発祥の地といわれているアルファマ地区。シャファリス・デ・デントロ広場に面したピンク色の建物が、博物館と音楽学校になっている。ファドの起源やその歴史を絵と写真のパネルで解説しているほか、ポルトガルギター、著名歌手のレコードジャケットやポスター、演奏者やギター職人などの実物大ろう人形も展示されている。またひと昔前のファドハウスを再現した、ジオラマ仕掛けの部屋でファドが聴ける。売店には往年のスターから最近の人気歌手まで、ファドの音源が多数販売されている。試聴もできるので、気に入ったものがあればおみやげに買ってもいいだろう。

建物も一見の価値あり
軍事博物館
Museu Militar ★

MAP：P.63/B4

門構えも立派

　サンタ・アポローニア駅の向かいにある。別名「鉄砲博物館」と呼ばれ、大砲を中心に、大航海時代から植民地時代の武器が展示されている。日本の鎧や兜のほか、戦闘シーンを描いたアズレージョなどもある。建物は18世紀の兵器庫を利用しており、バロック様式の内装も見事だ。

装飾タイルの傑作を集めた
国立アズレージョ美術館
Museu Nacional do Azulejo ★★★

MAP：P.59/B4

　マドレ・デ・デウス教会を改装して、15世紀から現代までのアズレージョを展示する。アズレージョとは、ポルトガルの芸術を語るうえでは欠かせない、装飾タイルのこと（→ P.32）。リスボン大震災前の街並みを描いた絵タイルなど、歴史的に価値のあるアズレージョを多数所蔵しており、少し遠いが足を延ばす価値は十分にある。アズレージョで飾られたカフェも併設している。

アズレージョが見事な礼拝堂

ファド博物館
🏠 Largo do Chafariz de Dentro 1
☎ 218 823 470
URL www.museudofado.pt
🕐 火〜日　10:00 〜 18:00
🚫 月、1/1、5/1、12/25
💰 €5
🚌 バス 728/735/759/794 番で Alfândega から徒歩 1 分

ポルトガルギターの展示

周辺には夜になるとファドを聞かせるレストランが多い

軍事博物館
🏠 Rua Museu da Artilharia 51
☎ 218 842 569
🕐 火〜日　10:00 〜 17:00
🚫 月、1/1、聖日曜、5/1、12/25
💰 €3、65歳以上 €1
🚇 Ⓜ Santa Apolónia 駅から徒歩 1 分

国立アズレージョ美術館
🏠 Rua da Madre de Deus 4
☎ 218 100 340
URL www.museudoazulejo.gov.pt
🕐 火〜日　10:00 〜 13:00
　　　　　14:00 〜 18:00
※入場は閉館 30 分前まで
🚫 月、1/1、聖日曜、5/1、6/13、12/25
💰 €5、65歳以上 €2.50
🚌 バス718/742/759 番 Igreja de Madre de Deus から徒歩 2 分

カフェで休憩できる

市電28番に揺られて リスボン巡り

「7つの丘」と呼ばれるリスボンには、坂道が多い。
その起伏に富んだ地形が、リスボン特有の美しい街並みを
造り出しているのだが、歩くにはちょっときつい。
そこで活躍するのが、リスボン名物にもなっているレトロな市電。
なかでも28番はバイロ・アルト、バイシャ、アルファマの
3つの地区を結んで走り、観光客にも人気の高いルートだ。
石畳の道をゴトゴトとのんびりと走る路面電車に揺られながら、
リスボンの街を巡ってみよう。

1 プラゼレス
Prazeres

　由緒あるプラゼレス墓地の前が出発地点。すぐ近くのカンポ・デ・オウリケ市場（→ P.121）にはフードコートがあるので、このグルメ市場で腹ごしらえしてから市電に乗ってもいいだろう。停留所には行列ができているのですぐわかる。

2 エストレーラ
Estrela

　右側にエストレーラ聖堂（→ P.84）が建つ。そこから進んで左側に国会議事堂を見ながら、庶民的な商店が並ぶ坂道を下り、高台の上に位置するバイロ・アルト地区に入っていく。

白亜の外観が美しい
エストレーラ聖堂

観光客も訪れるプラゼレス墓地

3 カリャリース
Calhariz

　テージョ川を背景にビッカのケーブルカー（→ P.83）が急坂を上り下りする、いかにもリスボンらしい風景に出合えるのがここ。時間があれば途中下車してケーブルカーに乗ってみるのもいいだろう。ここから次のシアードまでは2停留所、歩いても5分くらいだ。

リスボン情緒満点
ビッカのケーブルカー

4 シアード
Chiado

　バイロ・アルトの入口、カモンイス広場（→ P.83）に停留所があり、シアードのメインストリート、ガレット通りもすぐ。周辺にはカルモ教会（→ P.83）、サン・ロケ教会（→ P.83）など見どころも多い。

しゃれたブティックが並ぶ
ガレット通り

市電28番、乗り方のコツ

　近年リスボンを訪れる観光客が増えているため、28番の始点であるマルティン・モニスの停留所には行列ができており、乗車まで1時間近く待つこともある。ただしこれは座る人の列なので、立ち席なら並ばなくてもよい。立って乗って疲れたら途中で降りるなど、臨機応変に行動しよう。

座るために行列に並ぶ観光客

アルファマからグラサへと続く坂道

8 グラサ
Graça

細い道をすり抜け、サン・ヴィセンテ・デ・フォーラ教会（→ P.89）を過ぎるとグラサ停留所。ここから歩いて、アルファマ周辺の展望台（→ P.86）へ。市電はさらにマルティン・モニスMartim Moniz まで行くが、グラサが終点の電車もある。

乗客たちがここで全員降りる

9 マルティン・モニス
Martim Moniz

地下鉄グリーンラインの駅があるマルティン・モニス広場が終点。この広場は市電 12 番の始点にもなっている。ここからロシオ広場へは、フィゲイラ広場を経由して徒歩 5 分ほど。

7 ポルタス・ド・ソル広場
Largo Portas do Sol

カテドラルからさらに坂を上ると、展望台のあるポルタス・ド・ソル広場に到着。眼下にアルファマの街並み、その向こうには青く輝くテージョ川が広がる。丘の頂にそびえるサン・ジョルジェ城（→ P.89）へは、ここから徒歩 15 分ほど。

展望台からのパノラマを楽しもう

6 カテドラル
Sé

コンセイサオン通りを抜けたら、マダレーナ教会の前で曲がり、今度は坂道を上っていく。進行方向に向かって左側に建つサント・アントニオ教会（→ P.88）を過ぎたら、正面に堂々とした建造物が現れる。リスボンの大聖堂、カテドラル（→ P.88）だ。

歩いて上るのは大変な坂道も市電なら楽々

5 コンセイサオン通り
Rua da Conceição

正面にテージョ川を見ながら急坂を下り、左に大きくカーブしながらコンセイサオン通りに入っていく。ここはバイシャ地区の中心。ロシオ広場（→ P.78）からコメルシオ広場（→ P.79）まで、碁盤の目状の道路に商店やレストランが連なっている。

交通量の多いコンセイサオン通り

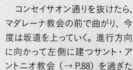

市北部

▶ヴァスコ・ダ・ガマ橋
テージョ川に架けられた全長
17.2kmの橋。1998年に開
通し、ヴァスコ・ダ・ガマの
インド到達500周年を記念し
て名づけられた。2018年に
長さ約18kmのクリミア大橋
が完成するまで、欧州最長
の橋として知られていた。リ
スボンからエヴォラなどポルト
ガル東部へ行くときにこの橋
を通る。
MAP：P.52

テージョ川を横断するヴァス
コ・ダ・ガマ橋

カンポ・グランデに立つポル
トガル初代国王、アフォンソ・
エンリケスの像

大きな田園という意味のカンポ・グランデ

リスボンのなかでは比較的新しく開発された地域で、近
代的なオフィスビルやアパートが建ち並ぶ。美術館、闘牛場、
動物園、サッカースタジアムなどの文化・娯楽施設が広い
エリアに点在しているので、目的地を定めて地下鉄やバス
を利用するのが効率的だ。

歩き方

地下鉄カンポ・グランデ駅を出ると、**カンポ・グランデ
Campo Grande** が南に向かって延びている。中央緑地帯を利
用した細長い公園だ。その北端には、**リスボン博物館 Museu
de Lisboa** と**ボルダロ・ピニェイロ美術館 Museu Bordalo
Pinheiro** が向かい合うように建っている。またカンポ・グランデ
駅の北側にはリスボンの人気サッカーチーム、スポルティングの本
拠地 **ジョゼ・アルヴァラーデ・スタジアム Estádio José
Alvalade**（→ P.139）がある。

カンポ・グランデから南へ行くと、マドリードの闘牛場を参考に
して19世紀末に造られた**カンポ・ペケーノ闘牛場 Praça de
Touros do Campo Pequeno** がある。ここからさらに南西へ進
むと、**グルベンキアン美術館 Museu Gulbenkian** の敷地が広
がっている。美術館のコレクションは質、量ともにすばらしく、こ
のエリアでは見逃せない観光スポットだ。

動物園 Jardim Zoológico へは、エスパーニャ広場から地
下鉄ブルーラインでひと駅、ジャルディン・ズロジコ駅下車。ここか
らバスで10分ほどの所には、美しいアズレージョや庭
園で有名な**マルケゼス・デ・フロンテイラ宮殿
Palio dos Marqueses de Fronteira** がある。また
リスボンを本拠地とするもうひとつのサッカーチーム、ベ
ンフィカの**ルス・スタジアム Estádio da Luz**
（→ P.139）へは、ジャルディン・ズロジコ駅から3駅目
のコレジオ・ミリタール／ルス駅で下車。

見事なアズレージョで知られる
マルケゼス・デ・フロンテイラ
宮殿

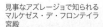

おもな見どころ

リスボン市民の憩いの場　MAP : P.60/A1

動物園
Jardim Zoológico　★

26ヘクタールという広大な敷地内に、動物園のほか小さな遊園地などもある。動物園は、イルカのショーやトドの餌づけ、子供が動物に触れられるスペースなどもあり、休日は家族連れでにぎわう。動物たちを眺めながら園内を回るテレフェリコ（ロープウエイ）も人気だ。本格的なレストランもあるので、街の喧騒に疲れたときは、ここでのんびり過ごすのもいい。

緑が豊かな園内

アズレージョが美しい　MAP : P.60/A1

マルケゼス・デ・フロンテイラ宮殿
Palácio dos Marqueses de Fronteira　★★

モンサント森林公園の北に位置するこの宮殿は、初代フロンテイラ侯爵ジョアン・デ・マスカレーニャスにより、狩猟のための館として1670年に建てられた。現在も侯爵の子孫が住んでいるが、庭園とガイドの案内で宮殿の一部を見学することができる。

「戦いの間」では、ポルトガルの再独立をかけてスペインと戦った初代侯爵の活躍を描いたアズレージョが見事。またイタリア式の庭園は、17世紀にオランダから輸入されたデルフトタイルをはじめ、数々の美しいアズレージョで彩られている。

庭園は自由に見学できる

動物園
住 Pr. Marechal Humberto Delgado
☎ 217 232 900
URL www.zoo.pt
開 3/21 ～ 9/20
　毎日　10:00 ～ 20:00
※入場は18:45まで
　9/21 ～ 3/20
　毎日　10:00 ～ 18:00
※入場は17:15まで
料 €27.50、3 ～ 12歳€17
交 Ⓜ Jardim Zoológico駅から徒歩1分

マルケゼス・デ・フロンテイラ宮殿
住 Largo São Domingos de Benfica 1
☎ 217 782 023
URL fronteira-alorna.pt
開 月～金・祝　10:00～18:00
　土　10:00～14:00
※入場は閉門30分前まで
宮殿内部はポルトガル語・英語・フランス語・スペイン語のガイドツアーで見学する。時間はウェブサイトで確認を。
休 日、1/1、5/1、12/25
料 €14（庭のみ€6）
交 Ⓜ Jardim Zoológico駅を出た所にあるバス停から770番で約10分

ユーモラスな絵柄のアズレージョ

Column

闘牛 Tourada を観に行こう

ポルトガルの闘牛シーズンは、イースター（3月下旬～4月上旬）から10月頃まで。きらびやかな衣装を身にまとった闘牛士はスペインと変わらないが、こちらは牛を観衆の目の前で殺さない（どのみち牛は死ぬのだが）。

見どころは、牛を挑発しながら巧みな手さばきで銛を打ち込むカヴァレイロ（騎士）の華麗な技。状況によって途中で馬を替えながら、1頭の牛に6本の銛を打つ。カヴァレイロが退場すると、もうひとつのアトラクション、ペーガが始まる。フォルカード（牧童）と呼ばれる8人が、正面から牛の角をつかむリーダーを中心に、荒れ狂う牛を素手で取り押さえる。

イスラム風の外観がひときわ目を引く

リスボンの**カンポ・ペケーノ闘牛場 Praça de Touros do Campo Pequeno**で毎週木曜に開催されるほか、近郊の町でも行われる。詳しいスケジュールはⓘや情報誌、闘牛場の公式ウェブサイトなどで確認しよう。チケットは闘牛場のチケット売り場で。料金は興行や座席によって異なり、€12 ～ 65程度。闘牛は22:00頃から始まり、3時間ほど続く。夏でも夜は冷えるので、ジャケットを忘れないように。

カンポ・ペケーノ闘牛場
MAP : P.61/A3
住 Centro de Lazer Campo Pequeno
☎ 214 221 030
URL www.campopequeno.com
交 Ⓜ Campo Pequeno駅から徒歩1分

はみだし　カンポ・ペケーノ闘牛場では、ポルトガル式の闘牛だけでなく、コンサートなど各種イベントも開催される。また地下はショッピングモールやレストラン、駐車場になっている。

グルベンキアン美術館

幅広いコレクションを誇る

グルベンキアン美術館
Museu Gulbenkian

MAP：P.60/A2

★★★

グルベンキアン美術館
住 Av. de Berna 45A
☎ 217 823 000
URL gulbenkian.pt
開 水〜月　10:00〜18:00
※入館は閉館30分前まで
休 火、1/1、聖日曜、5/1、
12/24、12/25
料 €10
交 M Praça de Espanha 駅
から徒歩3分

別館のモダンな現代美術館

グルベンキアンはイスタンブール生まれのアルメニア人で、石油王として財をなし、晩年はリスボンで暮らした。彼の死後、その莫大な遺産と美術品のコレクションはグルベンキアン財団としてポルトガルに寄付され、美術館、オーケストラ、バレエ団などを所有するほか、さまざまな文化事業に貢献している。グルベンキアン財団の敷地の一角にある美術館は1969年に設立。東洋から西洋までの幅広いコレクションを所蔵している。

第1〜2室は古代美術に充てられ、エジプトの彫刻、ギリシア・ローマ時代のガラスやメダル、メソポタミアのレリーフなどが展示されている。第3室はイスラム美術。陶器、タイル、ガラス、絨毯など、質・量ともに見応

『エレーヌ・フールマンの肖像』ルーベンス

えのある内容だ。続いて第4室は中国の清朝の陶器のほか、日本の蒔絵や浮世絵など、東洋美術の展示に充てられている。

第5〜8室はヨーロッパ美術。15世紀のフランドル、イタリアの宗教画に始まり、ルーベンス、レンブラント、ロイスダール、フランス・ハルツといったフランドル・オランダ絵画、さらにターナー、マネ、モネ、ルノワール、ドガなどの19世紀印象派と、内容は多岐にわたる。また、タペストリー、家具、陶器、銀器などのコレクションも充実している。

最後の第9室は、アールヌーヴォーの芸術家ルネ・ラリック René Lalique に充てられている。ガラス器、髪飾り、ネックレスなどの装飾品はため息が出るほど美しい。

また別館の**現代美術館 Centro de Arte Moderno** には、ポルトガルの現代作家の作品が展示されている。

『アレクサンダー大王』レンブラント

左／『受胎告知』ディーリック・ブーツ
右／16世紀のトルコの皿

リスポンの歴史をたどる　　　　　　MAP：P.59/A3
リスボン博物館
Museu de Lisboa ★

18世紀に建てられたピメンタ宮殿を博物館として利用しており、館内の随所に飾られたアズレージョも美しい。先史時代から20世紀初頭までのリスボンの歴史に関する資料が展示されており、特に1755年の大地震前のリスボンを描いた絵画や復興計画の模型は興味深い。

幅広いコレクションを展示

リスボン博物館
🏠 Campo Grande 245
☎ 217 513 200
URL museudelisboa.pt
開 火〜日　10:00〜18:00
休 月、1/1、5/1、12/25
料 €3、25歳以下€1.50、65歳以上€2.60
交 MCampo Grande駅から徒歩5分

ボルダロの世界に浸る　　　　　　MAP：P.59/A3
ボルダロ・ピニェイロ美術館
Museu Bordalo Pinheiro ★★

ポルトガルを代表する造形作家、ラファエル・ボルダロ・ピニェイロの作品を展示。1884年にカルダス・ダ・ライーニャに窯をひらいたボルダロは、植物や昆虫など自然の造形を陶器に再現した。精密に写し取られたエビや魚などは、いまにも動き出しそうだ。またボルダロは風刺画家としても名をはせ、強烈な社会批判を行った彼の作品が上階にある。

陶器とは思えないほど精緻な飾り皿が展示

ボルダロ・ピニェイロ美術館
🏠 Campo Grande 382
☎ 215 818 540
URL museubordalopinheiro.pt
開 火〜日　10:00〜18:00
休 月、1/1、5/1、12/25
料 €2
交 MCampo Grande駅から徒歩5分

国際公園 Parque das Nações

1998年に「大洋、未来への遺産」をテーマに開催されたリスボン万国博覧会。テージョ川に面して残る広大な会場の跡地が公園になっており、万博の際に建設された水族館などの施設が公開されている。公園への入場は無料で、天気のよい日に散策するのも楽しい。国際公園へ行くには地下鉄のオリエンテOriente駅下車が便利。ヴァスコ・ダ・ガマ・ショッピングセンター（→ P.125）も隣接しており、ショッピングがてら出かけるのもいい。

リスボン水族館　Oceanário de Lisboa
欧州最大級の海洋水族館。設計は大阪にある「海遊館」と同じ建築家ピーター・シャーメイエフ。日本人の天野尚が手がけた巨大水槽もある。200のスペースに約450種、およそ1万5000匹を飼育。
MAP：P.59/A4　🏠 Esplanada Dom Carlos I
☎ 218 917 000　URL www.oceanario.pt
開 10:00〜20:00　※入場は〜19:00　休 無休
料 €25、3〜12歳€15、65歳以上€17

休日はリスボン市民で混雑する

見応えがある巨大水槽

ベレンと市西部

ベレン地区への行き方
●市電
カイス・ド・ソドレ始発の 15
番で約 30 分。
●バス
カイス・ド・ソドレから 714 番
で約 30 分。
●列車
カイス・ド・ソドレ駅から 10
〜 20 分おきに発車している
カスカイス行きで 7 分、ベレ
ン駅下車。急行は停まらな
いので注意。
※カイス・ド・ソドレからベ
レン地区へとつながる道路で
工事が行われており、渋滞の
ため市電やバスは通常より時
間がかかることもある。急ぎ
の場合は列車を利用したほう
がよい。

▶タグス・クルーズ
Tagus Cruises
ベレン地区の船着場から、
テージョ川を巡るボートツア
ーが催行している。4 月 25
日橋まで行くキリストツアー
（所要 1 時間、€ 25）やサ
ンセットツアー（所要 2 時間、
€ 45）のほか、チャーターも
可能で、帆を広げてのセイリ
ングやモーターボートなど好
みで選べる。
營 毎日　10:00 〜 19:00
URL www.taguscruises.com

テージョ川をボートで巡る

テージョ川に面して建つベレンの塔

リスボン中心部からテージョ川沿いに 6km ほど西にある
のがベレン地区。世界史を学んだ人なら、エンリケ航海王子
という名に聞き覚えがあるだろう。15 世紀初め、ヨーロッパ
の列強が争っていた時代に、ポルトガルは敢然と未知の海へ
と乗り出し、輝かしい大航海時代が幕を開けた。その時代を
築いたエンリケ王子は、海洋国ポルトガルの創始者となった
のだ。ベレン地区には大航海時代を代表する歴史的建築物が
残されており、世界遺産にも登録されている。

歩き方

ベレン地区の観光は、ベレン駅のすぐ近くにある**国立馬車博物
館 Museu Nacional dos Coches** から始めるのが効率的だ。ここ
からベレン通り Rua de Belém を西へ歩いていくと、パステル・デ・
ナタがポルトガル一おいしいといわれるカフェ、パステイス・デ・ベレ
ン（→ P.119）があるので、ぜひ立ち寄ってみよう。

ベレン通りをさらに西へ進むと、目の前に**ジェロニモス修道院
Mosteiro dos Jerónimos** の壮麗な建物が現れる。修道院には
16 世紀に建造された東棟と 19 世紀に付け加えられた西棟があり、
教会と回廊へは東棟から入る。また西棟の中央付近には**国立
考古学博物館 Museu Nacional de
Arqueologia**、西端には**海洋博物館
Museu de Marinha** の入口がある。

ジェロニモス修道院から**発見のモニュ
メント Padrão dos Descobrimentos**
へ行くには、インペリオ広場 Pr. do
Império の南側にある地下道を利用す
る。さらに**ベレンの塔 Torre de Belém**
へは、テージョ川沿いに歩いて 10 分ほど。
ベレン地区には見どころが多いので、観

発見のモニュメントには歴史上
の人物像が装飾されている

光には最低でも半日はみておきたい。

おもな見どころ

ポルトガル黄金期を象徴する

MAP：P.99

ジェロニモス修道院
Mosteiro dos Jerónimos ★★★

大勢の参拝客を前にミサが行われる

エンリケ航海王子とヴァスコ・ダ・ガマの偉業をたたえ、また新天地開拓へと乗り出していく航海の安全を祈願して、マヌエル1世が1502年に着工。海外からもたらされた富をつぎこみ、約1世紀をかけて完成した。マヌエル様式を代表する壮麗な修道院は、まさに大航海時代の栄華を反映させた、ポルトガル海洋王国の記念碑といえる。

ジェロニモス修道院
🏠 Pr. do Império
☎ 213 620 034
URL www.patrimoniocultural.gov.pt
🕐 毎日　9:30 ～ 18:00
※チケット販売は17:00まで
🚫 1/1、聖日曜、5/1、12/25
💶 €12、学割・65歳以上 €6
🚊 市電 15 番 Mosteiro Jerónimos から徒歩 1 分

大航海時代を象徴する建造物

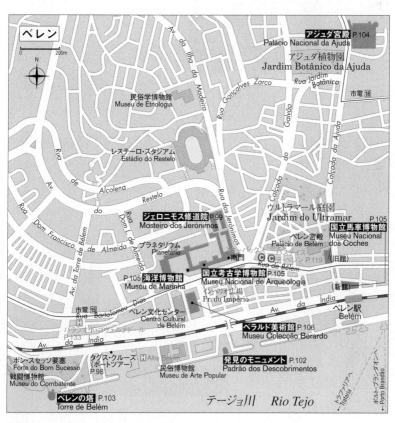

世界遺産

ジェロニモス修道院
Mosteiro dos Jerónimos

下／ロープやサンゴなど大航海時代を象徴するモチーフ
右上／中庭を囲む 55m 四方の回廊
右下／幾重にも施されたアーチが繊細な空間を生み出している

回廊
Claustro

1 階はフランス人建築家ボイタック、2 階はその死後に建設を引き継いだジョアン・デ・カスティーリョが手がけた。完成度の高さからマヌエル様式の最高傑作といわれる。

食堂 Refeitório

建設当時は修道士の共同室として使われていた。北側の壁には聖ジェロニモスを描いた絵が飾られている。

壁面を飾るアズレージョは 18 世紀のもの

西門 Portal Principal

フランス人彫刻家ニコラ・シャントレーヌの作。19 世紀の増築の際に西棟とつなぐ壁に覆われ、外部からは見えない。扉の左側にはマヌエル 1 世の像、右側には王妃マリアの像が置かれている。

上／扉の上にある彫刻は、左から受胎告知、キリストの降誕、東方三博士の礼拝を表す
下／サンタ・マリア教会へはここから入る

聖歌隊席 Coro Alto

西門を入ってすぐ上に位置する。彫刻を施した椅子が置かれ、磔刑のキリスト像が掲げられている。

左／光の中にキリスト像が浮かび上がる
右／聖歌隊席から教会内部を見下ろす

サンタ・マリア教会
Igreja de Santa Maria

入口から祭壇にかけて続く身廊とふたつの
側廊からなる三廊式の教会。天に向かって
そびえる柱は、ヤシの木を模したといわれ、
海をモチーフにした模様も刻まれている。

上／南側の側廊に埋め込
まれたステンドグラス
右／複雑に交差するリブ
が荘厳な空間を演出する

内 陣 Capela-mor

祭壇飾り板は宮廷画家ローレ
ンソの作。向かって左側に
マヌエル1世と王妃マリア、
右側に息子のジョアン3世
と王妃カタリナの棺が安置さ
れている。

王家の霊廟となっ
ている

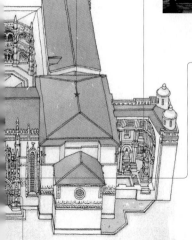

南 門
Portal Sul

スペイン人建築家
ジョアン・デ・カ
スティーリョによっ
て1518年に造られ
た。聖母マリア像を
中心に、24人の聖
人や高位聖職者の像
が据えられている。

上／聖ジェロニモスの生涯
が彫られたティンパヌム
中／レース細工のように繊
細な彫刻が見事
下／門の中央に置かれたエ
ンリケ航海王子の像

ヴァスコ・ダ・ガマとカモンイスの石棺
Túmulo de Vasco da Gama e Camões

教会に入って左側に置かれているのが、インド航路を発見し
たヴァスコ・ダ・ガマの棺。また右側には、その偉業を一大
叙事詩としてうたいあげたポルトガル最大の詩人、ルイス・
デ・カモンイスが眠る。

左／カラベル船が彫られたガマの棺　右／筆と竪琴が彫られたカモンイスの棺

発見のモニュメント

🏠 Av. Brasilia
☎ 213 031 950
🔗 www.padraodosdesc
obrimentos.pt
🕐 毎日　10:00 ～ 19:00
　（10 ～ 2 月は～ 18:00）
🚫 1/1、5/1、12/24・25・31
💰 €10（展望台込み）
🚃 市電 15 番 Mosteiro
Jerónimos から徒歩 5 分

日本到達を表す年号の 1541
が書かれている

▶エンリケ航海王子とは?
エンリケ王子 Infante Dom
Henrique de Avis（1394 ～
1460 年）は、アヴィス朝を
創始したジョアン1世の息子
で、大航海時代を築いた重
要人物のひとり。探検事業
家、パトロンとして、アフリ
カ西岸さらにはインド航路開
拓を推し進めていったが、歴
史的事実の多くはいまだ謎
に包まれている。

発見のモニュメント
Padrão dos Descobrimentos ★★★

テージョ川に向かって建つ発見のモニュメント

1960 年にエンリケ航海王子の 500 回忌を記念して造られた。帆船をモチーフとし、大海へ乗り出す勇壮なカラベル船を手に先頭に立つのはエンリケ王子。そのあとに天文学者、宣教師、船乗り、地理学者など、この時代に活躍した人々が続く。エレベーターで高さ 52 m の屋上に上がれば、4 月 25 日橋や対岸のクリスト・レイを展望できる。モニュメント前の広場には、大理石のモザイクで世界地図と各地の発見年号が記されている。日本が「発見された」のは 1541 年となっているが、これはポルトガル船が豊後に漂着した年だ。

CLOSE UP! 大航海時代を切り開いた偉人たち

カラベル船の模型を持つエンリケ航海王子

インド航路を開拓したヴァスコ・ダ・ガマ

初の世界一周を達成したフェルナン・デ・マガリャインス（マゼラン）

アフリカ・ポルトガル帝国を形成したアフォンソ 5 世

ブラジルに到達したペドロ・アルヴァレス・カブラル

日本で布教活動を行ったイエズス会宣教師フランシスコ・ザビエル

船乗りたちを見送り出迎えてきた　　　　　　MAP：P.99

ベレンの塔

Torre de Belém　　　　　　　　　　★★★

　マヌエル1世の命により1515年に着工。建築家フランシスコ・デ・アルーダが指揮を執り、1520年に完成した。もとはテージョ川を行き交う船を監視し、河口を守る要塞として造られたが、後に船の通関手続きを行う税関や灯台としても使われた。マヌエル様式の優雅なテラスをもつこの塔を、作家の司馬遼太郎氏は貴婦人がドレスの裾を広げている姿にたとえ「テージョ川の貴婦人」と表現している。

ベレンの塔
🏠 Av. Brasília
☎ 213 620 034
URL www.patrimoniocultural.gov.pt
🕐 毎日　　9:30 ～ 18:00
※チケット販売は17:00まで
🚫 1/1、聖日曜、5/1、6/13、12/25
💰 €8、学割・65歳以上€4
🚋 市電15番 Largo da Princesa から徒歩5分

CLOSE UP！
世界遺産

4階　礼拝堂
天井の交差ヴォールトには初期マヌエル様式の装飾が見られる

テラス（砲台）
中央には船乗りたちが航海の無事を祈ったという聖母マリア像が置かれている。塔の南壁面、3階部分に施されているのはマヌエル1世の紋章

3階　謁見の間
公式の対面所として使用された。石の壁や床が簡素な印象

2階　国王の間
ルネッサンス様式のバルコニーからはテージョ川が見渡せる

堡塁
一番下は潮流により海水が入り込む水牢、その上は火薬庫、さらにその上は窓に向かって大砲が並ぶ砲台になっている

1階　司令官の間
北西奥の見張り窓をのぞくと、サイの頭をかたどった排水口が見える。1513年、マヌエル1世はインドからサイを輸入し、ローマ教皇レオ10世に贈った

アジュダ宮殿

住 Largo da Ajuda
☎ 213 637 095
URL www.patrimoniocultural.gov.pt
開 木〜火 10:00〜18:00
※入場は17:35まで
休 水、1/1、聖月曜、5/1、12/25
料 €8、学割・65歳以上€4
交 市電18番またはバス60番 Largo da Ajuda から徒歩1分

天井画が美しい宴会広間

▶クジャクのいる植物園
宮殿のすぐ近くにあるアジュダ植物園Jardim Botânico da Ajudaは、観光巡りの途中でのんびりするのにぴったり。緑あふれる園内にはクジャクもいて、ちょっとした異空間が広がっている。
住 Calçada da Ajuda
☎ 213 653 157
開 毎日 10:00〜18:00
休 1/1、12/25 料 €2

4月25日橋
開 見学自由
※リスボンからセトゥーバル方面へ行く列車やバスに乗ると4月25日橋を通り、車窓にはすばらしいパノラマが広がる。

ブラガンサ王朝最後の住まい　　　　　　MAP：P.99

アジュダ宮殿
Palácio Nacional da Ajuda ★★

ブラガンサ王朝の居城のひとつ。1761年に完成したが、1794年に火災で焼失。現在の建物は、19世紀初めにイギリスのバッキンガム宮殿を模して建設されたものだ。

王族の華やかな暮らしがしのばれる

1908年、コメルシオ広場で国王カルロス1世とその皇太子が暗殺された。立憲王制の終焉と共和制の誕生である。時は流れ、主を失った宮殿は荒れるにまかされていたが、現在は迎賓館として使用されている。「王妃の部屋 Quarto da Rainha」、客間として使われていた「青の間 Sala Azul」など、各部屋には豪華な家具や調度品が置かれ、タペストリーが壁面を飾っている。なかでも、ドイツ・ザクセン地方のマイセン磁器をあしらった「ザクセンの間 Sala de Saxe」は見事だ。

1966年に開通したつり橋　　　　　　MAP：P.58/C2

4月25日橋
Ponte 25 de Abril ★

リスボンと対岸のアルマダとを結ぶ

全長2277m。上段は車、下段は鉄道専用になっている。当初は、この橋を建造した独裁者の名にちなみ、サラザール橋と呼ばれていた。1974年4月25日、アントニオ・スピノラを中心とする革新派軍人グループがクーデターを起こし、新政府が誕生した。ポルトガル人はこの事件を「リスボンの春」と称し、革命を記念して4月25日橋と改名した。

工場の跡地がおしゃれに変身、エルシシュ・ファクトリー

19世紀に紡績工場だった建物にさまざまな分野のクリエーターたちがアトリエを構えたのをきっかけに、ショップやギャラリー、レストランなどが並ぶ最先端の空間に。日曜の午後はサンデーマーケットが開催され（雨天中止）、服や雑貨、食品の市が立つ。また建物の一角にある「リヴラリア・レル・デヴァガール Livraria Ler Devagar」は、世界の美しい書店ベスト20に選ばれたこともあるユニークな本屋だ。ベレン地区へ行く途中なので、時間があれば立ち寄ってみたい。

休日はリスボンっ子でにぎわう

空飛ぶ自転車のオブジェで有名な「リヴラリア・レル・デヴァガール」

エルシシュ・ファクトリー　　LX Factory
MAP：P.58/C2　住 Rua Rodrigues Faria 103
URL www.lxfactory.com　営 店舗により異なる
交 市電15番 Calvário から徒歩3分

リスボンの街とテージョ川を見渡せる

クリスト・レイ

Cristo Rei ★

MAP : P.52

テージョ川の南岸に、高さ110mの巨大なキリスト像が両腕を広げて立っている。ブラジルのリオ・デ・ジャネイロにあるキリスト像を模して、1959年に完成したものだ。台座の中に通っているエレベーターでキ

街を見守る巨大なキリスト像

リストの足元まで上れば、旧市街からベレン地区までリスボンの大パノラマが広がる。

クリスト・レイ
🏠 Av. do Cristo Rei
☎ 212 751 000
URL www.cristorei.pt
開 毎日　9:30 〜 18:00
(7/1〜14と9/1〜20は〜18:
45、7/15〜8/31は〜19:30)
※入場は閉館15分前まで
料 €8
文 カイス・ド・ソドレ駅からフェリーでカシーリャスに渡り、3001番のバスで約15分

🖼 美術館と博物館

由緒ある馬車を集めた

国立馬車博物館

Museu Nacional dos Coches ★★

MAP : P.99

新館に歴史的価値のある馬車が多い

大使専用の金装飾の馬車、王侯貴族の旅行用馬車など、旧館と新館で計70両ほどが展示されている。最古の馬車は、フェリペ2世がマドリードからリスボンへ行く際に使ったもので1619年に作られたもの。またカルロス1世が暗殺されたときに乗っていた馬車もある。

国立馬車博物館
🏠 Av. da Índia 136
☎ 210 732 319
URL museudoscoches.gov.pt
開 火〜日　10:00 〜 18:00
※入場は閉館30分前まで
休 月(旧館は火)、1/1、聖日曜、5/1、6/13、12/24・25
料 新館€8、旧館€4(新館と旧館の共通券€10、新館とアジュダ宮殿との共通券€12)
文 市電15番Belémから徒歩1分

旧館は王宮付属の乗馬学校跡

貴重な資料を展示

国立考古学博物館

Museu Nacional de Arqueologia ★

MAP : P.99

ジェロニモス修道院の西棟部分にあり、アレンテージョ地方で発掘された巨石文化遺跡の出土品、青銅器時代の像、古代ローマ時代の彫刻などを展示している。アフリカの偶像、エジプトのミイラ、ブラジルの鳥の羽で作られたマスクなども興味深い。

国立考古学博物館
🏠 Praça do Império
☎ 213 620 000
URL www.museunacional
arqueologia.gov.pt
開 火〜日　10:00 〜 18:00
※入場は閉館15分前まで
休 月、1/1、聖日曜、5/1、6/13、12/25
料 €5
文 市電15番Mosteiro Jerónimosから徒歩3分

海洋国家ポルトガルの歴史を学ぶ

海洋博物館

Museu de Marinha ★

MAP : P.99

ジェロニモス修道院の西端に入口がある。大航海時代を中心に、船の模型や航海用具、旧植民地に関する歴史地図などを展示。別棟には、1922年リスボン

船の実物も展示されている

からリオ・デ・ジャネイロまで初の南大西洋横断飛行をしたサンタ・クルス号が置かれている。

海洋博物館
🏠 Praça do Império
☎ 210 977 388
URL ccm.marinha.pt/pt/museu
開 毎日　10:00 〜 17:00
(5 〜 9月は〜 18:00)
休 1/1、聖日曜、5/1、12/25
料 €7、学割・65歳以上€3.50
文 市電15番Centro Cultural Belémから徒歩2分

ベラルド美術館

🏠 Praça do Império
☎ 213 612 878
URL www.museuberardo.pt
🕐 火～日　10:00～19:00
※入場は閉館 30 分前まで
休 月、12/25・31
料 €5、学割・65 歳以上
€2.50
🚋 市電 15 番 Mosteiro Jerónimos から徒歩 3 分

マート（アート・建築・テクノロジー美術館）

🏠 Av. Brasília
☎ 210 028 130
URL www.maat.pt
🕐 水～月　11:00～19:00
休 火、1/1、5/1、12/25
料 €11、学割・65 歳以上
€8
🚋 市電 15 番 Altinho (Maat) から徒歩 3 分

テージョ川に面して新館が建つ

近現代の芸術作品が充実　　　　　　　　　　　MAP：P.99

ベラルド美術館
Museu Colecção Berardo　　★

　ベレン文化センター内にあり、近現代の芸術コレクションが充実している。ピカソ、ミロ、ダリといった巨匠の作品から、アンディ・ウォーホルなどのポップアートまで、広々とした館内に展示されている。その作品の数々は美術愛好家のみならず、一般の人でも十分見応えを感じるだろう。

ポップアートの作品が見もの

流線型の新館上からテージョ川を眺められる　　MAP：P.58/C1

マート（アート・建築・テクノロジー美術館）
MAAT（Museu de Arte, Arquitetura e Tecnologia）　★★

　流線型のデザインが目を引く新館は、イギリスの建築家アマンダ・レプトの設計。屋上は一般に公開されており、テージョ川の眺めがすばらしい。おしゃれなカフェレストランも併設している。一方、旧館は発電所だったれんが造りの建物を改装しており、昔のボイラーなどがそのまま残されている。いずれも数ヵ月おきに現代美術やテクノロジーなどの企画展が開催される。

その土地の伝統や価値観が詰まった人形劇

　ポルトガルでも昔から伝統劇として知られるマリオネット。その魅力を見直し、多くの人へ伝えていこうとオープンした博物館がリスボンにある。1800 年代以前にアレンテージョ地方で生まれたといわれるサントアレイショ人形劇をはじめ、世界各国のマリオネットを詳細な解説とともに展示。人形を操る小さな舞台やディスプレイなどもあり、見るだけでなく実際に触れて楽しめる内容だ。

　リスボンで制作活動を続ける日本人アーティストの田中紅子さん（URL benikotanaka.com）も人形劇に魅せられた人のひとり。光と影、パペットを利用したソロパフォーマンスをはじめ、劇団とのコラボレーションによる公演など、リスボンを拠点に多彩な活動を展開している。マリオネット博物館でも、定期的にシャドウ・パペットショー（影絵ショー）やワークショップを開催しているので、興味のある人は要チェック。詳細はウェブページで確認を。

制作から公演まですべてプロデュースしている田中さん

人形劇のほとんどは各地方に伝わる物語がモチーフ

マリオネット博物館 Museu da Marioneta
MAP：P.60/C2　🏠 Rua da Esperança 146
☎213 942 810　URL www.museudamarioneta.pt
🕐 火～日　10:00～18:00
休 月、1/1、5/1、12/24・25
料 €5（ショーは別途）
🚋 市電 25 番、バス 706・727（週末は 774）番 Rua Esperança から徒歩すぐ

ポルトガルを代表する美術館

国立古美術館
Museu Nacional de Arte Antiga

MAP：P.60/C2　★★★

17世紀建立のジャネラス・ヴェルデス宮殿を改装して、1884年に美術館としてオープン。12世紀の建国から19世紀までのポルトガル芸術、日本の南蛮屏風など充実している。

テージョ川を見下ろす高台に建つ

国立古美術館
🏠 Rua das Janelas Verdes
☎ 213 912 800
URL www.museudearteantiga.pt
🕐 火〜日　10:00 〜 18:00
🚫 月、1/1、聖日曜、5/1、6/13、12/25
💰 €10、学割・65歳以上€5
🚃 市電 15/18 番 Cais Rocha から徒歩 2 分、またはカイス・ド・ソドレ始発のバス 714 番 Rua Janelas Verde から徒歩 1 分

聖アントニウスの誘惑
Tentações de Sto. Antão
（1500 〜 10 年頃）ヒエロニムス・ボス

フランドル地方（現在のベルギー）で活躍した異才の画家、ボスの晩年の作品。疫病を治す聖人としてあがめられた聖アントニウスの物語が、独特な世界観で描かれている。

1F

- 聖アルベルトの礼拝堂
- 装飾美術
- 家具
- ヨーロッパ絵画
- 🚻 トイレ
- Ⓢ ショップ
- 🛗 エレベーター

カフェテリアへ

★ 61　62　63　64　65　66　67　68　69　70　48　49

60　59　58　57　56　55　54　53　52　51　50

43　42　41　39　38　37
40　44　36

Ⓢ
🚻（障害者用）

G　★　H　I　入口

南蛮屏風
Biombos Namban
（1603 〜 10 年頃）狩野内膳

桃山文化の最高傑作といわれる屏風絵。インドのゴアで出港準備をするポルトガル船と、長崎に到着し宣教師や日本の役人に出迎えられる様子が 2 対の屏風に描かれ、当時の日葡交流を知る貴重な史料となっている。

2F　東洋美術　陶器　金・銀器

27　26　25　24　23
28　21　22
29　30　19　20
15　18
14　16　17　★

3F　ポルトガル絵画・彫刻

★ 3　4　5　6　7
1
2　8
9
10
13　12　11

聖ヴィセンテの衝立
Painéis de S. Vicente de Fora
（1470 〜 80 年）ヌーノ・ゴンサルヴェス

フランドル派のリアリズムに影響され、リスボン派を築いたポルトガル最大の巨匠ゴンサルヴェス。アフォンソ 5 世に仕えた宮廷画家でもあり、この絵にはポルトガルの守護聖人である聖ヴィセンテを中央に、右手前からアフォンソ 5 世、ジョアン王子（後のジョアン 2 世）、エンリケ航海王子、左にイザベル王妃とその母親のアラゴン女王が描かれている。

 国立古美術館の 1 階にある「聖アルベルトの礼拝堂」は、ポルトガル・バロック芸術の傑作といわれ、アズレージョと金泥細工の装飾が見事。長年修復工事を行っていたが、2020 年末に完了した。

リスボンのナイトライフ&エンターテインメント

　はるばるリスボンまで来たのなら、やはり一度はポルトガルの民俗歌謡ファドを聴きにいきたい。ファドハウス（カーザ・ド・ファド）はバイロ・アルトやアルファマ地区に多く、食事もできる店がほとんど。飲み物だけでも OK だが、その場合はミニマムチャージを定めているところが多い。予約なしでも席があれば入れるが、混む時期は予約しておいたほうが確実だ。ファドは通常 21:00 頃に始まり、最終の公演が終わるのは翌 2:00 頃。帰りが遅くなる場合は店でタクシーを呼んでもらおう。

ファド（バイロ・アルト地区）

ア・セヴェーラ
A Severa

老舗のファドレストラン

　店名は 19 世紀最高といわれるファドシンガー、マリア・セヴェーラに由来する。団体客はあまり多くないので、落ち着いた雰囲気でファドを楽しむことができる。ファド開始は 21:00。ミニマムチャージは€ 45 と高めなので、食事をしたほうがよい。

MAP：P.64/B1

🏠Rua das Gáveas 51-61
☎ 213 461 204
URL www.asevera.com
🕐 20:00 ～翌 2:00
休 水、12/24・25
交 グロリア線ケーブルカー終点から徒歩 5 分

アデガ・マシャード
Adega Machado

バイロ・アルトの有名店

　ポルトガルの歌姫アマリア・ロドリゲスもかつて出演していた、老舗のファドハウス。110 名収容の店内はモダンで高級感がある。ファド開始は 21:00。料理とワインの品揃えやサービスも一流だ。食事の予算は€ 60。ミニマムチャージは€ 17。

MAP：P.64/B1

🏠Rua do Norte 91
☎ 213 422 282
URL www.adegamachado.pt
🕐 19:30 ～翌 2:00
休 無休
交 グロリア線ケーブルカー終点から徒歩 5 分

ルーゾ
Luso

フォークダンスも楽しめる

　160 名収容可能な大型店。ショーは 2 部制で、ファドと民俗舞踊が行われる第 1 部は 20:00～21:30。ファドのみの第 2 部は 22:00～翌 2:00。著名歌手が深夜に飛び入り参加することも。ミニマムチャージ€ 17。食事付きのセットメニューは€ 45。

MAP：P.64/B1

🏠Trav. da Queimada 10
☎ 213 422 281
URL www.cafeluso.pt
🕐 19:30 ～翌 2:00
休 無休
交 グロリア線ケーブルカー終点から徒歩 3 分

ファド（アルファマ地区）

パテオ・デ・アルファマ
Páteo de Alfama

洗練された空間で一流のファドを

　17 世紀建造の貴族の邸宅をファドハウスに改装。20:45 ～ 22:45 にファドにくわえフォークダンスのショーも行う。またファド専門のスペース「ファド・エン・シ」もあり、こちらは 20:30 ～翌 0:30。いずれもミニマムチャージ€ 20、食事付きは€ 55 と 65。予約制。

MAP：P.87/B1

🏠São João da Praça 18
☎ 218 865 088
URL www.pateodealfama.pt
🕐19:30 ～ 23:00
休 無休
交 バス 728/735/759/794 番で Alfândega から徒歩 3 分

ファド（バイロ・アルト地区）

クルベ・デ・ファド

Clube de Fado

ギターの演奏にも定評がある

MAP：P.63/C3

　オーナーは日本で公演を行ったこともある有名ギタリスト、マリオ・パシェーコ。客席部分は広く、ゆったりとファドを聴くことができる。ファド開始は21:00。ショーチャージ€ 7.50 ＋食事代€ 50 程度。22:30 以降は食事をしなくても OK でショーチャージ€ 10。

🏠Rua S. João da Praça 94
☎ 218 852 704
URL www.clubedefado.pt
🕐 19:30 ～翌 1:00
🈳 無休
🚃 市電 12/28 番 Sé から徒歩 7 分

タベルナ・デル・レイ

Taverna D'el Rey

規模の大きなファドハウス

MAP：P.87/B2

　アルファマ地区のファド博物館近くにあり、数ある周辺のファドハウスのなかでは比較的規模が大きい。毎晩 20:00 から 6 人の奏者と歌手が出演し、ファドの名曲が上演される。ショーチャージ€ 20 ＋飲食代。食事のメニューも充実している。

🏠Largo Chafariz de Dentro 14
☎ 218 876 754
URL www.tavernadelrey.pt
🕐 18:00 ～翌 2:00
🈳 無休
🚌 バス 728/735/759/794 番で Alfândega から徒歩 1 分

サン・ミゲル・グランデス・カントリアス

São Miguel Grandes Cantorias

早いスタートで観光客に人気

MAP：P.87/B1

　ほとんどのファドハウスが 21:00 ～と夜遅いスタートのなか、ここは19:30 ～ということもあり、観光客に人気がある。ミニマムチャージは€ 15、食事込みの予算は€ 40 ～。23:00 以降は飲み物だけでも OK。同名の姉妹店が近くに 2 軒ある。

🏠Largo de São Miguel 1-2
☎ 914 440 771
URL www.saomigueldalfama.com
🕐 17:00 ～ 24:00
🈳 月・火
🚌 バス 728/735/759/794 番で Alfândega から徒歩 2 分

ルクス・フラジル

Lux Frágil

夜景がすてきな人気スポット

MAP：P.61/C4

　サンタ・アポローニア駅の近くにある、リスボンで最もクールなクラブのひとつ。週末は有名 DJ を迎えて熱く盛り上がる。倉庫を改装した 3 フロアの建物にディスコやビデオバーなどがあり、屋上テラスからのテージョ川の眺めもすばらしい。

🏠Av. Infante D. Henrique, armazém A
☎ 218 820 890
URL www.luxfragil.com
🕐 23:00 ～翌 6:00
🈳 日～水
🚇 Santa Apolónia 駅から徒歩 3 分

ペンサオン・ド・アモール

Pensão do Amor

船員の旅籠だった建物を改装

MAP：P.64/C1

　カイス・ド・ソドレのナイトスポットの中心的存在。正面を入った所にバーがあり、奥には本屋や床屋、占い部屋も。以前は船員の常宿であったところを現代風にアレンジした空間が人気で、地元客や旅行者で平日の夜もにぎわう。

🏠Rua do Alecrim 19
☎ 213 143 399
URL www.pensaoamor.com
🕐 日～水 12:00 ～翌 3:00
　木～土 12:00 ～翌 4:00
🈳 無休
🚇 Cais do Sodré 駅から徒歩 3 分

リスボンのレストラン

　リスボンには庶民的な店から高級レストランまでいろいろ揃っていて、予算と好みに応じて選ぶことができる。特にバイシャ地区やバイロ・アルトには、値段が手頃なレストランが集まっている。おいしいポルトガル料理を食べるためのレストラン探しのコツは、客引きが立っている店や写真入りのメニューがある店は観光客相手なので避けること。地元の人におすすめの店を教えてもらうのもいい。なお、ポルトガルでは高いからといっておいしいとはかぎらない。安くてもおいしい店はたくさんある。

ポルトガル料理（高級）

ベルカント

Belcanto

ポルトガル最高峰の味を体験する

MAP：P.64/B1

　リスボンに10軒以上のレストランやバーを展開する有名シェフ、ジョゼ・アヴィレス氏。ミシュラン2つ星を獲得しているこの店では、シェフの腕をふんだんに生かした創作料理が楽しめる。コースメニューは€195、€225の2種類。要予約。

住 Largo de São Carlos 10
☎ 213 420 607
URL www.joseavillez.pt
営 12:30～15:00
　　 19:00～22:00
休 日・月、1/1、8月の第1・2週、12/25
カード A D J M V
交 M Baixa-Chiado 駅から徒歩3分

左／乳飲み子豚のロースト、オレンジソース添え€55（手前）。ポルトガル中部の伝統料理、レイタオン・アサードをモダンにアレンジ
中／見た目も楽しい、マンダリンのムースとジェラート€21
右／1958年創業の老舗レストランを改装し、2011年に再オープン。歴史を感じさせる重厚で洗練された店内

ガンブリーヌス

Gambrinus

シーフードには定評がある

MAP：P.64/A1

　リスボンのシーフードレストランの最高峰にその名が挙げられるだけあって、毎日届く新鮮な魚介類は文句なし。その日のおすすめメニューを聞いてみよう。日替わり定食は€32～36。カウンター席で食べる名物のビーフサンド Prego no Pão は€9。

住 Rua das Portas de Santo Antão 25
☎ 213 421 466
URL www.gambrinuslisboa.com
営 12:00～24:00
休 5/1、12/24
カード A M V
交 M Rossio駅から徒歩5分

左／魚介類のグリル€98（奥）　中／店頭に並ぶシーフード　右／格式を感じさせる重厚な店内

ポルトガル料理（中級）

ソラール・ドス・ヌネス

Solar dos Nunes

アレンテージョ料理の名門レストラン

MAP：P.60/C1

リスボン中心部とベレン地区の間に位置する、アレンテージョ料理中心の店。政治家や著名人も訪れるほどの名門レストランで、地元客から旅行者まで定評がある。大人数で利用して、多様な料理を注文して取り分けて食べるのがおすすめだ。ひとりで利用して少なめの量を頼みたいときは、一品をメイア・ドーゼで注文するといい。予算€30～50。

🏠 Rua dos Lusíadas 68-70
☎ 213 647 359
🕐 12:00～翌2:00
🚫 日
カード A D J M V
🚃 市電15/18番 Calvário から徒歩3分

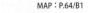

左／多様なアレンテージョ料理。野ウズラのカタプラーナ€28（手前左）、ロブスターのリゾット€38（奥中央）などが人気
下／高級感のある店内
右／先代の父を継いだ主任シェフ

バイロ・ド・アヴィレス

Bairro do Avillez

有名シェフがプロデュース

MAP：P.64/B1

「ベルカント」（→P.110）のシェフ、ジョゼ・アヴィレス氏によるおしゃれなレストラン。店内は軽食堂風の「タベルナ」、本格的な食事が楽しめる「パテオ」に分かれている。またいちばん奥には、完全予約制のキャバレーショー込みのレストラン＆バー「ベコ」がある。

🏠 Rua Nova da Trindade 18
☎ 215 830 290
🕐 12:00～24:00
　（パテオは12:30～15:00、19:00～24:00）
🚫 12/24・25
カード A J M V
🚇 Baixa-Chiado 駅から徒歩3分

左／「パテオ」のメニューから、ロブスターとカニのリゾット、バカリャウのオーブン焼き　中／「タベルナ」は皆で取り分けて食べるスタイル　右／グルメショップも併設している

パラシオ・シアード

Palácio Ciado

宮殿を改装したアートなレストラン

MAP：P.64/C1

ポンバル伯爵邸だった建物がゴージャスなレストランに。1階のほか2階には5つの部屋があり、好きな場所で食事ができる。タパス、イタリアン、シーフードやステーキなどメニューも豊富。ランチメニューはドリンクとカフェ付きで€13。

🏠 Rua do Alecrim 70
☎ 210 101 184
🕐 12:30～24:00
　（金・土は～翌2:00）
🚫 1/2
カード A D J M V
🚇 Baixa-Chiado 駅から徒歩3分

カーザ・ド・アレンテージョ

Casa do Alentejo

美しい建物も一見の価値あり

MAP：P.64/A1

17世紀の建物を20世紀初頭に改装。かつてはキャバレーのような社交場として、アレンテージョ出身の名士が集った。レストランは2階。また1階の奥は気軽なタベルナで、アレンテージョ地方の料理とワインを堪能できる。レストランは日替わりランチ€10、夜は予算€20～30。

🏠 Rua das Portas de Santo Antão 58
☎ 213 405 140
🕐 12:00～15:00
　19:00～23:00
　（1階は12:00～23:00）
🈲 1/1、5/1、12/25
カード A D M V
🚇 M Rossio 駅から徒歩5分

左／ポルコ・ア・アテンテジャーナをはじめ、アレンテージョ地方の郷土料理がおいしい　中／1階のタベルナでは居酒屋メニューを楽しめる　右／アズレージョが美しい2階のレストラン

ソラール・ドス・プレズントス

Solar dos Presuntos

有名人も数多く訪れる

MAP：P.64/A1

壁一面に、この店を訪れた政治家や芸能人、サッカー選手などの写真やサインが飾られている。シーフードから肉料理まで、厳選素材を使ったポルトガルの伝統料理が揃う。量が多いので、数人でシェアするのがおすすめ。予算€30～。

🏠 Rua das Portas de Santo Antão 150
☎ 213 424 253
🕐 12:00～15:00
　19:00～23:00
🈲 日・祝、8月
カード A D J M V
🚇 M Restauradores 駅から徒歩5分

シナル・ヴェルメーリョ

Sinal Vermelho

おいしい料理を手頃な値段で

MAP：P.64/B1

バイロ・アルトにある、地元客に人気のレストラン。特に夜は混むので早めに出かけたい。肉料理、魚料理ともメニューが豊富に揃っており、料金も手頃。アズレージョで飾られた店内の雰囲気やサービスもいい。予算は昼食€15～、夕食€25～。

🏠 Rua das Gáveas 89
☎ 213 461 252
🕐 12:30～23:30
　（土は18:30～）
🈲 日・祝
カード A M V
🚇 グロリア線ケーブルカー終点から徒歩5分

ガレート

Galeto

50年以上の歴史をもつ有名店

MAP：P.61/A3

リスボンっ子なら一度は足を運んだことがある老舗。広い店内はカウンター席のみで、1階と地下を合わせると約190席。深夜まで営業しているので、夜遅く食事したいときはここへ。朝食やスナックのほか、カフェとしても1日中利用できる。

🏠 Av. da República 14
☎ 213 544 444
🕐 7:30～翌3:30
🈲 5/1
カード A D J M V
🚇 M Saldanha 駅から徒歩2分

ポルトガル料理（中級）

オ・ピテウ

O Pitéu

地元で長年愛される伝統の味

店内は昔ながらのレストランといった風情で、壁を飾るアズレージョが美しい。おいしくて、ボリューム満点で、しかもお手頃とあって、ランチタイムは地元客で満席になることも。メインは魚料理と肉料理を合わせて約30種類。魚のフライには野菜のリゾットとサラダが付いてくる。予算€15〜20。

MAP：P.63/A3

🏠 Largo de Graça 95
☎ 218 871 067
🕐 12:00 〜 15:30
　　19:00 〜 22:15
🚫 土の夜、日
カード 不可
🚋 市電 28 番 Graça から徒歩 3 分

左／豚リブの炭火焼き（手前）と小アジのフライ（奥）。量が多いのでシェアがおすすめ　中・右／間口は小さいが、店内は広く80人収容できる

トリンダーデ

Cervejaria da Trindade

1836年創業の老舗ビアホール

ポルトガルを代表するビールメーカー、サグレスが経営するレストラン。かつての修道院を改装した建物は、天井が高くアズレージョの壁画もそのまま残されている。ゆでたエビや貝など、ビールに合う料理のメニューが豊富。予算€25〜。

MAP：P.64/B1

🏠 Rua Nova de Trindade 20C
☎ 213 423 506
🕐 12:00 〜 24:00
　　（金・土は〜翌 1:00）
🚫 無休
カード A D M V
Ⓜ Baixa-Chiado 駅から徒歩 3 分

ファシュ・フリオ

Faz Frio

モダンなポルトガル料理が評判

150年以上の歴史をもつレストランをリニューアル。創業当時の内装を残しつつ、モダンに生まれ変わった。伝統料理を洗練されたスタイルで提供。予算€15〜25。15:00〜19:00には軽食とカクテルのバーメニューが楽しめる。

MAP：P.62/B1

🏠 Rua D. Pedro V 96
☎ 215 814 296
🕐 12:00 〜翌 1:00
　　（金・土は〜翌 2:00）
🚫 月
カード D J M V
🚋 グロリア線ケーブルカー終点から徒歩 10 分

レアル・ファブリカ

Real Fábrica

ビールに合う料理が充実

ラト広場の近くにある、カジュアルな雰囲気のセルベジャリア（ビアホール）。新鮮な生ビールを味わえるほか、ワインの種類も多い。魚介類のグリルやリゾット、ステーキ、ケバブなど、豊富なメニューが揃っている。予算€15〜20。

MAP：P.60/B2

🏠 Rua da Escola Politecnica 275
☎ 213 852 090
🕐 10:30 〜 23:00
　　（食事は 12:00 〜）
🚫 日
カード A M V
Ⓜ Rato 駅から徒歩 1 分

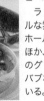

R ラミーロ
Cervejaria Ramiro

行列もできるほどの人気店

MAP：P.63/A3

エビのガーリックソース、アサリのコリアンダー炒め、フランス産のカキなど、新鮮なシーフードをビールと一緒に味わいたい。高級食材のロブスターやカメの手も扱っている。予約不可なので、ランチの利用か早めに行くのがおすすめ。予算€20〜。

🏠 Av. Almirante Reis 1-H
☎ 218 851 024
🕐 12:00 〜 24:00
🈡 月、1/1、5/1、12/25
カード Ａ Ｄ Ｊ Ｍ Ｖ
🚇 Ⓜ Martim Moniz 駅から徒歩5分

R タベルナ・ダ・ルア・ダス・フローレス
Taberna da Rua das Flores

気軽に飲める居酒屋風

MAP：P.64/B1

ランチタイムには子牛のレバーソテー Iscas com Elas やバカリャウなどの日替わりメニューが、夜は創作料理とともにポルトガル産のワインを楽しめる。ワインは15銘柄ほど取り揃えており、ハウスワインはグラス€2でも注文できる。

🏠 Rua das Flores 103
☎ 213 479 418
🕐 12:00 〜 23:00
🈡 日
カード 不可
🚇 Ⓜ Baixa-Chiado 駅から徒歩3分

R サンタ・クララ・ドス・コグメロス
Santa Clara dos Cogumelos

キノコ料理専門のレストラン

MAP：P.63/B4

泥棒市（→P.90）が開催されるサンタ・クララ広場に面している。アンティーク調の落ち着いた店内からは、テージョ川と対岸が見渡せ、リスボンでのすてきなひとときを演出する。キノコを使ったリゾット Risotto Santa Clara は€14。

🏠 Campo de Santa Clara 7
☎ 218 870 661
🕐 火〜金　19:30 〜 23:00
　　土　　13:00 〜 15:00
　　　　　19:00 〜 23:00
🈡 月・日
カード Ｖ
🚇 市電 28 番 Vos Operário から徒歩3分

R タスカルドーゾ
Tascardoso

毎日でも通いたくなる

MAP：P.62/B1

アズレージョの外壁がかわいらしい、昔ながらのレストラン。気取らない雰囲気のなか、ポルトガルの伝統料理を楽しめる。特に新鮮な魚のグリルがおすすめ。毎日表に貼り出される日替わりメニューは€10前後とリーズナブル。

🏠 Rua do Século 242
☎ 213 427 578
🕐 12:00 〜 15:00
　　19:00 〜 23:30
🈡 日・祝
カード Ｄ Ｊ Ｍ Ｖ
🚇 グロリア線ケーブルカー終点から徒歩10分

R ア・オブラ
A Obra

素材を大切にした家庭料理

MAP：P.60/C2

店主カタリーナさんが友人に作っていた料理が好評で、レストランを開くことに。まるで家族に出すような、でも家では簡単には作れない、懐かしくて新しい料理が大人気。ルア・ヴェルデ（→P.22）に面しておりテラス席もある。予算€20〜。

🏠 Rua da Silva 21
☎ 910 636 790
🕐 12:00 〜 24:00
🈡 1/1、5/1、12/25
カード 不可
🚇 市電 25 番 Conde Barão から徒歩2分

ポルトガル料理（経済的）

オ・ビトケ

O Bitoque

庶民に愛される昔ながらの食堂

MAP：P.60/B2

ランチタイムには常連客で満席になる。カウンター席もあるのでひとりでも食事しやすい。木曜と日曜のみメニューに登場するコジード・ア・ポルトゲーザはメイア・ドーセで€9。どの料理もボリューム満点で、€10前後で食事ができる。

🏠 Rua Ferreira Borges 59
☎ 213 965 636
🕐 7:00 ～ 21:30
🈺 土
カード Ⅿ Ⅴ
🚃 市電 25/28 番 R. Saraiva Carvalho から徒歩 2 分

ア・ムリャーリャ・タスカ・ティピカ

A Muralha Tasca Típica

アルファマ地区の老舗食堂

MAP：P.87/B2

1929 年創業。店名のとおり店内には 14 世紀の城壁（ムリャーリャ）が残る。夏はブドウ棚の下のテラス席で食事をするのも気持ちがいい。日替わり料理は€8 ～。すぐ近くに、ポルトガルタパスとワインが楽しめるバーも経営している。

🏠 Rua Jardim do Tabaco 112
☎ 218 867 089
🕐 12:00 ～ 23:00
🈺 日・祝
カード Ⅿ Ⅴ
🚇 Ⓜ サンタ・アポローニア駅から徒歩 10 分

メレンディーニャ・ド・アルコ

Merendinha do Arco

気軽に立ち寄れる大衆食堂

MAP：P.64/B2

ロシオ広場からアーチをくぐるとすぐ左側、庶民的な食堂が並ぶサパテイロス通りにある。こぢんまりとした店内は、昼食時には地元客で混み合う。新鮮な魚のグリルがおいしい。木曜はコジード・ア・ポルトゲーザもある。予算€10 ～ 15。

🏠 Rua Sapateiros 230
☎ 213 425 135
🕐 12:00 ～ 20:00
　（土は～ 15:00）
🈺 日
カード Ⅿ Ⅴ
🚇 Ⓜ Rossio 駅から徒歩2分

ソル・エ・ペスカ

Sol e Pesca

昼間から利用できる缶詰バー

MAP：P.64/C1

元釣り道具屋を利用。入って左の棚にはポルトガル産の缶詰がぎっしり陳列されている。おつまみは缶詰を利用したメニュー。特におすすめはイワシをのせたとうもろこしパンのカナッペ Sardinha na Broa €5.80。グラスワインも€2 ～と手頃。

🏠 Rua Nova do Carvalho 44
☎ 213 467 203
🕐 12:00 ～翌 2:00
　（金・土は～翌 3:00）
🈺 無休
カード Ⅿ Ⅴ
🚇 Ⓜ Cais do Sodré 駅から徒歩 3 分

ア・プロヴィンシアーナ

A Provinciana

バイシャ地区の繁盛店

MAP：P.64/A1

お昼時になると、近くの勤め人や買い物途中の女性たちが続々とやってくる人気店。混んでいるときは、合席になることもあるほど。料理は 1 品€7 前後で、このエリアでは破格の安さ。英語メニューも用意されている。

🏠 Travessa do Forno 23-25
☎ 213 464 704
🕐 12:00 ～ 15:30
　19:00 ～ 22:00
🈺 日・祝、9 月
カード 不可
🚇 Ⓜ Rossio 駅から徒歩5分

ゼー・ドス・コルノス

Zé dos Cornos

家族で切り盛りをする

MAP：P.64/A2

アットホームな雰囲気の食堂。奥の厨房で女性たちが料理をし、男性たちが給仕を担当している。日替わりで15種類ほど用意されている料理は€7〜14。店内の黒板にポルトガル語でメニューが書かれているので、おすすめを聞いてみよう。

🏠 Beco dos Surradores 5
☎ 218 869 641
🕐 火〜木　12:00〜16:00
　　金・土　12:00〜16:00
　　　　　　19:00〜22:00
🈭 日・月
カード 不可
🚇Ⓜ Rossio 駅から徒歩5分

アズ・ビファナス・ド・アフォンソ

As Bifanas do Afonso

立ち食いの小さなスタンドバー

MAP：P.64/B2

8人ほどでいっぱいになる店内は地元のおじさんたちで混み合う。甘辛く煮込んだ豚肉をパンに挟んだビファナ€2.75が名物。コロッケやインゲンの天ぷらなど、揚げ物はひとつ€1.50。1杯€1.20のビーニョ・ヴェルデと一緒に味わいたい。

🏠Rua da Madalena 146
☎ 936 897 006（携帯）
🕐 月〜金　8:30〜18:30
　　土　　　9:00〜13:30
🈭 日・祝
カード 不可
🚇Ⓜ Baixa-Chiado駅から徒歩10分

タージデ・ワイン＆タパス・バー

Tágide Wine & Tapas Bar

ワインの飲み比べができる

MAP：P.64/C1

おすすめが並ぶ機械にカードを挿入してワインとサイズを選び、自分でグラスに注ぐシステム。ひと口サイズもあるので、何種類も飲み比べることができる。タパスの種類も豊富。優雅に食事を楽しみたい場合は、街並みを一望できる併設のレストランへ。

🏠Lg. da Academia Nacional de Belas Artes 18 e 20
☎ 213 404 010
🕐 12:30〜15:00
　　19:00〜23:00
🈭 日・月
カード ＡＭＶ
🚇Ⓜ Baixa-Chiado駅から徒歩3分

バイ・ザ・ワイン

By The Wine

名門ワイナリーの味を気軽に

MAP：P.64/C1

「ジョゼ・マリア・ダ・フォンセッカ」（→P.156）が経営するバー兼ショップ。酒蔵を思わせるモダンな店内で、ワインと料理が楽しめる。モスカテル・デ・セトゥーバルという甘口酒精強化ワインの飲み比べや、ボトルの購入のみも可能。

🏠Rua das Flores 41-43
☎ 213 420 319
🕐 19:00〜24:00
　　（土・日は13:00〜）
🈭 無休
カード ＭＶ
🚇Ⓜ Baixa-Chiado 駅から徒歩3分

ア・ジンジーニャ

A Ginjinha

ジンジャの一杯飲み屋

MAP：64/A2

ロシオ広場のすぐ近くにある小さいカウンターだけの店。オビドスなどが産地として知られる果実酒ジンジャ Ginja が飲める。サクランボから造ったアルコール度数20%ほどの酒で、甘く口当たりがいい。グラス1杯€1.50。ボトルも販売している。

🏠Largo de S. Domingos 8
🕐 9:00〜22:00
🈭 無休
カード 不可
🚇Ⓜ Rossio 駅から徒歩3分

「サケミコ Sake Mico」はリスボン在住の国際人が夜な夜な集う居酒屋バー。日本直送の確かなクオリティが人気を呼び、スペシャルな交流スペースと化している。（リスボン在住　へに　'23）MAP：P.60/C2 ↗

各国料理

R カザノヴァ

Casanova

地元客にも好評のピッツェリア

MAP：P.63/B4

サンタ・アポローニア駅のすぐ脇にある、カジュアルなイタリア料理店。薪のオーブンで焼かれるピザが人気で、開店前から行列ができるほど。天気のよい日は、テージョ川に面したテラス席で食事をするのも気持ちがよい。予算€15～。

🏠Av. Infante Dom Henrique, Loja 7
☎218 877 532
🕐12:30～翌1:30
🏠無休
カード M V
🚇Santa Apolónia 駅から徒歩1分

R ブエノス・アイレス

Buenos Aires

アルゼンチン人が経営する人気店

MAP：P.64/B1

ロシオ駅の脇から階段を上った途中にあり、テラス席でサン・ジョルジェ城の夜景を眺めながら食事ができる。おすすめはボリュームたっぷりのアルゼンチン風ステーキ Bife Argentino €21。混むので予約なしなら開店直後に入店すること。

🏠Calçada do Duque 31B
☎213 420 739
🕐18:00～翌1:00
🏠日
カード 不可
🚇Restauradores 駅から徒歩7分

R ガンディー・パレス

Gandhi Palace

本格的なインド料理が味わえる

MAP：P.64/B2

インド人が経営するインド料理とイタリア料理のレストラン。ミックスベジタブルカレー€7.95、タンドリーチキン€9.95、プレーンナン€1.95、ラッシー€3。週末の夜は混むので早めに入店したほうがいい。テイクアウトも可能。

🏠Rua dos Douradores 167-173
☎218 873 839
🕐11:00～15:30
18:00～22:45
🏠無休
カード D J M V
🚇Rossio 駅から徒歩2分

R ア・セビチェリア

A Cevicheria

洗練された魚介料理を堪能

MAP：P.62/B1

ペルーやメキシコなどの名物料理として知られるセビチェがおいしい店。新鮮な魚介類のマリネなど、洗練された上品な味つけが楽しめる。19:30過ぎになると店内は混み合うので、早めの入店を。カウンター席あり。予約不可。予算€30～。

🏠Rua D. Pedro V 129
☎218 038 815
🕐12:00～23:30
🏠無休
カード M V
🚇Rato 駅から徒歩8分

R メルカード・オリエンタル（東方美食）

Mercado Oriental

アジア料理のフードコート

MAP：P.64/A2

1階は中国・アジアの食材を扱うスーパー、2階がフードコートになっている。小籠包やヌードルといった中国料理のほか、韓国、タイ、ベトナムなどアジアンフードを気軽に味わえる。日本風のラーメンと寿司もある。テイクアウトも可。

🏠Rua da Palma 41
☎962 733 482
🕐12:00～23:00
※スーパーは9:00～20:30
（日は～20:00）
🏠無休
カード 店によって異なる
🚇Martim Moniz 駅から徒歩1分

🏠Travessa de S. Plácido 52A　☎213 970 191　🕐火～金12:00～14:00、17:00～22:00、月・土17:00～22:00　🏠日・祝

℞ バイ・コージ

By Koji

在住日本人も絶賛

MAP：P.61/A3

　日本人の小池シェフが統括し、本格的な日本料理を堪能できる。ポルトガル近海の旬な魚を使った寿司や一品料理が、リスボンのエリートたちに大人気。握り盛り合わせ€36、酒3種セット€30。平日のランチメニューは€18～。(→みだし情報)

🏠 Rua Filipe Folque 19A
URL www.bykojilisboa.com
🕐 12:30 ～ 15:00
　19:30 ～ 23:00
　(祝はディナーのみ)
🈺 日、12/24 ～ 1/9
カード A M V
交 M Picoas駅から徒歩4分

℞ 五十

Go Juu

絶品の寿司が地元客に人気

MAP：P.60/A2

　リスボンの有名日本料理店で修業した寿司職人のファグナーさんが腕をふるう。新鮮な魚を使用した料理はもちろん、日本人に対して気遣いがあるのもうれしい。寿司盛り合わせ€43、鶏の照り焼き€19.50など。冬期にはウニもある。予約は2日前が無難。

🏠 Rua Marquês Sá da Bandeira 46A
☎ 218 280 704
🕐 12:30 ～ 14:30
　19:30 ～ 22:30
🈺 月
カード D J M V
交 M São Sebastião 駅から徒歩3分

℞ 阿夫利

Afuri

本格ラーメンと和食の店

MAP：P.64/B1

　日本の人気ラーメン店が、ヨーロッパ1号店として、2018年にリスボンにオープン。看板メニューのゆず塩ラーメンは€13。ギョウザや寿司のほか、唐揚げや串焼きといった居酒屋メニュー、カクテルや日本酒も充実している。

🏠 Rua Paiva de Andrada 7-13
☎ 968 710 555
🕐 月～金　12:00 ～ 15:00
　　　　18:00 ～ 22:00
　土・日　12:00 ～ 22:00
　(金・土は～ 23:00)
🈺 1/1、12/25
カード A D J M V
交 M Baixa-Chiado駅から徒歩1分

ℂ カフェ・ア・ブラジレイラ

Café A Brasileira

1905年創業の老舗カフェ

MAP：P.64/B1

　かつて文化人たちが集ったリスボンの名物カフェ。レトロな店内が歴史を感じさせる。店の前には常連だった作家フェルナンド・ペソアの像が置かれ、記念撮影に人気。エッグタルトやホットサンドなどもあり、朝食や軽めの食事にもぴったり。

🏠 Rua Garrett 120-122
☎ 213 469 541
🕐 8:00 ～ 24:00
🈺 無休
カード D J M V
交 M Baixa-Chiado 駅から徒歩1分

ℂ ニコラウ

Nicolau

女性に人気のヘルシーカフェ

MAP：P.64/B2

　パンケーキや卵料理、スムージーなど朝食&ブランチメニューが充実している。1日中利用できるので、ティータイムや夕食にもおすすめ。観葉植物が飾られた店内も居心地がいい。リスボン市内に計4店、カスカイスやポルトにも支店がある。

🏠 Rua de São Nicolau 17
☎ 218 860 312
🕐 8:30 ～ 22:30
🈺 1/1、5/1、12/25
カード J M V
交 M Baixa-Chiado 駅から徒歩7分

ポルトガル生まれのスイーツ♥

パステル・デ・ナタ食べ比べ Pastel de Nata

日本ではエッグタルトの名で知られるパステル・デ・ナタは、リスボンのジェロニモス修道院で考案されたといわれる、ポルトガルの国民的スイーツ。人気店で食べ比べて、お気に入りを見つけよう！

パステイス・デ・ベレン
Pastéis de Belém

1837 年創業、ジェロニモス修道院から伝えられた配合と作り方をいまも頑なに守る。ポルトガルで一番おいしいナタと評判。

400 度の高温で焼くため皮はパリパリ、クリームは絹で裏ごししたような滑らかさ。€ 1.30

MAP:P.99　🏠 Rua de Belém 84-92　☎ 213 637 423
🕐 8:00 〜 22:00　休 無休　カード A D J M V
🚃 市電 15 番 Mosteiro Jerónimos から徒歩 1 分

マンテイガリア
Manteigaria

以前はバター屋だった建物を改装したカウンターのみの店。リベイラ市場（→ P.120）のタイムアウトマーケットにも店舗がある。

ほどよい甘さで、上質なバターを使っているため皮がサクサクとして香ばしい。€ 1.20

MAP:P.64/B1　🏠 Rua do Loreto 2　☎ 213 471 492
🕐 8:00 〜 24:00　休 無休　カード D J M V
🚇 M Baixa-Chiado 駅から徒歩 1 分

サント・アントニオ
Pastelaria Santo António

2017 年オープンと比較的新しいが、2019年にナタコンテストで優勝。ケーキや軽食もあり、2 階のカフェで座って食べられる。

何層にも重なったパリパリの皮と、とろりとしたクリームのバランスが絶妙。€ 1.20

MAP:P.63/B3　🏠 Rua Milagre de Santo António 10
☎ 218 871 717　🕐 8:00 〜 19:30　休 無休　カード M V
🚌 バス 737 番 Castelo から徒歩 3 分

コンフェイタリア・ナシオナル
Confeitaria Nacional

1829 年創業の老舗菓子店。ポルトガルでクリスマス菓子のボーロ・レイを初めて作った店として知られ、伝統菓子が豊富に揃う。

老舗ならではの上品な味わい。店内のカフェで座って食べると少し高くなる。€ 1.50

MAP:P.64/B2　🏠 Pr. da Figueira 18-B　☎ 213 424 470
🕐 8:30 〜 20:00　休 無休　カード M V
🚇 M Rossio 駅から徒歩 1 分

アルコア
Alcôa

アルコバサに本店（→ P.179 はみだし）がある老舗菓子店。ショーケースには修道院菓子コンテストで賞を取ったお菓子が並ぶ。

良質な素材にこだわったナタはこってりと濃厚。2 種類の焼き加減から選べる。€ 1.20

MAP:P.64/B1　🏠 Rua Garrett 37　☎ 211 367 183
🕐 10:00 〜 22:00　休 無休　カード D J M V
🚇 M Baixa-Chiado 駅から徒歩 1 分

ヴェルサイユ
Pastelaria Versailles

1922 年創業のカフェ。アールヌーヴォー様式の美しい店内も一見の価値あり。ケーキや伝統菓子の種類の多さではリスボン随一。

老舗らしく安定感のある味。リスボンマダム御用達の店内で優雅に味わいたい。€ 1.10

MAP:P.61/A3　🏠 Av. da República 15-A
☎ 213 546 340　🕐 7:15 〜 21:00　休 無休
カード D J M V　🚇 M Saldanha 駅から徒歩 2 分

サコリーニャ
Sacolinha

リスボン市内や近郊に 10 店舗以上を展開する人気店。スイーツやパンのほかサンドイッチなどもあり、食事にも利用できる。

大きめサイズで食べ応えあり。少しだけ食べたいときはミニサイズがおすすめ。€1.20（ミニサイズ€1）

MAP:P.64/B1　🏠 Rua Paiva de Andrada 4/12
☎ 213 420 415　🕐 月〜土 8:00 〜 20:00　休 日
カード M V　🚇 M Baixa-Chiado 駅から徒歩 1 分

アロマ
Aloma

何度もナタのコンテストで優勝している、1943 年創業の名店。住宅街にあり、お客さんは地元の人がほとんど。カフェを併設。

小ぶりで軽めの味わい。リンゴジャムやチョコレート入りなど変わりナタもある。€ 1.30

MAP:P.60/B2　🏠 Rua Francisco Metrass 67
☎ 213 963 797　🕐 7:00 〜 20:00　休 無休　カード M V
🚃 市電 25/28 番 Igreja Sto. Condestável から徒歩 5 分

ポルトガルの美味が大集合

市場グルメを楽しもう!

市民の台所である市場は、見ても買っても食べてもOKの、最高に楽しい観光スポット。昔ながらの市場から、フードコートやグルメショップを併設したおしゃれな市場まで、リスボンで訪れたいメルカードをご紹介!

＼観光客に大人気のグルメ市場 ／
リベイラ市場
Mercado da Ribeira

500 席もある広い市場内のフードコート

100 年以上の歴史をもつリベイラ市場では、生鮮食品を扱う昔ながらの市場のほか、「タイムアウトマーケット」というモダンなフードコートを併設。リスボンの有名店が多数出店し、本格的な料理からスイーツまで気軽に楽しめる。

MAP:P.62/C1 ☎Av. 24 de Junho 49 ☎210 607 403
⏰ フードコートは毎日 10:00 ～ 24:00、生鮮食品部門は月～土 7:00 ～ 14:00 カード 店によって異なる
🚇 Ⓜ Cais do Sodré 駅から徒歩 1 分

＼有名シェフがプロデュース ／

ミゲル・カストロ・エ・シルヴァ
Miguel Castro e Silva

ポルトガルの伝統料理を小皿で提供。注文を受けてから作るので少々時間はかかるが、食前酒にマデイラワインを飲みながら待とう。

Bacalhau à Brás
€13.60
干しダラとポテトの卵とじ

伝統の味を試してみて!

EmpadadaGalinha €2.40/1 個
地鶏のパイ

Pastel de Massa Tenra €2/1 個
子牛のひき肉包み揚げ

＼シーフードならおまかせ! ／
アズール
Azul

ポルトガル産のカキやエビをはじめ、海鮮料理が楽しめる。ドン・ルイス公園側にあり、市場内からは見えないので注意して。

Mariscada Azul €98
シーフード盛り合わせ（メニューには 2 ～ 3人分と記載されているが、日本人なら 4人分の量）

外にテラス席もあるよ!

Canivetes à Portuguesa €18.50
マテ貝のニンニクソテー

＼リスボンの老舗食品店 ／
マンテイガリア・シルヴァ
Manteigaria Silva

ポルトガル産の生ハムやチーズを、おいしいワインと一緒に味わおう。ランチタイムや週末は客であふれかえる。

Vinho do Douro
€5/1 杯
ドウロワイン

Tábua de Queijo
Serra da Estrela €8.50
エストレーラ産のチーズ

午前中か夕方が狙い目だよ

Tábua de Pata Negra €13
黒豚パタ・ネグラの生ハム

カンポ・デ・オウリケ市場
Mercado de Campo de Ourique

\ 庶民生活を垣間見ながらグルメ三昧 /

1934 年に建てられた市場を改装

リベイラ市場に比べるとこぢん
まりとしているが、生鮮食品売り場とフードコート
が調和し居心地がよい。週末の夜はとても混むので、
早めの時間に行くのがおすすめ。
MAP:P.60/C2 ☖Rua Coelho da Rocha 104-106 ☎211 323
701 🕐ショップは 10:00 ～ 22:00、フードコートは 12:00 ～
24:00（店によって多少異なる）[カード] 店によって異なる
🚋市電 25/28 番 Igreja Sto. Condestável から徒歩 2 分

フルートス・セコス
Frutos Secos

\ おみやげ探しにも！ /

ナッツやドライフルーツ、ハチミツ、チョコレートなど、
こだわりの品がぎっしり。ジャムの種類も豊富。

Amêndoa com flor de Sal €3(100g)
アーモンドの塩キャラメルがけ。2022
年のポルトガル特産展でグランプリ受
賞。ほどよい塩味がクセになる

Creme de Amêndoa €4.60
無添加のアーモンド
ペースト

ナッツは店で
ローストしてるよ

Mel 各€2（40g）
ユーカリ、ヘザー、
ローズマリーのハチ
ミツ

アタリョ
Atalho

\ 肉好きならここ！ /

カウンターに並ぶ牛肉の部位を選び、その場でステーキを焼
いてもらう。お昼時は地元の人でいっぱい。

Bife da Vazia €15.50
ステーキ、ポテト、サラダ

ボリューム
満点だよ！

Pica-Pau Classico €11.50
焼き牛肉、ポテト、パン

ペティシュカール
Petiscar

\ 小皿料理がおいしい /

ポルトガル料理を手軽に楽しめる。カウンター横に写真付
きのメニューがあるので注文しやすい。

Bitoque €15
サーロインステーキの
目玉焼きのせ

気軽に
食事できるよ！

Bacalhau à Brás €11.50
バカリャウの卵とじ

---

1 月 31 日市場 Mercado 31 de Janeiro

\ オフィス街の近くにある /

生鮮食品がローカルプラ
イスで購入できる。ハーブや
チーズの専門店、手頃にラン
チが食べられる食堂やシー
フードレストランも。
MAP:P.61/A3
☖Rua Engenheiro Vieira da Silva
🕐7:00 ～ 14:00
🚫日・月・祝 Ⓜ Picoas 駅から徒歩 2 分

規模が大きく品揃えが豊富

アロイオス市場 Mercado de Arroios

\ 昔ながらの風情を残す /

チーズも
あるわ♪

1877 年に創設された円形の市場。外側に
飲食店が入っており、シリア料理のレストラン
や天然酵母パンが食べら
れるカフェもある。
MAP:P.61/A4
☖Rua Ângela Pinto
🕐7:00 ～ 14:00 🚫日・祝
🚋Ⓜ Alameda 駅から徒歩 3 分

地元密着型の市場

Ⓜ ラト Rato

ラト広場
Largo do Rato

0 ─── 250m
MAP P.60/B2〜C2

サン・ベント通り

プリンシペ・
レアル広場へ

アマリア・
ロドリゲス
記念館 P.85

Ⓕ

Ⓒ
Ⓓ Ⓔ

サン・
ベント通り

Ⓑ フローレス
広場

国会議事堂
Assembleia da
República

Ⓐ

市電 28 番

R.S.Bento

左／緑あふれるフ
ローレス広場（正式
名称はフィアーリョ・
デ・アルメイダ庭園）
右／骨董街としても
知られるサン・ベン
ト通り

サン・ベント通りから
フローレス広場まで
ぶらり散歩♪

国会議事堂からラト広場まで延びるサン・ベント通り Rua de São Bento 周辺には、穴場的な店がいっぱい。また、サン・ベント市場から東へ上った所にあるフローレス広場にも、おしゃれなレストランやバーが増えている。

＼ リスボンでステーキといえばここ ／
Ⓐ Cafe de São Bento
カフェ・デ・サンベント

国会議事堂のすぐ近くにある、40 年以上続く名店。長年愛されてきたステーキは、リスボンでも最高の評価を得ている。年配のウエーターさんは、人生の時間の大半をこの店に捧げてきたベテラン。その安心できるサービスが信頼を呼び、多くの政治家や文化人たちが訪れる。ランチメニューは€25。

特別な時間を
味わってくださ

左上／入店すると
きはベルを鳴らして
ドアを開けてもらう
左下／赤い日除け
が目印
上／小さなアン
ティーク劇場を訪
れたかのような空
間が広がる

オーナーのミゲルさん

特製ステーキ €28.50（右下）、海老のニンニクオリーブオイル炒め €13.50（左下）など

MAP:P.60/C2 🏠 Rua de São Bento 212
☎ 913 658 343 🕐12:00 〜 15:00、19:00 〜翌 2:00 🗓土・日の昼 |カード|ＡＤＪＭＶ

＼ ローカル気分で訪れたい ／
Ⓑ Mercado de São Bento
サン・ベント市場

地元の人が利用する小さな市場。軽食やカフェを提供する小さな飲食カウンターも併設されている。

MAP: P.60/C2 🏠Rua Nova da Piedade 99
☎ 213 960 553 🕐店舗によって異なる 🗓無休
|カード| 不可

ヴルスト
Wurst

市場内のかわいいお店。オーストリア人のマリアさんがアレンテージョ地方の農家と共同で作る有機ソーセージが人気。持ち帰りも OK。

白ソーセージとザワークラウト €10.20

🕐火〜金 12:00 〜 15:30、18:00 〜
22:00、土 12:00 〜 22:00 🗓日・月

C 手作りジェラートがおいしい
Nannarella
ナンナレッラ

サン・ベント市場の向かいにあるローマ風ジェラートの店。ポートワイン入りのザバイオーネ（イタリア・ピエモンテ名物のデザート）はクセになるおいしさ。

組み合わせは何種類でも可。小€3、中€3.90、大€4.80

（吹き出し）添加物はいっさい使ってないよ！

左／イタリア人オーナーのコンスタンツァさん　右／コンスタンツァさんが切り盛りする小さな店

MAP:P.60/C2　🏠Rua Nova da Piedade 64A
☎926 878 553　🕐12:00 ～ 22:00　🛌無休
カード 不可

D イタリア仕込みのピッツァ
La Pizza di Nanna
ラ・ピッツァ・ディ・ナンナ

ジェラート店「ナンナレッラ」（→左記）の姉妹店。ピッツァはテイクアウトのみで、欲しい分だけ切り売りしてくれる。100gにつき€2.10 ～。

右上／小腹がすいたときにぴったり　左下／カウンターだけの小さな店　右下／切ったピザは紙にくるんでくれる

MAP:P.60/C2　🏠Rua Nova da Piedade 68　☎915 132 400
🕐12:00 ～ 22:00　🛌無休　カード 不可

E フローレス広場の注目スポット
Flores da Pampa
フローレス・ダ・パンパ

スイス、カリフォルニア、パリなどにレストランをもつ若手経営者がリスボンで結集し、アイデアを出し合いデザイン。食べ物、ナチュラルワイン、音楽を楽しめる総合スペースとして2019年にオープンした。開放的な雰囲気で、とても居心地がよく、地元民や観光客で毎晩にぎわう。毎週金曜にライブが開催される。

左／バカリャウのコンフィ€16（下）、アジの南蛮風エスカベチェ€13（右上）、キャベツのヴィーガンヒスピ€10（左上）　右上／ポルトガル産のナチュラルワインも各種揃う。グラスで€6.50 ～　右下／観葉植物が飾られた店内は天井が高く開放的

フローレス広場の南西角に位置する

MAP:P.62/B1　🏠Pr. das Flores 18
☎215 855 054　🕐18:30 ～翌1:00（ラストオーダーは23:00）　🛌無休
カード M V

F 幅広い年齢層に愛されるカフェ
Pão de Canela
パオン・デ・カネラ

とても良質な軽食を提供するカフェ＆レストラン。朝から夜まで開いているので時間を気にせず、カフェ1杯から温かいスープ、食事、ワインなどを注文できる。公園に隣接するテラス席も魅力的。このカフェなしにフローレス広場は考えられない！というほど、リスボンっ子に愛される憩いの場になっている。

木陰が気持ちいいテラス席が人気

上／ショーケースには手作りスイーツがずらり　下／オーナーは女性2人組。同じ名前のフィリッパさん

野菜たっぷりのクレープ・ブレタン 9.50€（右下）、日替わり野菜スープや揚げ物など、軽食メニューが豊富

MAP:P.60/C2　🏠Pr. das Flores 25-29　☎213 972 220
🕐8:30 ～ 23:30　🛌無休　カード A M V

カラフルで
刺激的♪

フォトジェニックな
ストリートアート探し

リスボンでは近年、地元グループや海外のアーティストを招いて、建物の壁に絵や文字を描くアートプロジェクトが行われている。ここで紹介する以外にも数多くの作品があるので、街を歩きながらお気に入りを見つけてみよう。

Spot 1
グロリア線 ケーブルカーの坂道
MAP:P.64/A1

ケーブルカーも
落書きだらけ！

ケーブルカー乗り場があるレスタウラドーレス広場から、丘の上のサン・ペドロ・デ・アルカンタラ展望台まで、線路沿いにカラフルなウォールアートがずらりと並んでいて圧巻。坂道を上るのはきついので、行きはケーブルカーに乗り、歩いて下るのがおすすめ。

左／グロリア線ケーブルカーが走る Calçada da Glória 通り　右／まるで路上アートギャラリーのよう

Spot 2
マダレーナ通りからアルファマに上る階段
MAP:P.64/B2

バイシャ地区の東端にあるマダレーナ通りから、石畳の階段 Escadinhas de São Cristóvão を上っていくと、小さな広場のような空間がある。白壁の建物に描かれているのは、ファドをテーマにした「Fado Vadio」という有名な作品。階段の途中にあるバーは、夜になると若者で満員になる。

左／バーにもポップなイラストが　右／サン・ジョルジェ城とアルファマの町並み、ギタリスト、そして窓辺にはファドシンガー

Spot 3
ポルタス・ド・ソル広場から続く階段
MAP:P.87/A1

アルファマ地区が一望できる展望台、ポルタス・ド・ソル広場の北東角から延びる階段を入ると、壁に不思議な目のイラストが！　さらに階段を上り、小道をサン・ジョルジェ城方面へ曲がると、ユニークなウォールアートがたくさんある。

左／サン・ジョルジェ城方面へとつながる小道　中／階段近くのポ ザーダ・アルファマ（→ P.132）にもウォールアートが！　右／大き な瞳に見つめられてどっきり！

リスボンとコスタ・デ・リスボア

リスボン ● ショッピング

リスボンのショッピング

ヨーロッパのブランド品からポルトガルの素朴な民芸品まで、リスボンでのショッピングはよりどりみどり。街一番のショッピングエリアは、バイシャ地区からその西側のシアードにかけて。またリベルダーデ通りには高級ブランドのブティックが多い。旅行者に便利なのがショッピングセンター。スーパーや映画館、レストラン街を併設しているところもあり、一大娯楽施設として週末は地元の人でにぎわっている。なお土曜の午後と日曜・祝日は、ショッピングセンター以外はほとんどが閉店する。

ショッピングセンター

コロンボ・ショッピングセンター
Centro Comercial Colombo

ポルトガルで一番大きな SC

MAP：P.58/A2

3階建ての巨大ショッピングセンター。1階にはスーパーマーケットContinente、大型おもちゃ店がある。2階には洋服、靴、雑貨、本など、さまざまな専門店が並ぶ。3階にはレストラン街のほかゲームセンターなどもあって楽しげな雰囲気だ。

🏠Av. Lusiada 1500
☎217 113 600
🕙10:00 ～ 24:00
　（スーパーは 8:00 ～）
休1/1、12/25
カード 店によって異なる
交 ⓂColégio Militar/Luz 駅から徒歩 2 分

ヴァスコ・ダ・ガマ・ショッピングセンター
Centro Comercial Vasco da Gama

万博会場跡地にオープン

MAP：P.59/A4

リスボン万博が行われた国際公園（→ P.97 コラム）の入口に位置する。3階建てのショッピングセンター内には、ファッションなど最新のショップがずらりと並び、週末はたいへんなにぎわいだ。レストラン街もあり、気軽に食事が楽しめる。

🏠Av. D. João II
☎218 930 600
🕙9:00 ～ 24:00
　（スーパーは 8:00 ～）
休 無休
カード 店によって異なる
交 ⓂOriente 駅から徒歩 2 分

アモレイラス・ショッピングセンター
Centro Comercial de Amoreiras

遠くからも目立つユニークな建物

MAP：P.60/B2

ポルトガルのブランド「ラニドール」（→ P.126）、陶磁器の「ヴィスタ・アレグレ」（→ P.128）、スペイン発の「アドルフォ・ドミンゲス」や「ザラ・ホーム」など、上質でセンスのよい店が揃う。映画館やスーパー、レストラン街もある。

🏠Av. E. Duarte Pacheco
☎213 810 200
🕙10:00 ～ 23:00
休 無休
カード 店によって異なる
交 ⓂRato 駅から徒歩 15 分

アルマゼンス・ド・シアード
Armazéns do Chiado

シアード地区の中心にある

MAP：P.64/B1

観光の合間に立ち寄るのに便利な立地。ファッション、書籍や音楽ソフトを扱う Fnac、化粧品の Sephora など、6 階建ての建物に 50 以上のショップが入っている。また最上階はファストフード店が並ぶフードコートになっており、気軽に食事ができる。

🏠Rua do Carmo 2
☎213 210 600
🕙10:00 ～ 22:00
　（フードコートは～ 23:00）
休 無休
カード 店によって異なる
交 ⓂBaixa-Chiado 駅から徒歩 2 分

デパート

エル・コルテ・イングレス

El Corte Inglés

何でも揃う総合デパート

MAP：P.60/A2

スペインの大手デパートがポルトガルに出店。ファッションや生活用品が中心だが、旅行者の注目はデパ地下。スーパーマーケットのほか、パン屋、総菜屋、フードコートにはスープ専門店もある。14スクリーンのシネコンもあり、週末はにぎわう。

🏠Av. António Augusto de Aguiar 31
☎213 711 700
🕐月～木 10:00～22:00
　金・土 10:00～23:30
　日・祝 10:00～20:00
🚫1/1　カード A D J M V
🚇Ｍ São Sebastião 駅と直結

スーパー

ピンゴ・ドーセ

Pingo Doce

気軽に立ち寄れるスーパー

MAP：P.64/B1

ポルトガル各地に支店をもつ大手スーパーチェーン。食料品から日用雑貨まで品揃えが豊富で、週末も営業しているので、旅行者でも利用しやすい。果物を量り売りしてもらい、旅行中不足しがちなビタミンを補給するのもいい。

🏠Rua 1 Dezembro 67-83
☎938 875 501
🕐8:30～21:00
🚫無休
カード M V
🚇Ｍ Restauradores 駅から徒歩3分

ファッション

タイポグラフィア

Typographia

オリジナルTシャツを販売

MAP：P.64/B2

リスボン在住のクリエーターたちが、デザインから制作までを自ら手がけるオリジナルのTシャツ専門店。ポルトガルやリスボンのみならず、多様なテーマをもとに、ユニークなアプローチでデザインされたTシャツ（€18～27）が並んでいる。

🏠Rua Augusta 93
☎なし
🕐10:00～21:00
🚫無休
カード J M V
🚇Ｍ Baixa-Chiado 駅から徒歩5分

シー・コラサオン

Chi Coração

ウール製品が充実している

MAP：P.63/C3

上質なことで知られる、ポルトガル産の毛織物。その生地で仕立てたコートがデザイン、色ともに豊富に揃う。縫製もしっかりしているので長く着られるアイテムが見つかるはず。ウールのセーターやショール、クッションカバーなども扱う。

🏠Rua Augusta Rosa 22
☎925 290 375
🕐11:00～20:00
🚫無休
カード A D J M V
🚋市電 12/28 番 Sé から徒歩1分

ラニドール

Lanidor

きれいめのレディス服

MAP：P.60/B2

ポルトガル最大のアパレルブランド。アモレイラス・ショッピングセンター（→P.125）内のほか、リスボンをはじめポルトガル各地に支店をもつ。ベーシックなジャケットやパンツから、カラフルなワンピースまで、幅広いラインアップ。

🏠Av. Eng. Duarte Pacheco 30
☎234 630 129
🕐10:00～23:00
🚫1/1、12/25
カード A D J M V
🚇Ｍ Rato 駅から徒歩15分

エンパイシャーダ：ブラジルで財を成した一家の豪邸を改装したショッピングモール。アラブ風の重厚な外観で、らせん階段など内装も豪華。アクセサリーや衣類などが売られ、飲食店もある。MAP：P.62/A1

靴 S サパタリア・ド・カルモ

Sapataria do Carmo

1904年創業の老舗靴店

MAP：P.64/B1

カルモ広場に面した、クラシックな店構えが目を引く。上質な革を使い熟練の職人がていねいに仕上げた靴は、多少お値段は張るが、大切に履きたい一生物。すぐ右隣にある系列店「Shoes You」では、手頃でカジュアルな靴も扱っている。

🏠Largo do Carmo 26-27
☎213 423 386
🕙10：00 ～ 14：00
　15：00 ～ 19：00
　（祝は11：00 ～）
休日
カードAMV
交MBaixa-Chiado 駅から
徒歩6分

S フライ・ロンドン

Fly London

ポルトガル製の靴ブランド

MAP：P.64/A1

イギリス生まれのブランドだが、生産の拠点はポルトガル。ロンドンやニューヨークのほか、リスボンとポルトにも直営店がある。シンプルでありながら個性的なデザイン、作りのよさと履きやすさで、年齢を問わずファンも多い。

🏠Av. da Liberdade 49A
☎910 594 470
🕙10：00 ～ 19：00
休1/1、12/25
カードAMV
交MAvenida 駅から徒歩3分

日用品&布製品 S ポルックス

Pollux

生活用品のデパート

MAP：P.64/B2

9階建ての店内に、キッチン用品や日用雑貨がぎっしり。1階にはおみやげになりそうな小物類が多く、ニワトリの置物も安く手に入る。ベッドカバーなどの寝具は種類が多くてかわいい。最上階にはカフェレストラン（→はみだし）もある。

🏠Rua dos Fanqueiros 276
☎218 811 200
🕙10：00 ～ 19：00
休日・祝
カードAMV
交MRossio 駅から徒歩3分

S パリ・エン・リスボア

Paris em Lisboa

普段使いの布地が見つかる

MAP：P.64/B1

1階はタオルやバスローブなどのバス用品。2階はテーブルクロス、ナプキン、エプロンといったキッチン関連。3階にはシーツやベッドカバーなどのベッドルーム用品が揃う。ポルトガル製品は質がよく、値段も手頃なのでおすすめだ。

🏠Rua Garrett 77
☎213 468 885
🕙10：00 ～ 19：00
休日・祝
カードADMV
交MBaixa-Chiado 駅から
徒歩1分

S テレーザ・アレクリン

Teresa Alecrim

ちょっと高級なリネンを探すなら

MAP：P.64/B2

上品で上質なリネンを扱う店。結婚・出産祝いには必ずこの店のタオルやシーツを贈るリスボンっ子も多い。綿のふきん（€5 ～）はちょっとしたおみやげにおすすめ。アモレイラス・ショッピングセンター（→ P.125）にも出店している。

🏠Rua Nova do Almada 76
☎213 421 831
🕙10：00 ～ 19：00
休日・祝
カードADJMV
交MBaixa-Chiado 駅から
徒歩3分

 はみだし　ポルックス（→上記）の最上階にあるカフェレストラン「テラッソ・エディトリアル Terraço Editorial」では、すばらしい眺めとともにワインやおつまみを楽しめる。☎ 912 027 876　🕙 毎日 12：00 ～ 24：00

ルヴァリア・ウリセス

Luvaria Ulisses

職人技が光る革手袋

アールヌーヴォー様式の装飾がすてきな、1925年に創業した手袋の専門店。良質の革を素材に熟練の職人が手作りした手袋は、50種類以上のデザイン、6種類のサイズが揃っているので、自分にぴったりの品が見つかるはず。

MAP：P.64/B1

🏠 Rua do Carmo 87-A
☎ 213 420 295
🕐 10:00 ～ 19:00
休 日・祝
カード D J M V
文 Ⓜ Baixa-Chiado 駅から徒歩3分

ヴィスタ・アレグレ

Vista Alegre

1824年創業の磁器ブランド

ポルトガル最大の磁器メーカーが高級クリスタル製品で知られる「アトランティス」とコラボして、ショップを新装オープン。高品質で、ポルトガルらしいデザインや絵柄の食器は、世界的にも高く評価されている。工房は→P.218コラム。

MAP：P.64/B1

🏠 Largo do Chiado 20-23
☎ 213 423 386
🕐 10:00 ～ 20:00
休 1/1、12/25
カード A D J M V
文 Ⓜ Baixa-Chiado 駅から徒歩1分

サンタナ

Sant' Anna

オーダーメイドもできる

1741年創業のアズレージョ工房。伝統的な技法を用い、独特な色使いの製品を生み出している。額に入ったアズレージョは€5 ～。家の表札などのアズレージョも注文することができる。国際配送も可能で、1ヵ月ほどで到着する。

MAP：P.64/C1

🏠 Rua do Alecrim 95
☎ 213 422 537
🕐 9:30 ～ 19:00
休 日
カード A D M V
文 Ⓜ Baixa-Chiado 駅から徒歩5分

ソラール

Solar

掘り出し物を見つけよう

間口はそれほど広くはないが、奥にも部屋があり、ポルトガル中から集められたアズレージョが年代別にぎっしりと並んでいる。古くは16世紀に焼かれたものもあり、値段も千差万別。€10程度の手頃なものは、アイデアしだいでいろいろ使えそう。

MAP：P.62/B1

🏠 Rua D. Pedro V 70
☎ 213 465 522
🕐 月～金 10:00 ～ 13:00
　　　　 14:00 ～ 18:00
　　土 10:00 ～ 13:00
休 日・祝、7・8月の土
カード A M V
文 グロリア線ケーブルカー終点から徒歩7分

セラミカ・デ・アルファマ

Cerâmica de Alfama

手描きの陶器がかわいい

エリザベッテさんとディナさんの姉妹が経営する小さな店。市電やイワシなどポルトガルらしい絵柄の陶器は、値段も手頃でおみやげにぴったり。アズレージョ製作のワークショップ（所要2時間、€50）は1週間前までにメールで予約を。

MAP：P.87/B1

🏠 Calçadinha da Figueira 23
☎ 938 451 318
📧 elisabeteceramica@gmail.com
🕐 11:00 ～ 19:00
休 日・祝
カード 不可
文 市電 12/28番 Portas do Sol から徒歩5分

リスボンとコスタ・デ・リスボア

リスボン ● ショッピング

装飾品・アクセサリー

オウリヴェザリア・ダ・モーダ

Ourivesaria da Moda

繊細な金銀細工をおみやげに

MAP：P.64/B2

1906年創業の宝飾店。ポルトガル伝統の金銀細工、フィリグラーナが豊富に揃っている。ブローチ、ペンダント、指輪などは€30程度〜。予算に応じて選べるので、ポルトガルみやげとして自分用に購入するのもいい。もちろん品質は保証付き。

🏠Rua da Prata 257
☎213 421 431
🕐月〜金　10:00〜19:00
　　土　　10:00〜13:00
🚫日・祝
[カード] A D J M V
🚇Ⓜ Rossio駅から徒歩3分

伝統工芸品

コルク＆コー

Cork & Co

コルク素材がおしゃれに変身

MAP：P.64/B1

ポルトガルが生産量世界一を誇るコルクを、現代風にデザインした品が揃う。小銭入れやペンケースなどの小物から、アクセサリー、帽子、バッグ、傘など、おみやげに最適。特にワインクーラーは開発に5年以上費やしたという逸品。

🏠Rua das Salgadeiras 10
☎216 090 231
🕐11:00〜19:00
　（5〜10月は〜20:00）
🚫1・2月の日
[カード] A D J M V
🚇Ⓜ Baixa-Chiado駅から徒歩3分

ブレル

Burel

高品質のウール製品

MAP：P.64/B1

ポルトガル伝統の毛織物を、現代の生活に合うようモダンにデザイン。ウールの毛布やショール、バッグなどが揃う。日本のデパートにも卸している人気商品のフード付きリュックやクッションカバーは、3〜4週間でオーダーできる。国際配送も可能。

🏠Rua Serpa Pinto 15B
☎212 456 910
🕐月〜土　10:00〜20:00
　日・祝　10:30〜19:30
🚫1/1、5/1、12/25
[カード] D J M V
🚇Ⓜ Baixa-Chiado駅から徒歩2分

カーザ・ドス・タペッテス・デ・アライオロス

Casa dos Tapetes de Arraiolos

手作りのぬくもりを感じる絨毯

MAP：P.62/A1

アルト・アレンテージョ地方の町、アライオロス（→P.292）で17世紀から作られているカーペットを扱う。現在でも女性たちが手で刺繍をする完全ハンドメイド品とあって、価格は1㎡が€250〜。注文であれば4ヵ月は必要となる。

🏠Rua da Escola
Politecnica 117
☎213 963 354
🕐月〜金　10:00〜19:00
　　土　　10:00〜13:00
🚫日・祝
[カード] A D M V
🚇Ⓜ Rato駅から徒歩7分

プリンシペ・レアル

Principe Real

伝統の刺繍やレース編みが勢揃い

MAP：P.62/A1

エストレマドゥーラ地方の港町、ペニシェ（→P.167）で16世紀から続く伝統の刺繍やレース編みを扱う。もともとは漁に出た夫の無事を願って始まったもので、綿密なデザインが施されたベッドカバーやテーブルクロスなど、いまもすべて手作業で製作している。

🏠Rua da Escola
Politecnica 12-14
☎213 465 945
🕐9:30〜18:30
🚫日
[カード] A D J M V
🚇Ⓜ Rato駅から徒歩7分

ア・ヴィダ・ポルトゲーザ

A Vida Portuguesa

ポルトガルで一番有名な雑貨店

MAP：P.63/A3

昔ながらの雑貨や日用品、レトロなパッケージの缶詰など、古きよきポルトガルが詰まった店。近年注目のインテンデンテ広場（→ P.87）にあり、古い建物を改装したギャラリーのような店内も必見。リスボンに計4店舗ある。

🏠Largo do Intendente Pina Manique 23
☎211 974 512
🕐10:30 ～ 19:30
🈺1/1・2、5/1、12/25・31
カード A D J M V
交 Ⓜ Intendente から徒歩2分

アルテ・ルスティカ

Arte Rustica

陶器好きの人は見逃せない

MAP：P.64/B2

1階はこぢんまりとしたみやげ物屋さんといった感じだが、2階にはコニンブリガ（→ P.209）やアレンテージョ地方など、ポルトガル各地から集められた陶器が勢揃い。値段はやや高めだが、オーナーは親日家で、親切に応待してくれる。

🏠Rua Augusta 193
☎213 461 004
🕐10:00 ～ 19:00
🈺日
カード A D J M V
交 Ⓜ Baixa-Chiado 駅から徒歩3分

ベルトラン

Bertrand

ポルトガル最大のチェーン店

MAP：P.64/B1

創業1732年、リスボンをはじめ各地に支店をもつ老舗の書店。一般書のほか、美術書、リスボンのガイドブックや地図も充実している。日曜や祝日も営業しているので、旅行者にとっても便利だ。各ショッピングセンター内にも出店している。

🏠Rua Garrett 73
☎213 476 122
🕐9:00 ～ 22:00
🈺無休
カード A D M V
交 Ⓜ Baixa-Chiado 駅から徒歩1分

ガラフェイラ・ナシオナル

Garrafeira Nacional

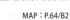

お酒を探すならまずここへ

MAP：P.64/B2

年代物のポートワインから手頃なテーブルワインまで、リスボン随一の品揃えを誇る。Conceição 通り20番地にある支店は、毎日 10:00 ～ 21:00 の営業。リベイラ市場のタイムアウトマーケット（→ P.120）内にも支店がある。

🏠Rua de Santa Justa 18
☎218 879 080
🕐9:30 ～ 21:00
🈺無休
カード A D J M V
交 Ⓜ Rossio 駅から徒歩3分

コンパニーア・ポルトゲーザ・ド・シャー

Companhia Portugueza do Chá

希少なゴレアナ茶を量り売り

MAP：P.62/C1

ポルトガルにおける茶の歴史は古く、イギリスに紅茶文化をはやらせたのは、1662 年にチャールズ2世のもとに嫁いだポルトガルの王女キャサリンともいわれている。アソーレス諸島にある、1883 年創業のヨーロッパ最古の茶園「ゴレアナ茶園」の商品も扱う。

🏠Rua Poço dos Negros 105
☎213 951 614
🕐10:00 ～ 19:00
🈺日
カード D J M V
交市電 28 番 Rua Poiais de São Bento から徒歩3分

食品

メルセアリア・ポッソ・ドス・ネグロス

Mercearia Poço dos Negros

質のよい食品や雑貨が見つかる

　こぢんまりとした店ながら、チーズやソーセージ、缶詰、オリーブオイル、ワインなど、店主のエドゥアルドさん選りすぐりの食材がずらりと並ぶ。イワシグッズやカゴバッグ、ロバミルクの石鹸など、雑貨のセレクションもおしゃれ。

MAP：P.62/C1

🏠 Rua do Poço dos Negros 97-99
☎ 211 385 681
🕐 10:00 〜 22:00
（土は〜 17:00）
🚫 日
カード D J M V
🚇 市電 28 番 Rua Poiais de São Bento から徒歩 3 分

コミーダ・インディペンデンテ

Comida Indipendente

クリエイティブなセレクトショップ

　大人気のナチュラルワインやポルトガル各地の選りすぐりの特産物が並んでいる。軽食やワインをグラスで頼めるサービスも。不定期だが、隣接する広場でフードクリエイターのポップアップ・マーケットも開催しており、話題を呼んでいる。

MAP：P.62/C1

🏠 Rua Cais do Tojo 28
☎ 213 951 762
🕐 火〜金　16:00 〜 23:00
　　土　　12:00 〜 23:00
　　日　　12:00 〜 19:00
🚫 月
カード M V
🚇 市電 25 番 Conde Berão から徒歩 1 分

シルヴァ・エ・フェイジョ

Silva & Feijóo

1919 年創業の食料品店

　ポルトガル各地から集められたグルメ食材が揃う。特に缶詰は種類が豊富で、パッケージもおしゃれ。イワシ型のチョコレートが入った缶詰など、気のきいたおみやげが見つかる。人形やおもちゃが飾られたクラシックな店内も楽しい。

MAP：P.64/B2

🏠 Rua de São Nicolau 50
☎ 912 163 084
🕐 9:30 〜 22:00
🚫 無休
カード M V
🚇 Ⓜ Baixa-Chiado 駅から徒歩 5 分

コンセルヴェイラ・デ・リスボア

Conserveira de Lisboa

缶詰のパッケージがかわいい

　地元の人も観光客も訪れる、1930 年創業の缶詰屋さん。おすすめはバカリャウの缶詰。焼いた干しダラを割いてニンニクとオリーブ油に漬けたもので、渋めの赤ワインによく合う。イワシやカニのペーストも販売している。

MAP：P.64/C2

🏠 Rua dos Bacalhoeiros 34
☎ 218 864 009
🕐 9:00 〜 19:00
🚫 日・祝
カード D M V
🚇 Ⓜ Baixa-Chiado 駅から徒歩 8 分

メルセアリア・ドス・アソーレス

Mercearia dos Açores

アソーレスの物産品を販売する

　店頭のアソーレスの民俗衣装を着けた人形が目印。マラクジャ（パッションフルーツ）のジャムやリキュール、お菓子、チーズ、紅茶など、珍しい品が手に入る。メトロのピコアス駅近くにも支店あり（🏠 Rua Viriato 14C　🕐 月〜金 10:00 〜 19:00）。

MAP：P.64/B2

🏠 Rua da Madalena 115
☎ 218 880 070
🕐 10:00 〜 14:00
　　15:00 〜 19:00
🚫 土・日・祝
カード 不可
🚇 Ⓜ Baixa-Chiado 駅から徒歩 10 分

リスボンのホテル

リスボンには、最高級の設備が整った高級ホテルから、家庭的なサービスが受けられるレジデンシャルやペンサオン（ホテルの種類については→ P.360）まで、さまざまな種類の宿泊施設が集まっている。4 ～ 5 つ星の大型ホテルはポンバル公爵広場の周辺や新市街に、一方でこぢんまりとしたホテルやペンサオンはロシオ広場周辺やバイシャ地区に多い。近年はリスボンを訪れる観光客が激増していることもあり、料金は高め。宿泊費を抑えるなら、おもに若者を対象にしたドミトリー形式のホステルがおすすめだ。

ポダーダ・デ・リスボン

Pousada de Lisboa

★★★★★
MAP P.64/C2

重要文化財の建築物を改装

コメルシオ広場に面した、立地のよい高級ホテル。市役所の隣にあるこの建物は、かつて内務省として使用されていた。内部はエレガントに改装されており、客室の防音対策も万全だ。レストラン、屋内プールやサウナが利用できる。

[住]Pr. do Comércio 31-34
☎210 407 640
[URL]www.pestana.com
[料]ⓈⓌ€300 ～ 512
[カード][A][D][M][V]
[客室数]90
[Wi-Fi] 無料
[交]ⓂBaixo-Chiado 駅から徒歩 5 分

ポザーダ・アルファマ

Pousada Alfama

★★★★★
MAP：P.87/A1

アルファマの 1 等地に位置する

2023 年 4 月に開業した、リスボンで 2 軒目となるポザーダ。アルファマの絶景が望めるポルタス・ド・ソル広場のすぐ近くにある。歴史的建造物を修復したホテル内は、伝統とモダンが調和する。1 階のカフェは宿泊客以外でも利用可。（→ P.42）

[住]Rua de São Tomé 76
☎210 403 120
[URL]www.pestana.com
[料]ⓈⓌ€180 ～ 550
[カード][A][D][J][M][V]
[客室数]43 [Wi-Fi] 無料
[交]市電 12/28 番 Largo das Portas do Sol から徒歩 1 分

ザ・ルミアレス

The Lumiares Hotel & Spa

★★★★★
MAP：P.62/B2

スパ施設が充実している

吹き抜けの大階段など伯爵邸だったときの面影を残しつつ、スタイリッシュに改装。全室ミニキッチン付きで、無料のワインや水、コーヒーマシンが備え付けられている。ジムやスパ、眺めのよいルーフトップ・レストラン&バーもある。

[住]Rua Diário de Notícias 142
☎211 160 200
[URL]www.thelumiares.com
[料]ⓈⓌ€216 ～ 888
[カード][A][D][J][M][V]
[客室数]53
[Wi-Fi] 無料
[交]グロリア線ケーブルカー終点から徒歩 1 分

シェラトン

Hotel Sheraton Lisboa

★★★★★
MAP：P.61/A3

眺めのよい高層ホテル

世界的ホテルチェーンのシェラトンだけあって、充実した施設とサービスでゲストの期待に応えてくれる。リスボンの街が見渡せるパノラマバー、プール、ジムなどのほか、ビジネスセンターも備えていて、ビジネス利用者にも人気が高い。

[住]Rua Latino Coelho 1
☎213 120 000
[FAX]213 547 164
[URL]www.marriott.pt
[料]ⓈⓌ€188 ～ 521
[カード][A][D][J][M][V]
[客室数]369
[Wi-Fi] 無料
[交]ⓂPicoas駅から徒歩3分

[はみだし] 夏期、年末年始や聖週間（イースター）、国際会議が開催される時期などは、ホテルの料金が高騰して本書掲載の宿泊費より高くなる場合もあるので、前もって確認しておこう。

5つ星ホテル

マイリアド・バイ・サナ
Hotel Myriad by Sana

テージョ川を見下ろす国際公園に建つ

1998年に開催されたリスボン万国博覧会の際に建てられた、ヴァスコ・ダ・ガマ・タワーを利用した高層ホテル。客室からはテージョ川や国際公園、新市街の家並みが眺められる。スパ、屋内プール、フィットネスセンターなども完備。

★★★★★
MAP：P.59/A4

[住]Rua Cais das Naus, Lote 2.21.01
☎211 107 600
[URL]www.sanahotels.com
[料]ⓈⓌ€266～477
[カード][A][D][M][V]
[客室数]186 [Wi-Fi]無料
[交]ⓂMoscavide 駅から徒歩5分

パラシオ・ド・ゴヴェルナドール
Hotel Palácio do Governador

ベレンの塔が目の前に見える

観光の見どころが集中しているベレンの歴史地区では数少ない宿泊施設のひとつ。かつて政府要人が利用していた宮殿跡をモダンに改装した建物で、このエリアでは唯一の5つ星ホテル。屋外と屋内にそれぞれプールがあってくつろげる。

★★★★★
MAP：P.99

[住]Rua Bartolomeu Dias 117
☎213 007 009
[URL]www.palaciogovernador.com
[料]ⓈⓌ€150～396
[カード][A][M][V]
[客室数]60 [Wi-Fi]無料
[交]市電15番 Lg. Princesa から徒歩1分

インターコンチネンタル
Hotel InterContinental

エドゥアルド7世公園を望む

レストランやバー、フィットネスセンター、会議室など、設備の整った大型ホテル。サービスも行き届いている。広々とした客室には大型のワーキングデスクが置かれ、ビジネス滞在にもおすすめ。窓から公園を見下ろせる部屋もある。

★★★★★
MAP：P.60/B2

[住]Rua Castilho 149
☎213 818 700
[FAX]213 890 500
[URL]lisbonintercontinental.com
[料]ⓈⓌ€189～381
[カード][A][D][J][M][V]
[客室数]331 [Wi-Fi]無料
[交]ⓂMarquês de Pombal 駅から徒歩7分

ティヴォリ・リスボン
Hotel Tivoli Lisboa

リベルダーデ通りでは最高級

リベルダーデ通りに面しており、全体がクラシックな雰囲気に包まれている。設備が充実しているのはもちろんで、夏期に利用できる屋外プールやフィットネスクラブなどが揃っている。街を眺めつつ食事ができる屋上のレストランも好評だ。

★★★★★
MAP：P.62/A1

[住]Av. da Liberdade 185
☎213 198 900
[FAX]213 198 950
[URL]www.tivolihotels.com
[料]ⓈⓌ€299～660
[カード][A][D][M][V]
[客室数]306
[Wi-Fi]無料
[交]ⓂAvenida駅から徒歩3分

ソフィテル
Hotel Sofitel Lisboa

スタッフの対応も感じがよい

リベルダーデ通りに面しており、交通の便がよい。ナチュラルカラーでまとめられた客室はエレガントな雰囲気で、黒を基調としたロビーも高級感がある。内部のレストランはポルトガル風にアレンジされたフランス料理が評判だ。

★★★★★
MAP：P.62/A1

[住]Av. da Liberdade 127
☎213 228 300
[FAX]213 228 310
[URL]www.sofitel-lisbon-liberdade.com
[料]ⓈⓌ€181～394
[カード][A][D][J][M][V]
[客室数]163 [Wi-Fi]無料
[交]ⓂAvenida駅から徒歩2分

[H] ペスターナ・CR7

Hotel Pestana CR7

人気サッカー選手とコラボレーション

★★★★
MAP：P.64/C2

ポルトガル出身の世界的人気サッカー選手クリスティアーノ・ロナウドと、ホテルチェーンのペスターナがコラボしたホテル。若者や子連れ客などサッカー愛好家が多い。ここでしか買えないロナウドのオリジナルグッズも人気。

[住]Rua do Comércio 54
☎210 401 710
[URL]www.pestanacr7.com
[料]ⓈⓌ€121 ~ 351
[カード][A][M][V]
[客室数]83
[Wi-Fi] 無料
[交] ⓂBaixa-Chiado 駅から徒歩 7 分

[H] エボリューション

Hotel Evolution

モダンな内装のデザインホテル

★★★★
MAP：P.61/A3

ドゥケ・デ・サルダーニャ広場に面しており、地下鉄の 2 路線が通るサルダーニャ駅にも近くて便利。客室は明るく使い勝手がいい。ロビーにはパソコンが設置されたワーキングスペースもある。屋内プール、サウナ、ジムは 24 時間利用できる。

[住]Pr. Duque de Saldanha 4
☎211 590 200
[URL]www.sanahotels.com
[料]ⓈⓌ€128 ~ 270
[カード][A][J][M][V]
[客室数]129
[Wi-Fi] 無料
[交]ⓂSaldanha 駅から徒歩 2 分

[H] H10・ドゥケ・デ・ロウレ

Hotel H10 Duque de Loulé

眺めのよいカフェバーがある

★★★★
MAP：P.61/B3

ポンバル公爵広場から約 100m、地下鉄駅にも近くて便利。ロビーはアズレージョの装飾が美しく、ポルトガルらしさを感じさせる。客室やバスルームはモダンな雰囲気。最上階のカフェバーからは、リスボンのパノラマビューを楽しめる。

[住]Av. Duque de Loulé 81-83
☎213 182 000
[URL]www.h10hotels.com
[料]ⓈⓌ€132 ~ 322
[カード][A][D][J][M][V]
[客室数]88
[Wi-Fi] 無料
[交]ⓂMarquês de Pombal 駅から徒歩 3 分

[H] ブリタニア

Hotel Britânia

伝統とモダンが見事に調和

★★★★
MAP：P.62/A1

リベルダーデ通りの 1 本東側の静かな通りに面している。建物は 1940 年代に建てられたアールデコ調。客室は広々としており、インテリアもおしゃれ。あたたかな色調のファブリックでコーディネートされていて、居心地がいい。

[住]Rua Rodrigues Sampaio 17
☎213 155 016
[FAX]213 155 021
[URL] www.lisbonheritagehotels.com
[料]ⓈⓌ€247 ~464
[カード][A][D][J][M][V]
[客室数]33 [Wi-Fi] 無料
[交]ⓂAvenida 駅から徒歩 5 分

[H] フェニックス

Hotel Fénix

新市街の中心に位置する

★★★★
MAP：P.60/B2

ポンバル公爵広場に面しているので、地下鉄やバスの便がよく、観光にはとても便利。交通量も多いが、窓は二重になっているので、防音はばっちり。昔からあるホテルだが、客室は改装されており、快適に滞在できる。レストランあり。

[住]Pr. Marquês de Pombal 8
☎213 716 677
[FAX]213 860 131
[URL]www.hfhotels.com
[料]ⓈⓌ€85 ~ 244
[カード][A][D][J][M][V]
[客室数]193 [Wi-Fi] 無料
[交] ⓂMarquês de Pombal 駅から徒歩 1 分

メンモ・アルファマ
Hotel Memmo Alfama

丘の中腹にあって見晴らしがよい

★★★★ MAP：P.87/B1

市電が走る道から路地を入った所にある隠れ家的ホテル。ロビー脇に残るパン窯など古い建物を生かしながら、随所にデザイナー家具を配置するなどスタイリッシュ。丘の斜面に建ち、バーからはテージョ川とアルファマの家並みを一望できる。

[住]Trav. das Merceeiras 27
☎210 495 660
[URL]www.memmohotels.com
[料]ⓈⓌ€156～290
[カード][A][M][V]
[客室数]42
[Wi-Fi]無料
[交]市電12/28番 Limoeiroから徒歩3分

ヨーク・ハウス
Hotel York House

修道院を改装したプチホテル

★★★★ MAP：P.60/C2

17世紀の修道院がホテルになっており、ツタがからまる建物や中庭は趣がある。客室はクラシックルームと改装済みのデザインルームの2タイプ。レセプションまで階段を上るので、入口のインターホンを押してベルボーイに荷物を運んでもらおう。

[住]Rua das Janelas Verdes 32
☎213 962 435
[URL]www.yorkhouselisboa.com
[料]ⓈⓌ€130～250
[カード][A][M][V]
[客室数]33
[Wi-Fi]無料
[交]バス60番 Rua das Janelas Verdesから徒歩3分

ヴィップ・エグゼクティブ・エデン
Vip Executive Eden Aparthotel

便利な立地のアパートホテル

★★★★ MAP：P.64/A1

レスタウラドーレス広場に面しており、どこへ行くにも便利。広い客室には簡易キッチンと電子レンジ、冷蔵庫を完備。屋上にはプールと宿泊客以外でも利用できる「バー・テラッソ」があり、リスボンのパノラマビューがすばらしい。

[住]Pr. dos Restauradores 24
☎213 216 600
[URL]www.viphotels.com
[料]ⓈⓌ€103～236
[カード][A][D][M][V]
[客室数]134
[Wi-Fi]無料
[交]ⓂRestaradores駅から徒歩1分

ムンディアル
Hotel Mundial

フィゲイラ広場のすぐ近く

★★★★ MAP：P.64/A2

立地がよく、設備のわりには料金が手頃なので、日本人旅行者の利用も多い。新館があって設備も充実。客室は落ち着いたインテリアでまとめられており、サン・ジョルジェ城が見える部屋もある。また、屋上バーから眺める夕日は格別。

[住]Pr. Martim Moniz 2
☎218 842 000
[FAX]218 842 110
[URL]www.hotel-mundial.pt
[料]ⓈⓌ€140～360
[カード][A][D][M][V]
[客室数]350
[Wi-Fi]無料
[交]ⓂRossio駅から徒歩2分

ホリデイ・イン・コンティネンタル
Hotel Holiday Inn Lisboa Continental

おなじみのホテルチェーン

★★★★ MAP：P.61/A3

闘牛場の近くにある、近代的な造りの高層ホテル。客室はゆったりとしていて、コーヒーセットが備えつけられているのがうれしい。街の中心からは少し離れているが、地下鉄駅のほかエントレカンポス駅にも近く、交通の便はいい。

[住]Rua Laura Alves 9
☎210 046 000
[URL]www.ihg.com
[料]ⓈⓌ€129～301
[カード][A][M][V]
[客室数]220
[Wi-Fi]無料
[交]ⓂCampo Pequeno駅から徒歩3分

スター・イン・リスボン・エアポート
Hotel Star inn Lisbon Airport

リスボン空港のすぐ近くにある

★★★
MAP：P.59/A3

空港から徒歩約５分のエアポートホテル。夜遅くに到着した際や、朝早い便に乗りたいときなど、とりあえず１泊するのに便利だ。荷物が多い場合は無料シャトルバスでの送迎をしてもらえるほか、朝食テイクアウトのサービスもある。

[住]Aeroporto Internacional de Lisboa, Rua C,2
☎218 425 700
[URL]www.hotelstarinn.com
[料]Ⓢ€93～175
Ⓦ€122～190
[カード][A][M][V]
[客室数]173 [Wi-Fi]無料
[交]ⓂAeroporto 駅から徒歩５分

メトロポール
Hotel Metropole

クラシックなプチホテル

★★★
MAP：P.64/B1

ロシオ広場に面した好ロケーション。交通量の多いエリアだが、防音設備が整っているので室内は静かだ。客室はすべて異なるスタイルのアンティークの調度品で飾られ、1920年代の趣を伝える。バーのあるサロンもいい雰囲気だ。

[住]Rossio 30
☎213 219 030
[URL]www.almeidahotels.pt
[料]ⓈⓌ€130～210
[カード][A][D][J][M][V]
[客室数]36
[Wi-Fi]無料
[交]ⓂRossio 駅から徒歩３分

ガット・ロシオ
Hotel Gat Rossio

飲食街がすぐ近くにある

★★★
MAP：P.64/A1

レスタウラドーレス広場近くのわかりやすい場所に建つホテル。部屋はこぢんまりとしているが、従業員はフレンドリーで親切に対応してくれる。すぐ東側は飲食店が並ぶ通りになっているので、散策しながら好みのレストランを探してみよう。

[住]Rua jardim do Regedor 27-35
☎213 478 300
[URL]hotelgatrossio.com
[料]ⓈⓌ€76～206
[カード][A][M][V]
[客室数]71 [Wi-Fi]無料
[交]ⓂRestauradores 駅から徒歩２分

ヴィップ・エグゼクティブ・スリーク
VIP Executive Zurique Hotel

オフィス街に建つ高層ホテル

★★★
MAP：P.61/A3

部屋数が多く、団体客もよく利用する。ポルトガル鉄道のエントレカンポス駅のすぐ前にあり、セッテ・リオス・バスターミナルへは近郊線でひと駅。オリエンテ駅へも乗り換えなしに行ける。市内には系列ホテルが 10 軒ある。

[住]Rua Ivone Silva 18
☎217 814 000
[URL]www.viphotels.com
[料]ⓈⓌ€75～202
[カード][A][D][M][V]
[客室数]252
[Wi-Fi]無料
[交]ⓂCampo Pequeno 駅から徒歩７分

オリッシポ・オリエンテ
Hotel Olissippo Oriente

国際公園に隣接した大型ホテル

★★★
MAP：P.59/A4

万博跡地に建設された大型ホテル。国際公園に隣接しており、カジノのすぐ裏側に建つ。ヴァスコ・ダ・ガマ・ショッピングセンターにも近いので、買い物や食事にも便利だ。部屋は白を基調としたモダンな内装で、落ち着いて過ごせる。

[住]Av. Dom João II 32
☎218 929 100
[FAX]218 929 119
[URL]www.olissippohotels.com
[料]ⓈⓌ€140～320
[カード][A][D][J][M][V]
[客室数]182
[Wi-Fi]無料
[交]ⓂOriente 駅から徒歩５分

ローマ
Hotel Roma

鉄道のアクセスが便利

★★★
MAP：P.59/B3

ポルトガル鉄道のローマ - アレエイロ駅に近く、オリエンテ駅やセッテ・リオス・バスターミナル、セトゥーバルへ近郊線で乗り換えなしに行ける。建物は多少古い感じがするが、そのぶんコスパがよく、バスタブ付きなのもうれしい。

[住]Av. de Roma 33
☎217 932 244
[FAX]217 932 981
[URL]www.hotelroma.pt
[料]Ⓢ€70 ～ 200
Ⓦ€75 ～ 215
[カード][A][M][V]
[客室数]263 [Wi-Fi]無料
[交]ⓂRoma 駅から徒歩 3 分

サナ・レノ
Hotel Sana Reno

屋上にプールがある

★★★
MAP：P.61/A3

リスボン市内に 7 軒のホテルをもつサナ・グループの経営。4 人で宿泊できるファミリールームもある。近くにはデパート「エル・コルテ・イングレス」もあって便利。メトロのサン・セバスティアン駅のほか、サルダーニャ駅も利用できる。

[住]Av. Duque De Ávila 195-197
☎213 135 000
[URL]www.sanahotels.com
[料]ⓈⓌ€90 ～ 280
[カード][A][D][M][V]
[客室数]92
[Wi-Fi]無料
[交]ⓂSão Sebastião 駅から徒歩 3 分

アレグリア
Alegria Boutique Hotel

チャーミングなプチホテル

★★★
MAP：P.62/A1

以前は 2 つ星ホテルだったが、近年改装を終え、3 つ星ホテルに生まれ変わった。建物は 19 世紀の建造で、サロンや客室もクラシックな趣。リベルダーデ通りから坂道を少し上った閑静な広場に面しており、便利な場所ながら静かに過ごせる。

[住]Pr. da Alegria 12
☎213 220 670
[URL]www.hotelalegria.pt
[料]ⓈⓌ€104 ～ 233
[カード][J][M][V]
[客室数]36
[Wi-Fi]無料
[交]ⓂAvenida駅から徒歩5分

マイストーリー・テージョ
My Story Hotel Tejo

現代感覚のデザインホテル

★★★
MAP：P.64/B2

フィゲイラ広場のすぐ近くにあり、どこへ行くにも便利。水色に塗られた外観はクラシックな趣だが、内部は石造りの古い建物を生かしつつ、モダンに改装されている。客室の窓は二重ガラスのため静かで、町なかにしてはゆったりとした造りでくつろげる。

[住]Rua dos Condes de Monsanto 2
☎218 866 182
[FAX]218 865 163
[URL]mystoryhotels.com
[料]Ⓢ Ⓦ€ 114 ～ 266
[カード][A][D][J][M][V]
[客室数]58 [Wi-Fi]無料
[交]ⓂRossio 駅から徒歩 3 分

トゥリム・レスタウラドーレス
Hotel Turim Restauradores

ケーブルカー乗り場の近くにある

★★★
MAP：P.64/A1

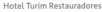

リスボンに計 13 軒あるホテルチェーンが経営している。外観は古めかしい感じだが、内部は近年に改装されていて客室もきれい。リスボンの中心街にあるので立地がよく、観光にはもちろん、飲食からショッピングまで何かと便利だ。

[住]Rua da Glória 3
☎213 400 270
[URL]www.turim-hotels.com
[料]ⓈⓌ€76 ～ 218
[カード][A][M][V]
[客室数]97
[Wi-Fi]無料
[交]ⓂRestauradores 駅から徒歩 3 分

イン・ロシオ Hotel Inn Rossio

★★ MAP：P.64/B1

ロシオ広場のすぐ近くにあり、観光から食事、買い物までと何かと便利な立地にある。人気が高いので、予約は早めに。同じ建物の1階はスーパーになっている。

[住]Rua 1º Dezembro 73 ☎213 474 976
[URL]www.innrossio.com [料]ⓈⓌ€ 68～173
[カード][M][V] [客室数]49 [Wi-Fi]無料
[交]ⓂRossio 駅から徒歩3分

ドゥアス・ナソンエス Hotel Duas Nações

★★ MAP：P.64/B2

ロシオ広場とコメルシオ広場の間にある、中規模なホテル。アズレージョで装飾された部屋で朝食が取れる。周囲にはブティックやレストランが多く、買い物や食事に便利。

[住]Rua da Vitória 39 ☎213 460 710
[URL]www.hotelduasnacoes.com [料]ⓈⓌ€ 81～199
[カード][A][D][J][M][V] [客室数]54 [Wi-Fi]無料
[交]ⓂBaixa-Chiado 駅から徒歩5分

フロレセンテ Residencial Florescente

★★ MAP：P.64/A1

6階建ての建物で、エレベーターも完備。部屋によって広さが大小あるので、空きがあればいくつか見せてもらおう。室内にはTV、エアコンがあり、バスタブも付いている。

[住]Rua Portas de Santo Antão 95 ☎213 426 609
[FAX]211 427 733 [URL]www.residencialflorescente.com
[料]ⓈⓌ€ 73～192 [カード][A][M][V] [客室数]68
[Wi-Fi]無料 [交]ⓂRestauradores 駅から徒歩3分

プラサ・ダ・フィゲイラ Pensão Praça da Figueira

★ MAP：P.64/A2

建物にエレベーターがないのはつらいが、手頃な料金で個室に泊まれる。窓からフィゲイラ広場が見える部屋もある。人気の宿なので、早めに予約したほうがいい。

[住]Trav. Nova de S. Domingos 9-3º ☎213 426 757
[FAX]213 424 323 [URL]www.pensaopracadafigueira.com
[料]ⓈⓌ€ 46～188 [カード][A][D][M][V] [客室数]31
[Wi-Fi]無料 [交]ⓂRossio 駅から徒歩2分

ドン・サンチョ・プリメイロ Hotel Dom Sancho I

★★ MAP：P.62/A1

リベルダーデ通りに面しており、便利な立地。石造りの立派な建物で、ダークウッドの家具を使用したフロントロビーや客室は趣がある。朝食ルームのアズレージョもすてき。

[住]Av. Liberdade 202 ☎213 513 160 [FAX]213 548 042
[URL]www.domsancho.com [料]Ⓢ€ 90～150
Ⓦ€ 95～160 [カード][A][D][J][M][V] [客室数]40
[Wi-Fi]無料 [交]ⓂAvenida 駅から徒歩2分

リスボア Pousada de Juventude Lisboa

MAP：P.61/A3

ポルトガル国内各地に点在する協会加盟の公的なユースホステルで、リスボン市内では唯一。ポンバル侯爵広場の近くにあり、中心街へのアクセスもよい。

[住]Rua Andrade Corvo 46 ☎213 532 696
[URL]www.pousadasjuventude.pt
[料]Ⓓ€ 18～22 ⓈⓌ€ 56～80 [カード][M][V]
[ベッド数]175 [Wi-Fi]無料 [交]ⓂPicoas 駅から徒歩1分

セントラル Central Hostel

MAP：P.61/B3

ドミトリーの共同部屋と2人用の個室があるホステル。ソファが並ぶリビング、小さなテラス、自炊ができる台所など各種施設が整っており、若者の旅行者に人気が高い。

[住]Rua Rodrigues Sampaio 160 ☎309 881 038
[URL]www.lisboacentralhostel.com [料]Ⓓ€ 32～83
ⓈⓌ€ 74～187 [カード][M][V] [ベッド数]43 [Wi-Fi]無料
[交]ⓂMarquês de Pombal 駅から徒歩3分

リスボン・ラウンジ Lisbon Lounge Hostel

MAP：P.64/B2

地元のアーティストによってデザインされた、スタイリッシュなホステル。共同スペースが広く、旅行者同士で情報交換できるのがうれしい。予約は2泊から。

[住]Rua São Nicolau 41 ☎213 462 061
[URL]www.lisbonlounge.com [料]Ⓓ€ 42～81 ⓈⓌ€ 74～167 [カード][A][M][V] [ベッド数]44 [Wi-Fi]無料
[交]ⓂBaixa-Chiado 駅から徒歩5分

リスボン・コーリング Lisbon Calling Hostel

MAP：P.62/C1

リベイラ市場のすぐ近く。看板はなく、126番の建物で「3D」のチャイムで呼び出す。ドミトリーの部屋が中心で、ハンドメイドのベッドがこだわりを感じさせる。

[住]Rua de São Paulo 126-3D ☎213 432 381
[URL]www.lisboncalling.net [料]Ⓓ€ 25～43 ⓈⓌ€ 76～93 [カード][M][V] [ベッド数]24 [Wi-Fi]無料
[交]ⓂCais do Sodré 駅から徒歩3分

リスボン・ディスティネーション Lisbon Destination Hostel

★ MAP：P.64/A1

ロシオ駅の駅舎内2階にあるきれいなホステル。街の中心にあるので観光や食事に便利で、シントラ行きの列車にすぐ乗れるのも利点だ。予約は3泊から。

[住]Largo Duque de Cadaval 17-2º ☎213 466 457
[URL]www.lisbondestinationhostel.com [料]Ⓓ€ 20～48
ⓈⓌ€ 72～145 [カード][M][V] [ベッド数]27
[Wi-Fi]無料 [交]ⓂRestauradores 駅から徒歩3分

サッカー観戦ガイド
PORTUGAL FOOTBOOL LEAGUE

スタジアムへ行こう！

ポルトガルで最も人気のあるスポーツといえば、やはりサッカー
ヨーロッパの強国に比べると有名選手は少ないし、
レベルもやや落ちるとはいえ、スタジアムには「熱」がある。
スケジュールが合えば、ぜひスタジアムへ。
穏やかなポルトガル人の熱い一面を垣間見ることができるかも。

ベンフィカの本拠地ルス・スタジアム。
サポーターの応援も熱い

リーグ構成とシーズン

ポルトガルの1部リーグは18チームで構成され、総当たりのホーム・アンド・アウェイ方式で戦われる。シーズンは年によって多少異なるが、通常は8月中旬から翌年5月中旬にかけて。

試合は日曜を中心に、土曜や月曜にも開催される。対戦カードはシーズン前に決まるが、正確な試合日時は1～2週間前にならないと確定しない。スーペルリーガやクラブのサイトで確認しよう。

●ポルトガルリーグ公式サイト
URL www.ligaportugal.pt

2強同士の対決、スポルティング・
リスボン vs ポルト

チケットの入手方法

3強の直接対決でないかぎり、たいていは試合当日にスタジアムの窓口で購入できる。前売りは2週間ほど前から。なお、ソシオ（ファンクラブ会員）と一般客では、チケットを買う窓口もチケットの値段も違う。「Não Socio」あるいは「Público」といった表示のある窓口で。また、チケットのオンライン購入が可能なクラブもある。

料金はスタジアムによって、また対戦相手によっても異なる。一番安いゴール裏で€20～30、両サイドはコーナー寄りで€30～40、中央付近で€40～50といったところ。

おもなクラブとスタジアム

ベンフィカ SL Benfica

1904年創立、クラブカラーは赤。国内最多の優勝回数を誇り、全世界に約20万人のソシオ（ファンクラブ会員）をもつ。

●ルス・スタジアム Estádio da Luz
収容人数6万5000人。「光のスタジアム」という名のとおり自然光が入るよう設計され、敷地内にはアミューズメントセンターなどもある。

MAP:P.58/A2 ☎ 932 401 904
URL www.slbenfica.pt
交 M Colégio Militar/Luz 駅から徒歩5分。コロンボ・ショッピングセンター側に出ればハイウエイ越しにスタジアムが見える

スポルティング・リスボン
Sporting Clube de Portugal

1906年創立、クラブカラーは緑と白。ユースアカデミーからはフィーゴやクリスティアーノ・ロナウドを輩出している。

●ジョゼ・アルヴァラーデ・スタジアム Estádio José Alvalade
収容人数5万2000人。最新のオーディオ施設を完備。ショッピングセンター、シネマコンプレックスなどもある。

MAP:P.58/A2
☎ 217 516 000
URL www.sporting.pt
交 M Campo Grande 駅から北側に出てすぐ

ポルト FC Porto

1893年創立、クラブカラーは青と白。ポルトガルで最も人気のあるクラブのひとつで、数多くの有名選手を輩出している。

●ドラガオン・スタジアム Estádio do Dragão
収容人数5万2000人。開閉式屋根を備えた近代的なスタジアムで、オフィシャルショップやスタジアムツアーもあるほか、ショッピングセンターが隣接している。

MAP:P.235
☎ 225 570 400
URL www.fcporto.pt
交 M Estádio do Dragão 駅から徒歩1分

リスボンからの日帰りモデルコース

世界遺産シントラと
ユーラシア大陸最西端ロカ岬へ

08:00 列車でシントラへ

リスボンのロシオ駅からシントラ行き近郊列車で40～50分。リスボンカード（→P.71側注）でも乗車できる。

09:10 ムーアの城跡

シントラに着いたら、駅前から434番の市内循環バスに乗車。雲が比較的少ない午前中に、丘の上にあるムーアの城跡を訪れるとよい。

10:30 ペーナ宮殿

ムーアの城跡からペーナ宮殿入口までは歩いても行ける。入場制限があるので、チケットは事前にオンライン購入しておこう。

12:00 シントラ・ヴィラで昼食

434番のバスでシントラ・ヴィラ（シントラ中心街）へ。食後はカフェでケイジャーダなどの地元銘菓を味わうのもいい。

13:00 レガレイラ宮殿

迷宮の世界に迷い込んだような体験ができる人気のスポット。井戸や洞窟のある庭園は広いので、時間には余裕をもって。

15:00 バスでロカ岬へ

シントラ駅前のバス停からロカ岬行き1253番のバスに乗り45分。ユーラシア大陸最西端で記念撮影をしよう。

17:00 ロカ岬からカスカイスへ

カスカイス行き1624番のバスで40分。漁村のたたずまいを残すリゾート地を散策しよう。

18:00 列車でリスボンへ

カスカイス駅からリスボンのカイス・ド・ソドレ駅まで約40分。夏期は日が長いので、シントラでゆっくりして、リスボン帰着を遅らせてもいい。

19:00 リスボン帰着

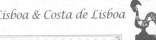

首都圏やその周辺には、魅力あふれる場所が点在している。
リスボンから列車とバスを利用して日帰りで周遊してみよう。

港町セトゥーバルと
アズレージョ工房のあるアゼイタオンへ

09:00 列車でセトゥーバルへ

リスボンのエントレカンポス駅、セッテ・リオス駅などから私鉄Fertagus の列車に乗る。セトゥーバルまでは所要約1時間。

10:00 セトゥーバル散策

マヌエル様式の装飾が美しいイエスの教会は必見。また青果や鮮魚店が並ぶ、活気ある市場を見学するのも楽しい。

11:00 サン・フィリペ城

タクシーを利用して、丘の上にあるサン・フィリペ城に行ってみよう。市街の眺めが美しいので、カフェで休憩するといい。

12:00 焼き魚の昼食

中心街のルイザ・トディ通りを東へ進むと、魚介レストランが並んでいる。名物のイカフライや新鮮なイワシなどが食べられる。

14:00 アズレージョ工房見学

3605番のバスで約25分。ヴィラ・フレスカ・デ・アゼイタオンで下車し、アズレージョを作っている工房を見学する。

15:30 ワインの酒蔵見学

徒歩約20分、またはバスで2停留所のヴィラ・ノゲイラ・デ・アゼイタオンへ。ワインの酒蔵を見学し、赤と白の2種類を試飲。

17:00 銘菓を食べて休憩

この地で知られる銘菓のトルタ・デ・アゼイタオンは、小さなロールケーキ。バスを待つ間にカフェで食べながら休憩しよう。

17:30 バスと船でリスボンへ

3605番のバスでカシーリャスへ行き、フェリーに乗り換えてカイス・ド・ソドレへ。バスは1時間に1便と少ないので、事前に確認しておこう。

19:00 リスボン帰着

リスボンからの日帰りモデルコース

シントラ

Porto

シントラ
Lisboa

アクセス

リスボンから
🚋 ロシオ駅から 40 ～ 50 分、15 ～ 20 分おきに運行、€2.30。
カスカイスから
🚌 1624 番がカスカイス ～ロカ岬～ポルテーラ・デ・シントラ Portela de Sintra（シントラ駅からひとつリスボン寄りの駅）間を往復している。シントラ駅は通らないので注意。ロカ岬でシントラ駅行きの 1253 番に乗り換えることもできる。

世界遺産
シントラの文化的景観
（1995 年登録）

駅構内の🛈
🏠 Av. Dr. M. Bombarda
☎211 932 545
URL www.cm-sintra.pt
🕐 毎日　　9:00 ～ 13:00
　　　　　14:00 ～ 17:30

レプブリカ広場の🛈
🏠 Pr. da República 23
☎219 231 157
🕐 毎日　　10:00 ～ 18:30

Scotturb 営業所
☎214 699 125
URL www.scotturb.com
🕐 毎日　　9:00 ～ 18:00

駅とシントラ・ヴィラの間にある「ムーアの泉」

ムーアの城壁からシントラの町を見下ろす

　リスボンから西へ約 28km。深い緑に覆われた山中に、王宮を中心として、豪奢な城館や貴族の別荘が点在する。かつてイギリスの詩人バイロンが「この世のエデン」とたたえた美しい景観は、世界遺産にも登録されている。大航海時代の昔からときおり歴史の表舞台に顔を見せ、現在にいたっては国内でも有数の観光地になっているシントラは、リスボンからのエクスカーションに絶好の地だ。

🔍 歩き方

　シントラに着いたら、駅構内に🛈があるので地図をもらっておこう。観光の起点となるのは、**レプブリカ広場 Pr. da República** を中心とした**シントラ・ヴィラ Sintra Vila** と呼ばれる地区。広場にはレストラン、みやげ物屋が並び、その奥には🛈もある。

　シントラ駅からレプブリカ広場へはムーアの泉を経て徒歩 20 分ほどだが、駅前から Scotturb 社の 434 番のバスを利用すると便利だ。駅→シントラ・ヴィラ→ムーアの城跡→ペーナ宮殿→シントラ・ヴィラ→駅と循環し、同日ならどこでも乗降可能で一巡できる。8:50 ～ 19:00 の 15 分おきに運行。チケットは€7.60 で、運転手からも買えるが、あらかじめ Scotturb 社の営業所で購入しておくと優先的に乗車できる。なおシントラ・ヴィラのバス停は、ペーナ宮殿行きは🛈の前、駅行きの場合は王宮前の道を駅方向へ少し下ったあたりになる。

　レプブリカ広場に面した**王宮 Palácio Nacional de Sintra** と、山の上にある**ムーアの城跡 Castelo dos Mouros、ペーナ宮殿 Palácio Nacional da**

路地にはみやげ物屋が並ぶ

はみだし　Scotturb 社では、434 番のほかに、シントラ・ヴィラ、レガレイラ宮殿、セテアイス宮殿、モンセラーテ宮殿などを循環する 435 番のバスも運行している。シントラ駅前から 20 分おきに発車、料金€5.50。

Pena がシントラの 3 大観光ポイントだ。もし徒歩で 1 時間以上、坂道を歩く覚悟と体力があるのなら、町からムーアの城跡までの約 3km を登ってみるのもいい。緑豊かなシントラを心ゆくまで堪能できる。

路面電車に乗って大西洋へ

Coluna

シントラからマサス海岸 Praia das Maçãs までの13kmを、軌間1000mmの小さな路面電車が走っている。シントラ駅を出たら右方向へ、にぎやかな商店街を抜けて Salgad 通りを進むと、左側に停留所がある。車両は、シントラ山脈に沿って木々の生い茂った田舎道を進む。バンザォン Banzão を過ぎたあたりから松林の続く海辺の風景となり、シントラから45分ほどで終点のマサス海岸に到着。目の前には白砂のビーチが広がっている。近くにはレストランが並んでいるので、食事を楽しんで帰るのもいい。時期によって運行状況が大きく変わるので、詳しい時刻表は❶で尋ねよう。料金は片道€3。

観光客を満載して出発！

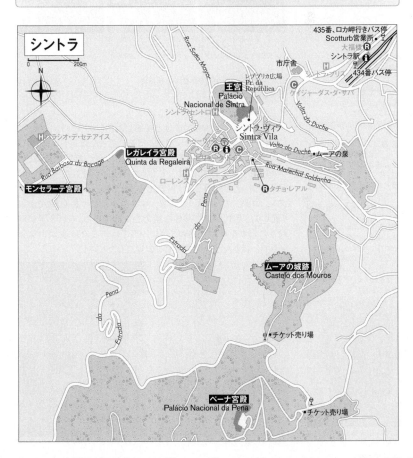

シントラ

王宮

🏠 Largo Rainha Dona Amélia
☎ 219 237 300
URL www.parquesdesintra.
pt
📅 毎日　9:30 ～ 18:30
※入場は閉館 30 分前まで
🚫 1/1、聖日曜、5/1、12/25
💰 €10、学割・65 歳以上
€8.50
※オンライン購入は 5%割引

高さ 33m の巨大な煙突がそ
びえる

ポルトガル王家の夏の離宮

MAP : P.143

王宮
Palácio Nacional de Sintra ★★★

　イスラム教徒が残した建物をディニス王が居城とし、14 世
紀にはジョアン 1 世が増改築を行った。シンボルとなっている
2 本の煙突は、この時代に造られたものだ。その後もマヌエ
ル 1 世の時代に増築が行われ、ムデハル、ゴシック、マヌエル、
ルネッサンスなど多彩な建築様式が見られる。

左／ 27 羽の白鳥がそれぞれ違ったポーズをとる「白鳥の間」
中／天井一面にカササギの絵が描かれた「カササギの間」
右／狩猟の光景を描いたアズレージョが美しい「紋章の間」

19 世紀ロマン主義を象徴する建築物

MAP : P.143

ペーナ宮殿
Palácio Nacional da Pena ★★★

　ポルトガル女王マリア 2 世と結婚したドイツ出身のフェルナン
ド 2 世は、シントラの山に登り、そこにあった修道院の廃墟に
魅せられた。その残骸を修復し、王家の夏の離宮を造るとい
う夢に取りつかれた彼は、ドイツから技師を呼び寄せ建設に
取りかかった。こうして 19 世紀中頃に完成した宮殿は、イス
ラム、ゴシック、ルネッサンス、マヌエルなど多様な様式が入
り混じり、それがまた奇妙な魅力を生んでいる。1908 年に暗
殺されたカルロス 1 世の王妃アメリアは、この宮殿がお気に
入りで、ほとんどの時間をここで過ごしたという。

ペーナ宮殿

🏠 Estrada da Pena
☎ 219 237 300
URL www.parquesdesintra.
pt
📅 毎日　9:30 ～ 18:30
（公園は 9:00 ～ 19:00）
※入場は閉館 1 時間前まで
🚫 1/1、12/25
💰 €14、学割・65 歳以上
€12.50
※オンライン購入は 5%割引

434 番のバスはペーナ宮殿
の入場券売り場前のバス停
で停車。城の入口までさら
に 500m ほどの坂を上ってい
く。チケット売り場と宮殿間
を行き来するバスを利用する
場合は往復€3。

ファサードを飾る海の守護神
トリトンの像

大西洋まで見渡せる山の頂に建つ

カラフルで奇抜な城の外観

リスボンから朝いちの列車でシントラへ。王宮、ムーアの城跡、ペーナ宮殿を少し駆け足で見て、シントラ駅
前で買ったサンドイッチを食べながらロカ岬へ。さらにカスカイスまで行きリスボン行きの列車に乗ると、↗

ムーアの城跡
Castelo dos Mouros
シントラの町が一望できる　MAP：P.143　★★

7〜8世紀にムーア人によって築かれた。1147年にアフォンソ・エンリケス王によって落城され、その後修復されたが、現在は廃墟のようになっている。天気がよければ城壁の塔からシントラの町と大西洋が望める。

いまも残る城壁が、かつての栄華をしのばせる

レガレイラ宮殿
Quinta da Regaleira
不思議な庭園にそびえるゴシックの館　MAP：P.143　★★★

17世紀に王族の別荘として建てられた館を、20世紀初めにブラジル出身の富豪アントニオ・モンテイロが買い取り、イタリアの建築家ルイジ・マニーニが設計を担当した。ロマネスク、ゴシック、ルネッサンス、マヌエルなどの様式が混在し、神秘的な雰囲気を醸し出す。広い庭園には、深さ60mほどの井戸、秘密の通路、洞窟や滝などがあり、随所にテンプル騎士団やフリーメーソンのシンボルが施されている。

庭園には秘密の通路や洞窟なども

迷宮への入口のような階段

モンセラーテ宮殿
Parque e Palácio de Monserrate
18世紀の廃墟の跡に建てられた　MAP：P.143 外　★

シントラ駅から東へ約4.5km、19世紀末にイギリスの大富豪フランシス・クックによって造られた宮殿。ネオ・ゴシックにイスラムやインドの要素を取り入れた折衷様式で、シントラのロマンティックな時代を象徴する建物のひとつとなっている。広大な庭園には世界中から集められた植物が植えられ、湖や滝、メキシコ庭園や日本庭園などもあり散策が楽しい。

夏の別荘として利用されていた

ムーアの城跡
☎219 237 300
URL www.parquesdesintra.pt
🕐 毎日　　　9:30〜18:30
※入場は閉場30分前まで
休 1/1、12/25
料 €8、学割・65歳以上€6.50
※オンライン購入は5%割引

入口から城跡まで徒歩で往復30分くらいかかるので見学には1時間ほどみておくこと。

レガレイラ宮殿
住 Rua Barbosa du Bocage 5
☎ 219 106 650
URL www.regaleira.pt
🕐 毎日　　10:00〜18:30
（5〜9月は〜19:00）
※入場は通年17:30まで
休 1/1、12/24・25・31
料 €11、65歳以上€6

シントラ・ヴィラから徒歩15分ほどだが、435番のバス（→P.142はみだし）も利用できる。

モンセラーテ宮殿
住 Rua Barbosa du Bocage
☎ 219 237 300
URL www.parquesdesintra.pt
🕐 毎日　　　9:30〜18:00
（庭園は9:00〜19:00）
※最終入場は宮殿17:30、庭園18:00
料 €8、学割・65歳以上€6.50
※オンライン購入は5%割引

シントラ駅前から循環バス435番、またはロカ岬行き1253番でPalácio de Monserrate下車

繊細な装飾が美しい宮殿内

↘ 16:00頃にはベレン地区に着くので、ジェロニモス修道院やベレンの塔などひととおり見られます。日程がタイトだけどあちこち見て回りたい人はトライしてみてください。（滋賀県　zuhharuno）［'23］

シントラのレストラン ＆ ホテル

　レストランやカフェはレプブリカ広場周辺に多く、少し脇道に入れば庶民的な店も見つかる。リスボンから日帰りもできるが、見どころが多いので、1泊してこの美しい町を堪能するのもいい。ただし観光地なのでホテルの料金は高め。リーズナブルな民宿（プライベートルーム）もあるので、ホテル検索サイトなどで探してみよう。

タチョ・レアル
Tacho Real

夏はテラス席も出る
MAP：P.143

　レプブリカ広場から路地を上がった所にある。道が入り組んでいて少しわかりにくいので、近くのみやげ物店などに尋ねてみよう。魚介を中心とした料理は予算€20〜。

🏠Rua da Ferraria 4
☎219 235 277
🕐12:00 〜 15:00
　19:30 〜 22:00
🛌水
カード Ｍ Ｖ

トゥーリャス
Tulhas

伝統的ポルトガル料理の店
MAP：P.143

　地元の人でにぎわう人気のレストラン。レプブリカ広場の🛈に向かって右側の坂道を下るとすぐ右にある。アズレージョで飾られた、こぢんまりとした店内も感じがいい。予算€15〜。

🏠Rua Gil Vicente 4-6
☎219 232 378
🕐12:00 〜 22:00
🛌火
カード Ａ Ｊ Ｍ Ｖ

大福楼
Da Fu Lou

駅前にある中華レストラン
MAP：P.143

　シントラの駅舎向かいにあり、赤い看板が目印。炒飯から麺類、豚や鶏肉、魚介料理までメニューが豊富で、1品€7〜10。スープまたは飲み物と合わせて予算€10〜12程度。

🏠Av. Miguel Bombarda 53
☎219 242 653
🕐11:00 〜 15:00
　18:00 〜 23:00
🛌無休
カード 不可

シントラのお菓子、ケイジャーダとトラヴセイロ

　ケイジャーダ Queijada とはケイジョ、つまりチーズを使ったお菓子のこと。ポルトガル各地にいろいろなチーズを使ったケイジャーダがあるが、そのなかでも横綱級を誇るのがここシントラのケイジャーダだ。

　シントラでは、すでに13世紀から作られている記録がある。16世紀の天正遣欧少年使節もシントラを訪れたときにケイジャーダを味わったことだろう。この小さなお菓子は甘く、チーズ独特の匂いがしない。それは、塩蔵したフレッシュチーズを水につけ塩抜きしてから使用するためだ。

　ケイジャーダほど有名ではないが、シントラにはもうひとつお菓子がある。それはトラヴセイロ Traveseiro と呼ばれるもので、サクサクのパイ生地の中にアーモンド入りの卵のクリームが挟んであり、表面にはグラニュー糖がまぶしてある。形はトラヴセイロ（枕）の名のとおり枕形をしている。表面にかかるザラッとした食感のグラニュー糖と塩気のあるパイがホロホロと崩れて、甘くてコクのあるクリームと口の中で溶け合う。町なかでいくつか購入して、シントラの山道を歩きながら食べたいお菓子だ。

ぜひ味わってみたいシントラ銘菓

ピリキータ・ドイス

Piriquita 2

伝統菓子でティータイム

MAP：P.143

レプブリカ広場の[i]の手前の坂道を上って左側にあるおしゃれなカフェ。ケイジャーダやトラヴセイロなどの伝統菓子が有名。近くに本店もあるが、こちらの店はサンドイッチなどの軽食も取れる。

[住]Rua das Padarias 18
☎219 231 595
[営]9:00～19:30
（土・日・祝は～20:00）
[休]無休
[カード]MV

ケイジャーダス・ダ・サパ

Queijadas da Sapa

ケイジャーダの有名店

MAP：P.143

1756年から続く老舗。ここのケイジャーダがシントラで一番おいしいという人も多く、まとめ買いしていくお客さんも。ナタなど伝統菓子もあり、併設のカフェで味わうことができる。

[住]Volta do Duche 12
☎219 230 493
[営]9:30～18:00
[休]月
[カード]MV

パラシオ・デ・セテアイス

Hotel Palácio de Seteais

★★★★★

18世紀末に建てられた宮殿

MAP：P.143

セテアイスとは「7つのため息」という意味。タペストリーやフレスコ画で彩られた館内、気品あふれる客室などに、思わずため息がもれる。スパやプール、テニスコートもある。

[住]Rua Barbosa do Bacage 8
☎219 233 200
[FAX]219 234 277
[URL]www.tivolihotels.com
[料]Ⓢ€325～533　Ⓦ€346～568
[カード]ADJMV　[客室数]30
[Wi-Fi]無料

ローレンス

Hotel Lawrence's

★★★★★

ポルトガル最古のホテル

MAP：P.143

1764年創業、イベリア半島で最も古いホテル。かつてイギリスの詩人バイロンが滞在し、彼が泊まった部屋がいまも残されている。クラシックなレストランもおすすめだ。

[住]Rua Consigliéri Pedroso 38-40
☎219 105 500
[URL]www.lawrenceshotel.com
[料]Ⓢ€153～306　Ⓦ€179～333
[カード]ADMV　[客室数]17
[Wi-Fi]無料

シントラ・セントロ

Hotel Sintra Centro

★★★★

眺めのよいレストランあり

MAP：P.143

レプブリカ広場の奥にあり、王宮からは徒歩1分。ゆったりとした客室は、上品なインテリアでまとめられている。裏側の部屋はバルコニーから、緑豊かな景色を眺められる。

[住]Pr. da República
☎219 237 200
[FAX]219 237 245
[URL]nh-hotels.com
[料]ⓈⓌ€102～177
[カード]ADJMV　[客室数]77
[Wi-Fi]無料

シントラ・ブリス

Sintra Bliss Hotel

★★★

駅から近くて便利

MAP：P.143

シントラ駅から徒歩約3分。外観はクラシックな風情だが、館内や客室は改装されており、とてもモダン。朝食ルームからの眺めがよく、テラス席でくつろぐこともできる。

[住]Rua Dr. Alfredo Costa 15-17
☎219 244 541
[URL]sintrablisshotel.com
[料]ⓈⓌ€87～156
[カード]ADMV
[客室数]17
[Wi-Fi]無料

ケルース

Porto•

ケルース

Lisboa

アクセス

リスボンから

🚃 ロシオ駅からシントラ方面行きで 17 〜 24 分、ケルース・ベラス Queluz-Belas 駅下車。15 〜 20 分おきに運行、€1.65。

町の中心に建つケルース宮殿

リスボンから西へ約 13km、王家の別荘だったケルース宮殿があることで知られる町。ポルトガルのヴェルサイユと呼ばれるだけあり、規模的には小さいが優美な宮殿だ。

🔍 歩き方

　駅を出たら、左前方に延びる Av. António Ennes を進む。細長い公園の先は道がふたてに分かれているが、どちらを行っても宮殿前の広場に出る。駅から徒歩 20 分ほど。

📷 おもな見どころ

小ヴェルサイユの異名をもつ

ケルース宮殿
Palácio de Queluz ★★

ケルース宮殿

🏛 Largo Palácio de Queluz
☎ 219 237 300
URL www.parquesdesintra.pt
🕐 毎日　　　9:00 〜 18:00
（庭園は〜 18:30）
※入場は閉館 30 分前まで
🚫 1/1、聖日曜、5/1、12/25
💰 €10（庭園のみ€5）
※オンライン購入は 5%割引

ケルースのホテル
ポザーダ・パラシオ・デ・ケルース
Pousada Palácio de Queluz
宮殿の向かいに建つ、使用人の宿舎だった建物を改装。かつての厨房を利用したレストランもおすすめ。
🏛 Largo do Palácio
☎ 214 356 158
URL www.pousada.pt
💰 €120 〜 210
カード A D J M V
客室数 26
Wi-Fi 無料

王家の暮らしをしのばせる豪華な内装

　　　　　　　　　　ドナ・マリア 1 世とその夫ドン・ペドロ 3 世の夏の離宮として、18 世紀に建造された。現在は賓客のレセプションなどに使用されている。宮殿内の見学はガイドツアーで。宮殿内で一番きらびやかな「玉座の間」、セルバンテスの小説をモチーフにした「ドン・キホーテの間」、ハチの巣のような天井がユニークなティールーム、発見の時代を描いたアズレージョがある「ソデの間」などを見ることができる。

　庭園は、1762 年にフランス人の建築家によってデザインされたもので、刈り込みが美しく幾何学的なフランス式庭園と、人工の滝や泉があるイタリア式庭園からなっている。このふたつの庭園をつなぐのがライオンの階段 Escadaria dos Leoes で、18 世紀のアズレージョが見事だ。

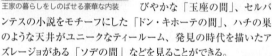
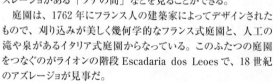

マフラ

左右対称の堂々としたファサード

リスボンの北西約40km、人口5万人ほどの小さな町に、巨大な宮殿がそびえ建つ。18世紀前半、植民地ブラジルにおけるゴールドラッシュは、ポルトガル本国に巨額の富をもたらした。時の国王ジョアン5世は、ライバル国スペインのエル・エスコリアル宮に対抗し、また数年来の願いであった王女誕生を神に感謝し、宮殿を建立した。

📷 おもな見どころ

大航海時代の遺産
マフラ国立宮殿
Palácio Nacional de Mafra　　★★

　1711年、世継ぎに恵まれなかったジョアン5世と王妃マリア・アナは、子供を授けてくれたら修道院を建立すると神に誓った。間もなく王女が誕生し、1717年に建設を開始。ドイツ人建築家フリードリッヒ・ルートヴィヒの指揮のもと約5万人が作業に従事、部屋数2000にも及ぶ宮殿兼修道院は13年後に完成した。

　建物の中央部分にある礼拝堂のドームは、バチカンのサン・ピエトロ寺院を模倣したもので、高さ70mに及ぶ。バロック様式の内部にはピンク、白、灰色などの大理石が施されていて美しい。

　300人を収容できたという病院、中国風の陶器が置かれた薬院、鹿の角が飾られた食堂などがあるが、一番の圧巻は蔵書3万冊を超す図書館。奥行きは83.6mあり、詩人カモンイスの名著『ウズ・ルジアダス』の初版など貴重な本が収められている。

数々の絵画や彫刻で飾られた礼拝堂

Porto

マフラ

Lisboa

アクセス

リスボンから
🚌 カンポ・グランデのバス乗り場から2740番のエリセイラ Ericeira 行きで約50分、毎時1～2便（土・日・祝は減便）。
シントラから
🚌 シントラ駅の隣のポルテーラ・デ・シントラ Portela de Sintra 駅前から2626番のマフラ行きで約50分、ほぼ2時間おき（土・日・祝は減便）。

世界遺産
マフラの王家の建物ー宮殿、バシリカ、修道院、セルク庭園、狩猟公園（タパダ）（2019年登録）

マフラの ❶
🏠 Av. Movimento das Forças Armadas 28
☎ 261 818 347
URL www.cm-mafra.pt
🕐 毎日　10:00～18:00
休 1/1、聖日曜、5/1、12/25

マフラ国立宮殿
🏠 Terreiro D. João V
☎ 261 817 550
URL www.patrimoniocultural.gov.pt
🕐 水～月　9:30～13:00
　　　　　14:00～17:30
※入場は閉館45分前まで
休 火、1/1、聖日曜、5/1、12/25
🎫 €6、学割・65歳以上€3
宮殿と修道院は、建物左側の入口でチケットを買って中に入り、ガイドの案内で見学する。

※マフラ修道院では、日曜16:00からパイプオルガンのコンサートが行われる。

カスカイス

地元の海水浴客でにぎわうカスカイスのビーチ

エストリルから西へ約5km、コスタ・ド・ソル（→はみだし情報）の西端に位置する。古くからの漁師町だが、19世紀に王室一家の避暑地となってから急激な変化を遂げ、今日では有名なリゾート地となった。漁船が並ぶ砂浜では、漁師たちが働くかたわら、海水浴に興じるリゾート客の姿が見られる。

アクセス

リスボンから
🚃 カイス・ド・ソドレ駅からカスカイス行きで33～40分、毎時2～5便運行、€2.30。

シントラから
🚌 シントラ駅前から発車する1253番でロカ岬まで行き、1624番に乗り換える。またはシントラ駅からひとつリスボン寄りのポルテーラ・デ・シントラ Portela de Sintra 駅で1624番カスカイス行きに乗り約1時間。

カスカイスの 🛈
🏠 Pr. 5 de Outubro
☎ 912 034 214
URL visit.cascais.com
🕐 毎日　　10:00～14:00
　　　　　15:00～19:00
🚫 1/1、5/1、12/25

▶サンティニ Santini
1949年からカスカイスでおいしいジェラートを作り続けている人気店。リスボンにも支店（→ P.83側注）がある。
🏠 Av. Valbom 28F
☎ 214 833 709
🕐 毎日　　11:00～20:00
　　（夏期は14:00～23:00）

浜では漁師たちが働く姿も見られる

歩き方

鉄道駅の北側にあるショッピングセンターの地下がバスターミナルになっており、ロカ岬行きのバスもここから発車する。駅前広場から南西に延びる Av. Valbom とその1本海寄りの Rua Frederico Arouca が、商店が並ぶカスカイスいちの繁華街。また魚市場の裏側には、新鮮なシーフードを食べさせるレストランが並んでいる。

海岸沿いに Av. D. Carlos を進むと、緑が美しいガンダリーニャ公園があり、その一角に**カストロ・ギマランイス伯博物館 Museu Condes Castro Guimarães** が建っている。岩場が多いカスカイスのビーチを眺めながら、さらにそのまま15分ほど歩くと**地獄の口 Boca do Inferno** に着く。

カスカイス

テージョ川が大西洋に注ぐあたりの右岸一帯はコスタ・ド・ソル（太陽の海岸）と呼ばれる。カスカイスからリスボン方向へ列車で4分のエストリル Estoril は高級住宅地として知られ、カジノもある。

◎ おもな見どころ

展示だけでなく建物も評価が高い　　　　　　　MAP：P.150
パウラ・レゴ（ポーラ・レゴ）美術館
Casa das Histórias Paula Rego　　　★

　リスボン出身の女性画家パウラ・レゴによるイラスト、版画、パステル画など幅広い作品を集めた美術館。富豪の家に生まれた彼女は少女の頃から天才的な作画力を発揮し、現代ポルトガルを代表するアーティストと称される。建物はポルトガル人建築家ソウト・デ・モウラの設計で、ネオ・ダダイズム風の赤いコンクリートの外観が特徴。2011 年に建築界のノーベル賞ともいわれるプリツカー賞を受賞したことでも世界に知られている。

静かな庭とカフェテリアも人気がある

波が岩を削ってできた洞窟　　　　　　　　　　MAP：P.150 外
地獄の口
Boca do Inferno　　　★

　カスカイス駅から南西へ約 2km の所にある岩礁。周りにはレストランやカフェ、みやげ物屋が並び、大型観光バスもやってくる。30m の断崖に口を開けた洞穴に大西洋の荒波が打ち寄せると、波しぶきがパーッと砕け散る。遊歩道があるので、「口」の中をのぞきこんでみよう。

大西洋の波が打ち寄せる

カストロ・ギマランイス伯博物館
19 世紀に建てられた伯爵の邸宅が公開されており、館内を飾る家具や装飾品、タイルが美しい。
🏠 Av. Rei Humberto II de Itália
☎ 214 815 303
🕐 火〜日 10:00 〜 18:00
休 月
料 €4

貴族の館だった由緒ある建物

パウラ・レゴ美術館
🏠 Av. da República 300
☎ 214 826 970
URL casadashistoriaspaularego.com
🕐 火〜日　10:00 〜 18:00
休 月
料 €5

地獄の口
🕐 見学自由
カスカイス駅から徒歩 30 分ほど。バスなら M27 で約 10 分、ほぼ 15 分おきに運行している。

◎ レストラン & ホテル 🌙

🍴 マリスコ・ナ・プラサ
Marisco na Praça　　　MAP：P.150 外

　カスカイス駅から徒歩 7 分ほど。市場の建物内にある海鮮レストラン。新鮮な魚介類を好みの方法で調理してくれる。予算€ 15 〜 30。

🏠 Rua Padre Moisés da Silva 34　☎ 214 822 130
🕐 12:00 〜 24:00
休 無休　カード M V

🍴 タベルナ・エコノミカ
Taberna Económica　　　MAP：P.150

　昔ながらの食堂といった風情のかわいらしい店で、夏はテラス席も出る。港町だけあって特に魚介料理がおすすめ。予算€ 15 〜。

🏠 Rua Sebastião José de Carvalho e Melo 35
☎ 214 832 214
🕐 12:00 〜 16:15、19:00 〜 22:00
休 無休　カード M V

🏨 バイーア
Hotel Baía　　　★★★ MAP：P.150

　海側と町側の部屋があり、海側はバルコニー付き。最上階には室内プールもある。

🏠 Passeio de Dom Luís I　☎ 214 831 033
URL www.hotelbaia.com
料 Ⓢ Ⓦ €103 〜 282
カード A D M V　客室数 113　Wi-Fi 無料

🏨 ザ・ペルゴラ
The Pergola Boutique Hotel　　　MAP：P.150

　瀟洒な邸宅を改装したブティックホテル。アンティークな室内や花々の咲き乱れる庭がすばらしい。1・2 月は休業。

🏠 Av. Valbom 13　☎ 214 840 040
URL www.thepergola.pt
料 Ⓢ Ⓦ €133 〜 286
カード D M V　客室数 10　Wi-Fi 無料

Cabo da Roca
ユーラシア大陸最西端を目指して
ロカ岬（カボ・ダ・ロカ）

上／大西洋を望む断崖の上に灯台が建つ　右／最西端到達証明書

　ベーリング海峡を挟んでアラスカと鼻を突き合わせているシベリアが東の果てならば、こちらは巨大なユーラシア大陸の西の果て。北緯38度47分、西経9度30分、高さ140mの断崖の上に、ポルトガルの詩人カモンイスが詠んだ、詩の一節を刻んだ石碑がポツンと立っている。「AQUI…ONDE A TERRA SE ACABA E O MAR COMEÇA ── ここに地果て、海始まる」大西洋からの風を受けて岬の突端に立つと"地の果て"を実感する。

目の前には真っ青な大海原が広がる

ロカ岬への行き方

　シントラ駅とロカ岬の間を1253番のバスが循環している。所要45分、毎時1〜3便運行。カスカイスからはバスターミナル発の1624番で約40分、毎時1〜2便。なお1624番のバスは、ポルテーラ・デ・シントラPortela de Sintra（シントラ駅からひとつリスボン寄りの駅）〜ロカ岬〜カスカイス間を往復している。時刻表はURL www.carrismetropolitana.ptで確認できる。

　バスはロカ岬のℹ️の前に停車する。岬にはほかにみやげ物屋兼レストランが1軒あるのみ。ℹ️ではぜひ最西端到達証明書Certificado（€11）を発行してもらおう。名前と日付を古式ゆかしい文字で書き込んで、ろう印を押してくれる。またℹ️にはポストがあるので、記念に絵はがきを買って投函してみては（切手は販売していないので要持参）。

上／バスが到着するロカ岬の観光案内所
右／カモンイスの詩を刻んだ石碑

ロカ岬のℹ️
☎219 238 543　圏毎日 9:00〜19:30（10〜4月は〜18:30）　圏1/1、12/25

海水浴客でにぎわう漁業の町　**Sesimbra**

セジンブラ

リスボンから気軽に行ける素朴なリゾート地

Porto
Lisboa
★
セジンブラ

　アラビダ半島の南岸、アラビダ山脈を背後に控えたセジンブラは、ポルトガルで漁獲高1、2を争う漁業の町。夏には青い海と降り注ぐ太陽を求めリスボンっ子が訪れる、人気のリゾート地だ。一方、浜では漁師たちが網の手入れをしていたりと、ひなびた漁村の面影も残っている。新鮮なシーフードを味わいに、リスボンから出かけてみたい。

歩き方

　町の中心はボンバルデス広場 Largo dos Bombaldes。周辺にはスーパーやカフェ、市場もあってにぎやかだ。バスターミナルから南へ向かって400mほどでビーチに着く。
　広場前の砂浜には、ドン・ジョアン4世の命によって造られた**サンティアゴ砦 Fortaleza de Santiago** が建っており、❶と**海事博物館 Museu Marítimo** がある。ここから海岸沿いに西へ20分ほど歩くと、**アブリゴ港 Porto de Abrigo** に着く。セジンブラ独特のカラフルな漁船が係留され、水揚げされた魚がせりにかけられる様子は活気がある。また、遠く北西の山にそびえる**セジンブラ城 Castelo de Sesimbra** へは、町から徒歩1時間ほど。タクシーも利用できる。

アクセス

リスボンから
🚌 セッテ・リオス・バスターミナル北側の道路沿いにあるバス停P3（MAP P.60/A2）から3721番セジンブラ行きで1時間10分、毎時1～2便（土・日・祝は減便）。時刻表は URL www.carrismetropolitana.pt で確認できる。

セジンブラの❶
🏠 Rua da Fortaleza
☎ 212 288 540
URL visitsesimbra.pt
🕐 毎日　　9:30～18:00
　（7・8月は～23:30）
🚫 1/1、5/1、12/25

海事博物館
漁の歴史が理解できるような展示物が多数ある。
🏠 Rua da Fortaleza
☎ 938 427 479
🕐 火～日　10:00～13:00
　　　　　14:30～17:30
　（6/15～9/15は15:30～19:00、20:30～23:00）
🚫 月　💴€3

セジンブラ城
何度も破壊と修復が繰り返され、1755年の地震で廃墟となっていたのを、20世紀に入って修復された。
🕐 毎日　7:00～19:00
　（夏期は～20:00）
💴 無料

標高約200mの山頂にある

セトゥーバル

サド川河口にひらけた工業都市　**Setúbal**

町の人々の憩いの場となっているボカージェ広場

リスボンとアルガルヴェ地方に挟まれた一帯はコスタ・アズール（青い海岸）と呼ばれる。西にアラビダ山脈、南にトロイア半島を望むセトゥーバルは、リスボン、ポルト、コインブラに次ぐポルトガル第4の都市で、モシュカテルというワインの産地としても知られる。ポルトガルを代表する詩人ボカージェやオペラ歌手ルイザ・トディの生誕地でもある。

歩き方

リスボン方面から列車で来ると、町の北東にあるセトゥーバル駅に到着する。バスの場合は、終点の「Terminal Várzea」まで

アクセス

リスボンから

🚃 ローマ・アレイロ駅、エントレカンポス駅、セッテ・リオス駅などから私鉄Fertagus（URL www.fertagus.pt）で約1時間、毎時1～2便運行、€4.85。

🚌 セッテ・リオス・バスターミナル北側の道路沿いにあるバス停P5（MAP P.60/A2）から4725番で1時間15分。またはオリエンテ・バスターミナルから4715番、4720番で約50分。いずれも毎時1～2便。時刻表はURL www.carrismetropolitana.pt で確認できる。

セトゥーバルの ℹ️
🏠 Pr. de Bocage
☎ 265 524 682
URL visitsetubal.com
🕐 月～土　10:00～13:00
　　　　　14:00～19:00
休 日・祝

▶フェリーでトロイア半島へ
半島北端行きの高速艇で所要15分、€8.80。ソル・トロイア Sol Tróia 行きのフェリーで所要25分、€5.60。それぞれ毎時1～2便運航。
URL www.atlanticferries.pt

ルイザ・トディ通りの南側にあるリヴラメント市場は、昔ながらの活気あふれる市場。地元で作られるフレッシュチーズも売られている。MAP：P.154　🏠 Av. Luísa Todi 163　🕐 7:30～14:00　休 月

行くと町の中心から遠くなるので、ひとつ手前の「ITS Interior」で下車しよう。「ITS Interior」はセトゥーバル駅のすぐ脇にあり、帰りもここから乗車できる。駅前の通りを南へ5分ほど進むと、10月5日通り Av. 5 de Outubro に突き当たる。この通りと、南側のサド川寄りのルイザ・トディ通り Av. Luísa Todi に挟まれた地域が、細い通りが入り組んだ旧市街。

市庁舎が建つ**ボカージェ広場 Pr. do Bocage** が町の中心。セトゥーバルが生んだ詩人、ボカージェの名を冠した広場で、北西側に❶が、また南東側に**サン・ジュリアン教会 Ig. de São Julião** がある。**イエスの教会 Ig. de Jesus** は広場から徒歩5分ほど。ルイザ・トディ通りに沿ってレストランが何軒も並んでおり、海辺の町だけあってどこもシーフードがおいしい。**サン・フィリペ城 Castelo de São Filipe** へはルイザ・トディ通りから歩いても行けるが、タクシーなら€7程度。

📷 おもな見どころ

マヌエル様式発祥の地　　　　　　　　　　MAP：P.154
イエスの教会
Ig. de Jesus　　★★

　1491年、マヌエル1世の命のもとに建てられた、ポルトガル建築史の記念碑的作品ともいえる教会。後にリスボンのジェロニモス修道院を手がけるフランス人建築家、ボイタックが建設に当たった。ねじれた三つ編みのような形の柱が特徴で、これはキリスト教の三位一体を表現している。

サン・ジュリアン教会
聖ジュリアンの生涯を描いた美しいアズレージョで内部が飾られている。
🏠 Pr. de Bocage
☎ 265 523 723
🕐 火・木～日　9:00～19:00
休 月・水　無料

サン・フィリペ城
城の内部には入れないが、テラスでカフェが営業しており、眺めがすばらしい。
🕐 10:00～20:00
休 月

テラスから町とサド川を一望

イエスの教会
🏠 Rua Acácio Barradas 2
☎ 265 537 890
🕐 火～土　10:00～18:00
　　　　　　15:00～19:00
休 月　無料

窓の装飾にもマヌエル様式の特徴が見られる

🍴 レストラン & ホテル ✨

🄡 カーザ・サンティアゴ
Casa Santiago　　　MAP：P.154

　セトゥーバル名物のコウイカのフライ、ショコ・フリート Choco Frito で有名なレストラン。予算€15～20。

🏠 Av. Luísa Todi 98
☎ 265 221 688
🕐 11:30～14:45、18:00～21:45
休 日
カード M V

🄗 ルナ・エスペランサ・セントロ
Luna Esperança Centro Hotel ★★★ MAP：P.154

　町の目抜き通りに建つモダンなホテル。客室はシングル、ダブル、スイートの3タイプ。落ち着いた雰囲気で、快適に過ごせる。

🏠 Av. Luísa Todi 220
☎ 265 521 780　FAX 265 521 789
URL www.lunahoteis.com
🕐 Ⓢ Ⓦ €62～204
カード M V　客室数 80　Wi-Fi 無料

Column
コスタ・アズールのネイチャーツアー

　アラビダ山脈の南側、サド川河口流域は自然保護地区に指定されており、砂浜や塩田、沼沢地と松林が広がり、伝統的な漁法やワラ葺き屋根の農家など、貴重な民俗文化が今も息づいている。もし時間に余裕があれば、ネイチャーツアーに参加して、自然と触れ合うのもいい。セトゥーバルにある Vertigem Azul 社では、ドルフィンウオッチングやバードウオッチング、ジープツアー、カヌーツアーなどを行

っている。ただし人数が集まらないと催行されないこともあるので、事前に確認しておこう。

Vertigem Azul
🏠 Edifício Marina Deck Rua Praia da Saúde、11D
☎ 265 238 000
FAX 265 238 001
URL www.vertigemazul.com

投稿　セトゥーバル名物のコウイカのフライは、とても身が締まっていて食べ応えがある。量が多いので、シェアをするか、ハーフポーションがおすすめ。（静岡市　ハルナ）['23]

左／アズレージョで飾られたアデガの入口　右／薄暗い蔵にワインの樽が並ぶ

Azeitão

ワインセラーとアズレージョ工房を訪ねて

アゼイタオン

リスボンからテージョ川を渡った対岸、セトゥーバルの近くに位置するアゼイタオン。こぢんまりとした町ながら、アデガ（ワインセラー）やアズレージョの工房があり、歴史と文化の香りが漂う。

ワインの甘い香りに誘われてアデガへ

1834年以来アゼイタオンで良質のワインを造り続けてきた**ジョゼ・マリア・ダ・フォンセッカ José Maria da Fonseca** は、今や各地にアデガをもつポルトガル最大のワインメーカーのひとつ。昔のフォンセッカ家の邸宅を博物館とし、ここのワインが獲得したメダルや賞状を展示。またワイングラス、ボトルの年代物も陳列されている。アデガの見学にはガイドが付き、ポルトガル・仏・英語のいずれかで説明してくれる。

白のBSEや赤のPeriquitaの酒蔵もよいが、特筆すべきは、一番奥にあるモシュカテルワインの酒蔵だ。食前・食後酒として飲まれるこのワインは、最低2年間樽の中で熟成させ、瓶詰めされる。なかには100年以上たった樽も貯蔵されている。「トルナ・ヴィアージェン

Torna Viagem（復港）」と名づけられたモシュカテルワインがそれだ。19世紀後半にブラジルへ送られた樽が、何らかの理由により商いが成立せず、赤道を越えて再びポルトガルに戻ってきた。本来、赤道を越えるとワインの味をそこねるが、この場合逆の現象が起こったのだ。コレクターのために年間数十本ずつ瓶詰めにして売られてきたが、現在では一般には販売されていない。

最後にワインの試飲と販売。値段も手頃なので、おみやげに1本購入するのもいい。ガイドさんに「アデウス。オブリガード」とあいさつして、アデガをあとにしよう。

●ジョゼ・マリア・ダ・フォンセッカ
🏠 Rua José Augusto Coelho 11/13　☎ 212 198 940
🌐 www.jmf.pt　🕐 毎日　10:00〜12:00、14:00〜17:30
（11〜3月の午後は14:00〜16:30）
🚫 1/1、12/24・25・31　💰 €3

赤と白、2種類のワインが試飲できる

アクセス▶
リスボンのカイス・ド・ソドレ駅からフェリーでカシーリャスへ渡り、セトゥーバル行き3605番のバスで1時間5分、ヴィラ・ノゲイラ・デ・アゼイタオンVila Nogueira de Azeitão下車。毎時1便。時刻表は🌐www.carrismetropolitana.ptで確認できる。

アズレージョの美しい輝きに出合う

　ポルトガルを旅していると、しばしば色鮮やかなアズレージョ（装飾タイル）に出合う。その美しさに魅せられた人は、アズレージョ工房を訪ねてみてはどうだろう。アゼイタオンには**サン・シマオン・アルテSão Simão Arteとアズレージョズ・デ・アゼイタオンAzulejos de Azeitão**というふたつの工房があり、いまも16世紀の手法でアズレージョを作っている。いずれの工房もショールームを併設しており、タイルが1枚€10程度で購入できる（『地球の歩き方』を見せると5%程度割引してくれる）ほか、絵付けもできるので（1枚€7.50〜10、翌日渡し、または郵送）オリジナルのアズレージョ作りに挑戦してみるのもいい。

左／色付けは繊細な作業　右上／タイルが並ぶショールーム。作業の見学もできる　右下／昔ながらの製法で作られたアズレージョ

●サン・シマオン・アルテ
🏠 Rua Almirante Reis 86
☎ 212 183 135　URL www.saosimaoarte.com
🕐 毎日　9:00 〜 19:00
🚫 1/1、聖日曜、12/25

●アズレージョズ・デ・アゼイタオン
🏠 Rua dos Trabalhadores da Empresa Setubalense 15
☎ 212 180 013　URL www.azulejosdeazeitao.com
🕐 月〜土　9:00 〜 19:00、日 10:00 〜 19:00
🚫 1/1、聖日曜、12/25

アクセス▶

リスボンのカイス・ド・ソドレ駅からフェリーでカシーリャスへ渡り、セトゥーバル行き3605番のバスで1時間10分、ヴィラ・フレスカ・デ・アゼイタオンVila Fresca de Azeitão下車。毎時1便。時刻表はURL www.carrismetropolitana.pt で確認できる。ヴィラ・ノゲイラ・デ・アゼイタオンからはバスで2停留所、徒歩20〜30分。

アズレージョが完成するまで

1

まずクッキーの生地をのすように粘土を延ばす。正方形にカットし、夏は2ヵ月、冬は5ヵ月ほど自然乾燥させる。

2

乾燥したものに釉薬をかけ、再び乾かす。下絵を描いた紙に針で穴を開け、鉛筆でなぞってタイルに下絵を写す。

3

下絵に沿って色付けをする。たいへん細かい作業のため、手ぶれを起こさないように木の棒で手を支えながら行う。

4

色付けが終わると、窯で焼かれる。焼き上がったアズレージョは、手作りならではのあたたかみと輝きがある。

パルメラ

アクセス

リスボンから
🚃ローマ・アレエイロ駅、エントレカンポス駅、セッテ・リオス駅などからセトゥーバル行きの私鉄 Fertagus（[URL]www.fertagus.pt）で約50分、毎時1～2便運行、€4.60。

パルメラのℹ
[住]Castelo de Palmela
☎212 332 122
[URL] visitpalmela.pt
[開] 毎日 9:30～12:30
14:00～17:30
[休]1/1、4/25、5/1、12/25

サン・ペドロ教会
17世紀築。内部は聖ペドロの生涯を描いたアズレージョで覆われている。
[住] Largo Município
☎ 212 350 025
[開] 火～土 10:00～18:00
日 10:00～12:00
[休] 月
[料] 無料

パルメラのホテル
ポザーダ・カステロ・パルメラ
Pousada Castelo Palmela
パルメラ城の敷地に建つ古い修道院を改装。眺めのよいレストランで食事を楽しむのもおすすめ。
[住] Castelo de Palmera
☎ 212 351 226
[URL] www.pousadas.pt
[料] ⓈⓌ€106～380
[カード][A][D][J][M][V]
[客室数]29 [Wi-Fi] 無料

ブドウ畑に囲まれた、丘の斜面に広がるパルメラの町

セトゥーバルの北に位置するパルメラは、丘の上の城を頂点とする静かな町。かつてはセジンブラ同様、イスラム教徒とキリスト教徒間で、血で血を洗う壮絶な戦いが繰り返された。しかし風車が点在する風景を見ていると、そんな歴史があったとはとても想像できない。町が最も活気づくのは９月の第１週末で、ブドウの収穫を祝う祭りに、人々は心も体も酔いしれる。ぜひこの地の伝統的なワイン、モシュカテルを味わってみよう。

歩き方

パルメラ駅は町の中心から4kmほど離れているので、4302、4305、4307番などのバスを利用する。さらに終点の「Palmela Terminal」で市内を循環する4303番に乗り換えると、丘の上にある**パルメラ城 Castelo de Palmera**まで行ける。歩く場合は丘のふもとから Rua Hermenegildo Capelo を上る。石畳の坂道はかなり急で、息も荒くなるほどだ。やっと開けた所がペロリーニョの立つ Pr. Duque de Palmela、さらにムニシピオ広場 Largo do Município が続く。広場に面して**サン・ペドロ教会 Ig. de São Pedro**とテラスの美しい市庁舎がある。

坂道をさらに上ると**パルメラ城 Castelo Palmela**にいたる。現在は教会と城壁などが残るのみだが、セトゥーバルの町とサド川を望む眺望がすばらしい。

 はみだし パルメラ駅のホームの壁には、ブルーの絵付けが美しいアズレージョがある。これは日本人のタイル・版画作家である白須純氏の作品で、3560枚の白いタイルに植物や鳥などが描かれている。

中世のたたずまいを残すオビドス

エストレマドゥーラとリバテージョ
Estremadura & Ribatejo

エストレマドゥーラとリバテージョ
Estremadura & Ribatejo

気候

年間を通じて気候は、首都リスボンとそれほど変わらない。ただ内陸部は夏は暑く、冬は朝晩に冷え込んで寒暖差が比較的大きい。海岸部は夏は穏やかで海水浴が楽しめるが、冬は雨が多くて海から吹きつける風が強く、波も高くなるので注意したい。

周遊のヒント

列車で行ける都市は限られているので、バスを有効活用しよう。ただし都市間によってはバスの便数が少なく、土・日曜の便数が減ったり運休したりする場合があるので注意。車の運転に慣れている人はレンタカーを、そうでない人は現地発着ツアーを利用すると効率よく回れる。

おもな祭りとイベント

●カーニバル　Carnaval
ナザレ ………………………………… 2月中旬
●チョコレート・フェスティバル
Festival Chocolate
オビドス ………………………… 3月中旬〜下旬
URL festivalchocolate.cm-obidos.pt
●聖母出現祭
Festas de Aparições de Nossa Senhora de Fatima
ファティマ …………………………………… 5/13
●中世市場　Mercado Medieval
オビドス ………………………… 7/18 〜 28('24)
URL mercadomedievalobidos.pt
●タブレイロスの祭り　Festa dos Tabuleiros
トマール（コラム→ P.195）………… 7月上旬
（4 年に 1 回、次は 2027 年）

エストレマドゥーラとリバテージョ

エストレマドゥーラとリバテージョで 楽しみたいことベスト5

1 オビドスでサクランボの酒を チョコレートのカップで飲む

サクランボを漬け込んだ果実酒のジンジャ。アルコール度数が20%ほどあるオビドス名産のリキュールだ。町なかにはチョコレートのカップで飲ませてくれる店があり、飲み終わった後はカップも食べられる。→P.164

1杯€1程度なので気軽に飲める

2 ビーチリゾート地のナザレで アンコウのリゾットを食べる

多様な水産物が名産のリゾート地ナザレ。市内には新鮮な魚介を使ったメニューを出すレストランが多い。ナザレの沖合で取れるアンコウを使ったリゾットの「アローシュ・デ・タンボリール」はおすすめ料理のひとつ。→P.176

アンコウはクセが少なく日本人の口にも合う

3 悲恋物語の主人公たちが眠る アルコバサの修道院を見学

ポルトガル建国の父アフォンソ1世によって建造された、壮麗な修道院。悲恋物語で知られるペドロ1世とイネスの棺をはじめ、アーチが美しい回廊、約1000人の修道士の食事をまかなった巨大な厨房などが見もの。→P.179

緻密な装飾が施されたペドロ1世の棺

4 トマールのキリスト教修道院で 多彩な建築美に圧倒される

テンプル騎士団が12世紀に創建し、その後キリスト騎士団に引き継がれた、国内最大の修道院。イスラム風のムデハル様式からゴシック、ルネッサンス、マヌエル様式まで、ポルトガル建築の変遷をたどってみよう。→P.191

見学の合間にカフェで休憩しよう

5 作家の檀一雄ゆかりの漁村 サンタ・クルスを散策

長編小説『火宅の人』で知られる無頼派作家の檀一雄が、1970年代に1年半ほど暮らした海岸都市のサンタ・クルス。日本語の文学碑が海に面して立ち、彼がかつて住んでいた家屋も残っている。→P.196

檀一雄の石碑が海沿いの道にある

オビドス

Porto
オビドス
Lisboa

アクセス

リスボンから

🚃 セッテ・リオス駅から直通列車で1時間45分〜2時間10分、1日3便。ただし、バスのほうが便利。

🚌 カンポ・グランデのバス乗り場からテージョ社（URL rodotejo.pt）のバスで約1時間、月〜金は毎時1〜3便、土・日・祝は1〜2時間おき。

オビドス駅
畑の中にある無人駅で、コインロッカーや荷物を預けられるような場所はない。駅から町へは階段の小道を上ること約20分。タクシーを利用すると€6〜8くらいだが、いつも客待ちしているとはかぎらないので注意。

オビドスの🛈
🏠Rua da Porta da Vila
☎262 959 2311
URL turismo.obidos.pt
🕐 月〜金　　9:30〜17:30
　　土・日・祝 9:30〜13:00
　　　　　　 14:00〜17:30
🚫 1/1、12/25

夏のシーズン中は観光馬車で町を巡ることもできる

ポルタ・ダ・ヴィラの上から町並みを眺められる

城壁に囲まれたオビドスの人口は800人ほど。「谷間の真珠」と呼ばれる絵のようにかわいらしい町で、夏には色とりどりの花々が軒先を彩る。その歴史は、ローマ時代に海からの敵の侵入を防ぐため、砦が築かれたことに遡る。イスラム教徒に征服された後、1148年にアフォンソ・エンリケスによってムーア人の支配が終わると、町の再建が行われた。1282年にはディニス王が、オビドスを訪れすっかり魅了されてしまった王妃イザベルに町を贈り、以後1834年までオビドスは代々の王妃の直轄地となった。

🧭 歩き方

バスは町の入口である西門、通称**ポルタ・ダ・ヴィラ Porta da Vila** の下に停車する。バス停から階段を上ると駐車場の脇に🛈があるので立ち寄ってみよう。

ポルタ・ダ・ヴィラから城壁内に入って、左側の**ディレイタ通り Rua Direita** を進もう。オビドスの目抜き通りで、石畳の小道にみやげ物屋やレストランなどが並んでいる。300mほど歩くと**サンタ・マリア広場 Pr. de Santa Maria** があり、広場に面して町で一番大きな**サンタ・マリア教会 Ig. de Santa Maria** が建っている。その手前にあるのが**市立博物館 Museu Municipal**。ディレイタ通りをさらに進むと、現在はポザーダになっている城に突き当たる。

オビドスは城壁に囲まれている町だが、その風景を一望するには、ポルタ・ダ・ヴィラの横にある階段

みやげ物屋が並ぶディレイタ通り

を上ってみよう。城壁に囲まれた家々が連なっているのが見え、オビドスを象徴するような光景が広がる。町の周りは全長約1.5kmにもおよぶ城壁で囲まれ

城壁の内外に家が建ち並ぶ

ており、その上を歩いて箱庭のような家並みを眺めるのも楽しい。

またブーゲンビリアやゼラニウムで彩られた路地を歩いたり、この地方の特産品である陶器や編み籠を並べたみやげ物屋をのぞいたりして散策を楽しみたい。なお、オビドスでは家の壁が青や黄色で塗られているが、これは町の旗にこの2色が使われているためだといわれている。

📷 おもな見どころ

おとぎの国への入口　　　　　　　　　　MAP : P.163

ポルタ・ダ・ヴィラ
Porta da Vila　　★★

イスラム時代に造られたオビドスのメインゲート。ポルタは門、ヴィラは村という意味だ。敵の侵入を防ぐため二重のジグザグ構造になっており、アーチ形の通路の内側は18世紀のアズレージョで覆われている。門を抜けるとすぐ左側に城壁へ上る階段がある。城壁の上からは町はもちろんのこと、背後には水道橋や風車も見える。

小さなお堂が祀られている門の内側

📩 **水道橋に沿って散歩**
観光客の多い町なかとはうって変わり、静けさを感じることができます。そこから見る町は、一般の観光客は見ることのない自分だけの秘密スポットのようでした。
(ドイツ在住　Pride Berliner)['23]

町の入口から城壁の外に向かって延びる水道橋

ポルタ・ダ・ヴィラ
🕙 見学自由

▶**カモンイス記念碑**
ポルタ・ダ・ヴィラを抜けるとディレイタ通りが目の前に続いているが、そのすぐ右脇の広場にポルトガルの詩人カモンイスをたたえる記念碑が立っている。建築家ラウル・リノ作で、1932年に完成。

右側の建物の前にたたずむのが記念碑

▶オビドスのお酒ジンジャ
ジンジャとはサクランボを漬け込んだ果実酒。ジンジーニャとも呼ばれ、特にオビドス産は質がよいことで知られている。アルコール度数は 18 〜 20%とワインより少し高め。みやげ物屋で売られているほか、ディレイタ通りにはチョコレートのカップでジンジャを飲ませてくれる店がたくさんある。

ジンジャはチョコカップ入りで 1 杯€1 ほど

サンタ・マリア広場
🕐 見学自由

サンタ・マリア教会
🏠 Pr. de Santa Maria
☎ 262 959 633
🕐 毎日 　　　 9:30 〜 12:30
　　　　　 14:30 〜 19:00
（10 〜 3 月は〜 17:00）
🎫 無料

正面から見たサンタ・マリア教会

市立博物館
🏠 Rua Direita 97
☎ 262 955 500
🕐 火〜日 　 9:30 〜 13:00
　　　　　 14:00 〜 17:30
🚫 月
🎫 無料

オビドスゆかりの作品を展示

ペロリーニョが立つ中心広場　　　　　　　　MAP：P.163
サンタ・マリア広場
Pr. de Santa Maria　★★

東側にあるアーケードの付いた建物は旧市場、また北側にはペロリーニョ（罪人のさらし柱）が立っている。サンタ・マリア教会の隣にある建物はかつて市庁舎だったため、権威の象徴として 15 世紀にペロリーニョが立てられ、罪人はみせしめのため籠に入れてここにつり下げられた。柱の中ほどにあるくぼみは、つり下げたときの金属の環の跡だ。また柱の上には網の模様が見えるが、これには悲しい物語が秘められている。1491 年、レオノール王妃の最愛の王子がテージョ川で水死した。王妃は悲しみのあまり、王子の死体を引き上げた漁師の網をペロリーニョに刻ませたという。

ペロリーニョとサンタ・マリア教会

アズレージョが美しい　　　　　　　　　　MAP：P.163
サンタ・マリア教会
Ig. de Santa Maria　★★

1444 年に 10 歳のアフォンソ 5 世が、わずか 8 歳のいとこイザベラと結婚式を挙げた教会。内部の壁は、全面が 17 世紀の美しいアズレージョで覆われている。内陣にある石棺はルネッサンスを代表する彫刻家ニコラ・シャントレーヌによるもので、オビドス市長だったジョアン・デ・ノローニャと妻のイザベラ・デ・ソウザが眠っている。

中央の祭壇と側壁のアズレージョは見応えがある

絵画のコレクションが充実　　　　　　　　MAP：P.163
市立博物館
Museu Municipal　★

サンタ・マリア広場の脇にある小さな博物館。18 世紀に建てられたサンタ・マリア邸を改装し、絵画や彫刻などが展示されている。なかでも注目は、オビドス派絵画の創設者で、ポルトガル美術史上名高い、ジョゼファ・デ・オビドスの作品だ。1634 年にスペインのセビーリャで生まれた彼は、若くしてオビドスに住み着き、死ぬまでこの地で数々の作品を描き続けた。

オビドスのレストラン

観光客を相手にしている店がほとんどなので、ホテルと同様、料金は高め。こぢんまりとした、しゃれたレストランやバーが多い。またオビドスにはポルトガルでも1、2の人気を誇るポザーダがあり、レストランも評判が高い。宿泊できない人も、ぜひ食事を楽しみに訪れてみたい。なお11～2月は休業するレストランもある。

ポザーダ・カステロ・オビドス

Pousada Castelo Óbidos

古城で食事を楽しむ

MAP：P.163

ポザーダ内にあるレストラン。宿泊客以外も利用できるので、優雅な気分で食事を楽しんでみては。マヌエル様式の出窓にセットされた席は人気があるので早めに予約を。予算€30～50。

🏠Paço Real
☎210 407 630
🕐13:00 ～ 15:00
　19:30 ～ 22:00
　(金・土は～ 22:30)
🚫無休
カード A D J M V

ペトラルム・ドムス

Petrarum Domus

石造りの店内が歴史を感じさせる

MAP：P.163

ディレイタ通りにある、地元の人も利用するやや高級なレストラン。石造りの店内は雰囲気満点。予算€20 ～。通りに面して小さなテーブルと椅子が設えてあり、ジンジャも飲める。

🏠Rua Direita 38
☎262 959 620
🕐12:00 ～ 15:30
　19:00 ～ 22:00
　(バーは 9:30 ～ 23:00)
🚫無休
カード D J M V

プリメイロ・デゼンブロ

1° Dezembro

地元客に人気の大衆食堂

MAP：P.163

サン・ペドロ教会の脇にある、白壁に青い縁取りのかわいらしい店。庶民的な雰囲気で、近くにお勤めの人がお昼を食べにやってくる。カフェのみの利用も可。予算€15 ～。

🏠Largo de São Pedro
☎262 959 298
🕐12:00 ～ 15:30
　19:00 ～ 21:30
　(カフェは 9:00 ～ 21:30)
🚫日
カード M V

タスカ・トルタ

Tasca Torta

昼食の利用に便利な店

MAP：P.163

小さいながらおしゃれな雰囲気のレストランで、旅行者でにぎわっている。ポルトガル料理を中心に肉から魚介までメニューが揃っており、皿や盛りつけが凝っている。予算€20 ～。

🏠Rua Direita 81
☎262 958 000
🕐12:30 ～ 14:30
　19:00 ～ 21:30
🚫無休
カード J D M V

イブン・エリック・レックス

Ibn Errik Rex

ムード満点の居酒屋風バー

MAP：P.163

こぢんまりした店だが、ランプの明かり、古めかしいインテリアがムードを盛り上げる。ソーセージ、チーズ、自家製のパン（2人前€18）と一緒にオビドス産のジンジャを味わってみたい。

🏠Rua Direita 100
☎262 959 193
🕐11:00 ～ 24:00
🚫火
カード 不可

オビドスのホテル

　リスボンなどから日帰りで訪れる観光客がほとんどだが、1泊して静寂に包まれた夜と早朝のオビドスを散策するのもいい。予算が合えば、ぜひ古城を改装したポザーダに泊まってみたい。また城壁内にはホテルのほか、個人宅を改装したカーザ（ゲストハウス）もある。小規模な宿がほとんどで、料金は比較的高め。

ポザーダ・カステロ・オビドス

Pousada Castelo Óbidos

中世の城で優雅な一夜を

　15世紀の城を改装したポザーダ。落ち着いた内装とアンティークの家具が居心地のよい空間を造り出している。人気が高いので、早めに予約しよう。レストラン（→P.165）も評判が高い。（→P.42）

★★★★
MAP：P.163

住Paço Real
☎262 248 980
URL www.pousadas.pt
料SW €160 ～ 350
カード A D J M V
客室数 16
Wi-Fi 無料

ジョゼファ・ド・オビドス

Hotel Josefa d'Óbidos

村の入口に位置する

　城壁の外にあり、バス停からすぐ。スイートやウエディングルームと呼ばれる部屋はロマンティックなインテリアで、カップルにおすすめだ。公共エリアにはレストランやバーもある。

★★★★
MAP：P.163

住Rua D. João de Ornelas
☎262 955 010
URL www.josefadobidoshotel.com
料S €54～152　W €61～167
カード J M V　客室数 30
Wi-Fi 無料

ライーニャ・サンタ・イザベル

Hotel Rainha Santa Isabel

ディレイタ通りに面している

　城壁内にあるホテルとしては比較的部屋数が多い。歴史的な建物を利用しており、梁出し天井や木製の窓枠など客室も趣がある。歴史を感じさせるサロンでは飲み物を提供している。

★★★
MAP：P.163

住Rua Direita 63
☎262 959 323
FAX 262 959 115
URL www.obidoshotel.com
料SW €55 ～ 153
カード M V　客室数 20
Wi-Fi 無料

カーザ・デ・サンティアゴ・ド・カステロ

Casa de São Tiago do Castelo

個人宅に招かれた気分

　ポルトガルの伝統的な家屋を利用したゲストハウス。暖炉のある居間や朝食ルーム、客室のインテリアも凝っている。パティオでくつろいだり、ビリヤードを楽しむこともできる。

MAP：P.163

住Largo de São Tiago 1
☎262 959 587
URL www.casasthiagodocastelo.com
料SW €92 ～ 144
カード A J M V
客室数 10
Wi-Fi 無料

カーザ・ド・フォンタナリオ

Casa do Fontanário

アットホームな雰囲気

　南門から城壁の外に出てすぐの所にある。16世紀の建物を改装しており、部屋のインテリアもすてき。朝食にはポルトガルの伝統菓子も出してくれる。2階はオーナーの住居になっている。

MAP：P.163

住Largo do Chafariz Novo
☎262 958 356
料SW €72 ～ 88
カード D M V
客室数 8
Wi-Fi 無料

ペニシェ

岩場にカラフルな家々が並ぶヴィスコンデ地区

ペニシェの南北には砂浜が広がりサーフィン客も多いが、町そのものは漁港を中心とした田舎町で、のんびりとした時間が流れている。町の名はラテン語のペニンスラ（半島）に由来し、海からの風で夏でも涼しい。沖合に浮かぶ美しい自然と砂浜で知られるベルレンガ島への観光船もこの港から出ている。

歩き方

城壁の外にあるバスターミナルから、堀にかかる橋を渡って❶のあるバルアルテ庭園 Jardim do Baluarte まで徒歩7分ほど。このあたりから港とそれを見下ろす要塞 Fortaleza までの約800m四方の旧市街に、教会、スーパーや食堂などがある。庭園から町の南端の港まで、歩いて10分もかからない道沿いに、海の幸がおいしいレストランが並んでいる。

港を見下ろす岩壁に築かれた要塞は1645年に完成したもので、小さな漁村だったペニシェが町へと発展するのと歩調を合わせて町を防衛するために築かれた。現在は博物館として公開されている。要塞の西側の岩壁の上にあるカラフルな住宅街、**ヴィスコンデ地区 Bairro do Visvonde** へも行ってみよう。迷路のような小道を歩けば色鮮やかな家々と青い海との対比が美しく、一足ごとに新鮮な発見がある。また海鳥の自然保護区に指定されている**ベルレンガ島 Berlengas** へは、夏の時期のみ観光船で訪れることができる。

海に浮かぶ絶景のベルレンガ要塞

アクセス

リスボンから
🚌 セッテ・リオス・バスターミナルまたはオリエンテ・バスターミナルから1時間10分〜1時間35分、毎時1便程度。
オビドスから
🚌 RDO社（URL rodoviariadooeste.pt）のカルダス・ダ・ライーニャ発ペニシェ行きで約50分、1日5〜8便、土・日・祝は運休。

ペニシェの ❶
🏠Rua Alexandre Herculano 70
☎262 780 123
URL www.cm-peniche.pt
🕐 毎日　　　9:00〜13:00
　　　　　14:00〜17:00
🚫 1/1、聖日曜、5/1、12/25

ペニシェのホテル
シーガーデン
Residência Sea Garden
❶の向かいにある、カジュアルで快適なホテル。
🏠 Rua Alexandre Herculano 76
☎ 262 404 121
🛏 Ⓢ Ⓦ €48〜110
カード ⓂⓋ
客室数 18　Wi-Fi 無料

サラザール独裁時代には政治犯を収容していた要塞

カルダス・ダ・ライーニャ

Porto●

カルダス・ダ・ライーニャ

Lisboa●

アクセス

リスボンから

🚃 セッテ・リオス駅から直通列車で1時間50分～2時間20分、1日3便。

🚌 セッテ・リオス・バスターミナルまたはオリエンテ・バスターミナルから1時間10分、毎時1～3便（土・日・祝はやや減便）。

ナザレから

🚌 所要40分、毎時1～2便。

コインブラから

🚌 所要2時間～2時間30分、毎時1便程度。

オビドスから

🚌 テージョ社（URL www.rodotejo.pt）のバスで15分、毎時1～3便運行。

カルダス・ダ・ライーニャの❶

🏠 Rua do Provedor Frei Jorge de São Paulo 5A

☎ 262 240 005

🕐 月～金　　9:00～18:00

　　土・日　10:00～13:00

　　　　　　13:30～16:30

🚫 1/1、5/1、12/25

コンセイサオン教会が立つ4月25日広場

朝市が開かれるレプブリカ広場

　オビドスの北に位置する人口2万人ほどの町。「王妃の湯治場」という町名のとおり、ジョアン2世の王妃レオノールが設立した鉱泉病院がある。さらにもうひとつ、この町で忘れてはならないのが陶器。町の中心広場で開かれる朝市では特産の陶器が売られており、またポルトガルを代表する陶器のひとつとして知られるボルダロ・ピニェイロの工場もある。カルダス・ダ・ライーニャは交通の要衝でもあるので、ナザレやオビドスへ行く途中に立ち寄ってみるとよいだろう。

🧭 歩き方

　駅を出て Av. 1 de Maio を行くと、**4月25日広場 Pr. 25 de Abril** に出る。さらに Rua Eng. Duarte Pacheco を進むと、交差点の角にバスターミナルがある。朝市が開かれる**レプブリカ広場 Pr. da República** へは、バスターミナルからにぎやかな商店街を抜けて徒歩5分ほど。この広場近くに❶がある。

　レプブリカ広場のすぐ南には**鉱泉病院 Hospital Termal** が建ち、ここから Rua Rafael Bordalo Pinheiro を進むと左側に**ボルダロ・ピニェイロ工場 Fábrica Bordalo Pinheiro** が見えてくる。ファクトリーショップが併設されているので、ぜひ立ち寄ってみたい。

　また**ドン・カルロス1世公園 Parque Dom Carlos I** は緑に覆

われた美しい公園で、この町出身の画家の作品を集めたジョゼ・マリョア美術館 Museu de José Malhoa もある。

人々の憩いの場になっているドン・カルロス1世公園

レプブリカ広場では毎日 7:00～15:00 にポルタ・ダ・ヴィラ Porta da Vila と呼ばれる朝市が開催される。野菜や果物などの生鮮食料品が中心だが、陶器も売られているのでおみやげを探すのもいい。

📷 おもな見どころ

町の由来について解説する　　　　　　MAP：P.169

病院博物館
Museu do Hospital ★

旅の途中でこの地を通りかかったレオノール王妃は、道ばたで硫黄の匂いがする湯につかっている農民たちを見かけた。聞けばリウマチに効能があるとのこと。試してみるとさっそく効果が表れた。すっかり温泉が気に入った王妃は、熱心に資金集めをした末、1485年に鉱泉病院を設立した。この病院の裏側、東隣に患

病院博物館
🏠Rua Rodrigo Berquo
☎262 830 774
🕐火〜土　10:00〜16:00
休日・月、1/1、聖日曜、
5/1、12/25
料€4、学割€2

昔のベッドやアズレージョなども展示されている

者たちのリハビリ施設の建物が併設され、現在は博物館になっている。病院の成り立ちや町の歴史に関するさまざまな資料が展示されていて興味深い。

鉱泉病院の裏側にある

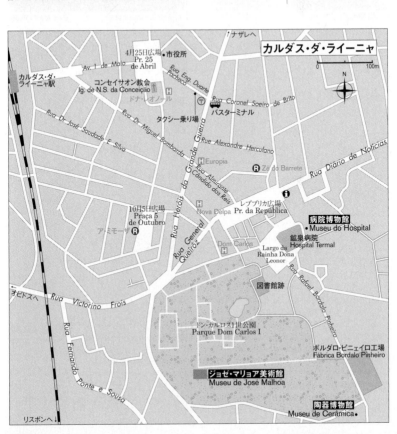

はみだし 中心街の南側にドン・カルロス1世公園 Parque Dom Carlos Iがある。以前は鉱泉病院付属の森だった所で、木々が茂っていて緑豊かだ。ジョゼ・マリョア美術館や陶器博物館に行く際に散策してみよう。

ジョゼ・マリョア美術館
🏠Parque D. Carlos I
☎262 831 984
🕐火〜日　10:00 〜 12:30
　　　　　14:00 〜 18:00
　　（10 〜 3 月は〜 17:30）
🚫月、1/1、聖日曜、5/1、
12/25
💴€3、学割€1.50

陶器博物館
🏠Rua Dr. Ilidio Amado
☎262 840 280
🕐火〜日　10:00 〜 12:30
　　　　　14:00 〜 18:00
　　（10 〜 3 月は〜 17:30）
🚫月、1/1、聖日曜、5/1、
12/25
💴€3、学割 €1.50

この町が生んだ画家の作品を展示　　　　　　　　MAP：P.169

ジョゼ・マリョア美術館
Museu de José Malhoa　　　★

　ジョゼ・マリョアは 19 世紀末から 20 世紀初めにかけて活躍した、カルダス・ダ・ライーニャ生まれの画家。強烈な色彩と光を用いた作風で、ポルトガルの歴史や民衆の生活をリアルに描いた。彼の作品のほかに、肖像画や陶器なども展示されている。

建物も一見の価値あり　　　　　　　　　　　　MAP：P.169

陶器博物館
Museu de Cerâmica　　　★

　3 階建ての建物は、19 世紀に建てられた貴族の邸宅を改装したもの。庭園を飾るアズレージョも美しい。この土地で作られた陶器を中心に年代別に展示されており、2 階にはボルダロ・ピニェイロの作品を集めた部屋もある。

🍴 レストラン ＆ ホテル ✩

ℝ ア・ミモーザ
A Mimosa　　　MAP：P.169

　地元の人でにぎわっている小さなレストラン。タラや豚肉などの料理は €10 〜 15 程度。

🏠Pr. 5 de Outubro 37
☎262 832 735
🕐8:00 〜 15:00、19:00 〜 23:00
🚫日、祝
カード M V

Ⓗ ドナ・レオノール
Hotel Dona Leonor　　　★★ MAP：P.169

　4 月 25 日広場近くに建つ、静かなホテル。駅やバスターミナルからも近くて便利。

🏠Hemiciclo João Paulo II, 9
☎262 842 171　FAX 262 842 172
URL www.hoteldonaleonor.pt
💴Ⓢ Ⓦ €44 〜 114
カード A M V　客室数 30　Wi-Fi 無料

自然の息吹が伝わるボルダロの陶器

Column

　キャベツの食器シリーズなどで知られるボルダロ社の陶器は、カルダス・ダ・ライーニャの工場で作られている。風刺画家としても名をはせたラファエル・ボルダロ・ピニェイロがこの地に窯を開いたのは 1884 年のこと。以来、レモンやキャベツの形をしたコーヒーカップ＆ソーサー、トウモロコシやアボカドをかたどったプレートなど、ユニークな器を生み出している。

　現在ボルダロ社で作られている陶器は、ボルダロ本人が残した数々の作品からモチーフを取り、現代的にアレンジされたものだ。数百人の従業員が働く工場では、製造工程の一部は機械化されているものの、形の複雑なものなどはいまでも職人たちの手作業に頼っている。彫像師、絵付け師などごくひと握りの職人に委ねられており、一人前になるには 5 年はかかるそうだ。

　工場には、ファクトリーショップとボルダロの作品を展示する美術館が併設されている。ショップではアウトレット製品が市価の半額程度で売られていて、ついあれもこれも欲しくなってしまうが、重い荷物になるので買い過ぎには注意。

食卓が楽しくなる野菜の食器シリーズ

ボルダロ・ピニェイロ
MAP：P.169　🏠Rua Rafael Bordalo Pinheiro 53
☎ 262 839 380
URL international.bordallopinheiro.com
E-mail info@bordallopinheiro.com
🕐月〜土　9:00 〜 13:00、14:00 〜 17:00
　　日・祝 14:00 〜 17:00
🚫1/1、5/1、12/24・25・31
💴€2（美術館）
※工場と美術館の見学は前日の午前中までに電話かメールで要予約

ナザレ

シティオ地区からプライア地区を見下ろす

　ナザレといえば、1954年のフランス映画『過去をもつ愛情』のなかで主題歌『暗いはしけ』をアマリア・ロドリゲスが歌ったシーンで、日本でもなじみになった港町。その名は、8世紀に西ゴート王ロドリゴがロマノという僧を供にこの地までやってきたとき、彼が携えていたマリア像がはるかイスラエルのナザレのものだったことに由来する。独特な習慣と服装（男性はチェックのシャツにフィッシャーマンセーターと黒い帽子、既婚の女性は7枚重ねのスカート）で知られ、また夏にはポルトガル国内はもとよりヨーロッパ中から訪れるバカンス客で砂浜は埋め尽くされる。

🔍 歩き方

まずは観光の拠点、プライア地区へ　　　A Praia

　ナザレの町は、長い砂浜に沿って広がるプライア地区、崖上のシティオ地区、そして東側の丘にある最も古いペデルネイラ地区の3つからなっている。バスはプライア地区の南、ムニシピオ通り Av. do Município のバス発券所前に到着する。まずは、町の中心にある**市場 Mercado** を目指そう。バスを降りたところから北の方角へ徒歩5分ほど。東西に延びる**ヴィエイラ・ギマランイス通り Av. Vieira Guimarães** に市場の正面入口があり、その一角に🛈がある。市場の前ではタクシーも客待ちしている。

　市場からヴィエイラ・ギマランイス通りを西へ進むと、**レプブリカ通り Av. da**

プライア地区から見たシティオ地区

アクセス

リスボンから

🚃 セッテ・リオス駅発の直通列車でカルダス・ダ・ライーニャまで行き、フィゲイラ・ダ・フォス方面行きに乗り換えてヴァラード Valado 駅で下車、2時間40分～3時間。ヴァラード駅からナザレへはバスで10分だが、本数が少ないので注意。

🚌 セッテ・リオス・バスターミナルまたはオリエンテ・バスターミナルから1時間30分～2時間10分、毎時1～2便。

カルダス・ダ・ライーニャから

🚌 所要 30～40分、毎時1便程度。

コインブラから

🚌 所要1時間30分～1時間45分、1日6便。

ナザレの🛈

🏠Av. Vieira Guimarães
☎262 561 194
URLwww.cm-nazare.pt
🕐月～土　　9:00～13:00
　　　　　　14:00～17:00
　　日・祝　9:00～13:00
🚫1/1、5/1、12/25

ビーチに沿って続くレプブリカ通りは、歩道も整備されていて散歩に最適

▶ナザレの市場

新鮮な野菜や果物、魚介類のほか、手作りのお菓子やパンなども売られており、見て歩くだけでも楽しい。売り手も買い手もほとんどが女性で、夫が漁に出ている間に家を守るナザレの女性たちのたくましさが感じられる場所だ。月曜を除く毎日 8:00 から 13:30 頃まで開いていて、午前中のほうが活気がある。

女性たちのやりとりを見るのも楽しい

Repúblicaに突き当たる。海岸に沿って南北に延びるこの通りには、レストランやみやげ物屋が並び、夏は観光客でおおいににぎわっている。

レプブリカ通りの東側は、**ペスカドーレス地区 Bairro dos Pescadores**と呼ばれる漁民の居住地区。細い横道に入れば、たなびく洗濯物の下を遊び回る子供たちや、家の戸口に座っておしゃべりをする女性たちに出くわす。プライア地区の北端にある**ソウザ・オリベイラ広場 Pr. Sousa Oliveira**は町で最もにぎやかな場所で、カフェが多く夏はテラス席を張り出す。

生活感あふれるペスカドーレス地区

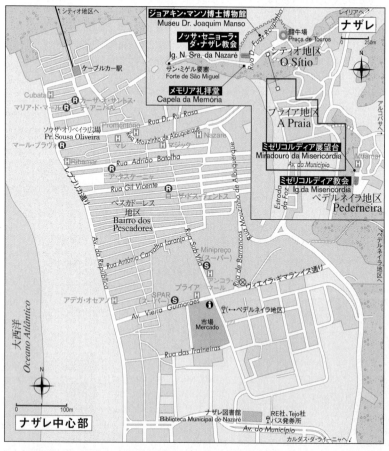

ナザレ中心部

投稿　ナザレの市場のはす向かいにあるスーパーマーケット「SPAR」は便利。焼き菓子やワイン、イワシの缶詰などが手頃な値段で売られ、イートインコーナーもありました。（神奈川県　かずかりん）['23]

見どころが集まっているシティオ地区 O Sítio

ソウザ・オリベイラ広場の北側から出ているケーブルカーでシティオ地区へ行ってみよう。到着したら西側にある広場へと向かう。広場に面して、堂々たる姿をした**ノッサ・セニョーラ・ダ・ナザレ教会 Ig. Nossa Senhora**

シティオ地区名物の豆売りの女性

da Nazaré、岩壁上には奇跡の場所とされている**メモリア礼拝堂 Capela da Memória** がある。その脇は展望台になっているので、プライア地区とその海岸線の美しさを目に焼きつけてほしい。

教会を背にして左側へ延びる Rua D. Fuas Roupinho を行けば、ナザレの歴史が学べる**ジョアキン・マンソ博士博物館 Museu Dr. Joaquim Manso** がある。また、展望台から西へ400m ほどの丘の端には 17 世紀に遡る**サン・ミゲル要塞 Forte de São Miguel** があり、現在は灯台が置かれている。

展望台から海と町並みを見下ろしてみよう

昔の繁栄の跡を残すペデルネイラ地区 Pederneira

ヴィエイラ・ギマランイス通りを東へと進み、突き当たったら左へ。すぐ右側に続いている階段を上る。あとは**ミゼリコルディア展望台 Miradouro da Misericórdia** まで右へと道なりに進むだけ。バスターミナルから展望台まで徒歩約 20 分。

この地区はプライア地区と比べるとかなり静かだ。展望台からの眺めは、シティオからとは別の趣がある。実は、現在のプライア地区は 17 世紀まで海に覆われており、人々はシティオ地区とペデルネイラ地区に分かれて暮らしていた。当時ペデルネイラはこの一帯で最も重要な港のひとつで、18 世紀の旧役場や権威の象徴でもあったペロリーニョと呼ばれる石柱が今も残っているのはそのためだ。

展望台からの景色を存分に楽しんだら、隣接する**ミゼリコルディア教会 Ig. da Misericórdia** も見学しておこう。

ケーブルカー
☎262 550 010
🕐 毎日　　　7:30 ～ 24:00
　　　　　（10 ～ 3 月は～20:30）
※15 分おきに運行
💰 片道 €2.50、往復 €4

住民の足としても使われているケーブルカー

シティオ地区から徒歩でプライア地区へ

崖上のシティオ地区へはケーブルカーを利用するのが便利だが、下り坂の帰りは徒歩というのもいい。ゆっくり歩いて 10 ～ 15 分の距離。ケーブルカー駅のすぐ下から石段の歩道が延びていて、絶景を楽しみながら歩くことができる。

歩道にはベンチも設置されている

ペデルネイラ地区へのアクセス

市場東側のバス停から毎時 1 ～ 3 便、市内巡回バスが出ている。ミゼリコルディア教会前のバス停まで約15分。

ペデルネイラ地区に建つ旧役場前に石柱ペロリーニョが残る

サン・ミゲル要塞の北側にある海岸プライア・ダ・ノルテは冬期のビッグウェーブで有名。2020 年 10 月に26.21mの「史上最大の波乗りに成功したサーファー」が、ギネス世界記録に認定されている。

<table>
<tr><td>

ノッサ・セニョーラ・ダ・ナザレ教会
🏠 Largo de Nossa Sra. da Nazaré
☎ 262 550 100
🕐 毎日　9:00 ～ 13:00
　　　　14:00 ～ 19:00
　（10 ～ 3月は～ 18:00）
💰 無料（祭壇に入るには€1）

内部は見事なバロック様式

</td></tr>
</table>

伝説の聖母像を祀る　　　　　　　　　　　　MAP：P.172

ノッサ・セニョーラ・ダ・ナザレ教会
Ig. Nossa Senhora da Nazaré ★★

　8 世紀にロマノという僧がマリア像をこの地まで持ってきたことは前に述べたが、その後、彼は死を迎える前に像を崖の洞窟の中に隠した。468 年後に羊飼いたちがこれを見つけだし、さらに聖母マリアの奇跡（下段のメモリア礼拝堂参照）が起こったため、巡礼者たちが押し寄せるようになった（ちなみに、あのヴァスコ・ダ・ガマも訪れている）。そこで 1377 年、今の教会のもととなる聖堂を建設した。現在の建物は 17 世紀のもので、ナザレの守護聖人たちが祀られている。祭壇付近から翼廊まで旧約聖書を題材とした 18 世紀のアズレージョで飾られており、また祭壇の左横から裏へと続く通路もアズレージョで埋め尽くされている。奥には階段があり、上れば祭壇中央のマリア像にたどり着く。このマリア像こそが、ロマノ僧ゆかりの聖母像だ。

シティオ地区の広場に面して建つ

聖母マリアの奇跡が起こった　　　　　　　　MAP：P.172

メモリア礼拝堂
Capela da Memória ★★

　言い伝えによれば 1182 年の霧のかかった朝、ドン・フアス・ロピーニョという城主が馬に乗って狩りをしていた。獲物の鹿を岬の端まで追いかけていくと、鹿は急に姿を消した。馬は後ろ足のみで岩の上で踏ん張っていたものの、前足部分の下には海が広がり、断崖絶壁で転落寸前。そのとき突然聖母マリアが現れ、馬は奇跡的に後戻りし、九死に一生を得た。その御加護に感謝して、彼はここに礼拝堂を建てたという。

　礼拝堂の中にはキリスト像、その右脇の階段を下っていくと、幼いイエスに乳を与えるマリア像がある。小さな窓から外を見ると、その高さに身震いがするほどだ。建物の裏側の壁には言い伝えのとおり、馬に乗って崖から落ちそうになったドン・フアスの姿がアズレージョで描かれている。

<table>
<tr><td>

メモリア礼拝堂
🏠 Rua 25 de Abril 17
🕐 毎日　9:00 ～ 19:00
　（10 ～ 3月は～ 18:00）
💰 無料

内部は美しいアズレージョで覆われている

マリア像が祀ってある礼拝堂の地下

</td></tr>
</table>

展望台の脇に建つ小さな礼拝堂

ナザレの風俗を展示
MAP：P.172

ジョアキン・マンソ博士博物館
Museu Dr. Joaquim Manso ★

　博物館の名前は建物を提供した作家、ジョアキン・マンソ博士にちなんだもの。かつて使用していた漁船のミニチュアや漁に使う道具のほか、100年以上前のナザレの写真などが展示されている。こぢんまりとしているが、ナザレの歴史とかつての人々の暮らしに触れられる博物館だ。受付で展示リストを借り、各説明を読みながら回るとわかりやすい。

ナザレの伝統衣装も展示

大西洋と町が一望のもと
MAP：P.172

ミゼリコルディア展望台
Miradouro da Misericórdia ★

　正面にプライア地区と大西洋、右側遠くにはシティオ地区を望むことができ、すばらしい眺め。ペデルネイラ地区は中世には「ペデルネイラ（火打ち石）湾」を意味するセロ・ペトロネーロという名で呼ばれており、17世紀までは展望台のある高台の下までが海だったという。

展望台から町が見下ろせる

ペデルネイラ地区の信仰の中心
MAP：P.172

ミゼリコルディア教会
Ig. da Misericórdia ★

　ミゼリコルディア展望台の脇に建つ、17世紀に建造された木造の教会。内部は質素な造りだが、右側の縦溝の装飾を施した、イオニア式の15本の円柱が珍しい。入口の上部裏には、守護聖女を示すアズレージョがある。祭壇右側の奥には小さな記念館があり、教会に収められた故人の写真などを見ることができる。また、教会裏は付属の墓地になっている。

ペデルネイラの断崖の上に建つ

ジョアキン・マンソ博士博物館
🏠Rua Dom Fuas
Roupinho 22
☎ 262 568 801
🕐 火～金　10:00～12:30
　　　　　 14:00～17:30
　（7～9月は～18:00）
❌ 土・日・月・祝
※2023年11月現在、休業中

ミゼリコルディア展望台
🕐 見学自由

ミゼリコルディア教会
🕐 不定期
💰 無料

Coluna

ナザレの伝統衣装

　ナザレの町を観光客にとって魅力的なものにしている理由のひとつは、人々が身につけている伝統衣装だろう。男性はチェックのシャツ、腰に黒い帯を巻きつけて留める幅広のズボン、黒い縁なしの帽子、既婚の女性は7枚重ねの短いスカートにエプロン、頭に巻いたスカーフとスリッパ、そして未亡人は黒づくめ、というのが伝統的なスタイルだ。

　しかし男性でこの伝統衣装を着ている人はほとんど見られず、女性も大半がお年寄りだ。若い女性はジーンズなどラフな姿で、祭りのときでもなければ伝統衣装を身につけることはないという。代々受け継がれてきたナザレの伝統衣装も、このまま廃れてしまうのだろうか。

独特なスタイルを守る
ナザレの女性

🍴 ナザレのレストラン

レストランはホテルと同様プライア地区に多い。海岸通りに並んでいる店はどちらかというと観光客向けで、路地の奥に入るほど庶民的になる。ナザレではやはり新鮮な魚介を味わいたい。食事時にはレストランの前から香ばしい匂いが漂ってくるはず。特にイワシの炭焼きやカルデイラーダ（魚介のシチュー）が有名。冬期の夜は日によって閉まることも多い。

Ⓡ マール・ブラヴォ
Mar Bravo

ナザレの有名レストラン
MAP：P.172

シーフードには定評があり、取れたての魚介類が用意されている。ガラス張りの店内からは海が一望でき、夏は広場に面したテラス席で食事をするのも気持ちがいい。予算 €20 ～ 40。

🏠Pr. Sousa Oliveira 71
☎262 569 160
🕐12:00 ～ 23:00
（11 ～ 3 月は 12:00 ～
15:30、18:30 ～ 22:30）
🗓無休　カード A D J M V

Ⓡ マリア・ド・マール
Maria do Mar

親子 3 代で切り盛りする
MAP：P.172

海岸通りから路地を入った所にある、隠れ家のようなレストラン。新鮮な魚のグリルやシーフードリゾットがおすすめ。こぢんまりとした店内と家庭的な接客も居心地がよい。予算 €13 ～。

🏠Rua do Guilhim 13
☎919 444 711
🕐12:00 ～ 15:00
18:45 ～ 22:00
🗓水
カード M V

Ⓡ ア・タスケーニャ
A Tasquenha

夏期は行列もできる人気店
MAP：P.172

ナザレで最も評判の高いレストランのひとつで、いつも混雑している。魚介料理がひと皿 €9 ～ 15 程度と手頃な料金ながら、味も定評があって、国内外の旅行者に人気がある。

🏠Rua Adrião Batalha 54
☎262 551 945
🕐12:15 ～ 14:45
19:15 ～ 21:45
🗓冬期の月・火
カード D J M V

Ⓡ ローザ・ドス・ヴェントス
Rosa dos Ventos

アットホームな雰囲気
MAP：P.172

家族経営のこぢんまりとしたレストランで、新鮮なシーフードがおすすめ。その日に仕入れた魚のなかから好きなものを選んで調理してもらうこともできる。予算 €15 ～ 20。

🏠Rua Gil Vicente 88
☎910 200 204
🕐12:00 ～ 15:15
19:00 ～ 21:45
🗓木・祝
カード 不可

Ⓡ カーザ・オ・サントス・デ・アニバル
Casa O Santos de Anibal

取れたての貝が食べられる
MAP：P.172

アサリの酒蒸しや塩ゆでしたエビをつまみにビールやワインが楽しめる居酒屋風レストラン。店頭に新鮮なアサリが置かれていて、注文を受けてから調理してくれる。アサリは €9 ～。

🏠Travessa do Elevador 11
☎262 085 128
🕐8:00 ～ 23:00
（12 ～ 2 月は ～ 21:00）
🗓水
カード 不可

ナザレのホテル

ホテルはプライア地区に集中しており、小規模なところがほとんど。7・8月は料金が普段の2～3倍にはね上がるが、それでもどこも満室になってしまう。この時期は早めの予約が望ましい。ただし民宿（プライベートルーム）がたくさんあり、海岸沿いのレプブリカ通りには「Rooms」と書かれた紙を持った客引きのおばさんもいる。

プライア

Hotel Praia

★★★★

MAP：P.172

ナザレを代表するホテル

市場の向かいに建つ、市街にある高級ホテルのひとつ。1階のロビーは広々としている。客室はブルーやオレンジ系でまとめられており、上品な雰囲気。全室にバルコニーが付いている。

[住]Av. Vieira Guimarães 39
☎262 569 200
[FAX]262 569 201
[URL]www.hotelpraia.com
[料]ⓈⓌ €80 ～ 290
[カード][A][D][J][M][V]　[客室数]80
[Wi-Fi]無料

マジック

Hotel Magic

★★★

MAP：P.172

おしゃれなデザインホテル

バス発着所から徒歩約10分。プライア地区にあり、周辺にはレストランやカフェも多くて便利。客室の広さや内装はそれぞれ異なり、湯沸かしポットも備え付けられている。

[住]Rua Mouzinho de Albuquerque 58
☎ & [FAX]262 569 040
[URL]www.hotelmagic.pt
[料]ⓈⓌ €85 ～ 210
[カード][M][V]
[客室数]17
[Wi-Fi]無料

マレ

Hotel Maré

★★★

MAP：P.172

レストランからの眺めがよい

ソウザ・オリベイラ広場近くに位置する5階建てのホテル。最上階にレストランがあり、ナザレの町並みと海を見下ろしながら朝食が取れる。客室はゆったりとしてバルコニー付き。

[住]Rua Mouzinho de Albuquerque 10
☎262 550 180　[FAX]262 550 181
[URL]www.hotelmare.pt
[料]ⓈⓌ €95 ～ 155
[カード][M][V]
[客室数]43
[Wi-Fi]無料

アンコラ・マール

Hotel Âncora Mar

★★

MAP：P.172

屋上にプールがある

市場から徒歩約1分、すぐ近くにはスーパーもあって便利だ。客室は窓が大きく明るい。家族で泊まれるトリプルルームもある。屋上からはナザレの町並みや海を一望できる。

[住]Rua Sub-Vila 49
☎262 569 010
[FAX]262 569 011
[URL]www.ancoramar.com
[料]ⓈⓌ €55 ～ 180
[カード][M][V]　[客室数]26
[Wi-Fi]無料

アデガ・オセアノ

Hotel Adega Oceano

★★

MAP：P.172

設備のわりにリーズナブル

客室はかなり狭いが、ベランダも付いていて、それほど窮屈さは感じない。バスタブ・エアコン・ヒーター付き。海を望める部屋もある。宿泊客は1階のレストランが10%割引で利用できる。

[住]Av. da República 51
☎262 561 161
[FAX]262 561 790
[URL]www.adegaoceano.com
[料]ⓈⓌ €60 ～ 170
[カード][M][V]　[客室数]35
[Wi-Fi]無料

アルコバサ

Porto●
☆アルコバサ
Lisboa●

アクセス

リスボンから
🚌 セッテ・リオス・バスターミナルから1時間40分、1日4〜6便。
コインブラから
🚌 所要約1時間30分、1日1〜2便。
ナザレから
🚌 テージョ社（URL www.rodotejo.pt）のバスで20分、平日12便、土・日・祝は1日2便。
バターリャから
🚌 テージョ社のバスで約30分、平日9便、土・日・祝2便。
トマールから
🚌 テージョ社のバスで、ファティマ、バターリャを経由して約2時間、1日2便（平日のみ）。

世界遺産

アルコバサの修道院
（1989年登録）

アルコバサの ❶
🏠 Rua Araújo Guimarães 28
☎ 924 032 615
URL www.cm-alcobaca.pt
🕐 月〜金　　9:00 〜 12:30
　　　　　　14:00 〜 17:30
　　土・日　14:00 〜 18:00
🚫 1/1、12/25

町のみやげ物屋では特産の陶器が売られている

アルコバサ城近くの丘から見た修道院

　ナザレから東へ約14km、アルコア川とバサ川の交わる場所に位置する人口約5万5000人の町。アルコバサと名づけられた町は、初代ポルトガル国王アフォンソ・エンリケスが、レコンキスタに協力したシトー修道会に感謝して修道院を建設したことに始まる。現在では世界遺産に登録されている修道院は、悲恋物語の主人公ペドロ1世とイネスの棺があることで知られている。

🧭 歩き方

　バスターミナルから**アルコバサ修道院 Mosteiro de Alcobaça**へは徒歩10分ほど。バスターミナルを出たら右へ進み、T字路を右に折れコンバテンテス通りAv. dos Combatentesを歩く。アルコア川に架かる橋を渡り、修道院の側面に沿って進むと**4月25日広場 Pr. 25 de Abril**に出る。ここが町の中心で、周囲にはレストランやカフェ、みやげ物屋などが集まっている。❶はアルコア川のほとりにある。

アルコバサ

市場
Mercado

アルコバサ城
Castelo de Alcobaça

10月5日広場
Largo 5
de Outubro

バスターミナル

ドン・ディニスの回廊
Claustro de D. Dinis

4月25日広場
Pr. 25
de Abril

教会入口

モンテイロ・モステイロ・デ・アルコバサ

バターリャへ

コンバテンテス通り
Av. dos
Combatentes

アルコバサ修道院
Mosteiro de Alcobaça

コラソンエスウニードス

サンタ・マリア

リスボンへ

アルコバサ城：市街を見下ろす丘の上に城壁のみが残っている。域内の出入りは自由で、無料で見学が可能だ。ここから眺めるアルコバサ修道院の全景も美しい。

おもな見どころ

ポルトガル王国を象徴する　　　　　　　　MAP：P.178
アルコバサ修道院
Mosteiro de Alcobaça　　　　　★★★

　アフォンソ・エンリケスが初代ポルトガル国王として即位した4年後の1143年、隣国カスティーリャとの和平が成立し、ポルトガルは独立王国となった。アフォンソ1世はキリスト教国としての王国の地位を固めるため、アルコバサに修道院を建設し、当時のヨーロッパ諸国やローマ教皇に大きな影響力をもっていたシトー会に寄進することを宣言した。1153年に建設が始まり、1222年に完成した後も歴代の王によって増改築が行われた。最盛期には約1000人の修道士たちが暮らし、自給自足を旨とする彼らは、戦いで荒廃したアルコバサ周辺の土地を肥沃な農地へと変貌させていった。（→P.180）

18世紀に改築されたバロック様式のファサード

アルコバサ修道院
🏠 Pr. 25 de Abril
☎ 262 505 128
URL www.mosteiroalcobaca.gov.pt
🕐 毎日　　9:00～19:00
（10～3月は～18:00）
※入場は閉館30分前まで
休 1/1、聖日曜、5/1、8/20、12/25
€6、学割・65歳以上€3（バターリャ修道院とトマールのキリスト教修道院との共通券€15）

▶足を向け合って眠る悲恋物語の主人公
修道院の翼廊には、悲恋物語（→P.208コラム）で知られる主人公ペドロ1世とイネスの棺が置かれている。足を向け合っているのは、最後の審判が下って起き上がった際に最初に見る相手がイネスであることを望んだペドロ1世の遺言によるという。

愛するイネスと向かい合って眠るペドロ1世の棺

🍽 レストラン ＆ ホテル 🌙

🍴 アントニオ・パデイロ
António Padeiro　　　　MAP：P.178

　1938年創業、地元で愛されてきた老舗レストラン。アンティークのコレクションなどが飾られた店内も雰囲気がいい。予算€15～。

🏠 Rua Dom Maur Cocheril 27　☎ 262 582 295
🕐 12:00～15:00、19:00～22:00
休 無休　カード MV

🍴 コラソンエス・ウニードス
Corações Unidos　　　　MAP：P.178

　古い建物を利用した、雰囲気のよいレストラン。予算€10～20。ペンサオンを併設。

🏠 Rua Frei António Brandão 39
☎ 262 582 142
🕐 12:00～15:00、19:00～22:00
休 月の夜、火　カード MV

🏨 モンテベロ・モステイロ・デ・アルコバサ
Montebelo Mosteiro de Alcobaça ★★★★★ MAP：P.178

　修道院の一部を改装した豪華ホテル。レストランやバー、屋内プール、スパもある。

🏠 Rua Silvério Raposo 2
☎ 262 243 310
URL montebelohotels.com
€ SW €131～226
カード ADJMV　客室数 91　Wi-Fi 無料

🏨 サンタ・マリア
Hotel Santa Maria　　　★★★ MAP：P.178

　道路に面した客室からは修道院が見える。4人で宿泊できるファミリールームもある。

🏠 Rua Dr. Francisco Zagalo 20-22
☎ 262 590 160　FAX 262 590 161
URL www.hotelsantamaria.com.pt
€ S €39～61　W €59～83
カード DJMV　客室数 73　Wi-Fi 無料

 「アルコア Alcôa」は修道院菓子がおいしい老舗パステラリア。コルネ形の生地に卵黄クリームをつめたコルヌヴェコビアが有名。MAP：P.178　🏠 Pr. 25 de Abril　☎ 262 597 474　🕐 毎日 8:30～19:30

エストレマドゥーラとリバテージョ　アルコバサ

世界遺産

アルコバサ修道院
Mosteiro de Alcobaça

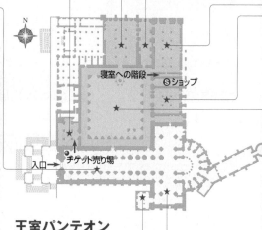

左／修道院創設の物語を
描いたアズレージョ
右／18世紀に建設され
た王の広間

王の広間
Sala dos Reis

16世紀末頃から修道士たちは芸術活動に力を注ぐようになった。広間の壁は、粘土細工僧によって作られたアフォンソ・エンリケスからジョゼ1世までの歴代国王の像や、美しいアズレージョで飾られている。

教 会 Igreja

入口から祭壇にかけて続く身廊の幅は23m、高さ20m、奥行き106m。質素を旨とするシトー会の禁欲的な精神に沿って造られており、彫刻などの装飾を排した簡素な造りが荘厳さをより際立たせている。

上／キリスト像が置かれた主礼拝堂
下／教会内には静謐な空気が流れる

寝室への階段→　Ⓢショップ

入口　チケット売り場

王室パンテオン
Panteão Régio

1782年に完成した、ポルトガルで最初のネオ・ゴシック様式の建築。ドナ・マリア1世は1786年に修道院を訪れてパンテオンの落成を行い、ペドロ1世やイネス・デ・カストロのほか数名の王子の棺をここに移送させた。

王家の棺が安置されている

食堂 Refeitório

修道士たちは回廊にある泉で手を清め、食堂へと入った。部屋の西側には、食事中に聖書を朗読した説教台や、修道士の太り過ぎをチェックする狭い扉口が残されている。

左／このドアを通れない者は食事制限が言い渡された　右／向かって左側に説教台がある

厨房 Cozinha

厨房は当初回廊の西側にあったが、18世紀後半にこの場所に移された。7頭の牛を一度に丸焼きにすることができたという調理かまどや巨大な煙突、川の流れを引き込んだ水場など、当時としては最先端の設備を見ることができる。

ここで数百人分の食事が作られた

僧の広間 Sala dos Monges

15世紀末から16世紀末にかけて修練僧たちの宿泊場所だったが、後に隣に厨房が造られるとワイン貯蔵庫として使われた。広い室内は2列の柱によって3つに仕切られている。

ゴシック様式のホール

参事会堂 Sala do Capítulo

修道士たちはこの部屋で修道院の運営について話し合ったり、懺悔を行った。また1180年にはすべての修道院長はここに埋葬されるよう定められた。

歴代修道院長の像が置かれている

ドン・ディニスの回廊 Claustro de D. Dinis

ディニス王によって14世紀初めに造られ、「沈黙の回廊」とも呼ばれる。2階部分は16世紀に増築されたマヌエル様式で、繊細なアーチや柱の装飾が特徴的。

左／中庭を囲む回廊から鐘楼が見える　右／アーチを支える繊細な柱

ペドロ1世の棺 Túmulo de D. Pedro

石棺は6頭のライオンによって支えられており、側面には聖バーソロミューの生涯が彫られている。

翼廊 Transepto

簡素を旨とする修道院内で唯一華やかな装飾に彩られているのが、悲恋の物語（→P.208コラム）で知られるペドロ1世とイネス・デ・カストロの石棺。翼廊の南側にはペドロ1世、北側にはイネスの棺が足を向け合うかたちで置かれている。

イネス・デ・カストロの棺
Túmulo de D. Inés de Castro

側面のレリーフはキリストの誕生から復活までを表したもの。ポルトガル・ゴシック芸術の最高傑作。

神秘的な光に包まれて悲恋の主人公たちが眠る

バターリャ

夜にはライトアップされる修道院

バターリャはポルトガル語で「戦い」という意味。バターリャ近郊のアルジュバロータで、1385年8月14日、王位を狙って攻め入ってきたカスティーリャ軍をジョアン1世率いるポルトガル軍が打ち破った。スペインに対してポルトガルの独立を守る、歴史に残る戦いだった。聖母マリアに感謝をささげるため、ジョアン1世が修道院の建立に着手したのは1388年のことだ。

歩き方

バスは町外れに停車する。西に向かって歩いていくと、大きな広場の向こうに**バターリャ修道院 Mosteiro de Batalha** が見える。広場の一角に**❶**があるので、帰りのバスの時刻を確認しておくとよい。修道院の入口は、広場を回り込んだ建物の西側にある。バターリャは修道院の周りにみやげ物屋やレストランがあるだけの小さな町なので、周辺の町から日帰りするか、アルコバサ(→P.178)と合わせて観光するとよいだろう。

アクセス

リスボンから
🚌 セッテ・リオス・バスターミナルから2時間、1日3〜4便。

ナザレから
🚌 テージョ社(URL www.rodotejo.pt)のバスでアルコバサを経由して約1時間、平日6便、土・日・祝2便。

アルコバサから
🚌 テージョ社のバスで約30分、平日6便、土・日・祝2便。

トマールから
🚌 テージョ社のバスでファティマを経由して約1時間30分、1日2便(平日のみ)。

コインブラから
🚌 レイリアで乗り換える。レイリアからバターリャへはテージョ社のバスで約20分、毎時1〜2便(土・日・祝は1日2便)。

世界遺産
バターリャの修道院
(1983年登録)

バターリャの❶
🏠 Pr. Mouzinho de Albuquerque
☎ 244 769 877
URL www.cm-batalha.pt
🕐 毎日　10:00〜13:00
　　　　14:00〜18:00
休 1/1、12/25

地図内の文字:
バターリャ
バターリャ修道院
Mosteiro de Batalha
↑レイリアへ
プーロ・ベーリョ
教会入口
出口
未完の礼拝堂
Capelas Imperfeitas
Intermarché(スーパー)
ジョアン1世の回廊
Claustro de D. João I
Lg. 14 de Agosto de 1385
ガソリンスタンド
騎馬像
バス停
リス・バターリャ
オリベイラ
スーパー
Lg. Papa Paulo VI
←アルコバサへ
ファティマへ
Estrada de Boutilha

はみだし　バターリャから約10km北にレイリアという町があり、市内には歴史的建築物のレイリア城が残る。現在はバスの乗り換え地として、旅行者にとっても交通の要衝となっている。

おもな見どころ

聖母マリアにささげられた　MAP：P.182

バターリャ修道院

Mosteiro de Batalha　★★★

正式名は「勝利の聖母マリア修道院」。ブルゴーニュ朝のフェルナンド1世が亡くなると、王位継承をもくろむ隣国カスティーリャ王フアン1世は、3万もの大軍を率いてポルトガルに攻め込んだ。独立を守るためアヴィス朝の始祖となったジョアン1世は、戦勝を聖母マリアに祈願し、奇跡的な勝利をとげる。アルコバサの修道院を手本として1388年に始まった建設は、アフォンソ・ドミンゲスをはじめとする何人かの建築家により16世紀初頭まで引き継がれた。壮大かつ華麗な修道院は、ポルトガルのゴシック・マヌエル様式を代表する建築のひとつで、1983年には世界遺産にも登録されている。（→ P.184）

ポルトガルのゴシック・マヌエル様式を代表する建築

修道院前の広場に立つ地元の英雄アルヴァレスの騎馬像

バターリャ修道院

[住]Largo Infante Dom Henrique
☎244 765 497
[URL]www.mosteirobatalha.gov.pt
[開]毎日　9:00 ～ 18:30
（10/16 ～ 3/31 は～ 18:00）
※入場は閉館30分前まで
[休]1/1、聖日曜、5/1、12/25
[料]€6、学割・65 歳以上 €3
（アルコバサ修道院とトマールのキリスト教修道院との共通券 €15）

▶マヌエル様式とは？

ポルトガルを代表する16世紀初めの建築様式。ゴシック建築を基調とする様式で、大航海時代の繁栄を思わせる豪華な装飾が特徴。貝殻や鎖、ロープ、天体儀などのデザインが多く用いられている。様式名は、大航海時代を築いたポルトガル王マヌエル1世（1469 ～ 1521 年）に由来する。

レストラン ＆ ホテル

[R] ブーロ・ベーリョ

Burro Velho　MAP：P.182

修道院の出口近くにある、地元で評判のレストラン。特にランチタイムは混み合う。肉、魚料理ともメニューが豊富で、一品€10～。

[住]Rua Nossa Sra. do Caminho 6A　☎ 244 764 174
[営]12:00 ～ 15:00、19:00 ～ 22:00　[休]日・祝
[カード][M][V]

[C] オリベイラ

Oliveira　MAP：P.182

プディン・ダ・バターリャというお菓子をはじめ、スイーツの種類が豊富なパステラリア。カフェ利用のほか、軽い食事もできる。

[住]Pr. Dom João I　☎ 244 769 930
[営]8:00 ～ 22:00　[休] 年末年始の祝
[カード][M][V]

[H] リス・バターリャ

Hotel Lis Batalha　★★★★ MAP：P.182

広場を挟んで修道院の向かいに建つ。客室はくつろげる雰囲気だ。レストランあり。

[住]Largo Mestre Afonso Domingues 6
☎ 244 765 260
[URL] www.hotellisbatalha.pt
[料] ⓈⓌ €110 ～ 173
[カード][M][V]　[客室数] 21　[Wi-Fi] 無料

[H] ヴィトリア

Alojamento Local Vitória　MAP：P.182

共用キッチンもある清潔なゲストハウス。1階は同名のレストランになっている。

[住]Largo 14 de Agosto　☎911 003 231
[URL] www.restaurantevitoria.pt/alojamento-local/
[料] ⓈⓌ €50 ～ 75
[カード][M][V]　[客室数] 8　[Wi-Fi] 無料

世界遺産

バターリャ修道院
Mosteiro de Batalha

ステンドグラスで飾ら
れた教会の内陣

博物館　Museu

かつて食堂だった場所に、無名戦士にささげられた品々
や武器などが展示さ
れている。また北隣
にあった台所は、現
在ショップとして使
われている。

絵はがきなどを販
売するコーナーも
ある

ジョアン 1 世の回廊
Claustro de D. João I

1386 年に建設が始まり 1515 年に完成。初代
建築家アフォンソ・ドミンゲスによって造られ
たゴシック様式の簡素な回廊に、約 100 年後に
リスボンのジェロニモス修道院を手がけたボイ
タックがマヌエル様式の装飾を施し、見事な調
和を生み出している。

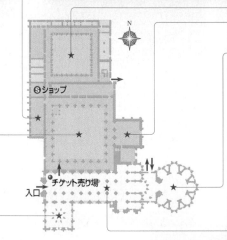

上／レース細工のように繊細な狭間飾りが見事
左下／回廊の北西角にある噴水
右下／狭間には天球儀やエンリケ航海王子の紋章である十
字架などが彫り込まれている

創設者の礼拝堂
Capela do Fundador

教会に入ってすぐ右側にある、15 世
紀に造られたジョアン 1 世の家族の
墓所。中央にはジョアン 1 世と王妃
フィリパ・デ・ランカスターの棺が
置かれている。当初の天井は 1755
年の地震で崩れ、その後再建された。

左／周囲には
エンリケ航海
王子をはじめ
4 人の王子が
眠る　右／柱
やアーチの装
飾が美しい

アフォンソ5世の回廊　Claustro de D. Afonso V

15世紀に造られたゴシック様式の回廊。天井のリブヴォールト交差部分に取り付けられている紋章はドゥアルテ1世とアフォンソ5世のものだ。

左／簡素なデザインのアーチが並ぶ
右／糸杉が植えられた回廊中庭

参事会室
Sala do Capítulo

交差リブヴォールトによって支えられた部屋には柱が1本もなく、建設当時は天井が落ちるのではないかと騒がれた。設計したアフォンソ・ドミンゲスは、安全性を証明するため3日3晩この部屋に座り続けたという。現在は、第1次世界大戦とアフリカの植民地争いで命を落とした無名戦士の墓が置かれている。奥にある、キリストの苦難の場面を表した16世紀のステンドグラスが美しい。

左／ステンドグラスが彩りを添える
右／無名戦士の墓は兵士によって守られている

未完の礼拝堂　Capelas Imperfeitas

アフォンソ5世の回廊から一度外に出て、礼拝堂の北側にある入口から入る。ジョアン1世の息子ドゥアルテ1世により建設が始まり、没後は後のマヌエル1世に引き継がれて100年ほど工事が続けられたが、ついに未完に終わった。その理由は、設計上のミスという説と、ジェロニモス修道院の建設のために建築家がリスボンに行ってしまったという説があるが、確かなことはわかっていない。

左／連続アーチと精緻な装飾が見事な礼拝堂の入口
右／ゴシック、ルネッサンス、マヌエルなどさまざまな建築様式が見られる

教会　Igreja

修道院の南側に位置する教会は、奥行き約80m、高さ約32m。ポルトガルでも1、2の規模を誇る。内部は非常に簡素だが、内陣奥の聖母マリアとキリストの生涯を描いたステンドグラスが彩りを与えている。

左／ステンドグラスは16世紀のもの
右／厳粛な美を伝える巨大な空間

ファティマ

聖母マリアの奇跡が起こった聖地　**Fátima**

Porto
ファティマ
Lisboa

アクセス

リスボンから
🚌 セッテ・リオス・バスターミナルまたはオリエント・バスターミナルから1時間20分、毎時1〜5便運行。
コインブラから
🚌 所要約1時間、毎時1〜3便運行。
ナザレから
🚌 RE社の直通バスで1時間30分、1日1便。またはテージョ社（URL www.rodotejo.pt）のバスでアルコバサ、バターリャを経由して約1時間20分、1日2便運行（平日のみ）。
トマールから
🚌 テージョ社のバスで約1時間、1日2〜3便。

ファティマの❶
🏠 Av. D. José Alves Correia da Silva 213
☎ 249 531 139
URL www.ourem.pt
🕐 月〜金　9:00〜13:00
　　　　14:00〜17:00
（土・日・祝は〜18:00）
休 1/1、12/25

2007年に落成した聖三位一体教会

キリスト教の聖地として知られるファティマの聖堂

　第1次世界大戦中の1917年、この地で3人の子供たちの前に聖母マリアが出現するという奇跡が起こった。当時はオリーブの木が点在しているだけの荒地だったが、今は荘厳な教会が建ち、カトリックの聖地となっている。1981年、当時のローマ法王ヨハネ・パウロ2世がバチカンで狙撃された日は偶然にも、ファティマに聖母マリアが初めて現れたのと同じ5月13日だった。重傷を負った法王はその後奇跡的な回復を果たし、マリア様の御加護があったためとして、翌年の5月13日に御礼参りとしてファティマを訪れている。

🧭 歩き方

　町の目抜き通りはドン・ジョゼ・アルヴェス・コレイア・ダ・シルヴァ通り Av. D. José Alves Correia da Silva。この通りにバスターミナルがあり、タクシーもその前で客待ちしている。バスターミナルから**聖母ファティマ聖堂 Basílica de N. S. do Rosário de Fátima** が建つ大広場へは徒歩5分ほど。大広場の南西側には、**聖三位一体教会 Ig. da Santíssima Trindade** がある。
　ホテルやレストランは、ドン・ジョゼ・アルヴェス・コレイア・ダ・シルヴァ通りや大広場の周辺に集まっている。特に大広場から東西に延びる Rua Jacinta Marto と Rua Francisco Marto にはみやげ物屋なども多くにぎやかだ。
　また、聖堂から徒歩30分ほどの所には奇跡を目撃した3人の子供が住んでいた村があり、そのうちのひとり、**ルシアの生家 Casa da Lúcia** などが残っている。

大祭にはポルトガル内外から巡礼者が訪れる

📷 おもな見どころ

いつも巡礼の人の波が絶えない
MAP：P.187

聖母ファティマ聖堂
Basílica de N. S. do Rosário de Fátima ★★

聖母ファティマ聖堂
🏠 Rua de Santa Isabel 360
☎ 249 539 600
URL www.fatima.pt
🕐 毎日　　6:00 〜 20:00
💰 無料

巨大な広場を前に、高さ65mの塔をもつネオ・クラシック様式の聖堂がそびえ立つ。大広場の収容人数は30万人以上ともいわれ、毎月13日、特に5月と10月の大祭には10万人もの巡礼者で埋め尽くされる。

聖堂前の広場中央にキリスト像が立っている。その足元からは泉が湧き出していて、飲むこともできる。左側には**出現の礼拝堂 Capelinha das Aparições**と呼ばれる、聖母マリアが祀られている白いチャペルがある。ここは聖母が初めて3人の子供たちの前に現れた場所で、いつもろうそくの明かりが絶えない。熱心な信者は、その周りを祈りながらひざまずいて回っている。古い聖堂と違い、信仰の生々しさが感じられる場所だ。

聖堂内にあるジャシンタとルシアの墓

聖堂内には、奇跡を目撃した3人のうち、祭壇に向かって左側にフランシスコ、右側にジャシンタとルシアの墓がある。

聖堂では1日に数回のミサが行われる

出現の礼拝堂でミサに参列する信者たち

ファティマろう人形館
Museu de Cera de Fátima　★★

ファティマろう人形館
- 住 Rua Jacinta Marto
- ☎ 249 539 300
- URL www.mucefa.pt
- 開 月〜金　　9:30 〜 13:00
　　　　　　14:00 〜 18:00
　　土・日・祝 9:30 〜 18:00
- 休 1/1、12/25
- 料 €9、学割・65歳以上 €7.65

奇跡をわかりやすく再現

　3人の子供たちの前に聖母マリアが現れた場面など、ファティマの奇跡の物語が、ろう人形で31のシーンに再現されている。ていねいに作られており、キリスト教徒でなくても胸に迫るものがある。ただし解説はポルトガル語のみ。出口には売店があり、みやげ物のほか、参拝者が自分の体で治してほしい部分を買って供えるという、人間の体のパーツも売られている。

近郊の見どころ

ポルトガル最大の鍾乳洞がある　　　　　　MAP：P.187 外
ミラ・デ・アイレ
Mira de Aire　★

ミラ・デ・アイレへのアクセス
ファティマから車で約20分。タクシーを利用した場合、見学の待ち時間も含め往復€40ほど。

ミラ・デ・アイレ鍾乳洞
- 住 Av. Dr. Luciano Justo Ramos 470
- ☎ 244 440 322
- URL www.grutasmiradaire.com
- 開 10〜3月　　9:30 〜 17:30
　　4・5月　　9:30 〜 18:00
　　6・9月　　9:30 〜 19:00
　　7・8月　　9:30 〜 20:00
　※入場は閉門の30分前まで
- 休 12/25
- 料 €7.80

　ファティマから南西へ約15kmの場所にある小さな町。ここで1947年、**ミラ・デ・アイレ鍾乳洞 Grutas de Mira de Aire** が発見された。それぞれの洞窟をトンネルでつなぐ工事が行われ、現在は全長約5km、深さ110m。そのうち見学できるのは約700m、入口からどんどん下って地下75mの地点まで達したら、そこからエレベーターで昇る。またこの周辺は手工芸の盛んな地域で、ミラ・デ・アイレも編み籠や織物などの特産品で知られている。

Column　ファティマの奇跡

　第1次世界大戦中の1917年5月13日、このファティマの地で奇跡が起こった。9歳のフランシスコと7歳のジャシンタの兄妹、そのいとこにあたる10歳のルシアの3人は、いつものように丘の上で羊の番をしていた。そのとき突然空が輝き、聖母マリアが3人の目の前に姿を現した。そして今後5ヵ月間、毎月13日の同じ時刻にこの場所に現れることを告げて消え去った。翌月の6月13日、村人は3人とともにその場所に集まったが、何も起こらなかった。しかし3人にだけ聖母マリアの姿が見え、声が聞こえたという。

　この話は近隣の町や村へも伝わっていき、最後の出現の日である10月13日には、奇跡をひとめ見ようと7万もの人々が集まっていた。3人が祈ると、それまで降っていた雨が突然やみ、太陽が火の玉のように回り始めた。そして聖母マリアはやはり3人だけに聞こえる声で、この地に礼拝堂を建てるように言い、3つの予言を告げたのである。その予言とは、ひとつは第1次世界大戦の終結、ふたつ目は死者の国への訪問だった。やがて聖母マリアの予言どおり第1

次世界大戦は終結し、フランシスコとジャシンタは若くして神に召された。1920年代後半からこの地への巡礼が盛んになり、1930年にはファティマは聖地として認められた。

　ところで3つ目の予言だが、その内容は口外することを許されず、ひとり生き残ったルシアと法王のみが知っているとされていた。しかし2000年になって、それは1981年のヨハネ・パウロ2世銃撃を予言したものだったことが発表された。そして2005年2月、ルシアは97歳で天に召され、4月にはヨハネ・パウロ2世が逝去した。

ファティマを訪れ聖母マリアに祈るヨハネ・パウロ2世のろう人形

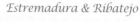

ファティマのレストラン＆ホテル

大勢の巡礼者が訪れる聖地だけあって、町の規模のわりにホテルやレストランが充実している。ただし毎月 13 日前後、特に 5 月 13 日と 10 月 13 日の大祭は混み合うので、この時期に宿泊するつもりなら早めにホテルを予約しよう。なお、巡礼の少ない 11 ～ 2 月は町は閑散とし、休業するホテルもある。

[R] アルコス・デ・ファティマ
Arcos de Fátima

目抜き通り沿いにある大型店

MAP：P.187

巡礼者をはじめ、ファティマを訪れる旅行者に定評のあるレストラン。目抜き通り沿いのわかりやすい場所にある。肉から魚介まで、料理の種類が豊富。予算ひとり €15 ～ 20。

[住]Av. D. José Alves Correia da Silva 58
☎249 533 780
[営]10:00 ～ 15:00
19:00 ～ 22:00
[休]木
[カード][A][M][V]

[R] オー・ゼー・グランデ
O Zé Grande

地元客に人気のレストラン

MAP：P.187

バカリャウやビーフステーキなど一品料理が€10～13。付け合わせにサラダ、ライス、ポテトも出てきてボリューム満点だ。こぢんまりとしたレストランで、家庭的なサービスもうれしい。

[住]Rua Jacinta Marto 32-34
☎249 531 367
[営]11:00 ～ 16:00
19:00 ～ 21:30
[休]水
[カード][M][V]

[H] ファティマ
Hotel de Fátima

ファティマを代表するホテル

★★★★
MAP：P.187

1956 年に寄宿舎として誕生し、その後ファティマで初めて 4 つ星を獲得したホテル。レストランやバー、ビジネスセンターなど設備が整っている。広々とした客室も居心地がよい。

[住]Rua João Pauro II
☎249 530 760
[FAX]249 530 769
[URL]www.hotelfatima.pt
[料]ⓈⓌ€72～165
[カード][A][D][J][M][V]　[客室数]117
[Wi-Fi]無料

[H] サント・アントニオ
Hotel Santo António

客室、バスルームともゆったり

★★★
MAP：P.187

4 階建てのこぢんまりとしたホテルだが、設備は充分に整っている。客室にはベランダが付いており、聖堂が見える部屋もある。1 階のレストランでは手頃な料金で食事ができる。

[住]Rua de São José 10
☎249 533 637
[FAX]249 533 634
[URL]www.hotelsantoantonio.com
[料]ⓈⓌ €40 ～ 120
[カード][A][D][J][M][V]　[客室数]36
[Wi-Fi]無料

[H] アレルイア
Hotel Aleluia

便利なロケーション

★★★
MAP：P.187

バスターミナルから徒歩 3 分ほど、聖域まで 50m に位置するモダンなホテル。コネクティングルームや 4 人で宿泊できるファミリールームもある。ビュッフェ式の夕食は €15。

[住]Av. D. José A.C. Silva 120
☎249 531 540
[FAX]249 534 324
[URL]www.hotelaleluia.pt
[料]Ⓢ €38 ～ 115 Ⓦ €42 ～ 120
[カード][A][M][V]　[客室数]40
[Wi-Fi]無料

トマール

Porto●
★トマール
Lisboa●

アクセス

リスボンから

🚃 サンタ・アポローニア駅またはオリエンテ駅から直通列車で約2時間、毎時1便（土・日・祝は減便）。

🚌 セッテ・リオス・バスターミナルから1時間45分〜2時間20分、1日4〜5便。

コインブラから

🚃 リスボン行きに乗り、ラマロザ Lamarosa で乗り換える。所要約2〜3時間、1日10〜18便。

🚌 所要約2時間、1日1便、またはセルタ Serta 乗り換えで約3時間、1日1便。

ファティマから

🚌 テージョ社（URL www.rodotejo.pt）のバスで約50分〜1時間、1日2〜3便。

世界遺産

トマールのキリスト教修道院
（1983年登録）

トマールの ❶

🏠 Av. Dr. Cândido Madureira 531

☎ 249 329 823

URL www.visit-tomar.com

🕐 毎日　9:30〜18:00

🚫 1/1、5/1、12/25

水と緑に恵まれたトマールの町並み

　ナバオン川のほとりに広がるトマールの町は、マヌエル様式の美しい修道院と、4年ごとに行われるタブレイロスの祭り（→ P.195）で知られている。この地に修道院が創設されたのは12世紀のこと。1147年サンタレンの戦いに勝利し、レコンキスタに貢献したテンプル騎士団に、アフォンソ1世がその恩賞として土地を与えたのが起源だ。テンプル騎士団が弾圧された14世紀以降はキリスト騎士団に受け継がれ、当時団長を務めていたエンリケ航海王子は、その豊かな財力によってポルトガルを大航海時代へと導いた。

🧭 歩き方

　町の中心は、市庁舎と**サン・ジョアン教会 Ig. de São João Baptista** が向かい合って建つ**レプブリカ広場 Pr. da República**。鉄道駅、バスターミナルからは歩いて10分ほどだ。市庁舎の裏にある階段を上り、山道を登っていくと、この町最大の見どころである**キリスト教修道院 Convento de Cristo** にたどり着く。

セルパ・ピント通りから修道院を見上げる

　レプブリカ広場から東に延びる**セルパ・ピント通り Rua Serpa Pinto** が、商店やレストランの並ぶ目抜き通り。また2本南の Rua Dr. Joaquim Jacinto には、ポルトガルに残る数少ないユダヤ教会、**シナゴガ Sinagoga** があるので立ち寄ってみよう。

　トマールの町には緑が多い。時間があれば、町の西に広がる**セテ・モンテス国立森林公園 Mata Nacional dos Sete Montes** や、ナバオン川の小島に造られた**モウシャオン公園 Parque do Mouchão** をのんびりと散策するのもいい。

おもな見どころ

ポルトガル建築の粋が集約された　　　　　　　　MAP：P.191

キリスト教修道院

Convento de Cristo　　　★★★

　1147年にリスボン北東のサンタレンをイスラム教徒から奪回した功績により、アフォンソ1世からトマールの土地を与えられたテンプル騎士団は、戦略上の拠点として堅牢な城塞を築いた。しかし、1312年にローマ教皇の命によりヨーロッパでテンプル騎士団が禁止されると、当時の国王ディニス1世は、ポルトガルで活動していた騎士団のメンバーを中心に新たにキリスト騎士団を結成。トマールに移った騎士団はここを本拠地とした。1418年からはエンリケ航海王子が団長を務め、大航海時代には莫大な富を得て隆盛を極めた。

　12世紀末から17世紀まで5世紀にわたり増改築が続けられた修道院は、ポルトガル最大の規模を誇り、イスラムとキリスト教の建築様式が融合した初期のムデハル様式からゴシック、ルネッサンス、マヌエル様式までポルトガル建築の変遷がたどれる。(→P.192)

キリスト教修道院
🏠 Estr. do Convento
☎249 315 089
🔗 www.conventocristo.gov.pt
🕐 毎日　　9:00～18:30
　　(10～5月は～17:30)
※入場は閉館30分前まで
🚫 1/1、3/1、聖日曜日、5/1、12/24、12/25
💰 €6、学割・65歳以上€3（アルコバサ修道院とバターリャ修道院との共通券€15）

城門をくぐって修道院の入口へと向かう

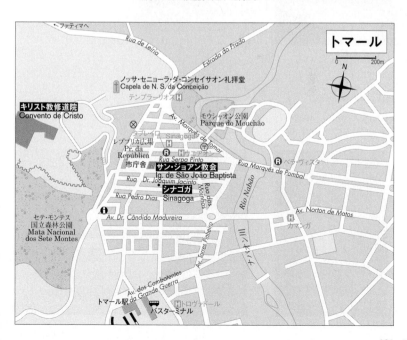

CLOSE UP!

世界遺産

キリスト教修道院

Convento de Cristo

マヌエル様式の最高傑作といわれる大窓

マヌエル様式の窓
Janela Manuelina

キリスト騎士団聖堂の西壁にあり、サンタ・バルバラの回廊から見ることができる。上部にはキリスト騎士団のマルタ十字と国の紋章、さらにロープ、鎖、サンゴといった大航海時代を象徴するモチーフが刻まれ、世界に向かって躍進した当時のポルトガルを彷彿とさせる。

ミシャの回廊
Claustro da Micha

1543年に完成。回廊の西側の部屋にはパンを焼くかまどがあり、当時はここで貧しい人々にパンが配られた。

かつては大きな貯水池があった

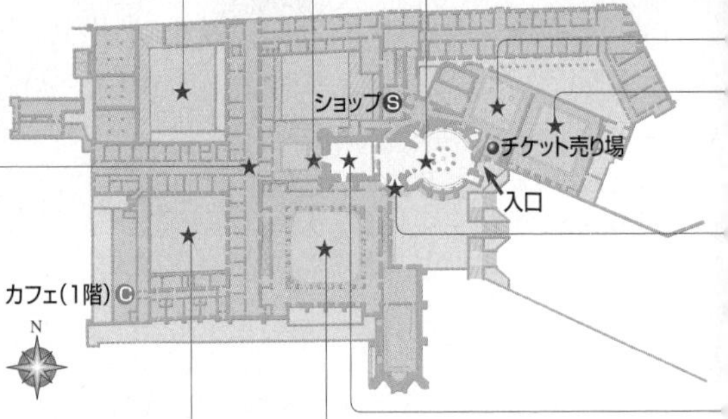
ショップ[S]
チケット売り場
入口
カフェ(1階)[C]
N

寝室
Dormitório Grande

T字形をした廊下の両側に40の宿坊が並ぶ。廊下のアズレージョは17世紀のもの。

修道士たちが暮らした部屋

カラスの回廊
Claustro dos Corvos

ジョアン3世によって増築された回廊のひとつ。1階の北側には台所、東側には食堂があり、かつては修道士たちの憩いの場だった。

1階にはカフェテリアがある

テンプル騎士団聖堂
Rotunda

エルサレムの聖墳墓教会に倣って12世紀後半に造られた、ビザンチン風ロマネスク様式の聖堂。16角形の円堂になっており、騎士たちはすぐ戦いに行けるように馬で回りながらミサに参加したという。

左／中央の洗礼室に置かれたキリスト像
右／堂内は16世紀の壁画で飾られている

墓の回廊
Claustro do Cemitério

15世紀にエンリケ航海王子が増築した回廊のひとつで、修道士たちの墓所となっている。アズレージョは17世紀の改築の際に付け加えられたもの。

左／壁を彩るアズレージョ
右／ゴシック様式の回廊

沐浴の回廊
Claustro da Lavagem

かつては貯水池があり、修道士たちが洗濯や沐浴を行った。回廊から東側を見下ろすと、エンリケ航海王子の住居だった宮殿の廃墟が見える。

上／貯水池の周囲に回廊が造られた
下／エンリケ航海王子が暮らした宮殿跡

南門 Portal Sul

リスボンのジェロニモス修道院を手がけたスペイン人建築家、ジョアン・デ・カスティーリョが1515年に建造。スペインのサラマンカで生まれたプラテレスコ（銀細工）様式で装飾されている。

扉は現在、閉鎖されている

主回廊 Claustro Principal

ジョアン3世時代の16世紀、ジョアン・デ・カスティーリョによって造られた。1581年、ポルトガルを併合したスペイン王フェリペ2世は、ここでポルトガル王フィリペ1世として戴冠した。

イタリアの影響を受けたルネッサンス様式

キリスト騎士団聖堂 Igreja

マヌエル1世の命で16世紀初めに建立。テンプル騎士団聖堂とつながっており、西側部分は2層の聖歌隊席になっている。

教会の2階部分にある聖歌隊席

サン・ジョアン教会

サン・ジョアン教会
📍 Pr. da República
☎ 249 312 2611
🕐 日・祝　9:00 ～ 12:00
　　　　　14:00 ～ 17:00
🚫 月～土
💴 無料

町の中心広場に建つ
サン・ジョアン教会
Ig. de São João Baptista ★

15世紀後半に建てられたゴシック様式の教会で、入口のフランボワイヤン様式の装飾が美しい。とんがり屋根が印象的なマヌエル様式の塔には、16世紀の時計が埋め込まれている。また教会内部にはポルトガルのルネッサンス画家、グレゴリオ・ロペスの絵が飾られている。

レプブリカ広場の東側に建つ

シナゴガ

シナゴガ
📍 Rua Dr. Joaquim Jacinto 73
☎ 249 329 823
🕐 4 ～ 9月
　火～日　10:00 ～ 13:00
　　　　　14:00 ～ 18:00
　10 ～ 3月
　火～日　10:00 ～ 12:00
　　　　　14:00 ～ 17:00
🚫 月、1/1、5/1、12/25
💴 無料

玄関上のダビデの星が目印

ユダヤ人の歴史を展示
シナゴガ
Sinagoga ★

15世紀中頃に建てられたユダヤ教会。しかし1496年にマヌエル1世がユダヤ人追放令を出してからは、監獄として使われたこともあるという。第2次世界大戦後に教会として再建され、現在は博物館として、祭礼用の聖具やユダヤ人の歴史を示す資料などが一般公開されている。

トマールのレストラン & ホテル

レストランはレプブリカ広場から東へ延びるセルパ・ピント通り Rua Serpa Pinto 周辺に多い。料金の手頃な店が多く、気取らずに食事が楽しめる。小さな町だが、高級ホテルから経済的なペンサオンまで揃っており、泊まるところに苦労はしない。普段は予約なしでもまず大丈夫だが、タブレイロスの祭りの時期だけは早めの予約が必要だ。

ベラ・ヴィスタ
Bela Vista

ナバオン川に面したレストラン
MAP：P.191

古い建物を利用しており、田舎家のようなたたずまい。庶民的な店で、いつも地元客でにぎわっている。カルデイラーダなどの各種料理が、予算 €15 ～ 20 で楽しめる。

📍 Rua Marquês de Pombal 68
☎ 249 312 870
🕐 11:00 ～ 23:00
🚫 火
💳 MV

タブレイロ
Tabuleiro

レプブリカ広場のすぐ近く
MAP：P.191

商店やカフェが並ぶ、にぎやかなメインストリートにある。店内はやや高級な雰囲気だが、料理は一品 €9 ～ 16 とリーズナブル。ランチタイムや週末の夜は地元の人にぎわう。

📍 Rua Serpa Pinto 140
☎ 249 312 771
🕐 12:00 ～ 15:00
　　19:00 ～ 22:00
🚫 木の夜、日
💳 不可

[H] テンプラーリオス
Hotel dos Templários

トマールで最高級のホテル

ナバオン川のほとりに建つ大型ホテル。ゆったりとした客室は、エレガントなインテリアでまとめられている。屋内プール、ヘルスクラブ、テニスコートなどの設備も充実している。

★★★★
MAP：P.191

[住]Largo Cândido dos Reis 1
☎ 249 310 100
[FAX] 249 322 191
[URL] www.hoteldostemplarios.com
[料]Ⓢ €80～190 Ⓦ €100～220
[カード][A][D][J][M][V] [客室数] 117
[Wi-Fi] 無料

[H] トロヴァドール
Hotel Trovador

駅に近い便利な立地

鉄道駅、バスターミナルのすぐ東側にあり、荷物を持って移動したくない人に便利だ。設備は簡素だが清潔で、1階のロビーには飲み物やスナックの自動販売機が設置されている。

★★
MAP：P.191

[住]Rua 10 Agosto 1385
☎249 322 567
[FAX] 249 322 194
[料] Ⓢ €40～60
Ⓦ €50～75
[カード][M][V] [客室数] 30
[Wi-Fi] 無料

[H] カマンガ
Hotel Kamanga

静かな住宅街にある

中心街からナバオン川を渡って、町の東側に建つホテル。閑静な住宅街にあるので、静かに過ごしたい人におすすめ。部屋の窓からは、対岸の丘の上に建つキリスト教修道院が眺められる。

★★
MAP：P.191

[住]Rua Major Ferreira do Amaral 16
☎ 249 311 555
[URL] www.hotelkamanga.com
[料] Ⓢ €45～90 Ⓦ €65～100
[カード][A][D][J][M][V] [客室数] 15
[Wi-Fi] 無料

[H] ウニアオン
Residencial União

クラシックなインテリア

レプブリカ広場から延びるメインストリートにあり、入口は美しいアズレージョで飾られている。築100年以上の建物を利用しており、サロンや朝食ルームはとても趣がある。

★★★
MAP：P.191

[住] Rua Serpa Pinto 94
☎ 249 323 161
[FAX] 249 321 299
[料] Ⓢ €48～55
Ⓦ €67～77
[カード] [M][V] [客室数] 27
[Wi-Fi] 無料

Column

タブレイロスの祭り Festa dos Tabuleiros

4年に1度、7月上旬に行われるタブレイロスの祭りは、ポルトガルで最も華やかな祭りとして知られる。通りは色とりどりの花の絨毯とアーチで飾られ、普段は静かな町がこのときばかりは大勢の見物人であふれかえる。祭りのハイライトは、日曜午後に行われるパレード。純潔を表す白衣を身にまとった数百人もの女性たちが、頭にお盆（タブレイロ）を載せ町を歩く。お盆には花や色紙で飾られた串刺しのパンが身長と同じ高さまで積まれ、その重さはなんと30kgにもなるという。14世紀にイザベル王妃が創立した修道院が、町の貧しい人たちにパンとワインと肉を配ったことに由来するもので、華やかさと宗教的な厳かさを兼ね備えた祭りだ。次回は2027年に開催予定。

女性たちによるパレード

通りはカラフルな紙飾りで彩られる

海水浴客が訪れる海岸

Santa Cruz
作家・檀一雄が愛した町
サンタ・クルス

RUA
PROF. KAZUO DAN
ESCRITOR JAPONES
1912　1976

檀一雄の名前が通り名になっている

上／いまも残る檀一雄が住んだ家
左／海岸沿いに立つ文学碑

　放浪の作家、檀一雄（1912〜1976年）が1970〜71年にかけて1年余り住み、愛してやまなかった町。彼はここで大作『火宅の人』を書き続けた。リスボンの北約30km、トーレス・ヴェドラスTorres Vedrasの郊外にあり、夏は海水浴場としてにぎわう。

　檀一雄の住んだ家（Rua Prof. Kazuo Dan 6番地にある）、散策した海岸、そしてペナフィルムの松林など、小さな町だから巡るのは簡単。

ホテルもあるので、のんびりしたい人は泊まってみるのもいい。1992年には、故人と親しかった作家たちが発起人となり、海岸近くに文学碑も建てられた。檀一雄が住んだ家を買い取り、文化交流記念館とする計画もあったがまだ実現していない。

　かつてはひなびた漁村だったサンタ・クルスも、いまでは新しい別荘やマンションが建ち並んでいて、夏のリゾート地となっている。"静かな寒村"を想像して訪れると、ちょっぴり失望するかもしれない。でも、檀一雄が岩の上に座り「返せ返せ」と叫んだ夕日は、いまも変わらない。きっと生涯忘れられないものになるだろう。

サンタ・クルス

0　100　200m

大西洋
Oceano Atlântico

セントロ海岸
Praia Centro

ペナフィルムの松林へ

ノルテ海岸
Praia Norte
（乗車 トーレス・ヴェドラスへ）

檀一雄が住んだ家

（降車 トーレス・ヴェドラスから）
Largo Jaime
Batista da Costa

アゼーニャ海岸
Praia da Azenha

日本語の文学碑

Rua Prof. Kazuo Dan

Rua José Guimarães Pinheiro

穴あき岩

Rua José Pedro Lopes

Rua Calegia Eulemia

教会

Santa Cruz
Rua José Joaquim de Miranda

フォルモサ展望台

アクセス▶まずリスボンのセッテ・リオス・バスターミナルからトーレス・ヴェドラス Torres Vedras まで行く。所要約45分、1日10便程度。さらにトーレス・ヴェドラスのバスターミナルでサンタ・クルス行きに乗り換えて約30分。バス毎時1〜3便運行。
サンタ・クルスの🛈
🏠Rua da Azenha　☎ 261 937 524
URL www.cm-tvedras.pt
🕐 火〜日 10:00 〜 13:00、14:00 〜 18:00　🚫 月

カラフルな傘祭りで知られるアゲダ

🐓 コインブラと中部地方
Coimbra & Centro de Portugal

コインブラと中部地方
Coimbra & Centro de Portugal

▌気候

首都リスボンの北に位置するため、やや気温が低め。海沿いは温暖で夏は比較的涼しく過ごせるが、スペイン国境に近い内陸部は夏は暑く冬は冷え込む。海岸に近い場所では、冬は強風や高波に注意。また山岳部のモンサントは、冬は雪が降ることもある。

▌周遊のヒント

主要都市コインブラから各地へアクセスすることができる。首都リスボンから、または北部のポルトからなど、南北の移動は列車のほうが便利。内陸部は鉄道路線が限られており、路線によってはバスも便数が少ないので、あらかじめ調べてバスをうまく利用しよう。

▌おもな祭りとイベント

● 十字架の祭典　Festa das Cruzes
　モンサント …………………………… 5月上旬
● ケイマ・ダス・フィタス　Queima das Fitas
　コインブラ（コラム→P.213）……… 5月上旬
● アジタゲダ祭　Agitágueda
　アゲダ ………………………… 7/6 ～ 28('24)
　URL www.agitagueda.com
● 芸術祭　Festival das Artes
　コインブラ ………………… 7月中旬～下旬
　URL www.festivaldasartes.com
● 運河祭り
　Festival dos Canais
　アヴェイロ …………………………… 7月中旬
　URL festivaldoscanais.pt

コインブラと中部地方

コインブラと中部地方で
楽しみたいことベスト5

1 国内最古のコインブラ大学で 黄金の図書館を鑑賞する

13世紀に創設され、ヨーロッパでも4番目に古い歴史を誇るコインブラ大学。なかでも、きらびやかな金泥細工の装飾が施されたジョアニナ図書館は圧巻だ。→ **P.205**

約30万冊の蔵書が収められた図書館

2 メアリャーダ名物の 子豚の丸焼きを食べる

コインブラの約20km北にあるメアリャーダは、名物料理の子豚の丸焼きで有名。皮はパリパリしていて身は柔らかい。コインブラ市内のレストランでも食べられる。→ **P.211**

1人前に切り分けて皿に盛ってくれる

3 水の都アヴェイロで 運河をクルージングする

運河が町の真ん中を流れるアヴェイロは、まさに水の都。モリセイロと呼ばれるかつての海草運搬船が、観光ツアーに利用されているので、クルーズを楽しんでみよう。→ **P.216**

細い運河をモリセイロが航行する

4 色とりどりの家が並ぶ コスタ・ノヴァの海岸を散策

漁師町のコスタ・ノヴァは、目抜き通りにストライプ模様に塗られたカラフルな家が並び、近年は写真撮影スポットとして人気がある。夏にはビーチで海水浴ができる。→ **P.218**

現在では別荘地として人気

5 傘のオブジェにあふれた アゲダでアート巡り

毎年7月にアートの祭典である「アジタゲダ祭」が開催されるアゲダ。期間中は町なかに色鮮やかな傘のアーケードが作られ、また随所にオブジェや壁画もあり楽しめる。→ **P.221**

傘のアーケードは7月上旬から9月末まで

コインブラ

モンデゴ川の対岸から見たコインブラの町並み。丘の頂に旧大学が建つ

Porto
コインブラ
Lisboa

アクセス

リスボンから
🚃 サンタ・アポローニア駅から1時間40分～2時間、毎時1～2便。
🚌 セッテ・リオス・バスターミナルまたはオリエンテ・バスターミナルから2時間15分～2時間45分、毎時2～4便。
ポルトから
🚃 カンパニャン駅から1時間10分～2時間、毎時1～2便。
🚌 カンパニャン・バスターミナルから約1時間30分、毎時1～3便。

世界遺産
コインブラ大学 – アルタとソフィア（2013年登録）

　　政治のリスボン、商業のポルトに次ぐポルトガル第3の都市コインブラは文化の中心だ。丘の上にある大学の周囲に広がる人口10万人ほどの中規模な町だが、ポルトガルの歴史のなかで果たした役割は大きい。多くの政治家や文化人たちを世に送ったコインブラ大学は、1290年ディニス王によって創設された。最初はリスボンにおかれていたが、その後コインブラに移ったりリスボンに戻ったりしながら、1537年コインブラに落ち着いた。ヨーロッパでもパリ、ボローニャ、サラマンカに並ぶ古い大学で、1911年にリスボン大学が設立されるまでは国内第一の学術の中心地であった。学生は黒いマントに身を包み町なかを闊歩し、そのマントの裾に切れ目が多いほどもてる証だったという。2013年には、14世紀以降大学として使われている山の手のアルタ地区と、16～20世紀にキャンパスがおかれた下町のソフィア地区が世界遺産に登録された。

　　5月にはケイマ・ダス・フィタス Queima das Fitas という卒業生の祭りがあり、学部ごとに色の分かれたリボンを燃やし町なかをパレードする。また偶数年の7月には、新サンタ・クララ修道院に祀られているライーニャ・サンタの聖祭が行われる。

　　町を流れるモンデゴ川は、エストレラ山脈を源とする美しい川。かつて「ポルトガルの洗濯女」の歌で有名になった。また、イネス・デ・カストロとペドロ王子の悲しき恋物語も、ここが舞台となっている。侍女と王子という身分の違いから結婚することのできなかったイネスは殺害され、その尽きることのない涙は、涙の館の小さな泉からいまも湧き出ているといわれる。

🖊 歩き方

駅から町の中心部へ

リスボンやポルトから AP や IC などの特急列車で来ると、市街地から離れたコインブラ B 駅に着く。町の中心にあるコインブラ駅（旧 A 駅）へは、連絡列車に乗り換えてひと駅、約 5 分で到着する。

バスで到着した場合は、バスターミナル正面を出て大通り Av. Fernão de Magalhães を右へ行き、15 分ほど歩くとコインブラ駅前にいたる。またバスターミナルから通りに出た所にあるバス停に来るバスは、すべて駅方面へ行く。

コインブラ駅からモンデゴ川を右側に見ながら Av. Emídio Navarro を 3 分ほど歩くと、花壇が美しい**ポルタジェン広場 Largo da Portagem**がある。橋を背にして右前方に見える緑色の建物が🛈だ。道を挟んで斜め向かいには、市バス（SMTUC）の案内所もある。

旧市街の入口にあるポルタジェン広場

町の中心はふたつの広場

この町の中心はふたつある。ひとつはポルタジェン広場から商店やカフェなどが並ぶ目抜き通り Rua Ferreira Borges と Rua Visconde da Luz を抜けた所にある**5 月 8 日広場 Pr. 8 de Maio**で、ここが商業の中心地区。正面に建っているファサードが美しい建物は、**サンタ・クルス修道院 Mosteiro de Santa Cruz** だ。いま歩いてきた目抜き通りとモンデゴ川に挟まれた一段と低い地区が、バイシーニャと呼ばれる下町。ホテルやレストラン、商店が多く集まっている。

もうひとつの中心は**レプブリカ広場 Pr. da República**。5 月 8 日広場から市庁舎の角を右に曲がり、郵便局、市場を右側に見ながら、Av. Sá da Bandeira の緩やかな坂を上っていく。広場は学生街の中心で、夕方から夜中までいつも活気がある。ここから Rua Oliveira Matos を上り、さらに階段を上った所が**コインブラ大学 Universidade de Coimbra**。またレプブリカ広場から Rua Alexandre Herculano を上ると水道橋があり、くぐった先が**植物園 Jardim Botânico**だ。

サンタ・クルス修道院が建つ 5 月 8 日広場

モンデゴ川沿いに建つコインブラの駅舎

ポルタジェン広場の🛈
MAP:P.202/B2
🏠 Largo da Portagem
☎ 239 488 120
URL www.cm-coimbra.pt
※ 2023 年 11 月現在、工事中のため臨時の🛈が下記の住所で営業している。
MAP P.202/A2
🏠 Rua Ferreira Borges 20
🕐 6/15 〜 9/14
　月〜金　　9:00 〜 20:00
　土・日・祝　9:00 〜 18:00
　9/15 〜 6/14
　月〜金　　9:00 〜 18:00
　土・日・祝　9:30 〜 13:00
　　　　　　14:00 〜 17:30
※レプブリカ広場にも🛈がある。

市バス（SMTUC）
1 回乗車券は€1.70。プリペイドカード（カード代別途€0.50）は 3 回€2.35、4 回€2.65、5 回€3.35 と割安も。乗り放題の 1 日券€3.70 もある。ポルタジェン広場近くの SMTUC 案内所や町なかのキオスクで購入できる。
URL www.smtuc.pt

市内を循環する中型バス

▶コインブラの菓子店
ポルタジェン広場の周囲にはパステラリア（菓子店）が数軒並んでいる。なかでも「ブリオザ Briosa」は 1955 年創業の老舗で、郷土菓子パステル・デ・テントゥガルやサンタ・クララなどのほか、コンペイトウも売られている。
MAP:P.202/B2
🏠 Largo da Portagem 5
☎ 239 821 617
🕐 毎日 8:00 〜 21:00

人気店のブリオザ

コインブラで荷物を預けたい場合は、コインブラ駅とコインブラ B 駅のコインロッカーを利用できる。ただしいずれも数が少なく、空きがないこともあるので注意したい。

コインブラ

0 100 200m
N

コインブラB駅へ
1
2

バスターミナル（約500m）、H ヴィラガル P.212へ

P.207
サンタ・クルス修道院
Mosteiro de Santa Cru

A

Rua da Sofia

警察
市庁舎
Rua Olímpio Nicolau
郵便局
CTT
市場
Mercad

ステイ H P.212

Rua dos Oleiros

Rua Direita

5月8日広場
Pr. 8 de Maio

C

B

P.211

Largo da
Olarias

Az. do Piloro

Rua dos Pedreiros

Rua Corpo de Deus

P.210

Rua Visconde da Luz

Rua Ferreira Borges

コインブラ駅
P.2

P.210

H

H

i

（臨時）

旧カテドラル
Sé Velha
P.206

Av. Fernão de Magalhães

コニンブリガ、
コンデイシャ行き

P.213
ヴィトリア

R

バイシャ＝ニ

アルメディーナ門
Arco de Almedina

R

Rua de Quebra Costas

B

Largo da Portagem

ポルタジェン広場

C

P.205 旧大
Velha Universida

ジョアニナ図書

SMTUC
案内所

Av. Emidio

Couraça

Rua do Navarro

R

ドン・ペドロ P.210

P.213
イビス
H

スタジアム
Estádio

Av. de Conimbriga

Estrada da Guarda Inglesa

Av. João das Regras

サンタ・クララ橋
Ponte de Sta. Clara

Rio Mondego

モンデゴ川

B

新サンタ・クララ修道院
Convento de
Santa Clara-a-Nova
入口

P.208

Rossio de
Santa Clara

P.207
旧サンタ・クララ修道院
Mosteiro de
Santa Clara-a-Velha

入口

ミニ・ポルトガル
Portugal dos
Pequenitos
P.208

Av. Inês de Castro

ペドロ・エ・イネス橋
Ponte Pedro e Inês
（歩行者専用橋）

Rua Feitoria dos Linhos

Az. do Convento Velho

博物館
Museu

修道院入口

Rua dos Parreiras

バス停
I（6.14番）

Rua Carlos Alberto Pinto de Abreu

Rua António Augusto Gonçalves

学校
Escola

C

涙の泉入口
ゴルフ練習場

恋人たちの泉
Fonte dos Amoras

H

サンタ・ダス・ラグリマス P.212

涙の館
Quinta das Lágrimas
P.208

Rua Vitorino Planas

涙の泉
Fonte das Lágrimas

学校

1
2

3　**4**

Rua Dr. António José de Almeida

Rua

Antero

de

Quental

Av. Sá da Bandeira

Rua Padre António Vieira

エレベーター
Elevador do Mercado

Rua Lourenço de Almeida Azevedo

Rua António Henriques Seco

Henriques

学校

A

Afonso

Y Youth Hostel

新カテドラル
Se Nova P.206

立マシャード・デ・ストロ美術館 P.206
eu Nacional Machado
Castro

コインブラ大学
Universidade de
Coimbra

サンタ・クルス公園
Parque de Santa Cruz

i レプブリカ広場
Pr. da República

Rua Oliv. Matos

Rua Alexandre Herculano

Rua Alm. Garrett

Rua Pedro Monteiro

Av. Dias da Silva

Av.

Largo
D. Dinis

バス停
(244番)
発券所

合図書館

の門

Rua de São João

Rua Venâncio Rodrigues

Rua Castro Matoso

Rua

de

Tomar

水道橋
Aqueduto

Arcos
do Jardim

植物園入口

植物園
Jardim Botânico
P.208

Alameda Dr. Júlio Henriques

Rua Santa Teresa

Rua E. Sousa

B

Av. Marnoco

Rua Combatentes da Grande Guerra

Rua do Brasil

Av. da Lousã

Av. da Brasil

Rua da Fonte do Bispo

Rua

ポルトガル・パビリオン
Pavilhão de Portugal
P.204

Av. Conego Urbano Duarte

Rua Fonte do Castanheiro

C

H	ホテル
Y	ユースホステル
R	レストラン
C	カフェ
B	バー
i	観光案内所

3　**4**

<table>
</table>

サイドバー（左列）

▶エレベーターで大学へ
5月8日広場から坂を上るとすぐ右側にエレベーターが見える。これに乗れば丘の上まで楽に行けて便利。まず垂直なエレベーターに乗り、途中でケーブルカーのように斜面を上るエレベーターに乗り換える。これで新カテドラルの裏側あたりに出る。

🕐 月～土　7:30～21:00
　日・祝　10:00～21:00
💰 €1.70（SMTUCの回数券や1日券も使える）

チケットはエレベーター脇のオフィスで購入できる

▶ポルトガルの洗濯女
旧カテドラルからアルメディーナ門へ下る坂道の途中に、モンデゴ川で洗濯する女性をモデルにした像がある。その昔コインブラの風物詩だったその光景は、フランスのシャンソン歌手イベット・ジローが歌ったことで有名になった。

記念撮影スポットとして人気

▶ポルトガル・パビリオン
2000年にドイツのハノーファーで開催された国際博覧会で、ポルトガル館として建設された建物が、モンデゴ川の畔に移設されている。建築家シザ（→P.15、P.243コラム）の設計で、現在は各種のコンサート会場などとして利用されている。
MAP:P.203/C3

コルクとタイルを使用した外壁が印象的

観光の中心は大学のある丘

コインブラはこぢんまりとした町なので、徒歩でも回ることができるが、効率よく観光するには市バスの利用がおすすめ。切符は運転手から買うと割高（€1.70）なので、あらかじめSMTUCの案内所（→P.201側注）でプリペイドカードか1日券を買っておくといい。

「鉄の門」と呼ばれる旧大学への入口

旧大学 Velha Universidade へ行くには、❶の斜め向かいにあるバス停から244番の Botânico という中型バス（平日は20分おき、土・日曜や祝日は40分おきに運行）に乗る。これで丘を上り大学前で降りると、前方に旧大学への入口「鉄の門」が見える。

旧大学を見学したあとは、Rua de São João を下っていこう。右側の少し高くなった所にそびえるのが新カテドラル Sé Nova、左側には国立マシャード・デ・カストロ美術館 Museu Nacional Machado de Castro がある。美術館に向かって左側の路地を下ると、旧カテドラル Sé Velha にいたる。このあたりは細い坂道が入り組んでいて情緒満点。旧カテドラル前の広場から延びる階段 Rua de Quebra Costas は、コインブラの陶器などを扱うみやげ物屋が並ぶ。この階段を下り、アルメディーナ門 Arco de Almedina をくぐると目抜き通りの Rua Ferreira Borges に出る。

旧市街への入口だったアルメディーナ門

モンデゴ川の対岸へ

時間に余裕があるなら、モンデゴ川の対岸にも足を延ばして町の南西側へ行ってみよう。サンタ・クララ橋を渡り Av. João das Regras を進むと左側奥に、旧サンタ・クララ修道院 Convento de Santa Clara-a-Velha が見えてくる。修道院の入口は、手前の道を左に曲がって250mほど行った所、Rua das Parreiras に面している。涙の館 Quinta das Lágrimas へ行くには、そのまま Rua das Parreiras を真っすぐ進んでいけばよい。

新サンタ・クララ修道院 Convento de Santa Clara-a-Nova へは、ミニ・ポルトガル入口前のロータリーから続く急な坂を上っていく。この修道院の広場からは、川の対岸に広がるコインブラの町が一望できる。

新旧ふたつの修道院があるモンデゴ川の西岸

✿ 204 投稿　大学や川の対岸のサンタ・クララなどを Botânico という中型バスが循環しています。毎時1～3便運行しており、SMTUC案内所前から乗れて便利です。（神奈川県　M.I.）['23]

📷 おもな見どころ

国内で最も古い歴史を誇る　　　　　　　　MAP：P.202/A2

旧大学
Velha Universidade　★★★

　コインブラに初めて大学がおかれたのは1308年。ディニス王によって1290年にリスボンで創立された大学が、コインブラに移転されたことに始まる。現在の大学は新し

大学のシンボルでもある時計塔とラテン回廊

い部分と古い部分に分かれており、見どころは旧大学のほうだ。

　「無情の門」とも呼ばれる**鉄の門 Porta Férrea**をくぐると中庭に出る。大学の創設者ディニス王とジョアン3世の像が立ち、三方を古い建物が取り囲んでいる。正面右角に見えるのは、学生たちが「カブラ（山羊）」と呼ぶ**時計塔 Torre**。18世紀に建造されたもので、大学のシンボルになっている。

　右側の階段を上ったギャラリーは**ラテン回廊 Via Latina**と呼ばれ、かつてここではラテン語を話すことが義務づけられていたという。回廊からは、学位授与の儀式などに使われていた**帽子の間 Sala dos Capelos**に入ることができる。もとは17

きらびやかな帽子の間

世紀に造られた宮廷の広間で、壁にはポルトガル歴代の国王の肖像がかかっている。

　再び中庭に戻り、時計塔に向かって一番左の端にあるのが、ジョアン5世治下の1724年に建てられた**ジョアニナ図書館 Biblioteca Joanina**。蔵書は30万冊に及び、華麗なターリャ・ドウラーダ（金泥細工）による内部装飾や調度品もすばらしい。また図書館の右側には大学の**礼拝堂 Capela**がある。

金泥細工が見事なジョアニナ図書館

旧大学
☎ 239 242 744
🌐 visit.uc.pt
🕐 3/16 ～ 10/31
　　毎日　　9:00 ～ 19:30
　　11/1 ～ 3/15
　　毎日　　9:30 ～ 13:00
　　　　　　14:00 ～ 17:30
※入場は閉館30分前まで。ジョアニナ図書館はチケットに記された時刻に見学する。
🚫 1/1、12/24・25
💶 帽子の間、ジョアニナ図書館などの共通券が€13.50。時計塔は別途€2
※鉄の門手前の総合図書館にチケット売り場がある。

▶ **マントの裾に裂け目？**
思いを寄せた男子学生のマントの裾を、女子学生が歯でかみ切るという習慣がいまも残っているという。ディニス王の時代から続くならわしで、裂け目の多い学生ほど"人気がある"という証拠なのだとか。

黒いマントを身につけた学生

17世紀のアズレージョで覆われた礼拝堂内部

▶ **ジョアニナ図書館が『美女と野獣』のワンシーンに**
2017年に公開されたディズニー映画『美女と野獣』に登場するシーンが、ジョアニナ図書館にそっくりと話題になっている。コインブラ大学の公式ホームページでも、映画のシーンと実際の図書館の写真を比較する記事が掲載されていた。

新カテドラル

住 Largo Feira dos Estudantes
☎ 239 823 138
開 毎日　9:00～18:00
料 €1

バロック様式の新カテドラル

MAP：P.203/A3

強大な権力を誇ったイエズス会の教会
新カテドラル
Sé Nova　★★

イエズス会のコレジオ付属教会として1598年に建設を開始。完成には1世紀余りを要している。バロック様式の美しいファサードが印象的だ。祭壇背後の飾り壁はターリャ・ドウラーダを用いた見事なもので、17世紀末の彫刻家ジェロニモ・ルイスの作品。左右には優雅な新古典様式のパイプオルガンがある。

金泥細工の祭壇が美しい

国立マシャード・デ・カストロ美術館

住 Largo Dr. José Rodrigues
☎ 239 853 070
URL www.patrimoniocultural.gov.pt
開 火～日　10:00～18:00
休 月、1/1、聖日曜、5/1、12/24・25
料 €6、学割・65歳以上€3
※併設のカフェは眺めがよくおすすめ。美術館の入場券がなくても利用できる。
URL www.loggia.pt

カフェから旧市街の家並みが眺められる

MAP：P.203/A3

彫刻のコレクションが充実
国立マシャード・デ・カストロ美術館
Museu Nacional Machado de Castro　★★

ローマ時代の遺構が残る

コインブラ生まれの彫刻家、マシャード・デ・カストロ（1731～1823年）の名を冠した美術館。かつての司教館を改装しており、中庭の柱廊が美しい。おもなコレクションは彫刻や宗教画など。なかでも「中世の騎馬像」は有名だ。地下にはローマ時代の地下堂があり、薄暗い中にところどころ当時の遺物が置かれている。

旧カテドラル

住 Largo da Sé Velha
☎ 239 825 273
開 月～土　10:00～18:00
　　日　13:00～18:00
料 €2.50

祭壇の飾り壁は16世紀のもの

MAP：P.202/A2

レコンキスタの時代は要塞を兼ねていた
旧カテドラル
Sé Velha　★★

アフォンソ・エンリケスによって12世紀に建立された、ロマネスク様式の教会。かつて内部はスペインのセビーリャから運ばれたイスパノ・アラブのタイルで覆われていたというが、いまはほんの一部しか残っていない。回廊はゴシック様式としてはポルトガルで最も古い13世紀の建造。また1530年頃に造られたカテドラル北面の入口は、ポルトガルでルネッサンスの影響が見られる初期のものだ。

正面から見た旧カテドラル

 新カテドラルには鹿児島出身のベルナルド（和名不詳）の棺が祭壇の左側にある。ザビエルの洗礼を受けて、日本人初のヨーロッパ留学生としてポルトガルに渡り、1557年にコインブラで亡くなった。

美しいアズレージョに飾られた
サンタ・クルス修道院
Mosteiro de Santa Cruz　★★

MAP : P.202/A2

1131年にアフォンソ・エンリケスによって建てられ、16世紀にマヌエル1世が大規模な改築を行っている。本堂の左側にある説教壇はニコラ・シャンテレーネによるもので、ポルトガル・ルネッサンス彫刻の傑作だ。祭

広場に面したサンタ・クルス修道院

壇の両側にはアフォンソ王とその息子サンショ1世の墓がある。修道院内では、ローマ時代の土台の上に16世紀に造られたマヌエル様式の回廊Claustro、グラン・ヴァスコらの作品がある聖器室Sacristia、参事会室Capituloが見学できる。

サンタ・クルス修道院
🏠 Pr. 8 de Maio
☎ 239 822 941
🕐 月～土　　9:30～16:30
　　日・祝　14:00～17:00
休 1/1、聖日曜、聖体祭、
　10/24、12/25
料 €4（教会は無料）

教会でミサが行われる

修復された宗教施設
旧サンタ・クララ修道院
Mosteiro de Santa Clara-a-Velha　★

MAP : P.202/B1

旧市街からモンデゴ川に架かるサンタ・クララ橋を渡って対岸に行くと、道の左側に宗教施設の跡地が見えてくる。この旧サンタ・クララ修道院は1286年に建立され、1330年には付属したゴシック様式の教会と回廊が完成した。コインブラの守護聖人となったイザベル王妃の棺がかつて納められていたほか、イネス・デ・カストロの遺体がアルコバサ修道院（→ P.179）に移されるまでここに安置されていたという歴史をもつ。しかし、たび重なるモンデゴ川の洪水によって被害を受けたために17世紀に閉鎖してしまい、施設は丘の上にある現在の新サンタ・クララ修道院（→ P.208）に移転した。

その後すっかり荒れ果てて数百年の長い間に放置されていたが、20世紀後半に再建計画が考案され、2009年に修復が完了した。現在はゴシック様式の教会、修道院だった建物の遺構などが見学できる。また敷地内には博物館があり、出土品が展示されているほか、修道院の歴史が学べる映像も上映している。

旧サンタ・クララ修道院
🏠 Rua Baixo 57
☎ 239 801 160
🕐 4/1～10/14
　　火～日 10:00～18:00
　10/15～3/31
　　火～日　9:00～17:00
※入場は閉門30分前まで
休 月、1/1、聖日曜、5/1、
　7/4、12/25
料 €4、学割・65歳以上€2

モンデゴ川の近くに建つ

コインブラのファド

ファドは19世紀にリスボンで生まれたといわれているが、ここコインブラにもリスボンのファドとは趣を異にするコインブラ・ファドがある。リスボン・ファドがおもに女性の心情を歌うのに対し、コインブラのファドは男性の歌。もともとは男子学生が愛する女性にささげたセレナーデで、メロディは甘く繊細だ。学生生活を歌った明るい曲も多く、その伝統はいまも学生たちの間で受け継がれている。コインブラにはファドを聴かせるレストランやバーがいくつかあるが、その歌い手や演奏者はコインブラ大学の出身者がほとんどだという。

コインブラ・ファドの衣装は黒いマント

植物園
住CC Martim de Freitas
☎239 242 744
開4/1 ～ 9/15
　毎日　　9:00 ～ 20:00
　9/16 ～ 3/31
　毎日　　9:00 ～ 17:30
休1/1、12/25
料無料

新サンタ・クララ修道院
住Alto de Santa Clara
☎239 441 674
URL rainhasantaisabel.org
開3 ～ 10 月
　月～土　8:30 ～ 19:00
　日・祝　9:00 ～ 19:00
　11 ～ 2 月
　月～金　9:00 ～ 18:45
　土・日・祝　9:00 ～ 18:00
料€2、展望台込み€5

祭壇にはイザベル王妃の棺が
納められている

涙の館
住Rua José Vilarinho
Raposo 1
☎239 802 380
開火～日　10:00 ～ 19:00
　(10/16 ～ 3/16 は～ 17:00)
休月
料€2.50、ガイド付き€5

多様な樹木や草花が生い茂る　　　　MAP：P.203/B3
植物園
Jardim Botânico　　★

　コインブラ大学付属の研究施設である植物園。一般客に公開されており、地元の学生や旅行者にとって憩いの場になっている。敷地内にはヤシの木から針葉樹まであり、季節の花々が咲いていて美しい。温室では熱帯地方の植物も栽培している。

イザベル王妃が眠る　　　　MAP：P.202/B1
新サンタ・クララ修道院
Mosteiro de Santa Clara-a-Nova　　★

　モンデゴ川の洪水を避けるため、川沿いにある旧修道院の代わりに、17 ～ 18 世紀にかけて新しく建てられた。コインブラの守護聖人であるイザベル王妃の棺が納められている。ディニス王の妻であったイザベルは慈悲深い王妃として市民に愛された。修道院前にはコインブラの町を見下ろすようにしてイザベル王妃の像が立っている。

モンデゴ川を見下ろすように建つ

悲しい恋にまつわる　　　　MAP：P.202/C1
涙の館
Quinta das Lágrimas　　★

　イネス・デ・カストロが住んでいたとされる館。現在は 5 つ星ホテル「キンタ・ダス・ラグリマス」(→ P.212) になっており、裏の庭園にイネスとペドロ王子が愛を語らった**恋人たちの泉 Fonte dos Amoras** がある。その奥の**涙の泉 Fonte das Lágrimas** は、イネスがのどを切られて殺されたと伝えられる場所だ。底にある赤い石は、そのときのイネスの血で染まったのだという。

現在は廃墟になっている恋人たちの泉

ペドロ王子とイネスの悲恋物語

　父アフォンソ 4 世の言いつけによりカスティーリャ王国のコンスタンサ姫と結婚したペドロ王子は、その侍女のイネス・デ・カストロと恋に落ちてしまう。国王の怒りをかったふたりは引き離されるが、コンスタンサが亡くなるとペドロはイネスを側室とし、3 人の子供も生まれた。しかしカスティーリャ王国の圧力を恐れた国王と家臣によって、イネスは殺されてしまう。やがて王位に就いたペドロ 1 世は、イネスを正式な妻として教会に認めさせ、イネスの殺害にかかわった者はすべて処刑したという。

　涙の泉にある石碑には、カモイスの『ウズ・

イネスが殺害されたという涙の泉

ルジアダス』の一節が刻まれている。
　　モンデゴの妖精たちは涙を流し続け
　　彼女の悲しい死を記憶に刻みこんだ
　　そして永遠の記憶を求めて
　　流された涙は美しい泉となった
　　あの処刑の場所にできた泉に
　　妖精たちはイネスの愛という名を付けた
　　泉はいまでも湧き続けている
　　見よ、なんと清らかな泉が
　　花々に水を与えていることか
　　愛という名の泉から流れる涙の水を
　現在ペドロ 1 世の遺骸は、彼の遺言によりイネスの棺と一緒に、アルコバサにあるアルコバサ修道院(→ P.179) に安置されている。

近郊の見どころ

ローマ帝国の都市があった
MAP：P.198

コニンブリガの遺跡

Ruínas de Conimbriga ★★

ローマ帝国の繁栄をいまに伝える

コインブラの南約15kmの所にある、イベリア半島最大の都市遺跡。ポンペイの遺跡ほど大規模でも完全でもないが、オリーブの木々のなかに忽然と遺跡が出現するその様子は一見の価値がある。ケルト族の集落の跡にローマ帝国の都市が築かれたのは1世紀のこと。リスボンとブラガを結ぶ交通の要衝として栄えたが、5世紀に西ゴート族の侵入によって滅びてしまった。

遺跡の敷地に入って少し進むと、まず色の付いた細かい石を並べて描かれたモザイクの床が目に入る。モザイクの床はほかにも見られ、ローマ街道を挟んで右側にある保護用の屋根で覆われた**噴水の館 Casa dos Repuxos** には、より保存状態のよいモザイクが残る。噴水の館は小さな水路に囲まれて草花が植えられており、当時の庭園を再現している。ローマ街道を歩いて塁壁を抜けると、**カンタベルの館 Casa de Cantaber** がある。建物の壁や門、柱などが残っており、浴槽の跡も見られ、当時の建物の造りや人々の生活ぶりがうかがえる。また、付属の博物館にはモザイクの床、陶器や彫刻などの出土品が展示されている。

コニンブリガへのアクセス

コインブラからコニンブリガまでバスで約45分、平日は1日4便、土・日・祝は2便。詳しい時刻表は❶でもらえる。バスはコインブラのバスターミナルを発車し、コインブラ駅前のバス停にも立ち寄る。タクシーを利用する場合はコインブラから片道€20程度。

コニンブリガの遺跡

🏠Conímbriga, Condeixa
☎239 941 177
URL www.conimbriga.gov.pt
🕐 毎日　10:00～18:00
※入場は17:15まで
🚫 1/1、聖日曜、5/1、7/24、12/25
💶 €4.50、学割・65歳以上€2.25

コニンブリガの遺跡

コニンブリガの陶器

コニンブリガの遺跡の近くにあるコンデイシャという町では、コニンブリガ焼と呼ばれる陶器が作られている。おもに美術館などに所蔵されている古い絵皿や水差しを復刻したもので、草花や鳥、鹿、ウサギといった模様が描かれている。

絵のタッチや色調は、モデルとなる焼き物が作られた時代によって異なる。15世紀のものはイスラム教徒支配下のスペインの影響を受けており、オレンジや緑色、点描を用いたアラブ風。17世紀になると東洋趣味が加わり、青一色のものが多くなる。そして18世紀には、フランスの影響を受けた可憐なロココ調が登場する。

コニンブリガ焼は、コインブラをはじめポルトガル各地のみやげ物店で売られている。

職人たちが手作業で絵付けする

コインブラのレストラン

レストランやホテルはコインブラ駅を出て左側のバイシーニャと呼ばれる地区に集まっている。学生の町だけあって安くておいしい店が多い。コインブラの郷土料理は、子ヤギ肉をワインや香草と一緒に煮込んだシャンファナ Chanfana。少しくせがあるが、見かけより味はあっさりしている。ただし毎日は出していない店が多いので注意。

ドン・ペドロ
Dom Pedro

郷土料理のメニューが充実

MAP：P.202/B2

川に沿った大通りに面した、コインブラの名門レストラン。レイタオン・アサード（子豚のロースト）をはじめ、ヤギや羊の肉を用いた郷土料理が揃う。ワインの種類も豊富。予算€ 15 ～ 20。

🏠Av. Emidio Navarro 70
☎ 239 820 814
🕐12:00 ～ 15:00
　18:30 ～ 22:00
　（4 ～ 10 月は～ 23:00）
🛏無休
カード A D J M V

トロヴァドール
Trovador

ファドを聴きながらディナーを

MAP：P.202/A2

旧カテドラルのすぐ横に建つ高級感のあるレストラン。夏期には 20:30 からファドの演奏がある。青色のアズレージョで飾られた店内も雰囲気がいい。予算€ 15 ～ 20。

🏠Largo da Sé Velha
☎239 825 475
🕐12:00 ～ 15:00
　19:00 ～ 22:00
🛏日の夜、月
カード A D J M V

アデガ・パソ・ド・コンデ
Adega Paço do Conde

炭焼き料理がおすすめ

MAP：P.202/A2

炭火で焼かれた肉や魚の香ばしい匂いが漂ってくる。外からはわからないが、奥にテーブル席がたくさんある。ほとんどの料理が€ 6 ～ 12 で、日によってシャンファナも提供する。

🏠Rua Paço do Conde 1
☎239 825 605
🕐11:30 ～ 15:30
　18:30 ～ 22:00
🛏日
カード D M V

ア・コジーニャ・ダ・マリア
A Cozinha da Maria

駅に近い人気のレストラン

MAP：P.202/A2

地元の人から観光客まで、幅広い客層に利用されている人気レストラン。昼食時には混雑するので早めに入店しよう。郷土料理のメニューが豊富で、英語が通じる店員もいるので安心だ。

🏠Rua das Azeiteiras 65
☎239 840 034
🕐11:00 ～ 15:00
　19:00 ～ 22:00
🛏無休
カード M V

カーザ・シェレンセ
Casa Chelense

家族で切り盛りする下町食堂

MAP：P.202/A2

駅近くの飲食店が集まっている路地にある。家族経営の庶民的な店で、€ 7 程度で食事ができるのがうれしい。日によっては夕方に閉まるので、昼食に利用するといい。

🏠Rua das Rãs 1
☎ 966 110 916
🕐10:00 ～ 19:00
🛏土
カード 不可

ℝ ゼ・マネル・ドス・オソス

Zé Manel dos Ossos

安くておいしくて量も多い

MAP：P.202/A2

✉おなかいっぱい食べて飲んで、ふたりで€30ほどでした。混むので開店前から並んで待ちましょう。英語は通じませんが店員さんがとても親切です。
（東京都　なお）['23]

🏠 Beco do Forno 12
☎ 239 823 790
🕐 12:00 ～ 15:00
　　19:30 ～ 22:00
休 日
カード Ⓜ Ⓥ

☕ カフェ・サンタ・クルス

Café Santa Cruz

ファドの無料演奏がある

MAP：P.202/A2

サンタ・クルス修道院に向かって右隣にある。1530年建造の教会を利用しており、内部は重厚な雰囲気。毎日18:00と22:00（日曜は18:00のみ）からファドが無料で聴ける。

🏠 Pr. 8 de Maio
☎ 239 833 617
🕐 8:00 ～ 24:00
　　（日は～ 22:00）
休 10 ～ 6月の日
カード Ⓜ Ⓥ

🎭 ア・カペーラ

A Capella

教会を改装したファドハウス

MAP：P.202/A2

コインブラ名物の男声ファドが聴けるライブハウス。毎晩21:30頃から黒いマントを羽織った歌手が出演する。席は1階と2階に分かれ、軽食メニューもある。チャージは€10。

🏠 Largo da Vitória
☎ 239 833 985
🕐 18:00 ～翌 2:00
休 11 ～ 3月の日～水
カード Ⓜ Ⓥ

🎭 ファド・アオ・セントロ

Fado ao Centro

旧カテドラル近くのファドハウス

MAP：P.202/A2

毎日18:00から約1時間、コインブラ風の男声ファドが上演される。チャージは€14。30人ほどで席が埋まってしまうので、当日早めにチケットを購入しよう。ポートワインの試飲付き。

🏠 Rua de Quebra Costas 7
☎ 239 837 060
🕐 10:00 ～ 20:00
休 冬期は不定休
カード Ⓜ Ⓥ

子豚の丸焼きを食べにメアリャーダへ

Column

コインブラの北にあるバイラーダ地方は、子豚を丸ごとローストしたものが有名で、レイタオン・アサード・ア・バイラーダ Leitão Assado à Bairrada とも呼ばれる。コインブラとアヴェイロの中間に位置するメアリャーダ Mealhada の町外れには、子豚の丸焼きを名物にしたレストランが何軒もあり、遠くからわざわざ車で訪れる人も多い。

アクセス

コインブラ駅からアヴェイロ方面へ向かう普通列車で25分、6駅目のメアリャーダ Mealhada で下車。駅から町を通り抜けて北へ約2km、30分ほど歩くと、街道沿いに「Leitão」の看板を掲げたレストランが並んでいる。

レイ・ドス・レイタオンイス
Rei dos Leitões

1947年創業の老舗で、店名は「子豚の王様」。100人ほど収容できる大型店だが、休日のランチタイムには満席になる。予算€20 ～ 30。

🏠 Av. da Restauração 17　☎ 968 123 084
🕐 12:00 ～ 21:00　休 火・水　カード Ⓜ Ⓥ

レストランの看板

皮はパリパリ、身は柔らかい

コインブラのホテル

　コインブラ駅の東側一帯にホテルが集中しており、4つ星ホテルから手頃なペンサオンまで予算に応じて選べる。レストランも多く、このあたりに宿を取ると観光や食事にも便利だ。バスターミナルからコインブラ駅に行く途中にもホテルが何軒かある。このほか、旧市街にはアパートタイプの宿泊施設も多い。

キンタ・ダス・ラグリマス

Hotel Quinta das Lágrimas

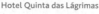

ロマンティックなプチホテル

★★★★★
MAP：P.202/C1

　ペドロ王子とイネスの悲恋物語の舞台となった「涙の館」（→ P.208）をホテルとして改装。ミシュランの1つ星レストラン、プールやスパもあり、できればのんびりと滞在したい。

🏠 Rua António Augusto Gonçalves
☎ 239 802 380
URL www.quintadaslagrimas.pt
料 Ⓢ €118 〜265　Ⓦ €126 〜274
カード A D M V　客室数 39
Wi-Fi 無料

モンデゴ

Hotel Mondego

駅前の便利なロケーション

★★★★
MAP：P.202/A2

　20世紀初めに創業、アールデコ調の外観が当時の面影を残す。2021年に改装工事を終え、客室や公共スペースはとてもモダン。屋上テラスからはコインブラの町並みと大学が見える。

🏠 Largo das Ameias 3-4
☎ 239 496 239
URL hotelmondego.com
料 Ⓢ Ⓦ €84 〜 155
カード M V
客室数 29
Wi-Fi 無料

ヴィラ・ガレ

Hotel Vila Galé

バスを利用する人に便利

★★★★
MAP：P.202/A1 外

　バスターミナルから徒歩約3分、団体客も利用する大型ホテル。モンデゴ川沿いに建ち、バルコニーから川を見渡せる部屋もある。レストランやスパの設備も充実している。

🏠 Rua Abel Dias Urbabno 20
☎ 239 240 000
FAX 239 240 050
URL www.vilagale.com
料 Ⓢ Ⓦ €132 〜179
カード A D M V　客室数 229
Wi-Fi 無料

アストリア

Hotel Astória

1917年創業の老舗ホテル

★★★
MAP：P.202/B2

　コインブラ駅からモンデゴ川沿いに徒歩約2分。白亜の外観やクラシックなエレベーターが歴史を感じさせる。客室は天井が高く、レトロな趣。朝食を取るレストランも雰囲気がいい。

🏠 Av. Emídio Navarro 21
☎ 239 853 020
URL www.almeidahotels.pt
料 Ⓢ Ⓦ €65 〜125
カード A D J M V
客室数 62
Wi-Fi 無料（公共エリアのみ）

ステイ

Hotel Stay

バスターミナルにも近い

★★★
MAP：P.202/A1

　ミラーガラス張りの外観がモダンなホテル。バスターミナルから歩いて10分ほどなので、バスを利用する人には便利だ。客室は広々としており、バルコニーやサンルーム付きの部屋もある。

🏠 Av. Fernão de Magalhães 199
☎ 239 855 500
URL www.stayhotels.pt
料 Ⓢ Ⓦ €60 〜 105
カード A M V
客室数 75
Wi-Fi 無料

イビス

Hotel Ibis

★★
MAP：P.202/B2

観光に便利な大型ホテル

モンデゴ川沿いの大通りに面しており、コインブラ駅から徒歩6分ほど。シンプルな客室は明るく清潔で、インテリアも洗練されている。専用の屋内パーキングは1日€8。

住 Av. Emídio Navarro 70
☎ 239 852 130
URL www.all.accor.com
カード A D M V
料 Ⓢ Ⓦ €59〜95
客室数 110
Wi-Fi 無料

ヴィトリア

Hotel Vitória

★★
MAP：P.202/A2

駅近くの快適なホテル

コインブラ駅から徒歩1分ほどと便利な立地。こぢんまりした家族経営のホテルで、部屋はモダンな内装で落ち着いた雰囲気。併設されたレストランでは、各種ポルトガル料理が食べられる。

住 Rua da Sota 13
☎ 239 824 049
URL hotelvitoria.pt
料 Ⓢ €57〜92　Ⓦ €70〜110
カード A M V
客室数 21
Wi-Fi 無料

ドムス

Hotel Dómus

★
MAP：P.202/A2

家族経営の清潔な宿

コインブラ駅から徒歩約2分。受付は2階。建物内にはエレベーターがないので、荷物が多い人はちょっとたいへんかもしれない。建物は古いが、内部はきれいに改装されている。

住 Rua Adelino Veiga 62-2˚
☎ 239 828 584
URL www.hoteldomus.pt
料 Ⓢ €54〜68　Ⓦ €64〜80
カード A D J M V
客室数 15
Wi-Fi 無料

モデルナ

Residencial Moderna

★★★
MAP：P.202/A2

感じのよい夫婦が経営する

上記ドムスの少し先。受付はビルの3階にあり、少しは英語も通じる。客室もバスルームもとても清潔。テレビ・エアコン付き。3階の部屋には通りに面してバルコニーがある。

住 Rua Adelino Veiga 49-2˚
☎ 239 825 413
FAX 239 041 388
料 Ⓢ €38〜65　Ⓦ €48〜75
カード 不可
客室数 17
Wi-Fi 無料

Column

卒業生たちの祭り、ケイマ・ダス・フィタス

大学の町コインブラでは、5月は卒業の季節。この時期はコンサートやパーティなどさまざまな催しが行われ、町はお祭り気分に包まれる。

なかでも最大のイベントが、第2週目の火曜に行われる学生たちのパレードだ。その年の卒業生たちが、学部ごとのシンボルカラーを身につけ、それぞれの色で飾られた山車で町なかを行進する。

赤は法学、青は科学、黄色は医学、紫は薬学、紺は文学。かつては、自分が所属する学部の色のリボンをマントに付け、町を闊歩したという。そのリボンを卒業のときに焼いたのが祭りの始まりで、ケイマ・ダス・フィタスとは「リボン焼き」という意味だ。

パレードは旧大学前からスタートし、5月8日広場を経由、サンタ・クララ橋が終点だ。公式には14:00開始となっているが、実際に始まるのは夕方で、酔っぱらって羽目を外す学生たちの熱狂が深夜まで続く。

趣向を凝らした山車が町なかを練り歩く

国王の離宮だったパレス・ホテル・ド・ブサコ

森の中に宮殿ホテルがたたずむ
ブサコ国立公園

緑に覆われた聖なる土地

　コインブラから北へ約30km、豊かな自然に恵まれたブサコは、ポルトガルを代表する国立公園だ。広大な森にはカエデ、カシ、糸杉など400種類もの木が茂る。古くから修道僧たちが修行を行う神聖な土地であり、17世紀にはローマ法王によって女人禁制と定められた。19世紀には王室の管理下におかれ、王家の人々はこの森で狩猟を楽しんだという。人里離れた修道院の土地であっただけに、俗世間からはほぼ完全に閉ざされている。ときには緑の木立のなかで、静かなひとときを送ってみてはどうだろう。

　公園内には**クルス・アルタCruz Alta**と呼ばれる展望台があり、標高541mの場所からブサコのうっそうとした森と、はるかコインブラまで見晴らすことができる。また公園の北2kmの所には、ミネラルウオーターで知られる**ルーゾLuso**がある。町の中心には鉱泉の湧き出るサン・ジョアンの泉があり、地元の人たちはポリタンク持参でやってきて水をくんでいる。

宮殿ホテルで優雅な一夜を過ごす

　ブサコはかつてカルメル派の修道院の土地であったが、ポルトガル最後の国王マヌエル2世がここを気に入り、狩猟のための離宮を建てた。しかし1907年の完成直後に王制が廃止された

レストランはシャンデリアが輝く

左／レストランでは伝統的なポルトガル料理が楽しめる
上／おみやげに買いたいオリジナルワイン

上／階段に装飾された見事なアズレージョ
下／天井が高くて広々とした客室

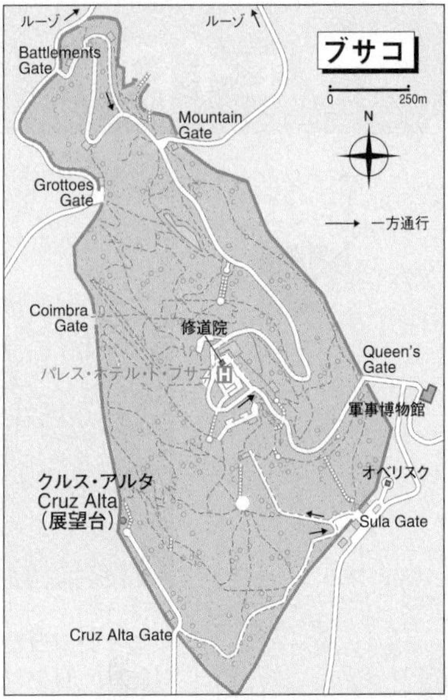
ブサコ
0
250m
N
一方通行
ルーゾ
ルーゾ
Battlements Gate
Mountain Gate
Grottoes Gate
Coimbra Gate
修道院
パレス・ホテル・ド・ブサコ
Queen's Gate
軍事博物館
オベリスク
クルス・アルタ
Cruz Alta
（展望台）
Sula Gate
Cruz Alta Gate

ため、王宮としてはほとんど使われることがなかった。現在この建物は、5つ星の**パレス・ホテル・ド・ブサコPalace Hotel do Bussaco**になっている。

ネオ・マヌエル様式の建物は、リスボンのジェロニモス修道院を思わせるようなねじれ柱や石の彫刻で飾られ、華麗で威厳のある姿を見せている。エントランスホールに足を踏み入れると、まず目を引くのが壁を覆う装飾タイル、アズレージョだ。1階にはナポレオン軍侵攻を防いだブサコの戦い、2階へと通じる大階段にはポルトガルによるセウタ攻略とインド攻略を描いたアズレージョが飾られている。特に大階段は、窓から差し込む光が白と藍色のアズレージョに反射して、ずっと眺めていても見飽きないほど美しい。

このホテルに泊まるときは、できればまだ日の高いうちにチェックインして、ゆったりとした時間を過ごしたい。ホテルの裏に広がる美しい庭園を散歩したり、アズレージョで飾られたテラスでお茶を楽しんだり。また、ブサコの森を見渡す展望台クルス・アルタへは、ホテルの庭園脇から登山道を上り往復1時間ほど。

夜になったら、ちょっとおしゃれしてレストランへ。シャンデリアが輝く豪華な内装は、元王宮のたたずまいを伝えている。夏なら、庭園に面したオープンエアのテラスで食事を取るのも気持ちがいい。ポルトガル料理を中心としたメニューはどれもボリュームたっぷりで、高級ホテルといえども気取らない雰囲気で食事が楽しめる。また、ホテル近くのワイナリーで造られたオリジナルワインはここでしか手に入らないものなので、ワインが好きな人はぜひ試してみたい。

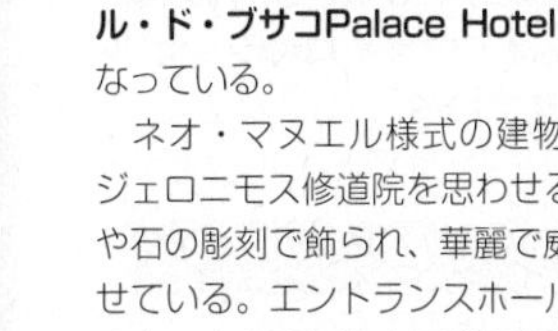

左／クルス・アルタの展望台から眺めたホテル
下／ミネラルウオーターで有名なルーゾの町

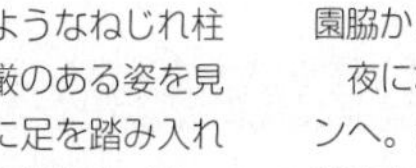

ホテルへのアクセス▶コインブラとアヴェイロの間にあるメアリャーダ Mealhada 駅からタクシーで約 15 分、€15 ～ 20。またはコインブラのバスターミナルからヴィゼウ行きのバス（1 日 4 便、土・日曜と祝日は運休）に乗りルーゾで下車、ホテルまでの約 3km はタクシーで。いずれの場所もタクシーは客待ちしていないので近くのカフェなどで呼んでもらおう。

パレス・ホテル・ド・ブサコ
Palace Hotel do Bussaco
[住]Mata do Bussaco 3050-261
☎231 937 970 [URL]www.almeidahotels.pt
[料]Ⓢ€110 ～ 185 Ⓦ€120 ～ 195
[カード][A][D][J][M][V] [客室数]64 [Wi-Fi]無料

アヴェイロ

Porto
アヴェイロ☆
Lisboa

アクセス

リスボンから

🚃 サンタ・アポローニア駅からAPまたはICで2時間～2時間30分、毎時1～2便。

🚌 セッテ・リオス・バスターミナルまたはオリエンテ・バスターミナルから約3時間～3時間30分、毎時1～3便。

コインブラから

🚃 APまたはICで約30分、普通列車で約1時間、毎時1～2便。

🚌 所要約45分、1日6～7便。

ポルトから

🚃 カンパニャン駅からAPまたはICで約50分、サン・ベント駅から普通列車で1時間20分、毎時1～3便。

🚌 カンパニャン・バスターミナルから約1時間30分、毎時1～3便。

アヴェイロの🛈

🏠 Rua João Mendonça 8
☎ 234 420 760
🔗 turismoinaveiro.com
🕐 月～金　　9:00～18:00
　 土・日・祝 9:30～13:00
　　　　　　 14:00～17:30

旅行会社「Bik & Vento」

アヴェイロ駅の構内にあり、荷物預かりも行う。1個につき3時間までは€3、それ以降は€5。
☎ 961 678 858
🕐 毎日　　　 9:30～13:30
　　　　　　 14:30～18:00
　　　　　（冬期は～16:00)
🚫 10～6月の日・祝

ボート(モリセイロ)ツアー

🕐 季節によって変わるので要確認
🎫 €13、5～12歳 €6

観光客を乗せたモリセイロが運河を行き交う

　コインブラとポルトの間に位置するアヴェイロの町は、入り組んだリア（潟）が内陸に大きく食い込んでおり、自然の良港として繁栄してきた。現在のおもな産業は漁業と牧畜。潟で取れる海草が埋め立て地の地味を肥やしたため、酪農が盛んになったという。その肥料用の海草を集める船をモリセイロと呼ぶ。弓のようにそり返った舳先をもち、船体は極彩色の絵で美しく飾られている。現在はアヴェイロのシンボルとして、町を流れる運河に彩りを添えている。

🔍 歩き方

　鉄道駅とバスターミナルは町の北東側にある。近代的な駅舎の隣に旧駅舎があり、アヴェイロの風景を描いたアズレージョが見事だ。駅前から延びているAv. Dr. Lourenço Peixinhoを20分ほど歩いて、**中央運河 Canal Central**が流れる町の中心へ。バスなら駅前からコスタ・ノヴァ行きに乗り、ふたつめの停留所で下車する。

　中央運河に架かる橋の上から眺めると、運河に沿って並ぶ美しい家々が水面に映り、モリセイロが浮かんでいる。市街は平坦なので歩きやすいが、観光用のモリセイロに乗って町を巡るのも楽しい。中央運河から出航し、サン・ロケ運河やコジョ運河などを45分ほどかけて一周する。

展示会場などに利用されている旧駅舎

ミゼリコルディア教会（左）と市庁舎

ミゼリコルディア教会：17世紀に建てられたマヌエル様式の教会。壁を覆うアズレージョと金泥細工の祭壇が美しい。🏠 Rua de Coimbra 23　🕐 9:00～13:00、14:00～17:00　🚫 土・日　🎫 無料

📷 おもな見どころ

アズレージョが美しい　　　　　　　MAP：P.217
カテドラル
Sé ★

　15 世紀にドミニコ会修道院として創立。その後改修が加えられ、現在の姿になった。正面ファサードはバロック様式、入口の両端に建つ柱はマヌエル様式、さらに内部にはさまざまな様式が混在し、白い壁はアズレージョで飾られている。カテドラル前の広場にはゴシック・マヌエル様式の美しい十字架が立っている。

ファサードの脇には塔がそびえる

カテドラル
🏛Av. 5 de Outubro 22
☎234 422 182
🕐毎日　　　8:00 〜 20:00
💰無料

簡素な聖堂内部

旧イエスの修道院を改装した　　　　MAP：P.217
アヴェイロ美術館
Museu de Aveiro ★★

　15 世紀後半に建てられた女子修道院が美術館になっている。1 階にはアフォンソ 5 世の娘、サンタ・ジョアナ王女の石棺を安置した部屋がある。1472 年に王女は父の反対を押し切って修道院に入り、

バロック様式の傑作とされるジョアナ王女の石棺

その死後は聖ジョアナとして町の守護聖人となった。この石棺は大理石のモザイクで飾られていて、バロック様式の傑作とされる。2 階には、サンタ・ジョアナ王女の肖像画をはじめとする、中世ポルトガル絵画や聖像が展示されている。

アヴェイロ美術館
🏛Av. de Santa Joana
☎234 423 297
🕐火〜日　　10:00 〜 12:30
　　　　　　13:30 〜 18:00
🈺月、1/1、聖日曜、5/1、12/25
💰€5

装飾が見事な礼拝堂

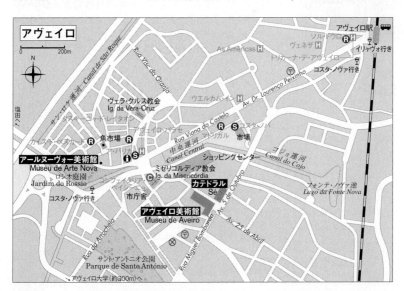

アールヌーヴォー美術館

住 Rua Dr. Barbosa de
Magalhães 9-11
☎ 234 406 300
開 火～日　10:00 ～ 12:30
　　　　　13:30 ～ 18:00
　（カフェは 10:00 ～ 18:00）
休 月、1/1、12/25
料 €2

石の彫刻で飾られた建物正面

コスタ・ノヴァへのアクセス
アヴェイロから L5951 のバ
スで 35 分、毎時 1 便。駅
前のほかレプブリカ広場の
近くにもバス停がある。

魚市場
住 Av. José Estevão 236
☎ 234 394 512
営 火～金　8:00 ～ 13:30
　　土・日　8:00 ～ 18:00
休 月

こんなかわいらしいレストランも

中庭にカフェを併設する　　　　　　　　　MAP：P.217
アールヌーヴォー美術館
Museu de Arte Nova　　★

　アールヌーヴォー様式の建物が並ぶ運河沿いで、可憐な外
観がひときわ目を引く。カカオ豆商人のマリオ・ベルモンテの邸宅
として 1909 年に完成。館内を飾るアズレージョのデザインもか
わいらしい。1 階のカフェは入場料なしで利用可。

🔵 近郊の見どころ

ストライプ模様の家が並ぶビーチリゾート　　MAP：P.198
コスタ・ノヴァ
Costa Nova　　★★★

写真映えスポットとして人気に

　アヴェイロから西
へ約 7km、リアを渡
った先の海岸に面し
た小さな町に、赤・
青・黄色など、スト
ライプやボーダーに
塗られたカラフルな
家々が並んでいる。
もともとはひなびた
漁村だったコスタ・ノヴァは、霧が発生しやすく、漁師たちが陸に
上がる際に自分の家を見つけやすいようにと、目立つ塗装にしたの
が始まりといわれている。築 100 年以上たつ一般の木造民家もあ
るが、現在は貸別荘として使われている建物が多い。町の西側に
は砂浜が広がり、海水浴を楽しめるリゾート地としても人気だ。

　アヴェイロからのバスは、リアに沿って南北に延びる Av. José
Estevão に到着する。終点の少し南に**魚市場 Mercado do
Peixe** があり、漁師町としてのにぎわいが感じられるので立ち寄っ
てみたい。なおカラフルな家々の多くは東向きに建っているため、
撮影目的で訪れるなら午前中がおすすめだ。

コスタ・ノヴァの魚市場で、天然塩（450g 入り）を €0.50 で購入しました。アヴェイロのみやげ物屋で買
うよりずっと安くておすすめです。（東京都　ヒロ '23）

コインブラと中部地方

アヴェイロ

アヴェイロのレストラン & ホテル

　レストランが多いのは魚市場の周り。海に近いだけあって、シーフードを使った料理がおすすめ。また、中央運河沿いのショッピングセンター内には、気軽に食事のできるレストランがたくさんある。駅やバスターミナルの近くには中級ホテルが、中央運河周辺には経済的な宿が多い。運河の近くに宿を取れば観光には便利だ。

カイス・ド・ペスカード
Cais do Pescado

市場直送の魚介料理が人気

MAP：P.217

　魚市場の近くにあり、テラス席で運河を眺めながら食事を取ることもできる。シーフードリゾットやカタプラーナなど、新鮮な魚介を使った料理がおいしい。予算 €25 ～。

🏠Cais dos Mercanteis 5
☎234 425 066
🕐12:00 ～ 15:30
　19:00 ～ 22:00
🚫火
カード D J M V

マドリガル
Madrigal

おしゃれなカフェレストラン

MAP：P.217

　店内は明るくモダンで、ひとりでも気軽に入れる雰囲気。平日のセットメニューは €10 前後と、料金も手頃。魚介のスープなど、シーフード料理がおすすめ。夜の予算は €15 ～ 20。

🏠Largo do Mercado 9-10
☎234 422 798
🕐12:00 ～ 15:00
　（日は～ 15:30）
　19:00 ～ 23:00
🚫月
カード A M V

タスキーニャ・ド・レイタオン
Tasquinha do Leitão

子豚の丸焼きが食べられる

MAP：P.217

　気軽に食事ができるカフェレストラン。子豚の丸焼きレイタオンを、本場メアリャーダ（→ P.211）から毎日取り寄せている。ハーフサイズ €10、ランチはドリンクとコーヒー付きで €8。

🏠Pr. 14 de Julho 4
☎234 421 073
🕐10:30 ～ 24:00
🚫冬期は不定休
カード M V

ソル・ドウロ
Sol Douro

昼時には混雑する人気店

MAP：P.217

　大通り側の入口は菓子が充実したカフェになっており、その奥がレストラン。約 10 種類の肉魚料理から選べる定食は €5 前後～。サンドイッチ、ハンバーガーなどの軽食もある。

🏠Av. Dr. Lourenço Peixinho 247
☎234 422 604
🕐7:30 ～ 20:00
🚫日
カード 不可

コンフェイタリア・ペイシーニョ
Confeitaria Peixinho

ティールームで伝統菓子を

MAP：P.217

　1856 年創業のアヴェイロで最も古い菓子店。修道院のレシピを今も忠実に守り、オヴォシュ・モーレシュ（→ P.220）などを作っている。1 階はショップ、2 階がティールーム。

🏠Rua de Coimbra 9
☎234 423 574
🕐10:00 ～ 20:00
🚫1/1、12/25
カード M V

ヴェネザ
Hotel Veneza

★★★
MAP：P.217

アヴェイロのベストホテル

1930 年代の屋敷をホテルに改装しているため、内観・外観ともに重厚な趣がある。部屋は広く、設備やサービスは申し分ない。駅から約 100 m、バスターミナルにも近い。

[住]Rua Luís Gomes de Carvalho 23
☎234 404 400
[FAX]234 404 401
[URL]www.venezahotel.pt
[料] Ⓢ €72～102 Ⓦ €85～125
[カード][A][M][V] [客室数]49
[Wi-Fi] 無料

アヴェイロ・パラセ
Hotel Aveiro Palace

★★
MAP：P.217

外観は重厚な中級ホテル

中央運河に架かる橋の正面に建つ、クラシックな外観のホテル。観光には便利で、目抜き通りに面した部屋は、運河の夜景も眺められて美しい。部屋の大きさは料金によって異なる。

[住]Rua Viana do Castelo 4
☎234 423 885
[URL] www.hotelaveiropalace.com
[料] ⓈⓌ€115～170
[カード][A][D][M][V]
[客室数]49
[Wi-Fi] 無料

ウエルカム・イン
Hostel Welcom In

★★★
MAP：P.217

ひとり旅からグループまで対応

アヴェイロ駅から徒歩 10 分ほどの便利な場所にある。建物内は改装され、とても快適。3～4 人で宿泊できるファミリールームや、男女別のドミトリー（6 人部屋）もある。

[住]Av. Dr. Lourenço Peixinho 119
☎234 346 030
[FAX]234 346 039
[URL]www.welcomein.pt
[料]Ⓓ €22～38 ⓈⓌ €60～86
[カード][M][V] [客室数]29
[Wi-Fi] 無料

トリカーナ・デ・アヴェイロ
Pensão Tricana de Aveiro

★★★
MAP：P.217

急ぎ旅の人に便利

駅前にあるので、夕方にチェックインして、すぐ次の日に移動する人に便利。建物は天井が高く、部屋も広い。新しさはないが、メンテナンスはきちんとされている。朝食なし。

[住]Av. Dr. Lourenço Peixinho 259
☎234 423 366
[料] Ⓢ€35～45 Ⓦ€65～85
[カード] 不可
[客室数]20
[Wi-Fi] 無料

Column

アヴェイロのお菓子、オヴォシュ・モーレシュ

アヴェイロ銘菓、オヴォシュ・モーレシュ・デ・アヴェイロ Ovos Moles de Aveiro は、小さな魚や貝殻の形をした白い皮の中に黄金色の卵黄クリーム、ドース・デ・オヴォシュ Doce de Ovos がたっぷりと詰まっている。まるで日本の最中のようだ。抹茶と一緒に食べたくなるような、こくのある甘みが口の中に広がる。

このお菓子は 15 世紀に旧イエス修道院にて修道女らにより作られ始めたもの。21 世紀のいまも、この町の女性たちによって作り続けられている。

彼女らはドース・デ・オヴォシュを作るのに、決して手間暇を惜しまない。シロップと混ぜ合わせた卵黄を銅なべでじっくりと、絶えず木しゃもじでかき混ぜながら煮詰める。そして、できあがったドース・デ・オヴォシュを皮にたっぷりと詰め、さらに作り手によっては濃いシロップにくぐらせ、乾燥焼きする。

アヴェイロではどこのカフェでもオヴォシュ・モーレシュが売られており、ひとつからでも購入できる。また、ドース・デ・オヴォシュだけを小さな木樽に入れてみやげ用に売っている店もある。

見かけは最中そっくり

はみだし 「コスタ・ノバ Costa Nova」は洗練されたデザインと使いやすさが人気のテーブルウエアブランド。MAP：P.217 [URL]www.costanova.jp [住]Largo Mercado Manuel Firmino [営] 毎日 10:00～19:00

Agueda
カラフルなアーバンアートで彩られた町
アゲダ

傘は7月上旬から9月末まで飾られている

上／傘が建物の壁に映って壁画のように
下／ユニークなウオールアートを発見！

いまや世界各地で見かけるようになった「アンブレラ・スカイ」は、ここアゲダが発祥。毎年夏になると商店街がカラフルな傘で彩られ、普段は人通りの少ない町に一挙に観光客が押し寄せる。

人口約4万6000人のアゲダで、町の活性化を目的として2006年に始まったのが「アジタゲダ芸術祭 AgitÁgueda」。いまでは世界的なアーバンアートの祭典に発展し、特設ステージでのコンサートをはじめ、アーティストたちによる路上ライブや迫力あるパフォーマンスが繰り広げられる。

この芸術祭の一環として行われているのが、通りを色とりどりの傘で埋めつくす「アンブレラ・スカイ・プロジェクト」だ。夏の強い日差しをさえぎるために作られた傘のアーケードが、フォトジェニックと評判となり、世界中に知られるようになった。

また、年間を通じて見られるストリートアートにも注目。何気ない建物の壁や公園、商店街の窓など、いたるところに壁画やオブジェが隠されており、それらを探しながら町を散策するのも楽しい。

アクセス▶アヴェイロから普通列車で約40分、1日8〜11便運行。

アゲダの⃝
🏠 Largo Dr. João Elisío Sucena　☎ 234 601 412
🔗www.cm-agueda.pt
🕐10:00〜13:00、14:00〜18:00　🚫月・祝

アジタゲダ芸術祭
7月の約3週間にわたって開催される。スケジュールやイベント内容などは下記ウェブサイトで確認を。
🔗www.agitagueda.com

ヴィゼウ

Porto●
ヴィゼウ☆
Lisboa●

アクセス

リスボンから
🚌 セッテ・リオス・バスターミナルまたはオリエンテ・バスターミナルから3時間30分〜4時間、毎時1〜2便。

ポルトから
🚌 カンパニャン・バスターミナルから約1時間30分〜2時間、毎時1〜2便。

コインブラから
🚌 所要約1時間15分、毎時1〜2便。

アヴェイロから
🚌 所要約1時間、毎時1〜2便。

ラメーゴから
🚌 所要45分〜1時間、1日6〜8便。

ヴィゼウの❶
🏠 Largo Almeida Moreira
☎ 963 766 214
URL visitviseu.pt
🕐 毎日　　10:00〜18:00
🚫 1/1、12/25

この門から旧市街の中へ

優雅なファサードが印象的なミゼリコルディア教会

　モンデゴ川支流のパヴィア川沿い、緩やかな丘陵地にブドウ畑が広がる。ダオン Dão と呼ばれる有名なワインの産地、その中心がヴィゼウだ。16 世紀にはヴィゼウ派を開いたふたりの画家がこの町に暮らした。「偉大なヴァスコ」と呼ばれるヴァスコ・フェルナンデスと、その弟子のガスパー・ヴァスだ。またヴィゼウの人々はとても信心深かったといわれるが、いまでも宗教的な雰囲気を色濃く残している。

🧭 歩き方

　バスターミナルは町の北西に位置する。町の中心、**レプブリカ広場 Pr. da República** へは徒歩で10分ほど。上り坂が続くので、荷物が多い場合はタクシーを利用するといい。
　広場から北に向かうと、15 世紀にアフォンソ 5 世によって造られた市壁の一部、**ポルタ・ド・ソアール Porta do Soar** が見えてくる。この

ヴィゼウ

ミゼリコルディア教会
Ig. da Misericórdia

グラン・ヴァスコ美術館
Museu Grão Vasco

劇場

旧市街
ポルタ・ド・ソアール
Porta do Soar

カテドラル
Sé

カテドラル広場
Adro da Sé

市場

市庁舎

レプブリカ広場
Pr. da República

1475 年頃にヴィゼウで生まれたとされるルネッサンス期の画家ヴァスコ・フェルナンデスは、ヴィゼウ派の始祖として数多くの弟子を育て、のちのポルトガル絵画に大きな影響を与えた。

門が旧市街の入口。門を抜けると石造りの風情ある家並みが続く。旧市街の中心に当たる**カテドラル広場 Adro da Sé** には、**カテドラル Sé** と**ミゼリコルディア教会 Ig. da Misericórdia** が向かい合う。カテドラルの隣には**グラン・ヴァスコ美術館 Museu Grão Vasco** がある。

カテドラル広場の見学を終えたら、南へ延びる Rua D. Duarte や Rua Direita を歩いてみよう。狭い道の両側に 16 ～ 18 世紀の建物が並び、とても風情がある。

美しい天井画に彩られたカテドラル内部

📷 おもな見どころ

ヴィゼウ派の絵画を集めた MAP：P.222

グラン・ヴァスコ美術館
Museu Grão Vasco ★★

16 世紀に建てられた司教館が美術館として使われており、その名が示すようにヴァスコ・フェルナンデスが活躍した 16 世紀の絵画などが展示されている。ヴァスコ・フェルナンデスの『キリスト磔刑図』『聖ペドロ』、弟子のガスパール・ヴァスによる『最後の晩餐』『マルタ家のキリスト』は必見。そのほか、19 ～ 20 世紀のヴィゼウ派の絵画、13 ～ 18 世紀の彫刻などがある。

カテドラルの正面左側にグラン・ヴァスコ美術館がある

カテドラル
12 ～ 13 世紀に建設が始まり、ファサードは 17 世紀に建て直された。回廊は 16 世紀のルネッサンス様式で、アズレージョで飾られている。ヴァスコ・フェルナンデスによって描かれた祭壇画は現在グラン・ヴァスコ美術館に展示されている。
住Adro da Sé
☎232 436 065
開月～土　9:00 ～ 13:00
　　　　　14:00 ～ 17:30
　　　日　14:00 ～ 18:30
料 無料

ミゼリコルディア教会
18 世紀の建造。正面ファサードはロココ様式、教会内部は 19 世紀のネオ・クラシック様式。
住Adro da Sé
☎232 441 141
開 毎日　10:00 ～ 12:30
　　　　　14:00 ～ 17:30
休 月、1/1、5/1、12/25（宝物館のみ）
料 無料、宝物館 €1.50

グラン・ヴァスコ美術館
住Adro da Sé
☎232 422 049
開　火　14:00 ～ 18:00
　　水～日　10:00 ～ 18:00
休 月、聖日曜、5/1、9/21、12/24、12/25
料€4、学割・65 歳以上€2

🍴 レストラン & ホテル 🌙

ℝ ムリャーラ・ダ・セー
Muralha da Sé MAP：P.222

ミゼリコルディア教会の隣にある、歴史的建築物を改装した郷土料理店。予算€20 ～。

住Rua do Adro 24　**☎**232 437 777
営月～土 12:00 ～ 14:30、19:15 ～ 22:30、日 12:00 ～ 15:00
休 無休　**カード** M V

ℍ ポザーダ・ヴィゼウ
Pousada Viseu ★★★★ MAP：P.222

19 世紀に造られた病院の建物跡を利用。レストランでは郷土料理が食べられる。

住Rua do Hospital　**☎**232 245 200
URL www.pousadas.pt　**料**Ⓢ Ⓦ €100 ～ 240
カード A D J M V　**客室数**84　**Wi-Fi** 無料

ℍ アヴェニーダ
Hotel Avenida ★★★★ MAP：P.222

100 年以上の歴史をもつ、クラシックとモダンが調和した老舗ホテル。

住Av. Alberto Sampaio 1　**☎**232 423 432
URL www.avenidaboutiquehotel.pt　**料**Ⓢ€66 ～ 95　Ⓦ€134 ～ 165
カード A D M V　**客室数**40　**Wi-Fi** 無料

ℍ ロシオ・パルケ
Pensão Rossio Parque MAP：P.222

客室はトイレのみ、シャワー付き、バスタブ付きの 3 タイプがある。レストラン併設。

住Rua Soar Cima 55　**☎**232 422 085
料Ⓢ€40 ～ 50　Ⓦ€50 ～ 60
カード M V　**客室数**14　**Wi-Fi** 無料

カステロ・ブランコ

ポルトガルで最も美しい庭園のひとつといわれる宮殿庭園

カステロ・ブランコの❶
🏠Av. Nuno Álvares 30
☎272 330 339
🌐www.cm-castelobran
co.pt
🕐月～金　　9:30 ～ 19:30
　　土・日　　9:30 ～ 13:00
　　　　　　 14:30 ～ 18:00
🚫祝

　スペイン国境から20kmほどの所に位置するカステロ・ブランコは、何世紀にもわたって他国の侵入・占領を受けてきた。特に1807年のナポレオン軍による攻撃で町は激しく破壊されてしまったため、歴史的なモニュメントはあまり残っていない。現在はカステロ・ブランコ県の中心であり、また旅行者にとってはモンサントを訪れる起点となる町だ。

🧭 歩き方

　列車で到着したら、駅前から延びるAv. Nuno Álvaresを歩いていくと10分ほどで**アラメダ・ダ・リベルダーデ Alameda da Liberdade**に到着。ここが町の中心で、途中には❶もある。また、バスターミナルは駅から北東側へ200mほどの場所に位置する。

　アラメダ・ダ・リベルダーデから旧市街の路地を抜け、町の頂に建つ**城 Castelo**に上ってみよう。わずかに城壁が残るのみだが、カステロ・ブランコの町並みを一望できる。

おもな見どころ

刺繍のコレクションは必見　MAP：P.224

フランシスコ・タヴァーレス・プロエンサ・ジュニオル博物館

Museu de Francisco Tavares Proença Júnior　★★

石器時代の遺物、鉄器時代の金の装飾品、ローマ時代の碑銘など、約5000点を展示する。なかでも刺繍のコレクションは見事で、その細かな模様には思わず見とれてしまうほど。17世紀からカステロ・ブランコに伝わる刺繍の技術は、いまもこの町の女性たちに受け継がれており、館内の刺繍工房で見学できる。

16世紀の司教館を改装

歴代国王の像が置かれている　MAP：P.224

宮殿庭園

Jardim do Paço　★

フランシスコ・タヴァーレス・プロエンサ・ジュニオル博物館の裏に広がる、旧司教館付属の庭園。18世紀のバロック様式で、アズレージョが美しい階段を上ると、噴水のある池を中心にしてきれいに刈り込まれた植木が幾何学模様を形作っている。おもしろいのはあちこちに置かれた彫像。それぞれに星座、季節、徳目などの名前がつけられている。

彫刻も見どころのひとつ

アクセス

リスボンから
🚃 サンタ・アポローニア駅から直通で2時間50分～4時間、1日6便。
🚌 セッテ・リオス・バスターミナルまたはオリエンテ・バスターミナルから約2時間30分、毎時1～2便。
ポルトから
🚌 カンパニャン・バスターミナルから約3～4時間、毎時1～2便。
コインブラから
🚌 所要約2時間、1日10便程度。
エヴォラから
🚌 所要約2時間40分、1日2便。

フランシスコ・タヴァーレス・プロエンサ・ジュニオル博物館
[住]Largo Dr. José Lopes Dias
☎272 344 277
[開] 火～日　10:00～13:00
14:00～18:00
[休] 月、1/1、5/1、12/25
[料] €3、学割・65歳以上€1.50

宮殿庭園
[住]Rua Bartolomeu da Costa
☎ 272 348 320
[開] 毎日　9:00～19:00
（10～3月は～17:00）
[料] €3、学割・65歳以上€1.50

レストラン & ホテル

[R] レティーロ・ド・カサドール
Retiro do Caçador　MAP：P.224

カテドラルにも近い繁華街にある。メニューは郷土料理が中心で予算€15～25。

[住]Rua Dr. Ruivo Godinho 15　☎272 343 050
[営]12:00～15:00、19:00～22:30
[休] 日　[カード] [M][V]

[H] ライーニャ・ドン・アメリア
Hotel Rainha D. Amélia　★★★ MAP：P.224

町で最高級の設備を誇る快適なホテル。防音設備、ミニバー、セーフティボックスも完備されている。レストランのメニューも充実。

[住]Rua de Santiago 15　☎272 348 800　[FAX]272 348 808
[URL]www.hotelrainhadamelia.pt　[料] ⓈⓌ€65～99
[カード][A][D][M][V]　[客室数]64　[Wi-Fi]無料

[H] インペリオ・ド・レイ
Residencial Império do Rei　★★★ MAP：P.224

カテドラルから100mほど南にあって立地がよく、観光や食事などに便利。

[住]Rua dos Prazeres 20　☎&[FAX]272 341 720
[URL]www.imperiodorei.pt　[料] Ⓢ€50～59　Ⓦ€73～86
[カード][A][D][M][V]　[客室数]19　[Wi-Fi]無料

[H] ホステル・エスプラナーダ
Hostel Esplanada　MAP：P.224

駅から徒歩約10分。広々とした部屋は快適で、共用ラウンジやキッチンもある。レストラン、バーを併設。朝食付き。

[住]Av. Dr. Augusto Duarte Beirão 11　☎272 084 544
[URL]www.boutiqueesplanada.com　[料] Ⓢ€45～60
Ⓦ€75～85　[カード][A][M][V]　[客室数]8　[Wi-Fi]無料

山の中腹にこぢんまりとした家並みが広がる

Monsanto

ポルトガルで最もポルトガルらしい村
モンサント

　カステロ・ブランコから48km、オリーブやコルク樫が茂る平原を行くと、突然ごつごつとした岩山が現れる。モンサントはその特異な姿により、先史時代から聖なる山として人々にあがめられてきた。1174年、アフォンソ・エンリケスがイスラム教徒を排撃。1190年にはドン・サンチョ1世の命でテンプル騎士団の統治下におかれ、13世紀にはドン・ディニス王により城が再建された。

　この城を頂上として丘の中腹に広がるモンサントの村は、まるごと岩のアート。石造りの家が岩にしがみつくように建ち並び、ある家は大岩を家の壁に利用している。いや、岩と岩との間に家を建てたといったほうが正確かもしれない。建築家や芸術家でなくとも興味をひかれる自然の石の芸術だ。これらには、厳しい自然とともに生きた古人の知恵とその苦労がしのばれる。

アクセス▶
カステロ・ブランコからバスで約1時間30分、月〜金は17:15の1日1便、土・日は7:30の1日1便。モンサント発カステロ・ブランコ行きは毎日6:40の1日1便（一部のバスは途中Idanha Novaで乗り換え。また学校が休みの期間は時刻表が変更されるので現地で確認を）。タクシーはカステロ・ブランコから片道€50、往復は2時間の待ち時間を含めて€60〜70程度。

モンサントの❶
🏠Rua Marquês Graciosa
☎277 314 642

🕐火〜日 9:30〜13:00、14:00〜17:30
🚫月、1/1、12/25

モンサントのホテル
村にホテルはないが、民宿が数軒あり、❶で予算に合った宿を教えてくれる。

● Taverna Lusitana
城へ上る途中にあり、眺めのよいカフェを併設。
🏠Rua do Castelo 19
☎277 314 009
🌐www.tavernalusitana.com
💰Ⓢ€75 Ⓦ€90
💳不可 客室数3 📶無料

遠くから見たモンサントの村。
岩山にへばりつくように家々が並ぶ

 Adega Típica O Cruzeiro というレストランは最高でした。ステーキを注文したら軟らかくて絶品。店内からの眺めもすばらしかったです。🏠Av. Fernando Ramos Rocha 17（東京都　バーディ）['23]

モンサント

夕暮れの空に浮かび上がる
ルカーノ塔

左／家の戸口で手作りの人形を売る村人
上／巨岩を利用した不思議な家があちこちにある

　モンサントは1938年に「ポルトガルで最もポルトガルらしい村」に選ばれた。そのときにトロフィーとして贈られた銀の雄鶏は、ミゼリコルディア教会の奥にあるルカーノ塔の上に備えつけられた。もちろん現在も健在だ。ミゼリコルディア広場の石のベンチに腰かけて、じっと太陽が沈むのを待つ。すると、夕日に照らされる雄鶏を従えたルカーノ塔は絵はがきそのものになる。

　この村を訪れるのなら、5月の十字架の祭典 Festa das Cruzes のときがいいだろう。昔々、モンサントはイスラム教徒との戦いで兵糧攻めに遭った。村中の食べ物がなくなる寸前に、残っていたすべての食べ物をかき集め
て牛に食べさせ、敵陣目がけて胃袋が満タンの牛を投げた。この牛を見た敵軍は、この持久戦においてモンサントにはまだまだ食料に余裕があると判断し、撤退したそうだ。

　現在は牛を投げ落とす代わりに、瓶に入った花を下へ投げる。祭りのときには民族舞踊も行われ、村中がにぎわう。前日に行くと村にある共同窯で、村人たちが祭りのためのパンや菓子を焼く様子が見られるかもしれない。

　村は小さいので、歩いていると「あれれ」という感じで、またもとの場所に戻ってきてしまう。感じのよい民宿もあるので、いくつか部屋を見せてもらって、気に入ったところに宿泊しのんびり過ごそう。

夕日を受けて村が茜色に染まる

Piódão

奥深い山岳部にある独特な小さな村
ピオダオン

上／敷石の路地に伝統的な石造りの住居が建つ
下／ピオダオンは傾斜地に家屋が建ち並んでいる

コインブラから東へ約90kmの山間部にあるピオダオン。20世紀中頃の最盛期には人口1000人を超えたものの、車道が開通したことによって村民が流出していき、現在の人口は200人弱だ。この村の歴史は古く、14世紀の逸話が残る。後にポルトガル国王となるペドロ1世がまだ王子のときの1355年、侍女イネスが国王の命を受けた貴族によって暗殺される事件が起きた。その犯人が潜伏していたといわれるのがこの村だ。

セーラ・ド・アソールの山々に抱かれたピオダオンは、谷を見下ろす山の斜面にある。村の建物は平たい石を積み上げた造りで、屋根もその石を乗せた独特の外観をしている。扉や窓枠が青く塗られている家が多いが、これはかつて村にあった唯一の店が、青いペンキしか置いていなかったからだそうだ。高低差があるので斜面や階段が多く、曲がりくねった道とこの村独特の家並みが美しい調和を醸し出している。

夏期の日中はレンタカーなどで観光客が訪れるピオダオンの村は、夜になると静まりかえる。オレンジ色の街灯に照らし出された夜の光景も美しい。村にはホテルやレストラン、みやげ物屋などもあるので、1泊してのんびり過ごすのもいいだろう。

アクセス▶
コインブラからアルガニル Arganil まで Transdev 社のバスが毎日4便運行、約1時間50分。アルガニルからピオダオンまで木曜のみ15:00発のバスが運行しており、約1時間10分。ただしアルガニルでの同日乗り継ぎはできないので注意。ピオダオンからは木曜のみ8:45、16:10発のアルガニル行きバスがあるが、いずれもコインブラ行きのバスに同日乗り継ぎはできない。アルガニルからピオダオンまではタクシーで片道€30程度。

ピオダオンのℹ
[住]Largo Cónego Manuel Fernandes Nogueira
☎ 235 732 787　[開] 毎日 9:00～13:00、14:00～17:00

ピオダオンのホテル
村には数軒の宿泊施設がある。どの宿も部屋数がかぎられているので、予約したほうがよい。

● Casa da Padaria
伝統的な住居を利用した、重厚な雰囲気の宿。
[住] Rua Cónego Manuel Fernandes Nogueira
☎ 235 732 773　[URL] casadapadaria.com
[料]Ⓢ€55　Ⓦ€60
[カード] [A][M][V]　[客室数] 4　[Wi-Fi] 無料

ヴィラ・ノヴァ・デ・ガイアからポルトの街を望む

ポルトと北部地方
Porto & Norte de Portugal

ポルトと北部地方
Porto & Norte de Portugal

気候

首都リスボンから約300km北にあり、気温はリスボンに比べて3度くらい低い。夏は涼しく過ごせる一方で、冬は少し寒く感じるだろう。スペイン国境に近い東側の内陸部は冬期は冷え込み、山岳部はもちろん平地でも雪が降ることがあるので、防寒対策をしよう。

周遊のヒント

国内第2の都市ポルトから、近郊の町へ列車が随時運行しており、比較的バスよりも列車のほうが利用しやすい。ただドウロ川沿いの町へは列車の便数が少ないので、あらかじめ調べておこう。一方で鉄道路線がない町へはバスでのアクセスとなる。

おもな祭りとイベント

●ポルト国際映画祭
Festival Internacional de Cinema do Porto
ポルト ………………………… 3/1〜10('24)
URL www.fantasporto.com
●サン・ジョアン祭　Festas de São João
ブラガ（コラム→P.265）…… 6月中旬〜下旬
●フェスタ・ダ・イストリア　Festa da História
ブラガンサ………………………………… 8月中旬
●ロマリア祭　Romaria da Senhora da Agonia
ヴィアナ・ド・カステロ（コラム→P.270）……8月第3週
●聖女レメディオスの祭り
Festas de Nossa Senhora dos Remédios
ラメーゴ ……………………8月下旬〜9月上旬
URL www.aromariadeportugal.pt

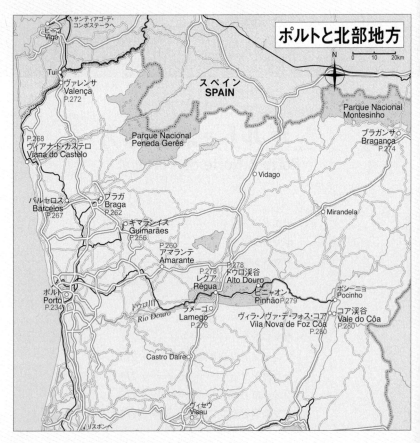

ポルトと北部地方

ポルトと北部地方で
楽しみたいことベスト5

1 ギマランイスのポザーダで歴史を感じながら食事をする

修道院跡を利用したギマランイスのポザーダは、町外れにある小高い丘の中腹に建つ。宿泊客でなくてもレストランが利用できる。ミーニョ地方の郷土料理がこのレストランのおすすめ。→ **P.259**

歴史を感じさせるポザーダのレストラン

2 アマランテのタメガ川でサン・ゴンサーロ橋を眺める

ポルトガルの美しい景勝地で知られる、タメガ川に架かるサン・ゴンサーロ橋。隣接したサン・ゴンサーロ教会は縁結びの聖人が祀られている。また修道院菓子が有名で、川沿いの道には老舗菓子店が並ぶ。→ **P.260**

橋のたもとにサン・ゴンサーロ教会が建つ

3 ブラガの近郊にある巡礼地ボン・ジェズスの階段を上る

キリスト教の巡礼地として知られるボン・ジェズス。ブラガの町からバスで10分ほどの場所に、丘の上の教会へと階段が設置されている。上るのがきつい人はケーブルカーの利用が可能。→ **P.264**

芸術美が感じられるバロック様式の階段

4 蒸気機関車牽引の観光列車でドウロ川沿いを行く

ドウロ渓谷の中心都市レグアから、SL観光列車が走っている。6月上旬から10月下旬の毎週土・日曜に運行。車内では地産のワインが振る舞われ、伝統音楽が演奏されて楽しげな雰囲気となる。→ **P.279**

蒸気機関車は1920年代製造の年代物

5 ドウロ川上流のコア渓谷で先史時代の岩壁画を見学する

スペインとの国境近くにある小さな町ヴィラ・ノヴァ・デ・フォス・コア。世界遺産にも登録されている先史時代の岩壁画があり、ツアーを利用して1万年以上前に刻まれた場所を周遊できる。→ **P.280**

ガイドが岩壁画を解説してくれる

ポルトでしたいこと ベスト 10

橋の上からはポルトの街が一望できる

1 ドン・ルイスⅠ世橋を歩いて渡る

エッフェルの弟子により 1886 年に建造された、鉄のアーチが美しいポルトのシンボル的存在。対岸のヴィラ・ノヴァ・デ・ガイアとの高低差のある街を結ぶ二重構造になっており、上層からの眺めがすばらしい（→ P.244）。

2 ポートワインのセラーを見学する

ドウロ川上流域で取れたブドウは、ポルト対岸のヴィラ・ノヴァ・デ・ガイアに運ばれ、熟成されポートワインとなる。各セラーでは見学ツアーを行っており、試飲や購入もできる（→ P.246）。

「液体の宝石」と呼ばれるポートワイン

老舗セラーのサンデマン

3 世界遺産に登録された歴史地区を歩く

北は市庁舎から南はヴィラ・ノヴァ・デ・ガイアまでが、世界遺産に登録されているポルトの歴史地区。石畳の坂道を歩きながら、カテドラル、ボルサ宮、サン・フランシスコ教会などの見どころを巡ってみよう。

ドウロ川に面したカイス・ダ・リベイラ地区

街のどこからでも見えるポルトのランドマーク

4 ポルトガルいち高いクレリゴスの塔に上る

ポルトの街並みのなかでひときわ目立っているのが、歴史地区の一番高い場所に建つクレリゴス教会。高さ 76m の鐘楼に上れば、新市街からドウロ川対岸まで、360度のパノラマを楽しむことができる（→ P.241）。

5 名物料理トリパスを味わう

スパイスを加えじっくりと煮込んである

ポルトっ子は、郷土料理トリパス（臓物の煮込み）にちなみ、トリペイロ（臓物を食べる人）と呼ばれる。大航海時代、ポルトから船出する船隊のために肉を供出し、自分たちは残った臓物を食べて飢えをしのいだとか。

6 華麗なアズレージョを堪能する

ポルトにはアルマス礼拝堂（→ P.244）をはじめ、ア
ズレージョの美しい教会があちこちに点在する。また
サン・ベント駅（→ P.241）構内を飾る、ポルトの歴
史を描いたアズレージョも見事だ。

7 川の上からポルトの街を眺めてみよう

アルマス礼拝堂の外壁を飾るアズレージョ

ドウロ川をクルージング

50 分でポルトの 6 橋を巡るコースから、1
〜 2 日かけて上流のブドウ畑や小さな町々
を訪れるコースまで、多様なクルーズが運航
されている。川沿いの風景を眺めながら、の
んびりと船の旅を楽しんでみたい（→ P.242）。

ポルトの多く
のカフェで味
わえる

8 B 級グルメ
フランセジーニャに挑戦

「フランスの女の子」という意味のフランセ
ジーニャは、ポルトが発祥の軽食メニュー。
薄切りステーキやハムを挟んだパンにチー
ズをのせて焼き、トマトソースをかけたポル
トガル版クロックムッシュだ。

9 訪れる観光客が絶えない人気スポット

世界で一番美しい
書店を訪れる

イギリスの新聞で「世界の美しい書店ベスト
10」に選ばれたリブラリア・レロ。2 階へと
上るらせん階段はそのすばらしさから「天国
への階段」と称されるほど（→ P.252）。

10 「茶の家」と呼ばれるボア・ノヴァのレストラン

シザのモダン建築を巡る

ポルト生まれのアルヴァロ・シザは、ポルトガルを
代表する国際的建築家。近代美術館（→ P.245）
やポルト郊外にある初期の代表作の海のプールや
レストランなど、現代建築に興味のある人ならぜ
ひ訪れてみたい（→ P.243）。

ポルト

世界遺産に登録されているドン・ルイス1世橋はポルトのシンボル

ポルト★

Lisboa

アクセス

リスボンから

🚃 サンタ・アポローニア駅からAPまたはICで約3時間〜3時間25分、1日12〜15便。

🚌 セッテ・リオス・バスターミナルまたはオリエンテ・バスターミナルから3時間15分〜3時間45分、毎時2〜3便。

コインブラから

🚃 B駅からAPまたはICで約1時間20分、1日12〜15便。

🚌 所要約1時間30分、毎時1〜2便。

世界遺産

ポルト歴史地区、ルイス1世橋およびセラ・ド・ピラール修道院（1989年登録）

　リスボンから北へ約300km、ドウロ川北岸の丘陵地に築かれた、起伏の多い街。坂の多さは「7つの丘の街」と呼ばれるリスボンにも劣らない。ポルト都市圏の人口は約160万人、この国の商工業の中心地として栄えてきた。

　ドウロ川の南岸、現在のヴィラ・ノヴァ・デ・ガイアは、ローマ時代にカーレ Cale と呼ばれる州であった。そして港 Portus の役割をもっていたので、ポルトゥス・カーレと呼ばれていた。これがポルトガルの語源だ。

　ローマ帝国の衰退後、西ゴートの時代を経て、8世紀に支配権はイスラム教徒に移る。11世紀、そのイスラム教徒から国土を取り戻したフランス貴族がいた。彼はその報酬として、ドウロ川とその北のミーニョ川とに挟まれた地域を与えられ、その地名からポルトゥカーレ伯爵と呼ばれた。ポルトガルにフランスからブドウの苗を持ち込んだのも彼だ。

　ポルトガルの国土は、ポルトゥカーレ伯爵の息子で初代ポルトガル国王となるアフォンソ・エンリケスの進軍によって南へ広がり、現在の大きさとなった。つまり、名実ともにポルトガル発祥の地がここポルトというわけだ。

　1415年にはエンリケ航海王子の指揮のもと、ポルトを出航した船が北アフリカのセウタを攻略。ヨーロッパの他国に先駆け、大航海時代の先陣を切ることとなった。

　そしてもうひとつ、忘れてはならないのがポートワイン。ヴィラ・ノヴァ・デ・ガイアにはワインセラーが並び、かつてワインを運んだ帆船がドウロ川に浮かんでいる。

ポルト到着

飛行機で

ヨーロッパの主要都市などからの飛行機が到着する**ポルト空港 Aeroporto de Porto**（正式名称はフランシスコ・サ・カルネイロ空港）は、街の中心から北へ約11km。市内への交通手段は、メトロ、シャトルバス、タクシーがある。メトロはE線が6:00頃から翌1:00頃まで20〜30分おきに運行、トリンダーデ駅まで約30分、料金€2.15（発券代が別途€0.60）。ポルトの公共交通機関に乗り放題の乗車券、アンダンテ・ツアーもある（→ P.238 側注）。タクシーは€20〜30。

列車で

ポルトには鉄道駅がふたつある。特急・急行列車が発着する**カンパニャン Campanhã 駅**と、市街地にある**サン・ベント São Bento 駅**だ（いずれもコインロッカーあり）。リスボンやコインブラから来ると、街の東側にあるカンパニャン駅が終点（列車によってはサン・ベント駅まで行くものもある）。カン

パニャン駅からサン・ベント駅へは、普通列車に乗り換えてひと駅、約5分で到着する。またカンパニャン駅はメトロの駅と直結しており、宿泊ホテルの場所によってはメトロを利用するのも便利だ。

近郊列車が発着する
サン・ベント駅

バスで

ポルトガル国内の主要都市やスペインからのバスは、カンパニャン駅に隣接するカンパニャン・バスターミナル（→ P.236）に到着する。すぐ隣にメトロの駅があるので、市内中心部への移動も楽だ。

空港シャトルバス
ポルト空港とカンパニャン駅の間を毎時1便運行、所要25分。空港発は9:00〜18:30、カンパニャン駅発は8:30〜18:00。料金は片道€3、往復€5.10。ギマランイスとブラガへの直通バスもある。
URL www.getbus.eu

サン・ベント駅の両替所
日本円の両替が可能。
月〜金　　8:30〜19:30
土　　　　9:00〜18:00
日　　　 10:00〜14:00

荷物預かり
サン・ベント駅構内にコインロッカーがあり、料金は大きさにより1時間€1.50〜2.50。1時間を過ぎると加算されていくシステムで、24時間は+€6〜9。また、メトロのトリンダーデ駅にもコインロッカーがある。

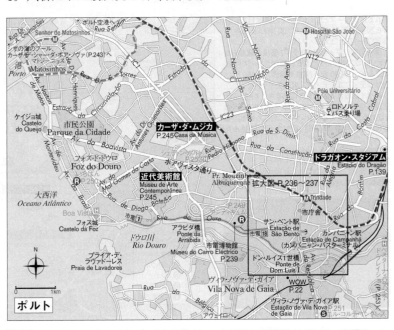

ポルト

リスボンなどからポルトへ列車で入る場合、切符にはサン・ベント駅までの運賃が含まれています。カンパニャン駅で乗り換える場合も、新たに切符を購入する必要はありません。（東京都　R.S）['23]

メトロの料金

目的の駅がどのゾーンにあるかで料金が決まる。市内中心部の移動ならゾーン2で、1時間有効（メトロや市バスとの乗り継ぎ可）。

URL www.metrodoporto.pt

ゾーン2 €1.30
ゾーン3 €1.70
ゾーン4 €2.15
ゾーン5 €2.55

メトロの乗車券

「アンダンテ andante」
購入時にカード代€0.60がかかるが、自動券売機でチャージすれば何度でも使用できる。チャージした乗車券は、同じゾーン内なら市バスやポルトガル鉄道近郊線にも使用可。また24時間乗り放題券「andante 24」として使うことも可能で、ゾーン2は€4.70。いずれも乗車のつど改札機にタッチする。

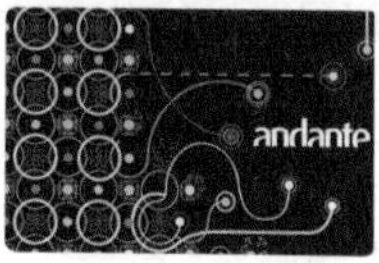

乗り放題バス

「アンダンテ・ツアー andante tour」
ポルトのメトロ、市バス、ポルトガル鉄道近郊線に乗り放題。「andante 24」と異なりすべてのゾーンで使用できる。1日券（24時間）€7、3日券（72時間）€15。空港や市内の❶で購入する。使用する際は乗車のつど改札機にタッチすること。

メトロの券売機の使い方

①「English」のボタンを押す
②新しくカードを買う場合は「Buy」、すでに持っているカードにチャージする場合は「Reload」を選ぶ
③「Buy」を選んだ場合、乗車券「andante」か1日券「andante 24」を選択
④ゾーンを選ぶ
⑤乗車券を買う場合は、枚数（Title）を選ぶ
⑥税番号なしを選ぶ
⑦現金かクレジットカードを選んで支払い

ポルトの市内交通

旧市街の見どころは歩いて回れる範囲に集中しているが、郊外にも足を延ばすならメトロや市バスが便利だ。

メトロ Metro

メトロと呼ばれるが、実際は路面電車のようなライトレール。市中心部は地下を、それ以外は路上を走行する。A～Fの全6路線あり、旅行者に利便性があるのは旧市街を通るD線と、空港に行くE線。料金はゾーン制（→側注）になっている。

最新鋭のライトレール

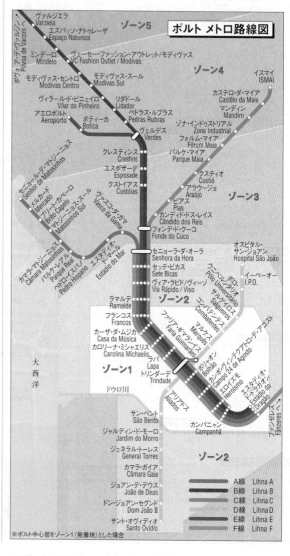

ポルト メトロ路線図

ゾーン5
ゾーン4
ゾーン3
ゾーン2
ゾーン1

ヴァルジエラ Varziela
エスパッソ・ナトゥレーザ Espaço Natureza
ポヴォア・デ・ヴァルジン Póvoa de Varzim
ミンデーロ Mindelo
ヴューセー・ファッション・アウトレット／モディヴァス VC Fashion Outlet / Modivas
イスマイ ISMAI
モディヴァス・セントロ Modivas Centro
モディヴァス・スール Modivas Sul
カステロ・ダ・マイア Castelo da Maia
マンディン Mandim
ヴィラール・ド・ピニェイロ Vilar do Pinheiro
リダドール Lidador
アエロポルト Aeroporto
ボティーカ Botica
ペドラス・ルブラス Pedras Rubras
ゾナ・インドゥストリアル Zona Industrial
ヴェルデス Verdes
フォルム・マイア Fórum Maia
クレスティンス Crestins
パルケ・マイア Parque Maia
エスポザーデ Esposade
クスティオ Custió
アラウージョ Araújo
クストイアス Custóias
ピアス Pias
センニョール・デ・マトジーニョス Senhor de Matosinhos
カンディド・ドス・レイス Cândido dos Reis
メルカード Mercado
ブリート・カペーロ Brito Capelo
フォンデ・ド・クーコ Fonde do Cuco
マトジーニョス・スール Matosinhos Sul
ヴァスコ・ダ・ガマ Vasco da Gama
オスピタル・サン・ジョアン Hospital São João
カマラ・マトジーニョス Câmara Matosinhos
パルケ・レアル Parque Real
ペドロ・イスパノ Pedro Hispano
センニョーラ・ダ・オーラ Senhora da Hora
エスタディオ・ド・マル Estádio do Mar
セッテ・ビカス Sete Bicas
ポロ・ウニヴェルシタリオ Pólo Universitário
イーペーオー I.P.O.
ヴィア・ラピド／ヴィーゾ Via Rápido / Viso
サルゲイロス Salgueiros
コンバテンテス Combatentes
ラマルデ Ramalde
フランコス Francos
カーザ・ダ・ムジカ Casa da Música
ファリア・ギマランイス Faria Guimarães
マルケス Marques
カロリーナ・ミシャエリス Carolina Michaelis
ラパ Lapa
トリンダーデ Trindade
ボリャオ Bolhão
サンポ・ヴィンテ・クアトロ・デ・アゴスト Campo 24 de Agosto
エロイズモ Heroísmo
エスタディオ・ド・ドラガオ Estádio do Dragão
ファンゼレス Fânzeres
アリアードス Aliados
サン・ベント São Bento
ジャルディン・ド・モーロ Jardim do Morro
カンパニャン Campanhã
ジェネラル・トーレス General Torres
カマラ・ガイア Câmara Gaia
ジョアン・デ・デウス João de Deus
ドン・ジョアン・セグンド Dom João II
サント・オヴィディオ Santo Ovídio

大西洋
ドウロ川

ゾーン2

A線 Linha A
B線 Linha B
C線 Linha C
D線 Linha D
E線 Linha E
F線 Linha F

※ポルト中心部をゾーン1（発着地）とした場合

市バス Autocarro

バス停にはそこを通るバスの番号が表示され、路線図が掲示されている。料金は車内で支払うと€2.50（発券代別途€0.60）だが、あらかじめ乗車券「アンダンテ」にチャージした場合は€1.30。「アンダンテ」は、乗車時に運転席後ろの改札機にタッチする。

行き先を確かめてから乗ろう

ケーブルカー Funicular dos Guindais

ケーブルカーの駅

ドン・ルイス1世橋のたもとの Rua da Ribeira Negra と、バターリャ広場から南に延びる Rua de Autusto Rosa を結ぶ、全長約90mのフニクラ。所要約3分と短いが、急勾配を歩いて上るのはきついので、片道だけ利用するとよい。ガラス張りの車両からはドウロ川とドン・ルイス1世橋を眺められる。「アンダンテ」は使用できないが、「ポルト・カード」（→ P.240）で割引あり。

タクシー Taxi

駅前やリベルダーデ広場などに乗り場があるほか、流しの車もつかまえられる。料金体系は T1（平日の6:00～21:00）が基本料金€3.25、以後1kmごとに€0.51加算。T2（平日の21:00～翌6:00、土・日曜と祝日）が基本料金€3.90、以後1kmごとに€0.61加算。電話で呼んだ場合は€0.80、トランクに荷物を入れた場合は€1.60の追加料金がかかる。

広場のタクシー乗り場

STCP
ポルトの市バスと市電を運行する会社。
URL www.stcp.pt

ケーブルカー
🕐 4～10月
　日～木　8:00～22:00
　金・土　8:00～24:00
　11～3月
　日～木　8:00～20:00
　金・土　8:00～22:00
💰 片道€4、往復€6

ポルトの市内観光バス
イエローバスやグレイラインが2階建ての観光バスを運行している。市内の主要スポットにバス停があり、チケットの有効期間内なら何度でも自由に乗り降りできる。料金はいずれも24時間€22、48時間€24。ドウロ川クルーズやワインセラー見学とセットになったチケットもある。
● Yellowbus
URL www.yellowbustours.com
● Gray Line
URL www.grayline.com

旧市街を走るレトロな市電

ポルトの旧市街には、車道を走る3路線の市電があり、旅行者にも人気が高い。運行されているのは、サン・フランシスコ教会前のインファンテ Infante から市電博物館前のマサレロス Massarelos を通り、ドウロ川の河口近くのカンタレイラ Cantareira まで所要23分で走る1番の路線。カルモ教会前のカルモ Carmo からマサレロスまで、所要18分で走る18番の路線。また22番の路線が中心街を走っている。

3路線ともリスボンの市電28番のようなレトロな車両で、木目調の内装や独特なモーター音など、鉄道愛好家のみならず一般の旅行者でも楽しめる。

市電1番はサン・フランシスコ教会前を出発し、ドン・ルイス1世橋を背にして、ドウロ川沿いを走っていく。車窓は遠方にアラビダ橋が見え、並行する通りを走

カルモ教会前に発着する市電

る車に抜かれながらも、市電はガタゴトと進んでいく。

興味がある人は分岐駅マサレロスで降りて、市電博物館を見学してみよう。市電の車庫に隣接された博物館には、歴代の市電やバスなどの車両が保存展示されており、1872年の馬車鉄道開業から現在までの歴史が学べる。

マサレロスから先は新市街を走るので、車窓はややおもしろ味に欠ける。ここで市電18番に乗り換えてみよう。緩やかな上り坂をゆっくりと走る市電は、旧市街を進んでいく。丘を上りきると、大学周辺を通ってカルモ教会前に到着。この周辺は観光の見どころが多く、旅行者にも利便性が高い。

3路線とも8:00頃から21:00頃まで30分おきに運行。1回乗車券€5、2回乗車券（同日のみ）€7、2日券€10（車内購入可）。

市電博物館 Museu do Carro Electrico
MAP：P.235　🏠 Alameda Basilio Teles 51
☎ 226 158 185
URL www.museudocarroelectrico.pt
🕐 月 14:00～18:00、火～日 10:00～18:00
🈲 1/1、12/24の午後、12/25　💰 €8

はみだし　コインランドリー「Laundry & Lockers」には小さめのコインロッカーもあり€2（3時間）～。
MAP：P.237/B2　🏠 Rua do Bomjardin 382　☎ 221 120 147　🕐 毎日 7:00～23:00

239

ポルトの❶

●サン・ベント駅の前
MAP：P.237/B2
🏠 Pr. Almeida Garrett, 27
☎ 927 411 817
🌐 visitporto.travel
🕐 毎日　9:00 ～ 19:00
休 12/25

●カテドラルの脇
MAP：P.237/C2
🏠 Terreiro da Sé
☎ 935 557 024
🕐 毎日　9:00 ～ 18:00
休 12/25

●ヴィラ・ノヴァ・デ・ガイア
MAP：P.237/C2
🏠 Av. Diogo Leite 135
☎ 223 742 422
🕐 4 ～ 9 月
　　毎日　9:30 ～ 19:00
　　10 ～ 3 月
　　月～土 10:00 ～ 18:00
休 10～3月の日、1/1、12/25

ポルト・カード
Porto Card
7 ヵ所のミュージアムが無料
になるほか、おもな見どころ
や観光バス、レストラン、ショ
ップなどでも割引が受けられ
る。料金は 1 日€ 6、2 日
€ 10、3 日€ 13、4 日€ 15。
乗り放題バスの「アンダンテ・
ツアー」付きは 1 日€ 13、2
日 € 20、3 日 € 25、4 日
€ 33。ポルト市内の❶のほ
か、空港到着ロビーの Nova
Cambios、サン・ベント駅の
チケット売り場、主要ホテル
でも購入できる。その場で使
いたい日付、名前とパスポー
トナンバーを記入してもらう。

ケーブルカー
→ P.239

ロープウエイ
約 600m の距離を 8 人乗り
のロープウエイが行き来して
いる。所要約 5 分。
☎ 223 741 440
🌐 gaiacablecar.com
🕐 毎日　10:00 ～ 19:00
（4月下旬～ 9月下旬は～
20:00、10月下旬～ 3月下旬
は～ 18:00）
休 12/25
💰 片道€ 7、往復€ 10

🔖 歩き方

見どころが集中する歴史地区

　ポルトの観光ポイントは、市庁舎（MAP：P.237/B2）からドウロ
川にかけて、世界遺産に登録されている歴史地区に集まっている。
まずはポルトのランドマーク、**クレリゴス教会 Ig. dos Clérigos** へ。
リベルダーデ広場から市庁舎を背にして右に進むと、塔のある教
会が見えてくる。塔の上からはポルトの街が一望できる。

　サン・ベント駅まで戻り、今度は**カテドラル Sé** へ。ここからは
また違った角度で、ポルトの街並みを展望できる。カテドラルを見
学したあとは、細く曲がりくねった坂道を歩いて下る。大きな通り
に出たら、**ボルサ宮殿 Palácio da Bolsa** はもうすぐ。また宮殿
の南側には、バロック装飾が美しい**サン・フランシスコ教会 Ig.
de São Francisco** がある。

　教会を出る頃は、おなかがすいてくる時間。教会前の階段か
らはドウロ川がすぐ目の前
に見える。岸壁までどんど
ん下りていって、東に見
える**ドン・ルイス 1 世橋
Ponte de Dom Luis I**を
目指して行こう。橋の手
前西側が、レストランが並
ぶ**カイス・ダ・リベイラ
Cais da Ribeira** という地
区になっている。

ドウロ川に面したカイス・ダ・リベイラ

対岸のヴィラ・ノヴァ・デ・ガイアへ

　午後は**ヴィラ・ノヴァ・デ・ガイア Vila Nova de Gaia** のワイ
ナリーを見学。ドン・ルイス 1 世橋の下のほうを渡っていく。川沿
いにワイナリーが並んでいるので、好みの建物に入ろう。帰りはドン・
ルイス 1 世橋のたもと近くのバス停から 901、906 番に乗ると、サン・
ベント駅へ戻れる。街へ戻ったら、にぎやかな**サンタ・カタリーナ
通り Rua de Santa Catarina** を歩いてみるのもいい。

　なお、高台に建つ**セラ・ド・ピラール修道院 Mosteiro da
Serra do Pilar** へ行くには、ドン・ルイス 1 世橋の上のほうを渡っ
ていく。カイス・ダ・リベイラからであれば、いったんケーブルカーで
高台まで上がり、徒歩また
はメトロで向かったほうが賢
明。ワイナリーが並ぶエリ
アからは、距離的には近い
が、かなりの急坂を上らな
くてはならない。その場合
は、ワイナリー上空を行き
来するロープウエイを利用
するといい。川沿いに広が
る街並みを一風変わった角
度から堪能できる。

ロープウエイが行き来するヴィラ・ノヴァ・デ・
ガイア

はみだし　カイス・ダ・リベイラとヴィラ・ノヴァ・デ・ガイアを結ぶ水上タクシー「Douro River Taxi」があり、料金
€ 3.50。船からの眺めもよいので、片道だけ利用するのもいい。9:15 から 17:40 まで 15 分おきに運航。

📷 おもな見どころ

ポルトのランドマーク　　　　　　　　MAP：P.237/B2
クレリゴス教会
Ig. dos Clérigos　　　　　　　　★★

18世紀に建てられたバロック様式の教会。76mあるクレリゴスの塔はポルトガルいちの高さ。長く急な石段を上りきると、塔の上から市庁舎やカテドラルなどの建物と、赤い瓦屋根の街並みの向こうにドウロ川、そして対岸のヴィラ・ノヴァ・デ・ガイアまで眺望することができる。

ポルトで最も高い歴史的建築物

街を見渡す丘の上に建つ　　　　　　　MAP：P.237/C2
カテドラル
Sé　　　　　　　　　　　★★★

もとは要塞として12世紀に建てられ、17〜18世紀に改修が加えられた。北面のバロック様式の外廊は、クレリゴス教会を設計したイタリア人建築家ナソーニによって18世紀に

大聖堂前にはペロリーニョが立つ

付け加えられたものだ。内部には17世紀に造られた銀細工の祭壇がある。祭壇右側のドアは回廊へと続いている。回廊の内壁に張られた、18世紀のアズレージョが美しい。

アズレージョが見事なポルトの玄関口　　MAP：P.237/B2
サン・ベント駅
Estação de São Bento　　　　　★★★

20世紀初め、修道院の跡地に建てられた。ホールの壁を飾るアズレージョはジョルジェ・コラコが1930年に制作。ジョアン1世のポルト入城など、ポルトにまつわる歴史的なできごとが描かれている。

左／駅とは思えないほど立派
下／セウタ攻略を描いた場面。中央にいるのはエンリケ航海王子

クレリゴス教会
🏠Rua de São Filipe de Nery
☎222 145 489
URL www.torredosclerigos.pt
🕐毎日　　9:00〜19:00
※入場は閉門30分前まで
💰無料、塔は€8
🚇Ⓜ São Bento駅から徒歩5分

クレリゴスの塔の上からドウロ川方面を望む

カテドラル
🏠Terreiro da Sé
☎222 059 028
🕐4〜10月
　毎日　　9:00〜18:30
　11〜3月
　毎日　　9:00〜17:30
※入場は閉館30分前まで
🚫聖日曜、12/25
💰€3（回廊と宝物館含む）
🚇Ⓜ São Bento駅から徒歩5分

ゴシック様式の回廊

サン・ベント駅
🕐見学自由

▶ジョルジェ・コラコ
ジョルジェ・コラコ Jorge Colaço（1868〜1942年）は、ポルトガルを代表するアズレージョ画家のひとり。ほかに、おもな作品にサント・イルデフォンソ教会（MAP：P.237/B2）など。

美しいアズレージョで彩られたサント・イルデフォンソ教会

ボルサ宮殿
Palácio da Bolsa ★★

ボルサ宮殿
🏠 Rua de Ferreira Borges
☎ 223 399 000
URL www.palaciodabolsa.com
🕐 毎日 9:00 ～ 13:00
14:00 ～ 17:30
※見学はポルトガル語、英語、フランス語のガイドツアーで所要約30分。
💰 € 12、学割€ 7.50
🚇 Ⓜ São Bento 駅から徒歩10分

現在でもレセプションやパーティなどに使われる「アラブの間」

「ボルサ」とは、ポルトガル語で証券取引のこと。火災で焼失したサン・フランシスコ修道院の跡地にポルト商業組合の建物として1834年に造られ、ごく最近まで証券取引所として使われていた。2階には、50年ほど前まで実際に裁判が行われていた「法廷の間」、今でもレセプションなどが開かれる豪華絢爛な「黄金の間」や会議室、石こうの壁に木目そっくりの模様を施した部屋などがある。なかでも見事なのが、アルハンブラ宮殿を模して造

前の広場にはエンリケ航海王子の像が立つ

られたという「アラブの間」。当時のポルトの経済力を誇示するため18年かけて造られたもので、天井から壁全体を飾る、色とりどりのアラベスク模様のタイルがとても美しい。

サン・フランシスコ教会
Ig. de São Francisco ★★

サン・フランシスコ教会
🏠 Rua do Infante D. Henrique
☎ 222 062 125
URL ordemsaofranciscoporto.pt
🕐 毎日 9:00 ～ 20:00
（10 ～ 3月は～ 19:00）
🚫 12/25
💰 € 9、学割€ 6.50
🚇 Ⓜ São Bento 駅から徒歩12分

向かって右側に教会、左側に美術館がある

14世紀に建造された修道院付属の教会。当初はゴシック様式だったが、17世紀にバロック様式に改装された。教会の内部はターリャ・ドウラーダ（金泥細工）と呼ばれるバロック装飾が施され、天井、壁、柱は、つる草、鳥、天使など、金箔を張った彫刻で

金で覆われた教会内部

覆われている。なかでも左側2番目の礼拝堂にある、「ジェッセの樹」と呼ばれるキリストの系図は必見だ。また、隣の建物は美術館になっていて、宗教画などが展示されている。

🄲 ドウロ川クルーズで橋巡り

遊覧船に乗れば、橋を正面または真下から眺められ、川の上から見るポルトの街もまた違った角度で美しい。橋は上流から順に、車専用のフレイショ橋、1877年完成の最も古いドナ・マリア・ピア橋、インファンテ橋、ドン・ルイス1世橋、そして下流に車専用のアラビダ橋がある。なかでもフランス人技師エッフェルによって設計されたドナ・マリア・ピア橋は、最大の見どころ。もともと鉄道専用に造られた橋で、隣にサン・ジョアン橋が完成したあとも、その美しさからモニュメントとして残されている。

遊覧船はカイス・ダ・リベイラやヴィラ・ノヴァ・デ・ガイアから数社が10:00から18:30頃まで運航しており、所要50分、料金€18。

遊覧船はドン・ルイス1世橋の下をくぐる

 4 ～ 10月はドウロ川上流まで楽しめるクルーズがあります。1日ツアーのおすすめはレグア（→ P.278）からの「Down Stream」で、朝列車でレグアまで行き、船でランチを食べながらドウロ川を下り夕方ポルトに↗

歴史的な建物とされる
エンリケ航海王子の家
Casa do Infante ★

MAP : P.237/C2

見学できるのは中庭と博物館のみ

14世紀前半に建てられ、19世紀まで関税事務所として使われていた。ポルトガルの大航海時代を築いたひとり、エンリケ航海王子はこの家で生まれたとされているが、真偽のほどは定かではない。現在は市の文書局として利用されており、一部が博物館として公開されている。

エンリケ航海王子の家
🏠 Rua da Alfândega 10
☎ 222 060 400
🕐 火〜日　10:00〜17:30
休 月
料 €2.20
🚇 Ⓜ São Bento 駅から徒歩10分

ポルト市民の台所
ボリャオン市場
Mercado do Bolhão ★★

MAP : P.237/B2

1839年に創設されたポルトで最も古い市場。2022年に改装工事が終了し、モダンに生まれ変わった。約80軒の生鮮食品を売る屋台が並び、また最上階には10軒のレストランがある。（→ P.23）

生鮮食品のほかみやげ物も販売している

ボリャオン市場
🏠 Rua Formosa 322
☎ 223 326 024
URL mercadodobolhao.pt
🕐 月〜金　8:00〜20:00
　　土　　8:00〜18:00
　（レストランは月〜土 8:00〜24:00）
休 日・祝
🚇 Ⓜ Bolhão 駅から徒歩2分

ポートワインも売られており、飲み比べができる

ポルト ● おもな見どころ

ポルト郊外にシザの建築を訪れる

ポルトガルを代表する建築家アルヴァロ・シザ・ヴィエイラÁlvaro Siza Vieira（1933年〜）。ポルト出身の彼は、これまで国内外で数多くの建築物を手がけてきた。ポルト中心部から約10km北西にある海岸には、シザの初期作品が残っている。

レサLeçaにある海のプールPiscina das Marésは、1960年代に建設された。海岸の岩場の一部を生かした屋外のスイミングプールは、コンクリートの使用が最低限に抑えられており、建築コストを削減するだけでなく、周囲の景観と一体化させる効果を生み出している。

海のプールから海岸通りに沿って2kmほど北に行くと、ボア・ノヴァ Boa Novaの岬にレストランがある。「茶の家」を意味するカーザ・デ・シャー Casa de Cháという1958年に着工したこのレストランは、シザが最初に設計した建築物。2014年夏にシザ監修のもと修復が行われ、新レストランのカーザ・デ・シャー・ダ・ボア・ノヴァ Casa de Chá da Boa Novaがオープンした。

ポルト中心部からのアクセスは、メトロA線の終点Senhor de Matosinhosまで行き、駅前から507番のバスに乗って約10分のバス停Oliveira Lessaで降りると海のプールに行ける。カーザ・デ・シャー・ダ・ボア・ノヴァは、海のプールから北の方向に徒歩15分ほど。海岸沿いを真っすぐ進んでいくと建物が見えてくる。ポルト中心部からタクシーを利用すると€30程度。

上／周囲の風景に溶け込む「海のプール」
下／岩場の地形を生かして造られたレストラン

アルマス礼拝堂
- 🏠 Rua de Santa Catarina 428
- ☎ 258 809 337
- 🕐 月～木　7:30 ～ 18:00
　　　金　　7:30 ～ 20:00
　　　土・日　7:30 ～ 12:30
　　　　　　18:30 ～ 19:30
- 💰 無料
- 🚇 Ⓜ Bolhão 駅から徒歩 1 分

MAP：P.237/B3

外壁のアズレージョが美しい
アルマス礼拝堂
Capela das Almas　★★

サンタ・カタリーナ通りに面して建つ

「魂の礼拝堂」という名の小さな教会。18 世紀に改築され、現在のバロック様式となった。外壁を覆うアズレージョは 1929 年に装飾されたもので、約 1 万 6000 枚のタイルでアッシジの聖フランシスコと聖カタリーナの生涯を表している。

ソアーレス・ドス・レイス国立美術館
- 🏠 Rua de D. Manuel II 44
- ☎ 223 393 770
- 🔗 www.museusoaresdosreis.gov.pt
- 🕐 火～日　10:00 ～ 18:00
　※入場は閉館 30 分前まで
- 🚫 月、1/1、聖日曜、5/1、12/24・25
- 💰 € 5
- 🚋 市 電 18 番 Hospital de Santo Antonio から徒歩 2 分

MAP：P.236/B1

ポルトガル最古の美術館
ソアーレス・ドス・レイス国立美術館
Museu Nacional Soares dos Reis　★★

1833 年に開館。ソアーレス・ドス・レイス（1847 ～ 89 年）は 19 世紀のポルトガルを代表する彫刻家で、彼の作品を集めた部屋がある。このほか、陶器、中世絵画、ポルトガル現代作家の絵画や彫刻、また日本の南蛮屏風なども展示されている。

かつて宮殿として使われていた建物

ドン・ルイス 1 世橋
- 🏠 見学自由

歩行者は上層・下層とも通行できる

MAP：P.237/C2

世界遺産に登録されているポルトのシンボル
ドン・ルイス 1 世橋
Ponte de Dom Luis I　★★★

ポルトの中心部とヴィラ・ノヴァ・デ・ガイアを結ぶ。ギュスターヴ・エッフェルの弟子のひとり、テオフェロ・セイリグが設計し、1886 年に開通した。幅約 8m の 2 階建て構造で、長さ 395m の上層はメトロ用、174m の下層は自動車用。

ヴィラ・ノヴァ・デ・ガイアから見たポルトの眺め

サン・フランシスコ教会　ボルサ宮　クレリゴスの塔　カテドラル

カルモ教会：18 世紀後半に建てられたバロック様式の教会。側面を覆う美しいアズレージョは、1912 年に追加されたもので、国内最大級。MAP：P.236/B1　毎日 9:30 ～ 18:00　💰 無料

ポルトと北部地方

ポルト ● おもな見どころ

ポルトの街並みが一望できる名所
MAP：P.237/C2

セラ・ド・ピラール修道院
Mosteiro da Serra do Pilar ★★

ドーム型の礼拝堂

　　　　　ポルトの対岸のヴィラ・ノヴァ・デ・ガイアにある修道院。ドウロ川を見下ろす丘に立ち、修道院前の展望台はドン・ルイス1世橋とポルトの街並みが眺められる名所として人気だ。この修道院は1537年に建てられ、現在は円形の回廊と高いドーム型の礼拝堂が見学できる。

セラ・ド・ピラール修道院
🏠 Largo Aviz
☎ 220 142 425
🕐 4 ～ 10 月
　火～日 10:00 ～ 18:30
　11 ～ 3 月
　火～日 10:00 ～ 17:30
🈳 月
💴 €2
🚇 Ⓜ Jardim do Morro 駅から徒歩 3 分

広い庭園の中に建つ現代建築
MAP：P.235

近代美術館
Museu de Arte Contemporânea ★★

　　ポルトの中心部から西へ約5km。セラルヴェス財団が運営する広い敷地内にあり、建物は地元出身の世界的建築家アルヴァロ・シザ・ヴィエイラ（→P.243コラム）によってデザインされた。常設の展示はなく、現代アートを

シザのデザインによる近代的な建物

中心とした企画展が常時開催されている。よく手入れされた庭園には並木やバラ園、池などがあり、レストランやカフェも併設している。

近代美術館
🏠 R. Dom João de Castro 210
☎ 226 156 500
🔗 www.serralves.pt
🕐 4 ～ 9 月
　毎日　　10:00 ～ 19:00
　10 ～ 3 月
　月～金 10:00 ～ 18:00
　土・日 10:00 ～ 19:00
🈳 1/1、　12/25
💴 €20（美術館のみ€13）、学割・65歳以上は半額
🚌 バス 207 番 Dom João III から徒歩 1 分

内部も見学できる巨大な音楽堂
MAP：P.235

カーザ・ダ・ムジカ
Casa da Música ★

外観だけでも見る価値がある

　　　　　2005 年に完成した音楽ホールで、巨大な岩を思わせる形と一部がガラス張りになった外観のデザインが前衛的だ。地元の交響楽団などクラシック音楽を中心に上演されるほか、海外の音楽家も招待され、坂本龍一も公演を行った。日中はガイド付きツアーが行われ、その日に出演する団体のリハーサルを見られることもある。

カーザ・ダ・ムジカ
🏠 Av. da Boavista 604-610
☎ 220 120 220
🔗 www.casadamusica.com
🕐 ガイドツアーは毎日11:00、16:00
※ポルトガル語と英語で所要 1 時間
💴 € 12
🚇 Ⓜ Casa da Música 駅から徒歩 3 分

カイス・ダ・リベイラ地区　　　ドン・ルイス 1 世橋
ロープウエイ

芳醇な香りを味わう ポートワインのワイナリーを訪れる

高貴な香り
と味わいを
楽しみたい

上／ひんやりとしたセラー内にワイン樽がずらりと並ぶ
左下／長い時間をかけて、オークの樽で熟成される
右下／ドウロ川に浮かぶラベーロ

ポルトを訪れたら、ぜひポートワインを味わってみたい。ドウロ川に架かるドン・ルイス1世橋を渡り、対岸のヴィラ・ノヴァ・デ・ガイアへ行ってみよう。ラベーロ Rabelo（帆船）が浮かぶ河岸に、ワインセラーが点在している。英語の名前が多いのは、17世紀にスペインに対抗する手段として関税特権を与えられたイギリスの企業が進出したためで、以後ポルトでのワイン醸造が盛んになった。

ポートワインは、アルト・ドウロと呼ばれるドウロ川上流域（→ P.278）で収穫されたブドウから造られる。山の斜面に広がる段々畑で育てられたブドウは、9月中旬に、大きな籠を背負ったランショと呼ばれる人々の手でつみ取られる。そして機械によって搾り出されたブドウ液は樽に詰められて冬を越し、その後ヴィラ・ノヴァ・デ・ガイアに運ばれ、熟成と瓶詰めが行われる。かつてはラベーロがその運搬を担っていたが、1960年代にトラックや鉄道に取って替わられてしまった。現在ラベーロは「浮かぶ広告塔」としてドウロ川に彩りを添えているのみだが、年に一度、6月24日の聖ジョアン祭にはラベーロのレースが開催される。

現在、ワイナリーの多くは郊外に近代的なセラーを所有し、ヴィラ・ノヴァ・デ・ガイアに昔からある酒蔵では観光客向けに見学ツアーを行っている。また2020年には古い酒蔵を改修し、複合文化施設「WOW（ワールド・オブ・ワイン）」（→ P.22）がオープンした。

見学の流れ

❶受付

ツアーの時間が決まっているところと、見学者が何人か集まるとスタートするところがある。通常、説明はポルトガル語と英語で行われる。

❷解説

まずはポートワインやワイナリーの歴史について学ぶ。

❸セラーを見学

ワイン樽が並ぶロッジ内を歩き、醸造方法について説明を受ける。

❹テイスティング

通常は2種類のポートワインを試飲。その場で購入もできる。

ポートワインの種類

　ポートワインは、まだ糖分が残っている発酵の途中にブランデーを加えて酵母の働きを止め、アルコール度数を19〜22度に高めた酒精強化ワインの一種（ポルト、マデイラ、シェリーが世界3大酒精強化ワインと呼ばれる）。さらに原料となるブドウや熟成年数などにより、おもに以下の8種類に分けられる。いずれも食前酒や食後酒として飲むのが一般的だ。

ルビー　Ruby
年度の異なるワインをブレンドして樽で3年以上熟成させた、最も一般的なポートワイン。若々しい甘味がある。

タウニー（トウニー）　Tawny
ルビーを黄褐色になるまで熟成したもの。ホワイトとルビーをブレンドした安価なものと、樽で長期熟成させたものがある。

レゼルヴァ　Reserva
質のよいブドウを原料にして、樽で約7年熟成させる。濃厚な果実の香りがあり、一般的に食後酒として飲まれることが多い。

コレェイタ　Colheita
単年度のブドウから造られ、樽で7年以上熟成させたあと、濾過して瓶詰めされる。収穫年と瓶詰め年が表示される。

ヴィンテージ　Vintages
好天に恵まれた年の、特に上質なブドウから造られる。樽で2〜3年間熟成させたあと濾過せず瓶詰めし、最低10年は寝かせた高級品。

レイト・ボトルド・ヴィンテージ　L.B.V.
ヴィンテージに次ぐ作柄に恵まれた年のブドウを原料に、樽で4〜6年熟成させたもの。瓶詰め時に濾過する。

ホワイト　White
白ブドウを原料とし、樽で3〜5年熟成させたもの。さわやかな酸味があり、軽い口当たり。冷やして食前酒に。

ロゼ　Rose
黒ブドウと白ブドウを原料とし、別名「ピンク Pink」とも呼ばれる。食前酒のほか、カクテルにして飲まれることもある。

代表的なワインセラー

サンデマン
Sandeman

ドウロ川に面して建っている

　1790年にスコットランド人のジョージ・サンデマンが創設。黒マントとソンブレロのトレードマークは「ドン」の愛称で知られる。

MAP：P.237/C2
🏠 Largo Miguel Bombarda 3
☎ 223 740 533
URL www.sandeman.com
🕐 毎日 10:00 〜 12:30
　　14:00 〜 18:00
💰 €19 〜 45（試飲の種類による）

カレム
Cálem

創業当時の建物が残る

　1859年創業、ポートワインメーカーで唯一のポルトガル人資本の会社。毎日18:30からテイスティング付きのファドコンサートを開催。

MAP：P.237/C2
🏠 Av. Diogo Leite 344
☎ 916 113 451　URL www.calem.pt
🕐 毎日 10:00 〜 19:00
　　（11 〜 4月は〜 18:00）
💰 €17 〜 40（試飲の種類による）、ファドコンサート付きは €25

フォンセカ
Fonseca

セラーの内部を見学できる

　1815年の創業以来、6代にわたって家族経営を守り続けている。4 〜 10月の土曜19:00から夕食付きのファドコンサートを開催している。

MAP：P.237/C2 外
🏠 Rua do Choupelo 84
☎ 223 742 800
URL www.fonseca.pt
🕐 毎日 11:00 〜 19:00
💰 €10、テイスティング・夕食とファドコンサート付きは €65

ポルトのレストラン

　名物料理は臓物と白インゲン豆の煮込みトリパス・ア・モーダ・ド・ポルト Tripas à Moda do Porto。ポルトの人をトリペイロ Tripeiro（臓物を食べる人）と呼ぶこともあるが、大航海時代ポルトから船出する船隊のために肉を供出し、自分たちは臓物しか食べられなかったためとか。ポルト北西のマトジーニョスにはシーフードレストランが多い。

タパベント
Tapabento

予約必須の超人気店

MAP：P.237/B2

　ポルトガル料理を現代風にアレンジした創作料理が評判を呼び、連日開店と同時に満席になる。オーナーのイサベルさんはじめ、スタッフの温かいもてなしもうれしい。ワインはポルトガル北部のものを取り揃え、ポートワインは€1.60〜とリーズナブル。日本語メニューあり。

🏠 Rua da Madeira 221
☎ 912 881 272
🕐 12:00 〜 15:00
　 19:00 〜 23:30
休 月・火
カード D J M V
交 Ⓜ São Bento 駅から徒歩2分

盛りつけも美しいフォアグラのトーステ ィー€21.70（手前）

シェ・ラパン
Chez Lapin

カイス・ダ・リベイラの有名店

MAP：P.237/C2

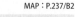

　こぢんまりとした店内は、まるで穴蔵のような雰囲気で趣がある。ドウロ川に面した外のテラス席でも食事ができる。人気メニューは、タコのオーブン焼き Polvo Assado no Forno（€29.50）やシェ・ラパン風ウサギ料理 Coelho à Chez Lapin（€15）など。

🏠 Rua dos Canastreiros 40-42　☎ 222 006 418
🕐 12:30 〜 15:00
　 19:00 〜 23:00
休 無休　カード A M V
交 Ⓜ São Bento 駅から徒歩15分

ボリュームたっぷりのタコのオーブン焼き（手前）

アサドール・ティピコ
Assador Típico

地元客でいつもにぎわう

MAP：P.236/B1

　ソアーレス・ドス・レイス国立美術館の隣にある、安くておいしい串焼き料理の店。特にランチタイムは広い店内が満席になる。金・土曜の夜はライブ演奏がある。予算€12〜。

🏠 Rua D. Manuel Ⅱ 18-22
☎ 222 015 149
🕐 11:30 〜 15:00
　 19:00 〜 22:00
休 無休　カード 不可
交 市電 18 番 Hospital de Santo Antonio から徒歩1分

アンティキュム
Antiqvvm

ドウロ川と街並みを見下ろす立地

MAP：P.235

クリスタル宮庭園の一角にある、ミシュラン1つ星を獲得している高級レストラン。19世紀の邸宅を改装しており、雰囲気もすてき。コースメニューは€120と€165。ランチには€45のコースもある。庭のテラス席はカフェとして利用でき、ドウロ川の絶景が楽しめる。

料理の盛りつけも趣向が凝らされている

🏠Rua de Entre Quintas 220
☎226 000 445
🕐12:30 ～ 24:00
（カフェは～ 19:00)
🚫日・月 カード AMV
🚃市電18番 Hospital de Santo Antonio から徒歩8分

アバディア・ド・ポルト
Abadia do Porto

豊富なメニューがうれしい

MAP：P.237/B2

店内は1・2階を合わせて300人は入れるほど広く、タイル装飾が美しい。ポルト名物のトリパスをはじめ、メイア・ドーゼ（ハーフサイズ）のメニューが充実しているのがうれしい。予算€15 ～。

🏠Rua do Ateneu Comercial do Porto 22-24
☎222 008 757
🕐12:00 ～ 15:00
18:30 ～ 22:30
🚫日、月の昼 カード ADMV
🚃Aliados 駅から徒歩4分

ジマオン
Jimão

タパスとワインが楽しめる

MAP：P.237/C2

📧ドウロ川が見えるテラス席がおすすめ。人気の店らしく、予約をしてから行きましたが、とてもにぎわっていました。エビのサラダとタコのパスタが絶品。（東京都　なお）['23]

🏠Pr. da Ribeira 64
☎220 924 660
🕐12:00 ～ 22:30
🚫火
カード MV
🚃Ⓜ São Bento 駅から徒歩15分

ア・タスキーニャ
A Tasquinha

一品一品がボリュームたっぷり

MAP：P.236/B1

地元の人たちに人気の店で、週末のランチ時には多くの家族連れでにぎわう。前菜からメイン料理までメニューが豊富に揃っている。カフェ利用に最適なテラス席もある。予算€15 ～。

🏠Rua do Carmo 23
☎223 322 145
🕐12:00 ～ 15:00
19:00 ～ 23:00
🚫日 カード AMV
🚃市電18番 Hospital de Santo Antonio から徒歩1分

カーザ・ガゼラ
Casa Gazela

地元で愛されるB級グルメを提供

MAP：P.237/B2

ポルトガル風ホットドッグ、カショリーニョを考案した店。ミニサイズのバゲットに生ソーセージとチーズ、特製ソースを挟んで焼いたもので、ひとつ€4.20。ピリ辛味がビールと合う。

🏠Rua de Entreparedes 8
☎221 124 981
🕐12:00 ～ 22:30
🚫日・祝
カード 不可
🚃Ⓜ Bolhão 駅から徒歩10分

ラメイラス
Lameiras

家族経営の気さくな店
MAP：P.237/A2

　ボリャオン市場の近くにある、庶民的なレストラン。ランチメニュー€4〜7程度、デザート€1.60〜と、値段の安さではポルト随一。店で焼くローストチキンは€5.40。

住Rua do Bonjardim 546/8
☎222 009 117
営11:00〜23:00
休日
カード MV
交Ⓜ Trindade 駅から徒歩1分

カフェ・サンティアゴ
Café Santiago

フランセジーニャの有名店
MAP：P.237/B3

　気軽に入れるスナックカフェ。客のほとんどがポルトのB級グルメ、フランセジーニャを注文する。フライドポテト付き€10.70。ボリュームがあるので、女性ならふたりで分けるとちょうどいい。

住Rua Passos Manuel 226
☎222 055 797
営11:00〜23:00
休日
カード MV
交Ⓜ Bolhão 駅から徒歩7分

コンガ
Conga

ビファナを食べるならここ
MAP：P.237/B2

　ビファナ（ポルトガル風豚肉サンドイッチ）は€2.50。ピリ辛のソースで煮込んだ、ジューシーな豚肉が人気の秘密だ。タラのコロッケやスープなど食事メニューも豊富に揃っている。

住Rua do Bonjardim 314-318
☎222 000 113
営11:30〜22:00
休日
カード MV
交Ⓜ Aliados 駅から徒歩2分

ガレリア・デ・パリス
Galeria de Paris

レトロな店内がすてき
MAP：P.237/B2

　もと靴工房だった店内にはアンティークコレクションが飾られている。朝食やランチ、ティータイムに利用できるほか、カクテルも豊富に揃う。不定期でファドの演奏を開催。

住Rua da Galeria de Paris 56
☎222 016 218
営9:00〜翌3:00
（月は〜19:00）
休日　カード 不可
交Ⓜ São Bento 駅から徒歩10分

いちばん
Ichiban

日本人シェフが腕を振るう
MAP：P.235

　寿司盛り合わせ、お好み焼き、しゃぶしゃぶなど、多彩な日本料理が楽しめる。昼食メニューは€18.50〜（土・日曜は€21.50〜）。リベルダーデ広場から500番のバスで約15分。

住Av. do Brasil 454
☎934 044 995
営12:30〜15:30
19:30〜22:00（金・土は〜23:00）　休月、日の夜
カード AMV　交バス500番
Praia de Gondarém から徒歩1分

マジェスティック
Majestic

歴史のあるティールーム
MAP：P.237/B2

　サンタ・カタリーナ通りに面した、1921年創業のカフェ。当時から変わらないアールヌーヴォー様式の店内で、優雅なひとときを過ごせる。アフタヌーンティーのセット（15:00〜19:00）もある。

住Rua Santa Catarina 112
☎222 003 887
営10:00〜23:00
休日
カード AMV
交Ⓜ Bolhão 駅から徒歩5分

ポルトのショッピング

　街一番のショッピングストリートは、バターリャ広場から北へ延びるサンタ・カタリーナ通り。ショッピングセンターもあって便利だ。このほかレプブリカ広場から続くボアヴィスタ通りには高級ブランド店が、また大学からボアヴィスタ通りに続くセドフェイタ通りにもブティックが並んでいる。

エル・コルテ・イングレス

El Corte Inglés

スペイン系の大型デパート

MAP：P.235

　食料品、生活雑貨、衣類、文房具など、ひととおり揃うので便利だ。特にスーパーには、総菜コーナーや高級食材を扱うグルメクラブもあり、旅行者にも利用価値が高い。

🏠Av. da República 1435
☎223 781 400
🕐10:00 ～ 22:00
　（金・土は～ 23:30）
休1/1、5/1、12/25
カードＡＤＪＭＶ
交Ⓜ João de Deus 駅から徒歩1分

ヴィア・カタリーナ

Via Catarina

便利なショッピングセンター

MAP：P.237/B3

　街の中心、サンタ・カタリーナ通りにある。ファッションを中心に、100軒ほどの店舗やスーパーが入っている。また、最上階は気軽に食事のできるフードコートになっている。

🏠Rua de Santa Catarina 346
☎222 075 609
🕐9:00 ～ 22:00（各ショップは10:00 ～ 21:00、レストランは～ 22:00）　休1/1、12/25
カード 店によって異なる
交Ⓜ Bolhão 駅から徒歩 2 分

アルマゼン・ドス・リニョス

Armazém dos Linhos

1905 年創業の布地店

MAP：P.237/B2

　レトロな店内に並ぶテキスタイルはすべてポルトガル製で、花柄やストライプなどの伝統モチーフが揃う。オリジナルの布地を使ったバッグやポーチはおみやげにもおすすめ。

🏠Rua de Passos Manuel 15
☎222 004 750
🕐月～金　　　10:00 ～ 19:00
　土　　　　 10:00 ～ 13:00
　　　　　　 14:30 ～ 18:00
休日・祝　カードＡＭＶ
交Ⓜ Aliados 駅から徒歩 6 分

フェルナンデス・マトス

Fernandes, Mattos & Ca.

ハイセンスな雑貨が揃う

MAP：P.237/B2

　ポルトガルの伝統的なおもちゃ、文房具や本、ファッション雑貨など、眺めているだけでもワクワクする品揃え。1886 年に布地店として開店した、レトロな店内も一見の価値あり。

🏠Rua das Carmelitas 108-114
☎222 005 568
🕐10:00 ～ 19:00
　（日は～ 18:00）
休1/1、12/25
カードＭＶ
交Ⓜ São Bento 駅から徒歩 10 分

カステルベル

Castelbel

高級ホテル御用達の石鹸

MAP：P.237/C2

　1999 年に高品質の石鹸作りをスタートし、今では国内の高級ホテルのアメニティとしてもおなじみ。ポルトガルらしさをデザインしたおしゃれなソープはおみやげにぴったり！

🏠Rua de Ferreira Borges
☎222 083 488
🕐10:00 ～ 20:00
休1/1、12/25
カードＡＤＪＭＶ
交Ⓜ São Bento 駅から徒歩10 分

クラウス・ポルト
Claus Porto

高級石鹸メーカーの直営店
MAP：P.237/C2

1887年にポルトで創業。「香りの宝石」とも呼ばれるラグジュアリーなソープが有名。みやげ物店などでも売られているが、ここはフラッグシップ店だけあって品揃えが充実している。

🏠Rua das Flores 22
☎914 290 359
🕐10:00～20:00
🏖1/1、12/25
カード D J M V
🚃Ⓜ São Bento 駅から徒歩6分

アルカディア
Alcádia

1933年創業のチョコレート店
MAP：P.237/B2

伝統的な製法で手作りされるチョコは口溶けなめらか。ポートワイン入りのボンボンや、猫の舌の形をしたリングアス・デ・ガトが人気。量り売りのボンボンはひとつ€1程度。

🏠Rua de Santa Catarina 191
☎222 010 859
🕐10:00～20:00
（日は10:30～19:00）
🏖1/1、6/24、12/25
カード A D J M V
🚃Ⓜ Bolhão 駅から徒歩3分

エクアドル
Equador

ポルト発の高級チョコレート
MAP：P.237/B2

パッケージがすてきなチョコは職人たちがていねいに手作りしたもの。本店（MAP P.237/A2 🏠Rua de Sá da Bandeira 637）は少し遠いが、品揃えが豊富で、カフェスペースもある。

🏠Rua das Flores 298
☎967 296 160
🕐10:00～19:30
🏖日
カード A M V
🚃Ⓜ São Bento 駅から徒歩2分

メルセアリア・ダス・フローレス
Mercearia das Flores

おいしいものが勢揃い
MAP：P.237/B2

こぢんまりとした店内に、チーズ、ワイン、魚の缶詰など、ポルトガル北部で生産されたグルメ食材が並ぶ。イートインも可能なので、気に入ったら購入しておみやげにするのもいい。

🏠Rua das Flores 110
☎222 083 232
🕐月～金12:00～22:00
　土　　11:00～22:00
　日　　11:30～20:00
🏖1/1、12/25 カード M V
🚃Ⓜ São Bento 駅から徒歩5分

世界で最も美しい書店

世界遺産にも登録されているポルトの歴史地区に、イギリスの新聞ガーディアンが「世界で最も美しい書店ベスト10」に選んだ「リヴラリア・レロ」がある。1881年に創業、1906年から現在の場所で営業している老舗の書店で、今では人気の観光名所となっている。アールヌーヴォー様式の建物は、書店とは思えないほど美しく、特に店内中央にあらせん階段は「天国への階段」と呼ばれる。なお、世界的な人気を博した『ハリーポッターシ

「レロ・エ・イルマオン書店」とも呼ばれる

リーズ』の作者であるJ・K・ローリング（1965年～）は、1991～93年にポルトで英語教師として働くかたわら、執筆にも従事。物語のなかにはポルトで見た風景が多く反映されているといわれ、この書店もそのひとつとして多くの観光客が訪れるようになったが、本人は一度も行ったことがないと否定している。

リヴラリア・レロ Livraria Lello
MAP：P.237/B2　🏠Rua das Carmelitas 144
☎222 002 037　URL www.livrarialello.pt
🕐毎日9:00～19:00
🏖1/1、聖日曜、5/1、6/24、12/25
💰€8（本の購入に使用可）
🚃Ⓜ São Bento 駅から徒歩10分
※入場には書店の並びにあるチケット窓口でバウチャーを購入する。奥にはコインロッカーがあるので、大きな荷物はここに預けること。

ポルトのホテル

中級ホテルや経済的なレジデンシャルは、リベルダーデ広場とその北のアリアドス通り周辺に多い。このあたりに宿を取れば、サン・ベント駅から近いし観光にも便利だ。また市庁舎の北、レプブリカ広場から西へ延びる Álvares Cabral 通りにも手頃な宿がいくつか並んでいる。高級ホテルはボアヴィスタ通りや新市街に多い。

ペスターナ・パラシオ・ド・フレイショ
Hotel Pestana Palacio do Freixo

宮殿を改装した豪華ホテル

1742 年に建てられたバロック様式の宮殿がレストランやサロン、隣接する旧製粉工場が客室になっている。ドウロ川に面した庭にはプールがあり、リゾート気分でのんびり過ごせる。

★★★★★
MAP：P.235 外

[住]Estrado Nacional 108
☎229 766 450
[URL]www.pestanacollection.com
[料]ⓈⓌ€ 203 ～ 402
[カード][A][D][M][V] [客室数]87
[Wi-Fi]無料 [交]Ⓜ Campanhã 駅から徒歩 25分

ポザーダ・ポルト
Pousada Porto

18 世紀の建物をモダンに改装

サン・ベント駅前から延びるフローレス通りにあり、周囲には商店やレストランも多くにぎやか。バー、屋内プールとサウナ、フィットネスセンターなど設備も充実している。

★★★★★
MAP：P.237/B2

[住]Rua das Flores 94
☎ 229 766 400
[URL]www.pousadas.pt
[料]ⓈⓌ€ 160 ～ 400
[カード][A][D][J][M][V] [客室数]84
[Wi-Fi]無料
[交]Ⓜ São Bento 駅から徒歩 5 分

インターコンチネンタル・ポルト
Hotel InterContinental Porto

交通至便な豪華ホテル

中心部に建つ大型ホテル。18 世紀末に建てられたカルドサス宮殿を改装しており、客室やレストランもクラシックな趣。24 時間営業のジムやスパ、ビジネスセンターも完備している。

★★★★★
MAP：P.237/B2

[住]Pr. de la Liberdade 25
☎ 220 035 600
[URL]www.ihg.com
[料]ⓈⓌ€222 ～ 432
[カード][A][M][V]
[客室数]121 [Wi-Fi]無料
[交]Ⓜ São Bento 駅から徒歩 1 分

インファンテ・デ・サグレス
Hospes Infante de Sagres

ポルトで最高の格式を誇る

1951 年創業。アンティーク家具が置かれたロビー、クラシックなレストランにも風格が感じられる。客室はシックな色調でまとめられ、大理石張りのバスルームも豪華だ。

★★★★★
MAP：P.237/B2

[住]Pr. D. Filipa de Lencastre 62
☎223 398 500
[URL]www.infantesagres.com
[料]ⓈⓌ€ 167～372
[カード][A][M][V] [客室数]72
[Wi-Fi]無料
[交]Ⓜ Aliados 駅から徒歩 4 分

シェラトン・ポルト
Sheraton Porto Hotel & Spa

モダンな客室と充実した設備

ポルトのビジネス街に位置する、近代的で豪華なホテル。ガラス、大理石、スチールなどを使用したモダンな外観が目を引く。屋内プール、スパ、フィットネスセンターもある。

★★★★★
MAP：P.235

[住]Rua Tenente Valadim 146
☎220 404 000
[URL]www.marriott.co.jp
[料]ⓈⓌ€144 ～ 257
[カード][A][D][J][M][V] [客室数]266
[Wi-Fi]無料
[交]ⓂFrancos 駅から徒歩 8分

はみだし 夏期、年末年始や聖週間、国際会議が開催される時期などは、ホテルの料金が高騰して本書掲載の宿泊費より高くなる場合もあるので、前もって確認しておこう。

ペスターナ・ヴィンテージ・ポルト

Hotel Pestana Vintage Porto

★★★★

MAP：P.237/C2

ドウロ川に面した好立地

カイス・ダ・リベイラに建つ18棟の建物の内部をつなげ、ホテルとしてオープン。リバービューの部屋からは、朝に夕にドウロ川とヴィラ・ノヴァ・デ・ガイアの景色が楽しめる。

[住]Pr. da Ribeira 1
☎223 402 300
[URL]www.pestanacollection.com
[料]ⓈⓌ€187～355
[カード][A][D][J][M][V]　[客室数]48
[Wi-Fi]無料　[交]ⓂSão Bento駅から徒歩15分

ポルト・トリンダーデ

Porto Trindade Hotel

★★★★

MAP：P.237/A2

おしゃれなデザインホテル

館内や客室は白、黒、赤でスタイリッシュにまとめられている。客室にはコーヒーメーカーが用意され、またポートワインのウエルカムドリンクがあるなど、うれしいサービスも。

[住]Rua de Camões 129/131
☎222 061 520　[FAX]222 061 529
[URL]www.portotrindadehotel.com
[料]Ⓢ€138～196　Ⓦ€156～220
[カード][A][M][V]　[客室数]52
[Wi-Fi]無料
[交]ⓂTrindade駅から徒歩2分

メルキュール・ポルト・セントロ

Hotel Mercure Porto Centro

★★★★

MAP：P.237/B2

観光や買い物に便利

バターリャ広場に面しており、ショッピング街のサンタ・カタリーナ通りへは歩いてすぐ。客室はコンパクトだが、使いやすくまとまっている。眺めのよいレストランもある。

[住]Pr. da Batalha 116
☎222 043 300　[FAX]222 043 499
[URL]www.all.accor.com
[料]ⓈⓌ€85～180
[カード][A][D][M][V]　[客室数]145
[Wi-Fi]無料
[交]ⓂBolhão駅から徒歩7分

レジェンダリー

Hotel Legendary

★★★

MAP：P.237/B2

居心地のよい快適ホテル

メルキュール・ポルト・セントロ（上記）の隣。サン・ベント駅から西側へ急な坂道を上ったバターリャ広場に面している。部屋は白を基調とした色合いで、清潔感あふれる雰囲気だ。

[住]Pr. da Batalha 127-130
☎223 392 300
[URL]www.legendaryportohotel.com
[料]ⓈⓌ€68～181
[カード][A][D][M][V]　[客室数]113
[Wi-Fi]無料
[交]ⓂBolhão駅から徒歩7分

グランデ

Grande Hotel do Porto

★★★

MAP：P.237/B2

1880年創業の老舗ホテル

にぎやかなショッピング街、サンタ・カタリーナ通りにある。19世紀の建物で、クラシックなサロンやバー、レストランが歴史を感じさせる。客室はすっきりとシンプルな造り。

[住]Rua de Santa Catarina 197
☎222 076 690
[URL]www.grandehotelporto.com
[料]ⓈⓌ€88～204
[カード][A][D][J][M][V]　[客室数]94
[Wi-Fi]無料
[交]ⓂBolhão駅から徒歩3分

ヴェラ・クルス

Hotel Vera Cruz

★★

MAP：P.237/B2

街を見下ろしながら朝食を

市庁舎からすぐ。1951年創業と歴史の古いホテルだが、客室はきれいに改装されており、窓は二重ガラスなので静かに過ごせる。最上階の7階に朝食ルームがあり、眺めがすばらしい。

[住]Rua Ramalho Ortigão 14
☎223 323 396
[URL]veracruzportohotel.pt
[料]Ⓢ€55～165　Ⓦ€65～175
[カード][A][J][M][V]　[客室数]30
[Wi-Fi]無料
[交]ⓂAliados駅から徒歩2分

ペニンスラール

Hotel Peninsular

★★

駅近くの経済的ホテル

サン・ベント駅から徒歩1分。古い建物を利用しているので近代的な設備は望めないが、それだけに趣があり、木製のエレベーターはかなりの年代物。さまざまなタイプの部屋がある。

MAP：P.237/B2

[住]Rua Sá da Bandeira 21
☎222 003 012 [FAX]222 084 984
[URL]www.hotel-peninsular.pt
[料]Ⓢ€40～70 Ⓦ€50～80
[カード][A][D][J][M][V] [客室数]52
[Wi-Fi]無料
[交]ⓂSão Bento駅から徒歩3分

ノルテ

Hotel do Norte

★★

市場に近く交通の便がよい

サンタ・カタリーナ通りに面しており、部屋によっては窓からアルマス礼拝堂の美しいアズレージョが見える。3～4人で滞在できる簡易キッチン付きのファミリールームもある。

MAP：P.237/B3

[住]Rua Fernandes Tomás 579
☎222 003 503
[URL]www.hoteldonorte.com
[料]ⓈⓌ€65～105
[カード][A][M][V] [客室数]36
[Wi-Fi]無料
[交]ⓂBolhão 駅から徒歩1分

オ・ポルト・ハウス

O Porto House

家族経営のゲストハウス

クレリゴス教会の近くにあり、観光やショッピングに便利な立地。石造りの民家を、昔の風情を残しつつおしゃれに改装している。経営者とその家族が親切に対応してくれる。

MAP：P.237/B2

[住]Rua Conde de Vizela 56
☎222 003 078
[料]ⓈⓌ€55～101
[カード]不可 [客室数]12
[Wi-Fi]無料
[交]ⓂSão Bento 駅から徒歩6分

ザ・パッセンジャー

The Passenger Hostel

窓からサン・ベント駅が見える

サン・ベント駅の構内にあり、列車で到着したらすぐチェックインできるので便利だ。内装はモダンで、ドミトリーのほか2～4人用の個室もある。バーやキッチン、ランドリーも完備。

MAP：P.237/B2

[住]Estação S.Bento
☎963 802 000
[URL]thepassengerhostel.com
[料]Ⓓ€27～49 ⓈⓌ€72～132
[カード][M][V]
[ベッド数]33
[Wi-Fi]無料

Column

ミゲル・ボンバルダ通りでアート散策

ポルトのアート地区として知られるのが、ソアーレス・ドス・レイス国立美術館の北側に延びるミゲル・ボンバルダ通りRua de Miguel Bombarda（MAP：P.236/B1）。一見地味な通りだが、有名なウオールアートのほか、アートギャラリーやおしゃれなショップが点在し、そぞろ歩きが楽しい。

この通りにある「オー！ガレリア O! Galeria」（[住]Rua de Miguel Bombarda 61 [URL]www.ogaleria.com [開]13:00～19:00 [休]日・祝）は、ポルト在住のアーティストたちの作品を扱うギャラリーショップ。ポストカードやイラストなど手頃なものも多いので、お気に入りを見つけたら旅の思い出に購入するのもいい。

ポルトガルの旧植民地を描いたウオールアート

「オー！ガレリア」の店内

ギマランイス

ギマランイス
★
Porto ●

Lisboa ●

アクセス

ポルトから
🚃 サン・ベント駅または
カンパニャン駅から近郊
列車で約1時間〜1時間
30分、毎時1便程度。
🚌 カンパニャン・バス
ターミナルから45分〜1
時間、毎時1便程度。
ブラガから
🚌 所要25分、1日5〜
6便。

世界遺産
ギマランイス歴史地区
（2001年登録）

ポルト空港からのシャトル
バス
毎日 5:00 〜 23:30 に 7 〜
9 便運行。所要約 50 分。
チケットは到着出口を出
た所のデスクまたは車内
で購入する。オンラインで
も可。片道 €8、往復 €14。
URL getbus.eu/pt

「ここにポルトガル誕生す」の
表示

噴水があるトウラル広場

　ギマランイスは、初代ポルトガル国王アフォンソ・エンリ
ケス生誕の地。町の入口の壁には「ここにポルトガル誕生す
Aqui Nasceu Portugal」と書かれており、アフォンソ1
世が生まれた城などゆかりの史跡も多い。旧市街の家並みは
時代に取り残され、それゆえに歴史の重みを感じさせる。名所
見学だけでなく、のんびりと素朴な町並み散策も楽しめる、歴
史好きには見逃せない町だ。

歩き方

　鉄道駅から町の中心へは約500m。駅を出たら左へ、ひと
つ目の角を右に曲がり Av. D. Afonso Henriques を 10 分ほど
歩くと、**モレイナ・デ・サ広場 Largo V. Moreina de Sá** に出
る。さらにその先は、ギマランイスで一番にぎやかな**トウラ
ル広場 Largo do Toural**。周りにはレストランやカフェなど
が並んでいる。

　バスは町の西側、各社が乗り入れるバスターミナルに到着
する。隣接して大きなショッピングセンターがあり、レスト
ランやスーパーマーケットもあって何かと便利。町の中心へ
行くには、ターミナルを背にして東方向に坂を上る。大きな
交差点に出たら南に曲がり、真っすぐ進むとトウラル広場。
バスターミナルから徒歩15分ほどの距離だ。

　観光の起点となるのは、
トウラル広場の東側にあ
る**オリベイラ広場 Largo
da Oliveira**。広場に面し
て**ノッサ・セニョーラ・ダ・
オリベイラ教会 Ig. N. Sra.
da Oliveira**、旧市庁舎な
どが建っていて、歴史的

路地が入り組んだ旧市街

なたたずまいを今に伝えている。一方すぐ北側の**サンティアゴ広場 Pr. de Santiago** には、庶民的な雰囲気の家々が並ぶ。この広場の一角に❶がある。

サンティアゴ広場から**ブラガンサ公爵館 Paço dos Duques de Bragança** へは、サンタ・マリア通り Rua de Sta. Maria を上っていこう。狭い通りの両側に 14 〜 15 世紀の建物が並び、ぶらぶらと散策するのに最適だ。

素朴なたたずまいのサンティアゴ広場

サンティアゴ広場の❶
🏠 Pr. de Santiago
☎ 253 421 221
🌐 www.guimaraesturismo.com
🕐 月〜金　9:30 〜 18:30
　　土・日・祝 10:00 〜 17:30
🚫 1/1、聖日曜、12/25

❶では地図やパンフレットがもらえる

MAP : P.257

🏠 おもな見どころ

貴族の暮らしをしのばせる

ブラガンサ公爵館

Paço dos Duques de Bragança ★★

アヴィス朝を創始したジョアン 1 世の息子で、初代ブラガンサ公爵となったドン・アフォンソによって 15 世紀初めに建てられた。れんがの煙突や宴会場の天井などにフランス・ブルゴーニュ地方の影響が見てとれる。16 世紀にブラガンサ公爵家がヴィラ・ヴィソーザに移ってからは廃墟となっていた。現在はきれいに改修され、政府の公館として国賓などの接待場にも使われている。

れんがの煙突がユニーク

ブラガンサ公爵館
🏠 Rua Conde D. Henrique
☎ 253 412 273
🌐 pacodosduques.gov.pt
🕐 毎日　10:00 〜 18:00
※入場は閉館 30 分前まで
🚫 1/1、聖日曜、5/1、6/24、12/25
💶 €5、学割・65 歳以上 €2.50

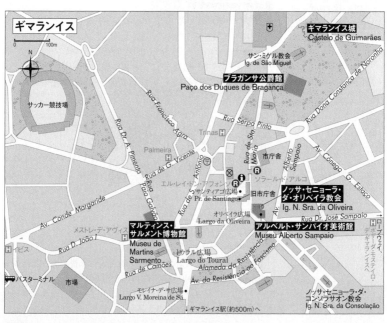

ギマランイス

ギマランイス城　Castelo de Guimarães

サン・ミゲル教会　Ig. de São Miguel

ブラガンサ公爵館　Paço dos Duques de Bragança

サッカー競技場

Rua Francisco Agra

Rua Dona Constança de Noronha

Rua Serpa Pinto

Trinas H

Palmeira

Rua Dr. A. Pimenta

Rua de G. Vicente

Rua de Sta. Maria

Rua de Santo António

市庁舎

Av. Conego G. Elogo

エル・レイ・ドン・アフォンソ

ソラール・ド・アルコ

Rua Paio Galvão

サンティアゴ広場　Pr. de Santiago

旧市庁舎

ノッサ・セニョーラ・ダ・オリヘイラ教会　Ig. N. Sra. da Oliveira

Av. Conde Margaride

オリベイラ広場　Largo da Oliveira

Rua Dr. José Sampaio

マルティンス・サルメント博物館　Museu de Martins Sarmento

メストレ・デ・アヴィス

アルベルト・サンパイオ美術館　Museu Alberto Sampaio

Rua D. João I

ヒビス

バスターミナル

市場

トゥラル広場　Largo do Toural

Rua de Camões

Alameda da Resistência

Av. da Resistência

モレイナ・デ・サ広場　Largo V. Moreina de Sá

ギマランイス駅（約500m）へ

ノッサ・セニョーラ・コンソラサオン教会　Ig. N. Sra. da Consolação

ギマランイス城

🏠 Rua Conde D. Henrique
☎ 253 412 273
🕐 毎日　　10:00 ～ 18:00
※入場は閉館 30 分前まで
📅 1/1、聖日曜、5/1、6/24、
12/25
💰 €2

ロマネスク様式のサン・ミゲ
ル教会

ノッサ・セニョーラ・ダ・オリベイラ教会

🏠 Largo da Oliveira
☎ 253 416 144
🕐 月～土　　8:30 ～ 12:00
　　　　　　15:30 ～ 19:30
　　日　　　9:00 ～ 13:00
　　　　　　17:00 ～ 20:00
💰 無料

いまも教会前には伝説のオリー
ブの木が葉を茂らせている

アルベルト・サンパイオ美
術館

🏠 Rua Alfredo Guimarães
☎ 253 423 910
🌐 www.museualbertosa
mpaio.gov.pt
🕐 火～日　10:00 ～ 18:00
📅 月、1/1、聖日曜、5/1、
12/25
💰 €3、学割・65 歳以上
€1.50（回廊は別途 €1.50）

マルティンス・サルメント
博物館

🏠 Rua Paio Galvão 2
☎ 253 415 969
🕐 火～土　　9:30 ～ 12:00
　　　　　　14:00 ～ 17:00
　　日　　　10:00 ～ 12:00
　　　　　　14:00 ～ 17:00
📅 月・祝
💰 €3

アフォンソ・エンリケス生誕の地　　　　　　MAP：P.257

ギマランイス城
Castelo de Guimarães　　★★

　10 世紀に建てられた、7 つの塔をもつ城。アフォンソ 1 世は
1110 年にこの城で生まれ
た。塔の上からは、ギマラ
ンイスの町並みが一望でき
る。城の麓にあるのは、12
世紀建造の**サン・ミゲル教
会 Ig. de São Miguel**。ア
フォンソ 1 世はここで洗礼
を受けたといわれている。

城の前に立つアフォンソ 1 世の像

オリーブの伝説が残る　　　　　　　　　　MAP：P.257

ノッサ・セニョーラ・ダ・オリベイラ教会
Ig. N. Sra. da Oliveira　　★

　ロマネスク様式とゴシック様式が交じった教会。教会前のア
ーチはムーア軍を打ち破ったサラードの戦いの勝利を記念し
て、1342 年に造られたといわ
れている。アーチが完成する
とき、教会前にあったオリー
ブの幹が突然葉を出したとい
う伝説をもとに、この名前（オ
リーブの樹の聖母教会）で呼
ばれるようになった。

オリベイラ広場の東側に建つ

建物自体も興味深い　　　　　　　　　　　MAP：P.257

アルベルト・サンパイオ美術館
Museu Alberto Sampaio　　★★

　ノッサ・セニョーラ・ダ・オリベイラ教会の修道院部分を利
用した美術館で、13 世紀ロマネスク様式の回廊が美しい。宗
教画や彫刻のほか、ギ
マランイス出身の画
家アントニオ・ヴァ
スの絵画、ジョアン 1
世がアルジュバロー
タの戦いで着たとさ
れる上着などが展示
されている。

教会付属の修道院を改装

北部の考古品を集めた　　　　　　　　　　MAP：P.257

マルティンス・サルメント博物館
Museu de Martins Sarmento　　★

　考古学者マルティンス・サルメントが、私費で発掘したコレ
クションをもとに、1885 年に開館。ポルトガル北部の考古学
品が中心で、ギマランイス郊外のブリテイレロスやサブローソ
で発掘された鉄器時代の出土品もここに展示されている。

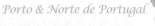

ギマランイスのレストラン&ホテル

　レストランはサンティアゴ広場に面して軒を連ね、夏はいずれも深夜まで営業している。町は小さいながらも、設備のよい中級・高級ホテルが多い。特に町外れの丘に建つポザーダは、雰囲気がよくおすすめ。バスターミナルから旧市街へは緩やかな上り坂なので、旧市街に泊まる人はタクシーを使うと楽だ。

ソラール・ド・アルコ

Solar do Arco

地元で評判のレストラン

MAP：P.257

　高級な雰囲気だが、料金はリーズナブル。素材を吟味した上質な料理を楽しめる。量が多いので、一品をふたりでシェアするかハーフサイズを注文するとよい。予算€15〜25。

🏠Rua de Sta. Maria 48-50
☎253 035 233
🕐12:00〜15:30
　19:00〜22:30
🈺火
カード A M V

エル・レイ・ドン・アフォンソ

El Rey Dom Afonso

こぢんまりとした郷土料理店

MAP：P.257

　サンティアゴ広場に面した、庶民的なレストラン。魚料理と肉料理を両方揃えており、メイン€10前後。魚料理にデザートとカフェをセットにしたツーリストメニューは€18。

🏠Pr. de Santiago 20
☎960 141 520
🕐12:00〜15:00
　19:00〜22:00
🈺月
カード A D M V

ポザーダ・モステイロ・デ・ギマランイス

Pousada Mosteiro de Guimarães

宮殿のような修道院がポザーダに

MAP：P.257 外

　町の中心から東へ約2km。タクシーで約10分の場所にあり、市街と周囲の山々が一望できる。アズレージョの間や見事な調度品が配された応接間など、宮殿のような豪華さだ。(→ P.43)

🏠4810-011 Guimarães
☎253 511 249
URL www.pousadas.pt
💰Ⓢ W €110〜230
カード A D J M V
客室数51
Wi-Fi 無料

メストレ・デ・アヴィス

Hotel Mestre de Avis
★★★

旧市街のプチホテル

MAP：P.257

　トゥラル広場から徒歩1分、閑静な通りに建つこぢんまりとしたホテル。古い建物を改装しており、客室は窓が大きく明るい。バルコニー付きの部屋もある。早めの予約が望ましい。

🏠Rua D. João I 40
☎253 422 770
FAX 253 422 771
URL hotelmestredeavis.pt
💰Ⓢ €52〜82　W €62〜99
カード M V　客室数16
Wi-Fi 無料

イビス

Hotel Ibis
★★

バスターミナルから近いのが魅力

MAP：P.257

　重い荷物を持って、バスターミナルから町までの坂道を上らなくてもいいのがうれしい。レンタカー利用者にも便利だ。客室はシンプルだが、明るく機能的な造りで、快適に過ごせる。

🏠Av. Conde Margaride 12
☎253 424 900
FAX 253 424 901
URL www.all.accor.com
💰Ⓢ W €38〜80
カード A D M V　客室数67
Wi-Fi 無料

アマランテ

アマランテ ★
Porto●

Lisboa●

アクセス

ポルトから
🚌 カンパニャン・バスターミナルまたはRodonorte社のバス乗り場から35～50分、毎時2～3便。

タメガ川に架かるサン・ゴンサーロ橋

　ポルトガルを紹介する本に必ずといってよいほど登場するのが、アマランテのタメガ川に架かる橋の風景。紀元前4世紀にはすでにローマ人が居住しており、その時代の統治者の名前アマラントがこの町の名の起源。また縁結びの神ゴンサーロ聖人が祀られている教会があることでも知られ、毎年6月初めにサン・ゴンサーロ祭が催される。

アマランテの❶

🏢 Largo Conselheiro António Cândido
☎ 255 420 246
🕐 毎日　　10:00 ～ 13:00
　　　　　14:00 ～ 18:00
🚫 1/1、聖日曜、12/24・25・31

🧭 歩き方

　まずは町のシンボル、**サン・ゴンサーロ橋 Ponte de São Gonçalo** へ向かおう。バスターミナルから歩いて10分ほどで到着する。現在の花崗岩の橋は、もとの橋が1763年の洪水で流されたあと、1790年に再建されたものだ。橋の北側には**サン・ゴンサーロ教会 Ig. de São Gonçalo** が建ち、その奥の広場に面して美術館がある。

▶ **アマランテのレストラン**
タメガ川沿いに中級から手頃なレストランまでいくつかある。サン・ゴンサーロ橋や教会など、山々に囲まれた美しい町並みを眺めながら食事を楽しみたい。

アマランテ
0　　　　　100m

アマデオ・デ・ソウザ・カルドーソ美術館
Museu Amadeo de Souza Cardoso

サン・ゴンサーロ教会
Ig. de São Gonçalo

市場

サン・ゴンサーロ橋
Ponte de São Gonçalo

レプブリカ広場
Pr. da República

Dona Margaritta

カーザ・ダ・カルサーダ

A Raposeira

コンフェイタリア・ダ・ポンテ

Principe

ナバラス

タメガ川 Rio Tâmega

Av. General Silveira

川沿いのテラス席で食事を

📷 おもな見どころ

聖ゴンサーロを祀る
MAP：P.260

サン・ゴンサーロ教会
Ig. de São Gonçalo ★★

1540 年に建造が始まり、ゴシック、ルネッサンス、バロック、さらにはスペイン風古典様式がところどころに見られる。聖ゴンサーロは中央祭壇の左側にある小部屋に祀られており、サン・ゴンサーロ祭では良縁を求めるたくさんの独身女性たちがお参りに訪れる。

見応えのある中央祭壇

現代美術を展示
MAP：P.260

アマデオ・デ・ソウザ・カルドーゾ美術館
Museu Amadeo de Souza Cardoso ★★

アマランテ生まれの画家、アマデオ・デ・ソウザ・カルドーゾの名を冠した美術館。かつての修道院を改装したモダンな空間に、彼の作品をはじめとする現代美術が展示されている。小さな町にある美術館にしてはなかなか見応えがある。

サン・ゴンサーロ教会
🏠 Pr. da República
☎ 255 422 050
🕐 毎日　　　9:00 ～ 17:00
💰 無料

橋のたもとに教会が建つ

アマデオ・デ・ソウザ・カルドーゾ美術館
🏠 Alameda Teixeira de Pascoaes
☎ 255 420 282
🔗 www.amadeosouza-cardoso.pt
🕐 火～日　10:00 ～ 12:30
　　（10 ～ 3 月は 9:30 ～）
　　　　　14:00 ～ 18:00
　　（10 ～ 3 月は～ 17:30）
💤 月・祝
💰 €4、学割・65 歳以上 €2

ポルトと北部地方

アマランテ

☆ ホテル

🏨 カーザ・ダ・カルサーダ
Hotel Casa da Calçada ★★★★ MAP：P.260

貴族の館を改装したホテル。タメガ川を見下ろす丘に建ち、緑に囲まれた庭園にはプールもある。レストランでは伝統料理をアレンジした創作料理やハイティーが楽しめる。

🏠 Largo do Paço 6　☎ 255 410 830
🔗 www.casadacalcada.com
💰 Ⓢ Ⓦ €119 ～ 220
カード Ⓐ Ⓓ Ⓜ Ⓥ　客室数 30　Wi-Fi 無料

🏨 ナバラス
Hotel Navarras ★★★ MAP：P.260

バスターミナルの近くにある中規模ホテル。内部はデザイン性があって落ち着いた造りだ。町の郊外には系列のプールやゴルフ場などレジャー施設がある。

🏠 Rua António Carneiro 84　☎ 255 431 036　FAX 255 432 991
🔗 www.hotelnavarras.com
💰 Ⓢ €55 ～ 80　Ⓦ €60 ～ 85
カード Ⓐ Ⓜ Ⓥ　客室数 58　Wi-Fi 無料

Column

サン・ゴンサーロ祭とボーロ・デ・マルテーロ

アマランテの守護聖人、聖ゴンサーロは縁結びの神さま。だから、毎年 6 月の最初の週末に催されるサン・ゴンサーロ祭には、良縁を求めて多くの独身女性がやってくる。昔は教会に祀られている木像のゴンサーロ聖人の秘部に結びつけられたひもをひっぱって、幸せな結婚相手とのご縁を祈ったそうだ。この時期、普段は静かな町が楽隊の打ち出す大きな太鼓の音に包まれ、屋台が立ち並ぶ石畳の道は家族連れやカップルであふれる。

そんななか、屋台では男性の性器の形をしたお菓子ボーロ・デ・マルテーロ Bolo de Martelo が売られる。マルテーロとは金槌のことで、その形から名づけられたのだろう。小さいものは手のひ

らくらいで、大きいものは 1m ぐらい。昔は良縁を願って独身女性がこっそり買ったものだそう。今では祭りのジョークの要素がかなり濃い。「良縁なんて関係なし」という人でさえ、この時期にしか作って売られないこの菓子見たさに、祭りを訪れるという。粉と砂糖と卵白で作られた菓子は、噛むとかたく、良縁とは歯につらいものだと痛感する。

買うにはちょっぴり勇気が必要？

はみだし　橋のたもとにある老舗菓子店「コンフェイタリア・ダ・ポンテ」では、郷土菓子を味わいながら川を望むテラス席でひと休みできる。MAP：P.260　🏠 Rua 31 de Janeiro 186　🕐 毎日 8:30 ～ 20:00

ブラガ

★ ブラガ
Porto ●

Lisboa ●

アクセス

ポルトから

🚃 サン・ベント駅または
はカンパニャン駅から近
郊列車で約1時間～1時
間20分、毎時1～2便。

🚌 カンパニャン・バス
ターミナルから45分～1
時間10分、毎時2～3便。
ヴィアナ・ド・カステロから
🚃 ニーネ Nine 乗り換え
で約1～2時間、毎時1
便程度。

ギマランイスから

🚌 Rodonorte 社のバス
で25分、1日5～6便。

世界遺産

ブラガのボン・ジェズス・
ド・モンテ聖域
（2019年登録）

ポルト空港からのシャトル
バス

毎日 5:00 ～翌 0:45 に 10 ～
14 便運行。所要約 50 分。
チケットは到着出口を出た
所のデスクまたは車内で購
入する。オンラインでも可。
片道 €9、往復 €16。
URL getbus.eu/pt

ブラガの🛈

🏠 Av. da Liberdade 1
☎ 253 262 550
URL www.cm-braga.pt
🕐 毎日　　　　9:00 ～ 13:00
　　　　　　　14:00 ～ 18:30
　　　　（土・日は～ 18:00）

カテドラルは旧市街の象徴的な建築物のひとつ

　ローマ時代からの古い歴史をもつブラガは、レコンキスタ後
に大司教座がおかれ、中世から近世にかけてポルトガル第一
の宗教都市として栄えた。「リスボンは楽しみ、コインブラは
学び、ポルトは働き、そしてブラガは祈りの町」といわれる。
16 世紀に大司教を務めたディオゴ・デ・ソウザは、国王にも
勝る強大な権力をもっていたという。町には 80 を超える教会
が点在し、また郊外には巡礼地ボン・ジェズスがある。

🧭 歩き方

　ポルトからの列車が到着するブラガ駅を出て Rua A. Corva
を 300m ほど歩くと、石造りのアーチが美しい**アルコ・ダ・
ポルタ・ノヴァ Arco da Porta Nova** が見えてくる。18 世紀
に造られた町のメインゲートで、ここから先が旧市街。さら
に緩やかな上り坂が続くソウト通り Rua do Souto を進むと、
レプブリカ広場 Pr. da República に着く。ここが町の中心で、
鉄道駅から約 15 分、バスターミナルからは徒歩 7 分ほどだ。

　市内の見どころは、広場の西側に
集まっている。ソウト通りの南側に
カテドラル Sé、北側に**旧大司教館
Antigo Paço Episcopal** とビスカイニ
ョス博物館 **Museu dos Biscainhos**
があり、徒歩で回ることができる。

　世界遺産に登録されているボン・
ジェズス・ド・モンテ聖域は、町の
中心から東へ 5km ほど離れた山の
上にある。ブラガ駅前やレプブリカ
広場の南に延びる Av. da Liberdade
のバス停から 2 番に乗り所要 20 ～
30 分。

アルコ・ダ・ポルタ・ノヴァをく
ぐって旧市街へ

おもな見どころ

祈りの町ブラガの中心   MAP：P.263

カテドラル
Sé   ★★★

見事なパイプオルガンにも注目

4世紀にムーア人によって破壊されたサンタ・マリア教会の跡地に、初代ポルトガル国王アフォンソ1世の父エンリケ伯爵とその妻テレーザが12世紀に建立した。16世紀には、大司教ディオゴ・デ・ソウザによって増改築が行われている。正面入口を入ると右側に、ジョアン1世の息子で初代ブラガンサ公爵ドン・アフォンソの柩が置かれている。その反対側にある洗礼盤はマヌエル様式のもの。中央にはキリスト昇天を表した大祭壇が据えられている。

身廊左側を出て回廊に入ると、すぐ左に宝物館の入口がある。16〜18世紀の法衣や聖杯、十字架、彫刻、絵画、アズレージョなどが展示されている。回廊を挟んで宝物館の反対側にあるのは、**諸王の礼拝堂 Capela dos Reis**。カテドラルの創設者エンリケ伯爵とテレーザ、そして14世紀にブラガの司教だったローレンソ・ヴィセンテの柩が納められている。このほか回廊の周りには、ブラガの初代大司教ジェラルドの生涯を描いたアズレージョが美しい**サン・ジェラルド礼拝堂 Capela de São Geraldo**、ゴンサーロ・ペレイラ司教の柩が置かれた**栄光の礼拝堂 Capela da Glória** などがある。

カテドラル

🏠 Rua Dom Paio Mendes
☎ 253 263 317
🔗 se-braga.pt
🕐 毎日　　　8:00〜19:00
　（10〜3月は〜18:30）
💶 €2
● 宝物館
🕐 毎日　　　9:30〜12:30
　　　　　14:30〜18:30
　（10〜3月は〜17:30）
💶 €3
※カテドラル、宝物館、礼拝堂の共通券 €5

アズレージョに彩られたサン・ジェラルド礼拝堂

ブラガ

0　　　　200m

バスターミナル
カルモ教会 Ig. do Carmo
市場
Av. A. Macedo
Rua G. P. de Castro
Rua S. Vicente
Rua de Santa Margarida
Pr. Mousinho de Albuquerque
イビス H
ℝ ベリョス・テンポス
セントロ・コメルシアル・アヴェニーダ
ユースホステル Y
ポプロ修道院 Ig. e Convento do Pópulo
ショッピングセンター
ノゲイラ・ダ・シルヴァ博物館 Museu Nogueira da Silva
ペリカン噴水
旧大司教館 Antigo Paço Episcopal
レプブリカ広場 Pr. da República
ビスカイニョス美術館 Museu dos Biscainhos
市庁舎
ウルバン・エスタサォン
Rua A. Corvo
Rua do Souto
ℂ カフェ・ア・ブラジレイラ
ℂ フリジデラ・ラト・コンティーニョ
サンタ・クルス教会 Ig. de Santa Cruz
ℍ ドナ・ソフィア
Rua do Raio
Av. 31 de Janeiro
サン・ボン・ジェズス行き
カテドラル Sé
ヴィラ・ガレコレクション
ボン・ジェズス行き
ボン・ジェズス へ
ボン・ジェズス行き
アルコ・ダ・ポルタ・ノヴァ Arco da Porta Nova
ブラガ駅
❤
Rua do Anjo
Av. da Liberdade
Av. João XXI

旧大司教館

住 Pr. Municipal
☎ 253 203 180
開 月～金　9:00 ～ 12:30
　　　　　14:00 ～ 19:30
休 土・日・祝
料 無料
※通常は公共図書館のみ
入館可

ビスカイニョス美術館

住 Rua dos Biscainhos
☎ 253 204 650
開 火～日　9:30 ～ 12:30
　　　　　14:00 ～ 17:30
休 月、1/1、聖日曜、5/1、
12/24・25
料 €2、学生・65歳以上€1

ボン・ジェズスへのアクセス

ブラガ駅前やリベルダーデ
大通りにあるバス停から2
番のボン・ジェズス行きに
乗る。リベルダーデ大通り
からは毎時10分と40分発
の30分おき（日曜は約1時
間おき）、所要約20分。

ケーブルカー

營 毎日　9:00 ～ 20:00
　　（10 ～ 3月は～ 19:00）
料 片道 €2、往復 €3

ボン・ジェズス教会

URL bomjesus.pt
開 毎日　9:00 ～ 19:00
　　（10 ～ 3月は～ 18:00）

約 600 段の階段を歩いて上る

貴重な蔵書を誇る　　　　　　　　　　　　　　　MAP：P.263

旧大司教館
Antigo Paço Episcopal　★★

現在は公共図書館、区立公文書館。大司教ドン・フレイ・バルトロメウ・ドス・マルティスの署名入り『ミサ典書』、フィリント・エリージオ自筆の『ルジアーダス』の写本、アフォンソ3世によるブラガ区境界を証明する文書、アフォンソ・エンリケスによる『ポルトガル王国創立の記録』など、大司教管区全域から集められた30万冊以上の文書が収められている。書庫は未公開。

館を彩るサンタ・バルバラ庭園

ブラガの歴史を知る　　　　　　　　　　　　　MAP：P.263

ビスカイニョス美術館
Museu dos Biscainhos　★★

もとは17世紀の貴族の邸宅で、ヴェルサイユ宮殿風の庭園には花々が咲き乱れ、18世紀のアズレージョなど、建物だけでも一見の価値がある。コレクションはブラガに関するもののほか、陶器、ガラス器、家具、美術品などが展示されている。

📍 近郊の見どころ

キリスト教の巡礼地　　　　　　　　　　　　MAP：P.263 外

ボン・ジェズス
Bom Jesus　★★★

ブラガの郊外にある聖地。海抜400mの丘の上に教会が建っており、頂上からはジェレース山脈、ソアージョ山脈、海岸線まで見渡せる。バスを降りた所から頂上まではケーブルカーもあるが、ボン・ジェズスをより深く理解したいなら自分の足で登るのがいい。途中にはキリストの受難の一場面を表した礼拝堂が点在し、お参りしながら登っていくと、教会下の階段にたどり着く。

丘の上に建つボン・ジェズス教会

バロック様式の美しい階段は、下が五感の階段、上が三徳の階段と呼ばれている。各階段ごとに泉があり、1番目が視覚の泉、2番目が聴覚の泉、3番目は嗅覚の泉で、味覚の泉、触覚の泉と続く。徳の階段にある泉は、信仰、希望、博愛を表している。信仰深い人は、祈りを唱えながらひざで階段を上るという。

最後の踊り場はモーゼス広場と呼ばれ、ポルトガルの庭園建築のなかで最も美しいもののひとつ、と称されている。教会の前に立っている銅像は、ピラトスなどキリストの処刑に携わった8人の人物だ。教会は1784年から1811年にかけて建てられた新古典様式で、ブラガが生んだ名建築家カルロス・アマランテの作。頂上にはホテル、レストラン、みやげ物屋などもある。

ホルトと北部地方

ブラガのレストラン & ホテル

歴史ある町だけあって、レストランは町全体に点在しているので、観光しながら見つけるとよいだろう。手頃な料金で泊まれるホテルやペンサオンはたくさんある。旧市街はそれほど大きくないので、どこに泊まっても立地条件に差はあまりない。ただし、サン・ジョアン祭の時期は予約をしたほうが確実だ。

ブラガ

R ベリョス・テンポス
Velhos Tempos

古民家で伝統料理を味わう
MAP：P.263

店内はいくつかの小部屋に分かれていて、石の壁や木の梁、古めかしい内装など風情がある。メインは€10前後で、特にバカリャウ料理がおすすめ。ランチタイムは地元の人でにぎわう。

🏠Rua do Carmo 7
☎ 253 214 368
🕐12:00 ～ 14:30
　19:30 ～ 22:30
🈂 日・月
カード 不可

カフェ・ア・ブラジレイラ
Café A Brasileira

1907 年創業の老舗カフェ
MAP：P.263

遊歩道に面しており、テラス席でくつろぐこともできる。1 階のカフェでは飲み物や軽食、また 2 階のレストランでは本格的な料理も楽しめる。ランチの日替わりプレートは€12。

🏠Largo do Barão de São
Martinho 17
☎ 253 262 10
🕐8:00 ～ 24:00
🈂 無休
カード M V

フリジデイラス・ド・カンティーニョ
Frigideiras do Cantinho

大きなミートパイが有名
MAP：P.263

1796 年創業の老舗カフェ。店名にもなっているミートパイ、フリジデイラは€2.90。追加でサラダなども付け合わせられる。床下にローマ遺跡があり、透明な床越しに見学できる。

🏠Largo São João Souto 1
☎253 263 991
🕐8:00 ～ 22:00
🈂 無休
カード V

Column

サン・ジョアン祭 Festa de São João

毎年 6 月中旬から下旬に、ブラガの町全域で開かれる。この時期になると、全国各地から大勢の巡礼者がブラガを訪れ、祭り最終日の 25 日夜明け頃になってようやく帰路につく。ポルトや北部各地でも行われるが、やはりブラガのサン・ジョアン祭が一番にぎやかだ。

祭りの間、町中が音楽とイルミネーションであふれ、普段は働き者のミーニョっ子たちも、このときばかりは

熱狂的に歌い踊って祭りを楽しむ。宗教的な要素も色濃くて（ポルトガル北部の人々は聖ジョアンに絶大な信仰心を抱いている）、ダビデ王のダンス、羊飼いのダンス、中世の儀式などが行われ、山車が町なかを練り歩く。そして 23 ～ 25 日の熱狂は 3 日間続き、最終日の夜中に打ち上げられる花火によって、最高潮に達する。

祭りの期間中は町中が華やかに飾りつけられる

ヴィラ・ガレ・コレクション
Hotel Vila Gale Collection

歴史的建造物が豪華ホテルに
★★★★
MAP：P.263

　1508年に建てられた旧サン・マルコス病院を改修。中庭を囲む回廊、アーチ天井が美しいレストランなどに、かつての面影を残す。客室はモダンで快適。屋内プールやジムもある。

🏠 Largo Carlos Amarante 150
☎ 253 146 000
URL www.vilagale.comt
料 ⓈⓌ €132 〜 228
カード AMV
客室数 123
Wi-Fi 無料

ウルバン・エスタサオン
Urban Hotel Estação

鉄道駅から徒歩30秒の立地
★★★
MAP：P.263

　外観はやや地味だが、客室は広々として明るく、ベッドも大きく快適に過ごせる。ブラガ駅に近いので、荷物の多い人に最適。ホテルの前に広い駐車スペースがある。

🏠 Largo da Estação 13
☎ 253 400 489
URL www.urbanhotel.pt
料 ⓈⓌ €60 〜 160
カード AMV
客室数 51
Wi-Fi 無料

ドナ・ソフィア
Hotel Dona Sofia

広場側の部屋がおすすめ
★★★
MAP：P.263

　旧市街の真ん中というロケーションは、観光に最適。フロントもテキパキしていて好印象だ。広場に面した部屋は明るいが、内側の部屋は窓が小さく、昼間は少し暗い。

🏠 Largo S. João do Souto 131
☎ 253 263 160
URL www.hoteldonasofia.com
料 Ⓢ Ⓦ €84 〜 95
カード AMV
客室数 34
Wi-Fi 無料

イビス
Hotel Ibis

モダンで機能的な客室
★★
MAP：P.263

　イビスはおもに車で旅する人向けのホテルチェーンだが、ブラガでは町なかにあり、しかもバスターミナルに近くて便利。車の人は近くのパーキング（1日€10）を利用する。

🏠 Rua do Carmo 38
☎ 253 204 800
FAX 253 204 801
URL www.all.accor.com
料 ⓈⓌ €42 〜 83
カード ADMV　客室数 72
Wi-Fi 無料

セントロ・コメルシアル・アヴェニーダ
Residencial Centro Comercial Avenida

レプブリカ広場が一望できる
★★
MAP：P.263

　レプブリカ広場に面したショッピングアーケードの上層階が、レジデンシャルになっている。1階にはスーパーもあって便利だ。部屋は広く快適で、4〜5人で泊まれる部屋もある。

🏠 Avenida Central 27-37
☎ 253 275 722
料 Ⓢ €27 〜 36
　 Ⓦ €37 〜 48
カード MV
客室数 40
Wi-Fi 無料

ユースホステル
Pousada de Juventude

静かな環境にある
MAP：P.263

　レプブリカ広場から徒歩約3分。石造りの古い建物を利用しているが、内部はモダンに改装されている。ドミトリーのほか、シャワー付きの2人部屋もある。チェックインは18:00以降。

🏠 Rua de Santa Margarida 6
☎ 253 148 682
URL www.pousadasjuventude.pt
料 Ⓓ €12 〜 17 ⓈⓌ €38 〜 52
カード AMV
ベッド数 60
Wi-Fi 無料

バルセロス

町の中心に建つボン・ジェズス・ダ・クルス教会

ポルトとヴィアナ・ド・カステロの間に位置するバルセロス。この町を有名にしたのは、ポルトガルのマスコットである雄鶏にまつわる伝説だ。毎週木曜には雄鶏の置物から生活用品、生鮮食品までが並ぶ、かなり大規模な露天市が開かれる。

歩き方

駅を出ると Av. Alcaides de Faria が町の中心に向かって延びている。この通りを 10 分ほど歩くと、露天市 Feira が開かれる**レプブリカ広場 Campo da República** に到着。毎週木曜にはこの広大な広場に露店がぎっしりと並んでにぎわう。

レプブリカ広場から南西方面へ Rua D. António Barroso を進み、小さな広場を左折すると市庁舎が建つ。ここからカヴァド川を見下ろす高台には、廃墟のようになった 15 世紀建造の初代ブラガンサ公爵邸が残っている。現在では**考古学博物館 Museu Arqueológico** になっており、雄鶏伝説（→下記コラム）にまつわる石の十字架が置かれている。

アクセス

ポルトから
🚃サン・ベント駅からニーネ Nine 乗り換え、またはカンパニャン駅から直通列車で約 1 時間〜1 時間 30 分。毎時 1〜2 便。
ヴィアナ・ド・カステロから
🚃所要約 30〜50 分、1 日 13〜14 便。

バルセロスの❶
🏠Largo Dr. José Novais 27
☎253 811 882
🔗www.cm-barcelos.pt
🕐月〜金　　9:00 〜 18:00
　（10/1 〜 3/14 は〜 17:30）
　土・日・祝　10:00 〜 1300
　　　　　　　14:00 〜 17:00
　　　（日は〜 16:00）
🚫10/1 〜 3/14 の日・祝

考古学博物館
🏠Largo do Município
🕐毎日　　9:00 〜 19:00
　（冬期は〜 17:30）
💰無料

バルセロスに伝わる雄鶏伝説

Column

その昔、スペインのサンティアゴ・デ・コンポステーラに詣でる途中で村を訪れた巡礼者が、無実の罪をきせられ死刑を宣告された。刑に処せられる前、巡礼者は判決を下した裁判官のところに連れていってほしいと頼んだ。裁判官は友人たちと宴会を開いているところだったが、そこで巡礼者はテーブルの上にある鶏の丸焼きを指して言った。「私が無実であるという証拠に、刑が執行されるとき、その雄鶏が鳴くだろう」。裁判官たちは一笑に付したが、巡礼者が絞首刑に処せられようとしたまさにそのとき、鶏の丸焼きが立ち上がり高々と鳴き叫んだのだった。ただちに巡礼者は釈放さ

れ、数年後再び村を訪れた彼は、聖母マリアと聖ヤコブ（サンティアゴ）にささげる十字架を立てた。それが、バルセロスの考古学博物館に展示されている 14 世紀の十字架だといわれている。

露天市に並ぶ、ガロと呼ばれる雄鶏の置物

ボン・ジェズス・ダ・クルス教会の向かいに立つ塔の中に「工芸センター Centro de Artesanato」があり、地元の工芸品を販売している。🏠 Largo da Porta Nova　🕐 9:30〜18:00（土・日は10:00〜17:30）

267

ヴィアナ・ド・カステロ

山頂のサンタ・ルジア教会から大西洋を見下ろす

ドウロ川流域とスペイン国境を流れるミーニョ川に挟まれた地域は、ミーニョ地方と呼ばれる。雨が多く、緑豊かな農業地帯で、ヴィーニョ・ヴェルデ（緑のワイン）の産地としても知られる。このミーニョ地方の中心が、リマ川の河口に開けた、別名「リマの女王」と呼ばれるヴィアナ・ド・カステロだ。毎年8月にはロマリア祭（嘆きの聖母巡礼祭）が行われ、民俗衣装で着飾った人々が町にあふれる。

アクセス

ポルトから

🚃 サン・ベント駅またはカンパニャン駅から直通列車で1時間～1時間30分、1日4便。またはニーネNineで乗り換える。

🚌 カンパニャン・バスターミナルから1時間～1時間30分、毎時1～3便。

ブラガから

🚃 ニーネ Nine 乗り換えで1時間15分～2時間、1日17～19便。

色鮮やかな伝統衣装を着た少女たち

ヴィアナ・ド・カステロの🛈

🏠 Pr. do Eixo, Av. do Atlântico

☎ 258 098 415

🌐 www.cm-viana-castelo.pt

🕐 7・8月
　毎日　　　10:00～19:00
　3～6月、9・10月
　火～日　　10:00～18:00
　11～2月
　火～土　　10:00～17:00
🚫 3～6月と9・10月の月、11～2月の日・月、1/1、12/25
※レンタサイクル1時間€3

歩き方

　駅とバスターミナルは隣接しており、バスターミナルの上階はショッピングセンターになっている。駅を出たら正面のコンバテンテス・ダ・グランデ・ゲラ通り Av. dos Combatentes da Grande Guerra を進もう。10分ほど歩くと、リマ川に面した敷地に近代的な建物が並んでいる。その一角に🛈があり、レンタサイクルの貸し出しも行っている。

歴史的建造物に囲まれたレプブリカ広場

　町の中心は、16世紀の建物やカフェに囲まれた**レプブリカ広場 Pr. da República**。広場の東側には**旧市庁舎 Antigos Paços do Concelho** と**ミゼリコルディア教会 Ig. da Misericórdia** が並んで建っており、また南へ少し下ると**カテドラル Sé** がある。

　今度はレプブリカ広場とは反対の方向へ歩き、商店が軒を連ねる Rua Manuel Esprégueira 通りを抜けると、小さな広場に面して**装飾美術館 Museu de Artes Decorativas** がある。さらに進むとロマリア祭で知られる**アゴニア教会 Santuário N. Senhora da Agonia** が建っている。教会前の広場では、毎週金曜に大規模な市が立つ。

アゴニア教会：バルボサ広場近くにあるバロック様式の教会。8月に行われるロマリア祭では多くの巡礼者が訪れる。🕐 毎日 8:00～12:00、13:00～17:00（曜日によって開館時間が少し異なる）

📷 おもな見どころ

レプブリカ広場に面している
MAP：P.269

旧市庁舎
Antigos Paços do Concelho ★

16世紀に建てられたゴシック様式の建物。1階部分ではパンが売られていたという。外部の階段は、かつて町の議会の集会所として使われていた階上へとつながっている。建物の正面には1553年に造られた、天球儀と十字架の付いた「500の噴水」がある。

現在は展示場として使用

駅前の目抜き通りから山頂にあるサンタ・ルジア教会が見える

病院付属の教会だった
MAP：P.269

ミゼリコルディア教会
Ig. da Misericórdia ★

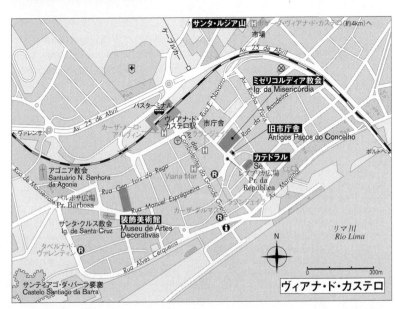

16世紀に建てられたルネッサンス様式の病院に隣接している。マヌエル・ピント・デ・ビラローボスにより1714年に再建され、内部にはアンブロージオ・コエーリョ作の美しい彫刻や、ポリカルポ・デ・オリベイラ・ベルナルデス作のアズレージョがある。

内部の壁はアズレージョで覆われている

ミゼリコルディア教会
🏠 Pr. da República 62
☎ 258 827 930
🕐 月～金　10:00 ～ 12:00
　　　　　15:00 ～ 17:00
　　　土　10:00 ～ 12:30
　　　　　14:30 ～ 18:30
🚫 日・祝
💰 €2

バルコニーの彫刻が美しい

ヴィアナ・ド・カステロ

カテドラル
🏠 Largo Instituto Histórico do Minho 19
🕐 毎日　8:00 〜 12:00
　　　14:00 〜 19:00
　　（土・日は 15:00 〜）
💰 無料

日に数回ミサが行われる

装飾美術館
🏠 Largo de S. Domingos
☎ 258 809 305
🌐 www.patrimoniocultural.gov.pt
🕐 火〜日　10:00 〜 13:00
　　　　　15:00 〜 18:00
🚫 月・祝
💰 €2.20、学割 €1.10

サンタ・ルジア教会
🏠 Monte de Santa Luzia
☎ 258 823 173
🌐 templosantaluzia.org
🕐 毎日　9:00 〜 18:00
　（7・9月は〜19:00、8月は〜20:00、11〜3月は〜17:00）
💰 無料、展望室 €1

ケーブルカー
🏠 Av. 25 de Abril
☎ 258 817 277
🕐 毎日　9:00 〜 18:00
　（6〜9月は〜20:00、11〜2月は〜17:00）
🚫 11〜2月の月、1/1、12/25
💰 片道 €2、往復 €3

スペインの影響を受けている　MAP：P.269
カテドラル
Sé　★

14世紀から15世紀にかけて建てられたゴシック様式の大聖堂。正面入口を飾る彫刻が見事だ。ふたつの塔はロマネスク様式。内部には地方貴族の礼拝堂があり、フェルナオン・ブランダオン、メーロ・アルヴィンなどの聖体が納められている。

ロマネスクとゴシックの混合様式

壁のアズレージョも見事　MAP：P.269
装飾美術館
Museu de Artes Decorativas　★★

奥にはモダンな新館もある

18世紀に建てられたバルボーザ・マシエル邸が美術館として公開されている。1階にはヴィアナ・ド・カステロで作られた陶器や17世紀の家具、2階では昔のベッドルームやチャペルを見ることができる。また壁を飾るポリカルポ・デ・オリベイラ・ベルナルデス作のアズレージョもすばらしい。

大西洋が見渡せる　MAP：P.269 外
サンタ・ルジア山
Monte de Santa Luzia　★★

標高249m、山の上は公園になっている。頂上にはネオ・ビザンチン様式の**サンタ・ルジア教会 Templo de Santa Luzia**とポザーダが建つ。教会の裏側には展望室に上る階段があり、最上階からはリマ川と大西洋、ヴィアナ・ド・カステロの町が一望できる。山の頂上へはレトロなケーブルカーを利用して約5分。徒歩では30〜40分かかる。

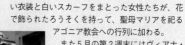

ロマリア祭 Romaria da Senhora da Agonia

「嘆きの聖母巡礼祭」と呼ばれるロマリア祭は、毎年8月の第3週に開催される。ポルトガル全土から巡礼者や観光客が集まる、華やかな祭りだ。祭りの期間中、町では民俗衣装を身につけた女性たちのフォークダンスやパレードが繰り広げられ、市が立つ。通りでは牛追いが行われ、リマ川では花火が打ち上げられる。ハイライトは最終日、第3日曜から3日目に行われる宗教行列だ。伝統的な黒い衣装と白いスカーフをまとった女性たちが、花で飾られたろうそくを持って、聖母マリアを祀るアゴニア教会への行列に加わる。

また5月の第2週末にはヴィアナ・ド・カステロから10kmほど離れた Vila Franca de Lima で、バラ祭り Festa das Rosas が催される。ミーニョ地方の民俗衣装が美しく、ボンボと呼ばれる太鼓も祭りを盛り上げる。

ヴィアナ・ド・カステロの民俗衣装

レストラン「ラランジェイラ」の向かいに、カスタードクリーム入り揚げドーナツが絶品の「Natario」があります。いつも大行列の人気店でおすすめです！(福島県　丹治千尋)［'23］

ヴィアナ・ド・カステロのレストラン ⑧ ホテル

レストランはレプブリカ広場周辺で見つかる。ここでは軽い発泡性のあるワイン、ヴィーニョ・ヴェルデをぜひ試してみたい。ホテルはコンバテンテス通りとその周辺に多い。7・8月、特にロマリア祭の期間は混み合うので注意したい。予算に余裕があるなら、サンタ・ルジア山からの眺望がすばらしいポザーダがおすすめ。

🍴 カーザ・ダルマス
Casa d'Armas

魚料理には定評がある高級店

MAP：P.269

優雅で堂々とした外観が目を引く、リマ川近くの通りに面した高級レストラン。中世風の内装は豪華で格式を感じさせる。魚料理が中心だが、肉料理もおいしい。予算 €20 ～。

- 🏠Largo 5 de Outubro 30
- ☎258 824 999
- 🕐12:30 ～ 15:00
  19:30 ～ 23:00
  （金・土は～ 24:00）
- 休 水
- カード A D M V

🍴 タベルナ・ド・ヴァレンティン
Taberna do Valentim

地元の人がすすめる店

MAP：P.269

路地にあるこぢんまりとしたレストランだが、❶の人が推薦するだけあって味は折り紙付き。メニューは魚料理が中心。その日おすすめの料理を聞いてみよう。予算 €15 ～ 20。

- 🏠 Av. Campo do Castelo 45
- ☎258 827 505
- 🕐12:00 ～ 15:00
  19:30 ～ 21:30
  （4 ～ 9 月は～ 22:00）
- 休 日
- カード M V

🍴 ラランジェイラ
Laranjeira

家族で切りもりする庶民派店

MAP：P.269

近くにホテル（→はみだし）も経営する大衆的なレストラン。肉・魚の郷土料理メニューが豊富に揃っており、しかも手頃な料金なのがうれしい。英語のメニューもある。予算 €10 ～。

- 🏠Rua Manuel Esprégueira 24
- ☎258 822 258
- 🕐12:00 ～ 15:00
  19:00 ～ 22:00
- 休 火
- カード A M V

🏨 ポザーダ・ヴィアナ・ド・カステロ
Pousada Viana do Castelo

部屋からの眺めがすばらしい

MAP：P.269 外

サンタ・ルジア山頂に建つ、白亜の建物。バルコニーが付いた客室からはヴィアナ・ド・カステロの町と大西洋が望める。レストランも有名で、プールやテニスコートもある（→ P.43）。

- 🏠Monte da Santa Luzia
- ☎258 800 370
- URL www.pousadas.pt
- 料 Ⓢ Ⓦ €120 ～ 280
- カード A D J M V
- 客室数 51
- Wi-Fi 無料

🏨 カーザ・メーロ・アルヴィン
Estalagem Casa Melo Alvim

貴族の邸宅がエスタラージェンに

★★★★

MAP：P.269

駅前にある 16 世紀のマナーハウスを改装。マヌエル様式の古い建物を生かしながら、モダンなホテルに生まれ変わっている。客室もバスルームも広々としていて気持ちがいい。

- 🏠Av. Conde da Carreira 28
- ☎258 808 200
- URL hotelmeloalvim.com
- 料 Ⓢ Ⓦ €61 ～ 226
- カード M V
- 客室数 20
- Wi-Fi 無料

はみだし　ラランジェイラ Hotel Laranjeira：🏠 Rua Cândido dos Reis 45　☎ 258 822 261　URL www.hotelaranjeira.com　料 Ⓢ €52 ～ 75　Ⓦ €61 ～ 85　カード A D M V　Wi-Fi 無料

星形の要塞に囲まれた国境の町

Valença

ヴァレンサ

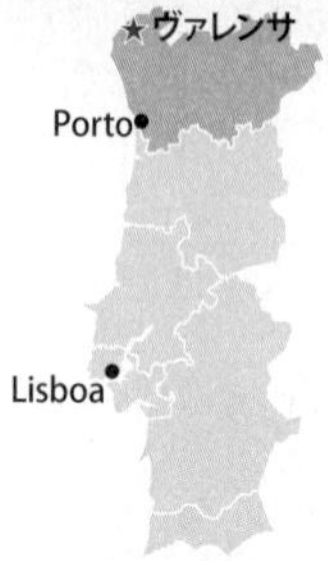

アクセス

ポルトから

🚃サン・ベント駅またはカンパニャン駅から直通または乗り換えで約1時間40分〜3時間、毎時1便程度。

🚌カンパニャン・バスターミナルから1時間45分〜2時間10分、1日5便程度。

ヴァレンサのℹ

[住] Portas do Sol

☎ 251 823 329

[URL] visitvalenca.com

[開] 月〜金　9:00 〜 18:00
土・日・祝　9:30 〜 13:00
14:30 〜 18:00

[休] 1/1、5/1、12/25

城門を通って旧市街へ

ヴァレンサのホテル
ポザーダ・ヴァレンサ
Pousada Valença

高台に立ち、見晴らしのよいレストランを併設。

[住] Baluarte do Socorro

☎ 251 800 260

[URL] www.pousadas.pt

[料] ⓈⓌ €115 〜 220

[カード] [A][D][J][M][V]

[客室数] 18 [Wi-Fi] 無料

ミーニョ川を挟んでトゥイの町と対峙する堅牢な要塞

スペインとの国境線が引かれたミーニョ川の南側に位置し、「ヴァレンサ・ド・ミーニョ」の名で知られる要塞都市。川の対岸にはスペイン側のトゥイの町が見え、橋を渡って国境を越えることもできる。二重に築かれた堅固な城壁内にはみやげ物屋が軒を連ね、おもにスペインからの観光客でにぎわう。

歩き方

ヴァレンサの町は、**要塞 Fortaleza** に囲まれた北側の旧市街と、鉄道駅やバスターミナルがある南側の新市街に分かれる。駅から旧市街へは徒歩約15分、バスターミナルからは20分ほどかかる。ふたつの丘の頂上に築かれた要塞は、細い通路で結ばれており、ℹは北側の要塞の城門、ポルタス・ド・ソル Portas do Sol（太陽の門）を入ってすぐの城壁内にある。

約5kmにもおよぶ城壁は、13世紀に築かれ、17 〜 18世紀に改修されて現在の姿になった。昔の町並みを残す旧市街を散策してみよう。石畳の細い通りにはキッチンクロスやタオルなどを扱うみやげ物屋が目につく。ポルトガルの布製品は安いうえ質がよいと評判で、国境貿易も盛んだ。

旧市街の北端にはポザーダがあり、その前に広がる展望台からミーニョ川とトゥイの町の美しい景色を一望できる。ミーニョ川に架かる2本の橋のうち、東側の国際橋は上が鉄道、下が車両と歩行者用になっている。長さ300mほどの橋を歩いて国境を越え、スペインへのショートトリップを楽しむのもいい。

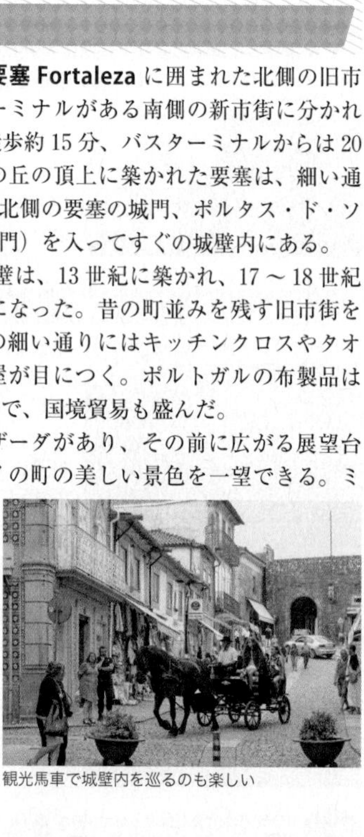

観光馬車で城壁内を巡るのも楽しい

スペインの聖地を目指して
サンティアゴ巡礼路

Caminho de Santiago Português

世界中から巡礼者が訪れる
サンティアゴ・デ・コンポス
テーラの大聖堂

エルサレム、ローマと並ぶキリスト教3大聖地のひとつ、サンティアゴ・デ・コンポステーラへといたる巡礼路「カミーニョ・デ・サンティアゴ」を旅してみよう。

サンティアゴとは、イエス・キリストの十二使徒のひとり、聖ヤコブのこと。伝説によると、エルサレムで殉教した聖ヤコブを悼んだ弟子たちは、その遺骸を小舟に乗せ、たどり着いたイベリア半島北西部の地に埋葬した。いつしか墓の所在は忘れ去られてしまったが、9世紀初めに星に導かれた羊飼いが聖ヤコブの墓を発見。その場所に小さな教会が建てられた。それが、現在サンティアゴ・デ・コンポステーラの中心にそびえるカテドラル（大聖堂）だ。

その後、ヨーロッパ各地から巡礼者がサンティアゴを訪れるようになり、巡礼路が整備され、巡礼者を助けるための施設や教会が建てられた。最盛期の12世紀には、年間50万人もの人々がサンティアゴを目指したといわれている。

そして21世紀、サンティアゴ巡礼が小説や映画などで取り上げられた影響もあり、再び巡礼者が増え、2022年は約43万人。ルート別では、フランスからピレネー山脈を越えてスペイン北部を横断する「フランス人の道」が最も多く65%を占め、「ポルトガルの道」は約12万人（「海岸の道」を含む）となっている。

ポルトガル国内にいくつもある巡礼路のうち、一般的に「ポルトガルの道」と呼ばれるのは、リスボンから北上し、トマール、コインブラ、ポルトを経て、ヴァレンサからスペインのトゥイに入るルート。リスボンからサンティアゴまで約615km、1日平均25km歩くと25日かかる。徒歩100km以上で巡礼証明書がもらえるため、ポルトやトゥイからスタートする巡礼者も多い。

サンティアゴ・デ・コンポステーラへのアクセス

🚆 ポルトからスペインのビーゴ Vigo まで直通で約3時間30分、1日2便。さらにサンティアゴまで約1時間30分、1日8便。

🚌 ポルトから Alsa社（URL www.alsa.es）のバスで3時間30分〜4時間20分、1日6便程度。

日本カミーノ・デ・サンティアゴ友の会

日本語でサンティアゴ巡礼に関する情報を提供。相談会やクレデンシャル（巡礼手帳）の発行なども行う。
URL camino-de-santiago.jp
※カミーノはスペイン語。ポルトガル語はカミーニョ。

左／巡礼の印であるホタテ貝をリュックに付けて歩く　右／巡礼路を示す黄色い矢印

ブラガンサ

ブラガンサ ★
Porto
Lisboa

アクセス

リスボンから

🚌 セッテ・リオス・バスターミナルまたはオリエンテ・バスターミナルから6時間30分～7時間15分、毎時1～2便。

ポルトから

🚌 カンパニャン・バスターミナルまたは Rodonorte 社のバス乗り場から2時間20分～3時間20分、毎時1～3便。

ブラガンサの🛈

🏠 Rua Abílio Beça 103
☎ 273 240 020
URL www.cm-braganca.pt
🕐 火～日　9:00～12:30
　　　　14:00～17:30
🚫 月、1/1、8/22、12/25

城壁の内部に旧市街の住居が建ち並ぶ

　ポルトから約250km、スペイン国境まで約20km、ブラガンサはノゲイラ山地の標高660mの地点に位置する。この町がブラガンサ公爵家の領地になったのは15世紀のこと。その後公爵家は勢力を広げ、1640年にはジョアン4世がスペインからの独立を達成、ブラガンサ王朝を開いた。城壁に囲まれた旧市街は往時の姿をいまもとどめ、歴史の片隅に取り残されたかのようにひっそりとたたずんでいる。

🖋 歩き方

　バスが到着するのは旧鉄道駅舎（廃線のため現在はバスチケット売り場になっている）の北側道路沿い。下車したらバスが来た方角へ歩けば、すぐ左側に旧駅舎がある。その先が目抜き通りの Av. João da Cruz だ。旧駅舎から真っすぐ南東へ

城壁に囲まれた旧市街

歩くと、**カテドラル Sé** が見えてくる。そのまま道なりに石畳の道を下り、ついで登りきったところが城塞の入口。

城塞内には**城 Castelo** と**サンタ・マリア教会 Ig. de Santa Maria** を中心に小さな家が並び、レストランも何軒かある。旧市街の全景は、川の対岸の丘に建つポザーダからよく見える。散歩がてら歩いてもいいし、タクシーなら€5〜6程度。

📷 おもな見どころ

ブラガンサの歴史を知る　　　　　　MAP：P.274
アバーデ・デ・バサル博物館
Museu do Abade de Baçal　★

かつての司教館を利用しており、天井には木製の装飾が当時のまま保存されている。考古学品や絵画のほか、この地方にまつわる品々が展示され、見応えがある。庭にはベラオンと呼ばれる、石で作られた雌豚の像が置かれている。

旧市街の中心に建つ　　　　　　　　MAP：P.274
城
Castelo　★

1187年にサンショ1世によって建てられた。33mの高さをもつ四角い塔は15世紀のもの。城の手前には、ゴシック様式のペロリーニョと呼ばれる石柱がある。おもしろいのは、花崗岩で作られた雌豚の上に立っていること。雌豚は繁殖のシンボルで、その起源は鉄器時代まで遡るという。

内部は軍事博物館になっている

12世紀に造られた　　　　　　　　MAP：P.274
市庁舎
Domus Municipalis　★

ポルトガルに現存する最古の市庁舎。中世にはここで市議会が開かれた。ロマネスク様式の石造りで、五角形の珍しい形をしている。地階は貯水池として使われていた。

市庁舎の内部

▶ブラガンサの夏祭り
8月中旬に16世紀の歴史を題材にしたフェスタ・ダ・イストリア Festa da História が開催される。城の周辺で16世紀当時の衣装を着た人が演劇を上演したり、伝統音楽の楽団が演奏したりしておおいに盛り上がる。

アバーデ・デ・バサル博物館
🏠Rua Abílio Beça 27
☎273 331 595
🌐www.museuabadeba cal.gov.pt
🕐火〜日　　9:30〜12:30
　　　　　　14:00〜18:00
❌月、1/1、聖月曜、5/1、8/22、12/25
💰€3、学割・65歳以上€1.50

城
🏠Rua Dom João V 62
☎273 322 378
🕐火〜日　　9:00〜12:00
　　　　　　14:00〜17:00
❌月・祝
💰€2

市庁舎
🏠Rua da Cidadela 112
☎273 331 595
🕐火〜土　　9:00〜17:00
❌日・月・祝
💰無料

ポルトガル最古の市庁舎

🌙 ホ テ ル

🏨ポザーダ・ブラガンサ
Pousada Bragança　　MAP：P.274

町の中心から約2km、丘の中腹に建つ山荘風のポザーダ。テラスや客室からは旧市街の全景が眺められる。

🏠Estrada de Turismo　☎273 331 493
🌐www.pousadas.pt　Ⓢ Ⓦ €95〜166
カード Ａ Ｄ Ｊ Ｍ Ｖ　客室数 28　Wi-Fi 無料

🏨トゥリパ
Hotel Túlipa　★★ MAP：P.274

バスターミナルから徒歩5分ほどの場所にあり、町の中心へも歩いて行けて便利。レストランも併設している。

🏠Rua D. Francisco Felgueiras 8　☎273 331 675
💰Ⓢ €50〜70　Ⓦ €65〜80
カード Ｖ　客室数 29　Wi-Fi 無料

ラメーゴ

Porto　ラメーゴ
★

Lisboa

山腹に建つノッサ・セニョーラ・ドス・レメディオス教会

　ドウロ渓谷の南に位置する、ブドウ畑に囲まれた小さな町。ここの自慢は、ラポゼイラという発泡性のワインとおいしい生ハム、そしてアフォンソ・エンリケス王がポルトガル初の国会をこの地で開いたことだ。古くからこの地方の宗教や商業の中心として繁栄し、16世紀に建設された修道院や18世紀の領主たちの館がその歴史を物語っている。

アクセス

リスボンから
🚌 セッテ・リオス・バスターミナルから4時間30分〜5時間45分、1日10便程度。

ポルトから
🚌 カンパニャン・バスターミナルまたはRodonorte社のバス乗り場から1時間50分〜3時間45分、1日10便程度。

ヴィゼウから
🚌 所要45〜55分、1日7〜9便。

コインブラから
🚌 所要1時間40分〜2時間30分、1日7〜10便。

ラメーゴの🛈
🏠 Rua Regimento de Infantaria 9
☎ 254 099 000
URL www.cm-lamego.pt
開 4〜9月
　毎日　　10:00〜19:00
　10〜3月
　毎日　　10:00〜13:00
　　　　　14:00〜18:00
休 1/1、聖日曜、12/25

夜は美しくライトアップされる

歩き方

　バスターミナルから徒歩1分、ラメーゴ大司教ドン・ミゲルの像が立つ**カモンエス広場 Largo Camões** が町の中心。広場から南西に延びる大通りの先、小高い丘の上には**ノッサ・セニョーラ・ドス・レメディオス教会 Santuário de N. Sra. dos Remédios** がそびえている。ただしこの教会にたどり着くに

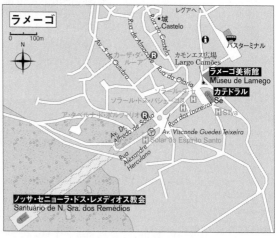

ラメーゴ
0　　100m

レグアへ
城 Castelo
🛈
バスターミナル
カモンエス広場 Largo Camões
カーザ・ダ・コレーア R
Av. 5 de Outubro
Rua de Castelo
Rua da Olaria
Rua de Almacave
ラメーゴ美術館 Museu de Lamego
カテドラル Sé
ソラール・ドス・パシャリニョス
H Silva
ア・タベルナ・ド・ポルサリオR
Rua dos Loureiros
Av. Dr. Alfredo de Sousa
Av. Visconde Guedes Teixeira
T
H Solar do Espírito Santo
Rua Alexandre Herculano
ノッサ・セニョーラ・ドス・レメディオス教会
Santuário de N. Sra. dos Remédios

Porto & Norte de Portugal

町のどこからでも見える城

は、目の前に見える686段もの階段を踏破しなくてはならない。足に自信がなければ、カテドラルの前あたりからタクシーを利用して€5～6。また商店が並ぶオラリア通り Rua do Olaria からカステロ通り Rua do Castelo をたどると、城 Castelo へといたる。石壁に囲まれた典型的な中世の要塞で、12世紀に造られた塔の上からはラメーゴの町が一望できる。

ポルトと北部地方

ラメーゴ

おもな見どころ

ラメーゴ美術館
アズレージョも見逃せない　MAP：P.276
Museu de Lamego ★

18世紀末の旧司教館を改装。特にフランドルのタペストリーは、ブリュッセルから16世紀に取り寄せられたもので見事。カテドラルの祭壇の一部だった5枚の木製の絵画は16世紀初頭のものだ。

ラメーゴ美術館
🏠Largo de Camões
☎254 600 230
🔗museudelamego.gov.pt
🕐毎日　10:00～12:30
　　　　14:00～17:30
🚫1/1、聖日曜、5/1、6/24、12/25
💰€3

ラメーゴ美術館と大司教ドン・ミゲルの像

カテドラル
さまざまな様式が混在する　MAP：P.276
Sé ★

鐘楼は12世紀のロマネスク様式、回廊はルネッサンスへの移行期のゴシック建築、ファサードは16世紀初め。また内部の主要部分は18世紀に改装されたものだ。

カテドラル
🏠Largo da Sé
☎254 612 766
🕐毎日　8:00～12:30
　　　　14:30～19:00
💰無料

ノッサ・セニョーラ・ドス・レメディオス教会
聖女レメディオスを祀る　MAP：P.276
Santuário de N. Sra. dos Remédios ★★

標高605mの丘の上に建つ教会は、1771年に完成したバロック様式。花崗岩のファサードが美しい。内部はキリストの誕生を描いたアズレージョで飾られている。毎年9月には、教会までの階段をひざで上る苦行の巡礼が行われる。

ノッサ・セニョーラ・ドス・レメディオス教会
🏠Monte de Santo Estêvão
☎254 655 318
🔗www.santuarioremedios.pt
🕐毎日　8:30～12:30
　　　　13:30～16:30
💰無料

🍽 レストラン & ホテル 🌙

🍴 ア・タベルナ・ド・ポルフィリオ
A Taberna do Porfírio　MAP：P.276

ラメーゴ産の生ハムをはじめ、豊富なメニューが揃う。予算€20～30。

🏠Av. Dr. Alfredo Sousa 6
☎254 697 529
🕐10:00～23:00
🚫無休　カードＭＶ

🍴 カーザ・ダ・ルーア
Casa da Rua　MAP：P.276

気軽に利用できるカフェレストラン。ハンバーガーやタパス盛り合わせもある。

🏠Rua de Almacave 48　☎254 666 263
🕐12:30～15:00、19:30～23:00
🚫日・月　カードＭＶ

🏨 ソラール・ドス・パシェーコス
Hotel Solar dos Pachecos ★★★ MAP：P.276

歴史ある建物を改装。客室は清潔感がある。英語はほとんど通じない。

🏠Av. Visconde Guedes Teixeira 27
☎254 600 300
💰Ⓢ€60～70 Ⓦ€70～80
カードＡＭＶ　客室数15　Wi-Fi 無料

🏨 ソラール・ダ・セ
Residencial Solar da Sé ★★★ MAP：P.276

階段を上った2階が受付になっている。カテドラルが見える部屋もある。

🏠Av. Visconde Guedes Teixeira　☎254 612 060
🔗www.solardase.pt　💰Ⓢ€30～40 Ⓦ€40～50
カードＭＶ　客室数25　Wi-Fi 無料

277

世界遺産を巡る旅 1

Alto Douro Wine Region

ポートワインのふるさと ドウロ渓谷へ

ブドウ畑に囲まれたレグアの町。ドウロ川をクルーズ船が行き交う

アルト・ドウロと呼ばれるドウロ川上流には、川沿いの山の斜面がブドウの段々畑に利用され、畑を支える石垣が延々と続く。その美しい景観が世界文化遺産に登録されている。

アルト・ドウロ観光の起点 レグア *Régua*

ドウロ川上流地域を巡る際の起点として便利なのが、ポルトの東約 100km に位置するペゾ・ダ・レグア Peso da Régua（鉄道駅はレグア）。ポートワインの集積所として古くから発展してきた、アルト・ドウロ地域の中心的な町だ。

農園の見学や試飲ができるワインツーリズムも盛ん

ポルトから発車する列車は、19 世紀末にポートワインの運搬用として敷かれた路線を進んでいく。しばらくは内陸部を走るが、ポルトから 1 時間半ほどでタメガ川を渡ると、車窓はだんだん山あいの風景へと変わる。そのあとレグアまではずっとドウロ川に沿って走り、間近に迫るブドウ畑の風景が美しい。

レグアは、ドウロ川に面して広がる小さな町。駅前ではタクシーが客待ちし、ラメーゴ行きのバスも発着している。また、夏のシーズン中はレグアからクルーズ船や蒸気機関車も運行されており、ポルトガル国内はもとよりヨーロッパ各国からの観光客でにぎわっている。

ワイナリー見学

レグア周辺には数多くのキンタ Quinta（荘園）が点在しており、なかにはワイナリーの見学や試飲、ファームステイを行っているところもある。レグア駅の近くにあるポートワイン協会 Instituto do Vinho do Porto では、キンタの情報提供を行っている。

●ポートワイン協会
[住]Rua dos Camilos 90
☎254 324 774
[URL]www.ivdp.pt
[開]月〜金　9:00 〜 18:30
　土・日　9:30 〜 12:30
　　　　14:00 〜 18:00

レグアへのアクセス
ポルトのサン・ベント駅またはカンパニャン駅から列車で 1 時間 45 分〜2 時間 15 分、1 日 13 便。

レグアのホテル

● Hotel Régua Douro
駅から徒歩 1 分、ドウロ川に面した高級ホテル。眺めのよいレストランもある。
[住]Largo da Estação
☎254 320 700　[FAX]254 320 709
[URL]www.hotelreguadouro.pt
[料]Ⓢ €83 〜 105　Ⓦ €112 〜 128
[カード][A][D][J][M][V]
[客室数]77　[Wi-Fi]無料

● Império Hotel
駅前広場に面した経済的な宿。
[住]Largo da Estação　☎254 320 120　[URL]www.imperiohotel.com
[料]Ⓢ €35 〜 50　Ⓦ €45 〜 60
[カード][A][D][J][M][V]
[客室数]33　[Wi-Fi]無料

[はみだし] レグア駅を出て左へ行くと、アルト・ドウロ地域のワイナリーが出店している茶色い建物がある。ワインの販売を行うほか、バーを併設する店もあり、おつまみとともにワインを楽しめる。

かつてのワインの積み出し港

ピニャオン *Pinhão*

レグアからドウロ川沿いに東へ23km。ピニャオンはレグア同様、ワイン産業の要所で、かつてはワイン樽が帆船ラベーロでポルトへと出荷されていた。運搬手段がトラックに変わった現在では、桟橋はリバークルーズ船の発着場となり、その前にはかつてのワイン倉庫を改装した瀟洒なホテルが建っている。またピニャオン駅は、ブドウの収穫やワインの積み出し風景を描いたアズレージョで彩られ、ポルトガルで最も美しい駅のひとつと称される。

ブドウの収穫を描いたアズレージョ

ピニャオン駅から東へ列車で15分ほど走ると、トゥア Tua に到着。シーズン中だけ運行される蒸気機関車の停車駅となっており、構内には鉄道関連の資料が展示されている。

ドウロ川に面したピニャオンの町並み

ドウロ川クルーズ

4～10月の間、レグアとピニャオンを起点にドウロ川遊覧クルーズが運航されている。レグアからピニャオンまで途中高さ27mの水門を通ってドウロ川を遡るクルーズは所要2時間、料金€30。両岸に広がる美しいブドウ畑を眺めながら船旅を満喫できる。このほか、ポルトから1日かけてレグアまで行くツアー、蒸気機関車に乗車したりワイナリーを見学するツアーなどもある。
● Roteiro do Douro
URL www.roteirododouro.com

のんびりと船旅を楽しもう

ピニャオンへのアクセス
レグアから列車で約30分、1日7便。ポルトやレグアからクルーズや蒸気機関車でピニャオンを訪れるツアーもある。

ピニャオンのホテル
● Vintage House
かつてのワイン倉庫を改装したプチホテル。全室リバービューの客室はとてもロマンティック。屋外プール、レストランのほか、ワインショップも併設している。
住 Lugar da Ponte
☎ 254 730 230
URL www.vintagehousehotel.com
料 S W €205～450
カード A M V
客室数 43　WiFi 無料

蒸気機関車でドウロ川沿いを走る

レグアとトゥアの間を、6月上旬～10月下旬の毎週土・日曜（8月は金曜も）に、蒸気機関車が牽引する観光列車 Comboio Histórico do Douro が運行している。1920年代に造られた年代物の機関車で、石炭を燃料に黒煙を上げて走る姿は迫力満点。客車は壁や座席が木製で、レトロな雰囲気でいっぱいだ。

レグア駅を出発した列車は、ドウロ川に沿って走っていく。沿線にはブドウ畑が広がっており、ときおり地元の人が手を振ってくれる。車内ではワインとお菓子が振る舞われ、伝統音楽を演奏するグループも。

列車はピニャオン駅にしばらく停車した後、レグアから1時間10分かけてトゥア駅に到着し、その約45分後にレグアへ折り返す。所要約3時間、料金は€49（子供€25）。詳細はポルトガル鉄道のウェブサイト（URL www.cp.pt）で毎年5月以降に掲載される情報を確認しよう。乗車券はポルトガル鉄道のいずれの駅でも買えるほか、上記ウェブサイトでも購入できる。

ドウロ川沿いを走る観光列車

世界遺産を巡る旅　*Vale do Côa*　2

コア渓谷に先史時代の岩壁画を訪ねる

ポルトガルで最も古い史跡のひとつが、 北西部の山あいにあるコア渓谷に点在する。
1万年以上前の先史時代に刻まれた岩壁画は、 当時の歴史をいまに伝える。

ヴィラ・ノヴァ・デ・フォス・コアへのアクセス
リスボンからバスで約5～6時間、1日2～3便。列車でポルトのサン・ベント駅からポシーニョ駅まで約3時間30分、1日6便。ポシーニョ駅からタクシーで約15分。

ツアー申し込み先
●コア博物館
☎ 279 768 260
[URL] www.arte-coa.pt
岩壁画の見学ツアーはコア博物館で申し込む。定員制になっているので、電話やウェブサイトで予約（英語対応可）しておこう。各自然公園の入口まではタクシーで行き、ツアーは専用の四駆車で回る。このツアーは各公園で毎日5～6回あり、所要1時間30分、料金€16。

ヴィラ・ノヴァ・デ・フォス・コアのホテル
● Hotel Vale do Côa
町の中心部では唯一のホテル。
[住] Av. Cidade Nova
☎ 279 760 010　[FAX] 279 760 019
[URL] www.hotelvaledocoa.net
[料] [S]€50～55　[W]€70～80
[カード] 不可　[客室数] 22
[Wi-Fi] 無料
● Pousada Juventude
中心部から約3km北西にある。
[住] Caminho Vicinal Currauteles
☎ 279 764 041
[URL] www.pousadasjuventude.pt
[料] [D]€15～18　[S][W]€34～41
[カード] [M][V]　[ベッド数] 77　[Wi-Fi] 無料

ドウロ川に流れ込むコア川沿いの渓谷地帯に、先史時代に描かれた岩絵が残っている。2万年から1万年前にかけて描かれたと推測され、渓谷の岩に彫られた馬や牛、人々などの壁画が見学できる。歴史的価値の高いこの史跡は「コア渓谷の先史時代の岩壁画」として、1998年にユネスコの世界文化遺産に登録された。

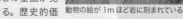

動物の絵が 1m ほど岩に刻まれている

これらの岩絵を見学するにはヴィラ・ノヴァ・デ・フォス・コア Vila Nova de Foz Côa という、ホテルやレストランが何軒かある程度の小さな町が拠点となる。また岩絵見学のツアーは、町の中心から約3km東にあるコア博物館 Museu do Côa が申し込み先になっている。

岩壁画群が残る場所は町近くにある自然公園のほか、カステロ・メリョール Castelo Melhor とムシャガタ Muxagata の自然公園の3ヵ所にある。コア渓谷を象徴する、動物を題材にした岩絵の多くはカステロ・メリョールで見学できる。

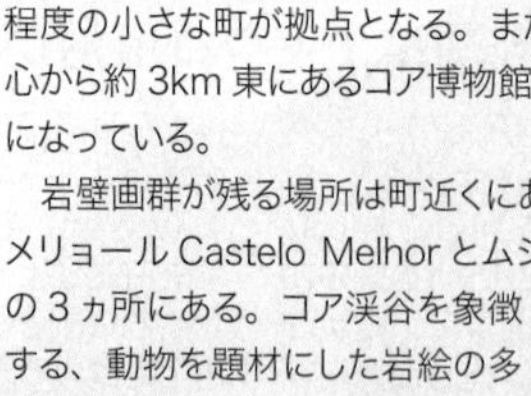

四駆車で自然公園内を移動

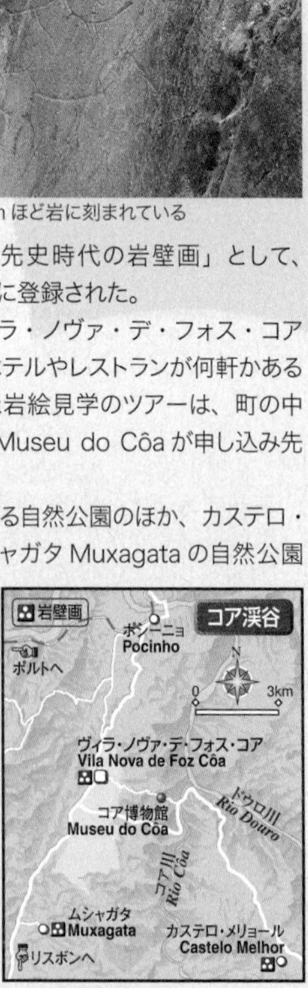

投稿　岩壁画のツアーは半日かかるので、3ヵ所すべてを見学するにはヴィラ・ノヴァ・デ・フォス・コアに1日半の滞在が必要です。町では英語がほとんど通じませんでした。（神奈川県　篠田美津子）['23]

コルク樫の林が広がるアレンテージョの平原

アレンテージョ
Alentejo

アレンテージョ
Alentejo

気候

海に面していない内陸部のアレンテージョは、昼と夜、また夏と冬の寒暖差が大きい。夏は日中の気温が上昇し、40℃を超えることもある。一方で冬は寒くて冷たい雨が降り、マルヴァオンなど標高が高いところでは雪になることもあるので、防寒対策は万全にしよう。

周遊のヒント

リスボンから列車で直接行ける町はエヴォラのみ。公共交通はバスになるが、都市や村の間によっては便数が限られており、土・日曜は運休する区間もあるのであらかじめ調べておこう。左ハンドルの運転に抵抗がない人は、レンタカーをうまく利用するとよい。

おもな祭りとイベント

● 聖週間　Semana Santa
　エヴォラ ……………………… 3/24 〜 30('24)
● 宗教音楽祭　Festival Terras sem Sombra
　エルヴァス ……………………………… 5月中旬
● マルヴァオン国際音楽祭
　Festival Internacional de Música de Marvão
　マルヴァオン …………………… 7月中旬〜下旬
　URL marvaomusic.com
● サン・マテウス祭
　Feira de São Mateus
　エルヴァス ……………………………… 9月下旬
● 栗祭り　Feira da Castanha
　マルヴァオン ……………………………… 11月中旬

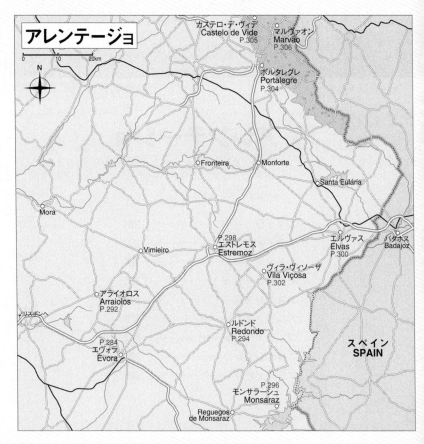

アレンテージョで
楽しみたいことベスト5

1 エヴォラのレストランで
定番の郷土料理を味わう

アレンテージョの中心都市で、学芸の都ながら観光の見どころも多いエヴォラ。まずは郷土料理の定番ともいえるカルネ・デ・ポルコ・ア・アレンテジャーナを食べてみるといいだろう。→ **P.289**

豚肉とアサリを炒めた定番料理

2 陶器造りで有名な町
ルドンドで工房を巡り歩く

町の随所に陶器の工房があるルドンド。ろくろを回したり、陶器に絵つけしている職人たちの姿を工房で見学できる。エヴォラから日帰りで行けるので、気に入った陶器があればおみやげに買うのもいい。→ **P.294**

陶器に絵つけする様子が見学できる

3 小高い丘の上に広がる美しい村
モンサラーシュへ

ポルトガルの美しい村として代表的なのがモンサラーシュ。小高い丘の上に、城壁に囲まれて白壁の住居が並ぶ。村の周囲は家畜が放し飼いされていて、花々が咲き誇る田園風景に心が癒やされる。→ **P.296**

敷石の道と白壁の家並みが美しい

4 国境に近いエルヴァスで
城壁や要塞を巡る

エルヴァスはスペインとの国境近くにある都市。教会などの歴史的な見どころが集まる旧市街は、周りを城壁に囲まれている。時間に余裕があれば、町外れにある要塞や水道橋にも行ってみよう。→ **P.300**

城壁や要塞が多いエルヴァス

5 断崖の上に切り立つ村
マルヴァオンを訪れる

通称「鷲の巣」とも呼ばれるマルヴァオンは、標高865mに位置する。断崖の上にたたずむこの小さな村は、下界から切り離されたように静かな雰囲気が漂っていて、周囲の山々の景色も美しい。→ **P.306**

岩山の頂に住居が並んでいる

城壁に囲まれたアレンテージョの古都　*Évora*

エヴォラ

町歩きの起点となるジラルド広場

アクセス

リスボンから

🚄 オリエンテ駅、セッテ・リオス駅などからエヴォラ行きのICで約1時間30分、1日3～5便。

🚌 セッテ・リオス・バスターミナルまたはオリエンテ・バスターミナルから1時間20分～1時間50分、ほぼ1時間おき。

カステロ・ブランコから

🚌 所要約2時間40分、1日1～2便。

ファロから

🚌 所要約4時間15分、1日2便。

世界遺産

エヴォラ歴史地区
（1986年登録）

エヴォラの 🛈

🏠 Pr. do Giraldo 73
☎ 266 777 071
🌐 www.cm-evora.pt
🗓 4～10月

毎日　　　　9:00～19:00
11～3月
月～金　　　9:00～18:00
土・日　　10:00～14:00
　　　　　15:00～18:00

🚫 1/1、4/25、5/1、12/25

エヴォラからスペインへ

Alsa社（🌐 www.alsa.com）が直通バスを1日2便運行している。スペインのバダホス、メリダを経由してマドリードが終点。またエルヴァスまでバスで行き、エルヴァス～バダホス間はタクシーを利用する方法もある。

「テージョ川のかなた」を意味するアレンテージョは、その名のとおりテージョ川の南に位置する。プラシニエスと呼ばれる緩やかな平原に、コルク樫やオリーブ、麦畑がどこまでも続く。そんなのどかなアレンテージョ地方の中心都市がエヴォラ。ローマ時代からこの地方の中心として栄え、ルネッサンス期には大学も設置された学芸の都でもある。

日本からはるか海を渡った天正遣欧少年使節（→ P.291）は、リスボンに滞在した後にこの町を訪れ、大司教の歓待を受けた。彼らが8日間滞在したイエズス会のエスピリト・サント学院の建物は、現在は高校として使用されている。

ローマ、イスラム、キリスト教、それぞれの時代を物語る建造物がひとつの城壁の中に混然と同居する旧市街は、世界遺産にも登録されており、まるで町全体が美術館のようだ。

🔍 歩き方

バスは町の西側にあるバスターミナルに到着する。🛈のあるジラルド広場 **Pr. do Giraldo** へ行くには、Av. S. Sebastião または Av. Túlio Espanca を進み、城壁内に入り Rua Serpa Pinto または Rua do Raimundo を直進すること約15分。一方、鉄道駅は町の南側に位置し、ジラルド広場まで歩くと20分くらいかかる。タクシーを利用する場合は、バスターミナルや鉄道駅からジラルド広場まで€5～6（トランクに荷物を入れると€1.60追加）が目安。

エヴォラの英雄、ジラルド・センパボルの名を冠したジラルド広場が町

ローマ時代の遺構であるディアナ神殿

そぞろ歩きが楽しい10月5日通り

の中心。広場から東へ延びる**10月5日通りRua 5 de Outubro**にはカフェやみやげ物屋などが並び、観光客でにぎわっている。10月5日通りを上りきると、まず右側に**カテドラルSé**、左側に進むと**フレイ・マヌエル・ド・セ

Av. Túlio Espanca からの城塞への入口

観光馬車での町巡りもいい

ナクロ美術館 Museu Frei Manuel do Cenáculo の入口がある。高台の中央にはローマ時代に造られた**ディアナ神殿 Templo de Diana**、その正面に現在はポザーダになっている**ロイオス修道院 Convento dos Lóios**、**ロイオス教会 Ig. dos Lóios** と続く。また**カダヴァル公爵邸 Palácio dos Duques de Cadaval** の裏の坂を下りていくと、**エヴォラ大学 Universidade de Évora** の白い建物が見えてくる。

ジラルド広場に戻って、広場から南へ延びる Rua da República を

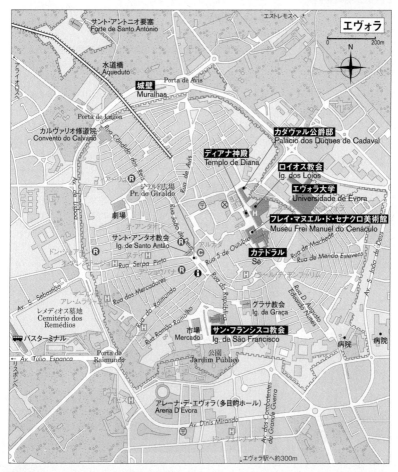

エヴォラ

Forte de Santo António
サント・アントニオ要塞
エストレモスへ

エヴォラ

0 ────── 200m
N

水道橋
Aqueduto

Porta de Avis

アライオロスへ

城壁
Muralhas

Porta de Lagoa

カルヴァリオ修道院
Convento do Calvário

カダヴァル公爵邸
Palácio dos Duques de Cadaval

Av. de Tisboa

ジラルド広場
Pr. do Giraldo

ディアナ神殿
Templo de Diana

ロイオス教会
Ig. dos Lóios

エヴォラ大学
Universidade de Évora

劇場

サント・アンタオ教会
Ig. de Santo Antão

Rua João de Deus

フレイ・マヌエル・ド・セナクロ美術館
Museu Frei Manuel do Cenáculo

Rua Serpa Pinto

Rua de Machede

Rua de Mendo Estevens

カテドラル
Sé

Rua 5 de Outubro

レメディオス墓地
Cemitério dos Remédios

Rua dos Mercadores

Rua do Raimundo

Rua da República

グラサ教会
Ig. da Graça

バスターミナル

Rua Ramão Ramalho

市場
Mercado

サン・フランシスコ教会
Ig. de São Francisco

病院

病院

Porta do Raimundo

Av. Túlio Espanca
リスボンへ

公園
Jardim Público

アレーナ・デ・エヴォラ（多目的ホール）
Arena D'Evora

Av. Dinis Miranda

エヴォラ駅へ約300m

▶エヴォラの注目スポット
ディアナ神殿前の公園の一番眺めのいい場所に、日本人彫刻家、北川晶邦の彫刻が置かれている。その名は『波立つ海の中に光る満月』。ちなみに北川氏は、リトアニア共和国のビリニュスにある、第2次世界大戦中に6000人以上のユダヤ人の命を救った外交官、杉原千畝氏をたたえる彫刻『月の光よ永遠に』の作者でもある。

エヴォラの町並みを見下ろすようにして立つ

カテドラル
🏠Largo do Marquês de Marialva
☎ 266 759 330
🌐 www.evoracathedral.com
🕐 毎日　9:00 ～ 18:00
※宝物館入場は17:00まで
🚫 1/1、12/24の午後、12/25
💰 €3.50（宝物館込み €4.50）

要塞のようなファサード

400年前と変わらぬ音色を響かせるパイプオルガン

進もう。途中で右に折れると**サン・フランシスコ教会 Ig. de São Francisco** がある。教会内の人骨堂を訪れたあと、市場で生身の人間の活気ある姿を見るとホッとするかもしれない。

城壁の外へと続く水道橋

時間があればジラルド広場から北へ延びる Rua João de Deus を進み、城壁の外へ出てみよう。**水道橋 Aqueduto** が**サント・アントニオ要塞 Forte de Santo António** まで続いており、振り返れば、**城壁 Muralhas** が町をすっぽり包み込むように守っているのがわかる。

📷 おもな見どころ

天正遣欧少年使節ゆかりのオルガンがある　　　　　　　MAP：P.285
カテドラル
Sé　　　　　　　　　　　　　　　　　　　　　　　　　★★★

12 ～ 13 世紀のロマネスクからゴシック過渡期に建てられた大聖堂。ファサードは要塞のような堅固な印象だが、中に入ると美しい八角形のドームが目を引く。ドームの左右のバラ窓は、左が明けの明星、右が神秘のバラと、それぞれ聖母マリアのシンボルを表している。

祭壇に向かって身廊左側上部に、16 世紀に作られたパイプオルガンが見える。1584 年 9 月 8 日にエヴォラに到着した天正遣欧少年使節の伊東マンショと千々石ミゲルは、その当時ヨーロッパでも珍しかったこのパイプオルガンを上手に演奏し、人々を驚

荘厳な空気に包まれる聖堂内部

かせたという。現在は日本からの支援もあって修復され、美しい音色が堂内に響き渡る。

宝物館には、13 世紀に作られた象牙の『天国の聖母』、1426 個の宝石をちりばめた 17 世紀の『聖レーニョの十字架』などが展示されていて、一見の価値あり。

回廊へ出てひと回りしたら、テラス式の屋根に上ってみよう。エヴォラの町と城壁の外に広がる緑の丘陵との、美しく調和した風景が見渡せる。

彫刻や絵画を展示する
MAP：P.285
フレイ・マヌエル・ド・セナクロ美術館
Museu Frei Manuel do Cenáculo ★★

カテドラルに隣接する、かつての司教館を改装。1階にはローマ時代から各時代の考古学品や彫刻が展示されている。大理石の女神の浮き彫り、14世紀の受胎告知像、16世紀

入口はディアナ神殿に面した側にある

の三位一体像などが見もの。2階はフレイ・カルロスやグレゴリオ・ロペスなど16世紀ポルトガル画家やフランドル派を中心にした絵画が展示されている。

ローマ時代へタイムトリップ
MAP：P.285
ディアナ神殿
Templo de Diana ★★

2～3世紀にかけてローマ人によって造られた、コリント様式の神殿。月の女神ディアナにささげられたものと推測されている。

歴史地区の中心に建つ

中世には要塞として使われたおかげで、イベリア半島に残るローマ神殿のなかでは比較的保存状態がよい。円柱の土台と柱頭にはエストレモス産の大理石が、柱身には御影石が使われている。

アズレージョが美しい
MAP：P.285
ロイオス教会
Ig. dos Lóios ★★

ディアナ神殿の横にある15世紀に建造された教会。ファサードは1755年の地震のあと、ポーチの部分以外が造り直されている。内壁を飾る美しいアズレージョは18世紀初期のもので、ロイオス修道会に影響を与えた聖ローレンスの生涯を表している。また教会の床下には人骨堂と小さな井戸があり、ガラス越しにのぞくことができる。

隣接する修道院は現在ポザーダとして利用されており、1階の回廊はレストランに、2階は僧房を利用した客室になっている。泊まらなくても見学は自由。食事やお茶を優雅に楽しんでみては。

アズレージョが美しい教会内部

ポザーダの隣に建つ

フレイ・マヌエル・ド・セナクロ美術館
🏠Largo do Conde de Vila Flor
☎266 730 480
📅4～10月
　　火～日　10:00～13:00
　　　　　　14:00～18:00
　11～3月
　　火～日　9:30～13:00
　　　　　　14:00～17:30
※入場は閉館30分前まで
🈺月、1/1、聖日曜、5/1、6/29、12/25
💰€3、学割・65歳以上€1.50

ローマ時代の彫刻などを展示

ディアナ神殿
🏠Largo do Conde de Vila Flor
📅見学自由

夜は美しくライトアップされる

ロイオス教会
🏠Largo do Conde de Vila Flor
☎266 704 714
📅火～日　10:00～18:00
🈺月
💰€7（カダヴァル公爵邸を含む）

カダヴァル公爵邸

☎919 588 474
URL www.palaciocadaval.com
開 火〜日　10:00 〜 18:00
休 月
料 €7（ロイオス教会を含む）

絵画が飾られた食堂

エヴォラ大学

住Largo dos Colegiais 2
☎266 740 800
URL www.uevora.pt
開 月〜土　　9:30 〜 17:00
休 日・祝
料 €3

アズレージョが美しいエヴォラ大学の回廊

サン・フランシスコ教会

住Pr. 1º de Maio
☎266 704 521
URL igrejadesaofrancisco.pt
開 6 〜 9 月
　　　毎日　　9:00 〜 18:30
　　10 〜 5 月
　　　毎日　　9:00 〜 17:00
休1/1、聖日曜、12/24の
午後、12/25
料 無料（人骨堂 €6、25
歳以下・65 歳以上 €4）

無数の骨で覆われた人骨堂。
一角には親子と思われる大小
2 体のミイラがつるされている

城壁

開 見学自由

強固な造りの城壁が続く

美しい中庭がある
カダヴァル公爵邸
Palácio dos Duques de Cadaval　　　　　MAP：P.285　★

14 世紀末の建造物で、ファサードは 17 世紀に改装されている。ジョアン 1 世がエヴォラ市長マルティン・アフォンソ・デ・メロのために建てたもので、ジョアン 3 世とジョアン 5 世が住んでいたこともある。2 階では美術品が飾られた食堂や居間、台所、旅行用品を収納する部屋などが公開されており、かつての優雅な暮らしがしのばれる。また中庭はレストランになっている。

ルネッサンス以来の歴史をもつ
エヴォラ大学
Universidade de Évora　　　　　MAP：P.285　★

もとはイエズス会の神学校だったが、ルネッサンス期からこの地方の学問の中心となり、パリやスペインのサラマンカからも学者が招かれ講義をしたという。2 階建ての回廊は、白い壁に 18 世紀のアズレージョの模

イタリア・ルネッサンス様式の回廊

様が映えて美しい。回廊に面して各教室があり、よく見るとアズレージョでそれぞれ数学、心理学、歴史学と刻まれている。

人骨堂が付属している
サン・フランシスコ教会
Ig. de São Francisco　　　　　MAP：P.285　★★

16 世紀初期に建てられた、マヌエル様式の装飾が美しい教会。ここの最大の見どころは**人骨堂 Capela dos Ossos**。その名のとおり、5000 体もの人骨が壁や柱をぎっしりと埋め尽くしている。修道士たちが黙想する場として造られたというが、無数の人骨が並んでいる様は生々しく迫力がある。人骨堂に続く祭壇右側の扉が閉まっている場合は、一度外に出て教会正面の右側にある入口から入る。

祭壇に向かって右奥に人骨堂への入口がある

町を守り続ける
城壁
Muralhas　　　　　MAP：P.285　★

町をぐるりと囲む二重構造の城壁は、3 つの異なる時代からなっており、その大部分は 14 世紀に造られたものだ。1 世紀のローマ時代のものは、7 世紀に西ゴート族によって補強されており、ロイオス教会の北にある公園にわずかに残っている。また 17 世紀の城壁は町の南に位置する公園内にある。

エヴォラのレストラン

　町歩きの起点となる旧市街のジラルド広場に面して、カフェやレストランが軒を連ねている。旅行者が利用しやすいレストランも、このジラルド広場の近くに多い。カルネ・デ・ポルコ・ア・アレンテージャーナ（豚肉のアレンテージョ風）をはじめ、アレンテージョ地方の数々の郷土料理を堪能しよう。ウサギ、羊の肉を利用した料理もある。

フィアーリョ　　　　Fialho

エヴォラで指折りの郷土料理店　　MAP：P.285

　遠方から訪ねてくる客もいる有名店。入ってすぐのバルでは、つまみや軽食を。奥と地下がレストランになっており、アレンテージョの郷土料理を楽しめる。予算 €20 ～。

Trav. das Mascarenhas 16
266 703 079
12:30 ～ 15:00
19:30 ～ 22:00
月、12月末～1月上旬の1週間
カード DJMV

オ・アンタオン　　　　O Antão

オリジナルメニューが楽しめる　　MAP：P.285

　多くの賞を受賞している高級レストラン。郷土料理を中心に多彩なメニューが揃う。カルネ・デ・ポルコ・ア・アレンテジャーナは €10。前菜と主菜に飲み物が付いたセットは €18.50。

Rua João de Deus 5
266 706 459
12:00 ～ 15:00
19:00 ～ 22:50
月
カード MV

ア・ショウパナ　　　　A Choupana

狭い店内は地元客で大にぎわい　　MAP：P.285

　右の入口から入ればテーブル席、左の入口ならカウンター席。本日のスープ、メイン（通常の半量）、デザート、ドリンクがセットになったツーリストメニュー €15。日本語のメニューもある。

Rua dos Mercadores 16-20
266 704 427
12:00 ～ 15:00
19:00 ～ 22:00
日
カード MV

ドン・ジョアキン　　　　Dom Joaquim

地元でも人気の郷土料理店　　MAP：P.285

　おいしいアレンテージョの郷土料理が味わえると人気の店で、これまで何度も賞を受賞している。おすすめはポークパイやラムのロースト、ウサギ肉のライスなど。予算 €20 ～。

Rua dos Penedos 6
266 731 105
12:00 ～ 15:00
19:00 ～ 22:45
日の夜、月
カード DJMV

アルカダ　　　　Café Arcada

ジラルド広場の老舗カフェ　　MAP：P.285

　おいしいチーズタルト、ケイジャーダ・デ・エヴォラ €1.50 で有名なカフェレストラン。アルコール類も多く取り扱う。店内は広く、12:00 以降は食事もできる。ランチの定食 €10 ～。

Pr. do Giraldo 7
266 736 040
8:00 ～ 24:00
（日 ～ 18:00）
無休
カード DJMV

エヴォラのホテル

アレンテージョ地方最大の観光都市なので、ポザーダからホテル、レジデンシャルまで選択肢が多く、町全体に点在している。城壁内に宿を取ったほうが何かと便利だが、歴史的建造物を利用した中規模なホテルが大半だ。部屋数が多い近代的なホテルはほとんど城壁の外にあるので、好みに応じて宿泊施設を選ぶといいだろう。

ポザーダ・コンヴェント・エヴォラ　Pousada Convent Évora

[住]Largo Conde de Vila Flor
☎266 730 070
[URL]www.pousadas.pt　[料]ⓈⓌ €160 ～ 270
[カード][A][D][J][M][V]　[客室数]32　[Wi-Fi]無料

ディアナ神殿の目の前にある　MAP：P.285

旧市街の中心に建つ、15 世紀に建てられたロイオス修道院を改装したポザーダ。中庭を囲むマヌエル様式の回廊は、白壁にイエローの縁取りが愛らしく、1 階がダイニングルーム、2 階はサロンになっている。客室はもとは僧房だっただけにやや狭く感じられるかもしれないが、そのぶんかつての修道僧の暮らしをしのぶことができる。迷路のような廊下を散策するのも楽しい。18 世紀のクラシックなサロンのほか、パティオには小さなプールもあり、夏にはリゾート気分が楽しめる。ポザーダのなかでも特に人気が高いので、予約は早めに。

マール・デ・アレ・ムラリャス　Mar de Ar Muralhas Hotel

★★★★

城壁内にある居心地のいいホテル　MAP：P.285

バスターミナルから徒歩約 10 分、城塞の西端に建つホテル。バルコニー付きやスイートルームもある。目の前には緑豊かな庭園が広がり、屋外プール、レストラン、バーなど施設が充実。

[住]Trav. da Palmeira 4-6
☎266 739 302
[URL]www.mardearhotels.com
[料]ⓈⓌ €104 ～ 195
[カード][M][V]
[客室数]85
[Wi-Fi]無料

ステイ　Hotel Stay

★★★

表通りに面していないので静か　MAP：P.285

古い屋敷を改装し、室内はモダンなビジネスホテル風に整えられている。ロビーなど共用部分には木材と大理石が多用され、落ち着いた雰囲気だ。屋上にはテラスもある。

[住]Trav. da Milheira 19
☎266 704 141
[URL]www.stayhotels.pt
[料]ⓈⓌ €55 ～ 82
[カード][A][D][M][V]
[客室数]41
[Wi-Fi]無料

ドン・フェルナンド　Hotel Dom Fernando

★★★

プールもある大型ホテル　MAP：P.285

城壁の外にあって町の中心からは少し遠いが、鉄道駅からであれば徒歩約 5 分の距離。大通りに面しているので車利用者にも便利だ。客室の多くが中庭に面し、バルコニー付き。

[住]Av. Dr. Barahona 2
☎266 737 990
[FAX]266 737 999
[URL]www.hoteldomfernando.com
[料]ⓈⓌ €37 ～ 107
[カード][A][D][M][V]　[客室数]104
[Wi-Fi]無料

H イビス

Hotel Ibis

車で旅する人に便利

城壁外にあり、専用駐車場を完備。周囲には公園が広がっており、静かに過ごせる。フロントとバーは24時間対応で、軽食や飲み物を提供。ビュッフェ式の朝食も充実している。

★★★
MAP：P.285

🏠Rua de Viana 18
☎266 760 700
FAX 266 760 799
URL all.accor.com
料 S W €45～85
カード A D M V 客室数 87
Wi-Fi 無料

H ムーヴ

Moov Hotel Evora

清潔感漂う機能的なホテル

バスターミナルにも近く、便利な立地。3階建ての真っ白な建物が、噴水のある中庭を取り囲むように建っている。ダークウッドと白を基調とした落ち着いた内装で、居心地がいい。

★★
MAP：P.285

🏠Rua do Raimundo 99
☎266 240 340
FAX 266 240 341
URL hotelmoov.com
料 S W €51～90
カード M V 客室数 80
Wi-Fi 無料

H ソラール・デ・モンファリム

Hotel Solar de Monfalim

由緒正しいプチホテル

16世紀に建てられたルネッサンス様式の宮殿を改装して、1892年に創業。アンティーク家具が置かれたサロンや客室は優雅な雰囲気で、眺めのよいテラスでくつろぐこともできる。

★★
MAP：P.285

🏠Largo da Misericórdia 1
☎266 703 529
URL www.solarmonfalim.com
料 S W €75～138
カード A M V
客室数 26
Wi-Fi 無料

H オ・アレンテージョ

Residencial O Alentejo

富豪の邸宅を宿屋に改装

バスターミナルから徒歩約10分、ジラルド広場とバスターミナルのほぼ中間にあり便利。部屋にはこの地方独特のカラフルな家具が置かれている。受付は2階にある。朝食なし。

MAP：P.285

🏠Rua Serpa Pinto 74
☎266 702 903
料 S €30～40
W €40～50
カード 不可
客室数 31
Wi-Fi 無料

Column 戦国の世にヨーロッパへ渡った少年たち

本能寺の変で織田信長が討たれる約4ヵ月前の1582年（天正10年）2月20日、4人の少年たちが長崎の港を出発し、ヨーロッパへと向かった。九州のキリシタン大名、大友義鎮らの名代として派遣された「天正遣欧少年使節」だ。

伊東マンショ、千々石ミゲル、中浦ジュリアン、原マルティノの4人は出航時13～14歳。2年以上におよぶ航海の末、1584年8月10日にリスボンに到着した。イエズス会のヴァリニャーノ神父が発案した使節の目的は、おもにふたつあったという。ひとつは、ローマ教皇とスペイン・ポルトガル両王に日本宣教の援助を依頼すること。もうひとつは、少年たちにヨーロッパのキリスト教世界を体験させ、帰国後そのすばらしさを人々に語ってもらい布教に役立てることだった。

リスボンからエヴォラ、ヴィラ・ヴィソーザなどを経てスペインに入った一行はマドリードでフェリペ2世に、さらにローマで教皇グレゴリウス13世に謁見し、大歓待を受けた。

西洋に日本の存在を広く知らしめ、使節としての役割を立派に果たした少年たちは、1590年（天正18年）7月21日に長崎に帰港。活版印刷機をはじめ航海術や西洋の楽器などを持ち帰り、日本に西洋文化を伝えた。しかし時代は江戸幕府によるキリシタン禁制へ。4人は病死、棄教、殉教、追放先で死亡と、波瀾万丈の生涯を閉じた。

少年たちも訪れたエヴォラのカテドラル

アライオロス

Porto

Lisboa

★ アライオロス

アクセス

リスボンから

🚌 セッテ・リオス・バス
ターミナルから1時間40
分、1日1便、土・日・
祝は運休。

エヴォラから

🚌 RE社 とAlentejo社
（🌐 www.rodalentejo.pt）
のバスが運行。45分
～1時間10分、平日10
便程度、土・日・祝は運休。

白い家が取り巻く丘の上に城壁と教会が建つ

　エヴォラから北へ約20km、アレンテージョの平原を行く
とアライオロスの白い町が現れる。青や黄色に縁取られた家
並みは、まるで童話に出てくる風景のようだ。この町の特産
はハンドメイドの絨毯。17世紀にペルシャからもたらされた
技法に、ポルトガル独自の色と柄を取り入れ、アライオロス
独特の絨毯が作られていった。いまもなお昔ながらの手法と
モチーフを守りながら、母から娘へと伝えられている。

🧭 歩き方

　バスは町の入口に停車する。ここから北へ向かうと小さな公園
があり、その脇でタクシーが客待ちしている。さらに坂道を上って

アライオロスの ❶

🏠 Pr. do Município 19
☎ 266 490 254
🌐 www.cm-arraiolos.pt
🕐 火～日　10:00～13:00
　　　　　　14:00～18:00
休 月、1/1、聖金曜日、4/25、
5/1、12/24・25・31

🏨 ポザーダ・コンベント・アライオロスへ

城
Castelo

ムニシピオ広場
Pr. do Município ❶

Rua da Misericórdia
Rua Alexandre Herculano
Rua da Santo Condestável
Rua Cunha Rivara
ティオゴ

Rua de Olivença
Rua 5 de Outubro
Rua da Cruz
Rua da Castelo
Rua Melo Meixa

カーザ・ド・ブラタノ 🏨

Largo do
Lagar

Pr. da
República

タクシー
乗り場

Largo S.
Dordio Games

市場
バス停

1º de Maio

N

アライオロス ├─────┤ 100m

🍴 アモアージェン

のんびりとした時間が流れる

人々の憩いの場となっているムニシピオ広場

ムニシピオ広場 Pr. do Município を目指そう。市庁舎の中に[i]があり、また2階は**アライオロス絨毯解説センター Centro Interpretativo do Tapete de Arraiolos** になっていて古い絨毯やさまざまな資料を見学できる。

町には絨毯を売る店が多く、なかには作業風景を見学できるところもある。この絨毯、一見するとクロスステッチのようだが、実際はなかなか難しく、熟練した職人でも1㎡を織るのに2週間ほどかかるという。見学すれば、いかに手間がかかっていることがわかり、愛着がわいてくることだろう。絨毯の絵柄は昔から伝わるモチーフをもとにしており、幾何学模様は17世紀、動物は18世紀、花柄は19世紀にさかのぼるといわれている。

作業を見学したら、町の頂に建つ**城 Castelo** へ行ってみよう。14世紀初めにディニス王によって建てられたもので、ここから見るアレンテージョの風景はすばらしい。ときおり聞こえてくるのは、羊と小鳥の鳴き声だけ。ずっと昔から続いてきたこういう静けさを感じることができるのが、ポルトガルの田舎を旅する魅力のひとつだ。

ムニシピオ広場に立つペロリーニョ

アライオロス絨毯解説センター

[URL] www.tapetedearraiolos.pt
[開][休] アライオロスの[i]と同じ
[料] €1、65歳以上 €0.50

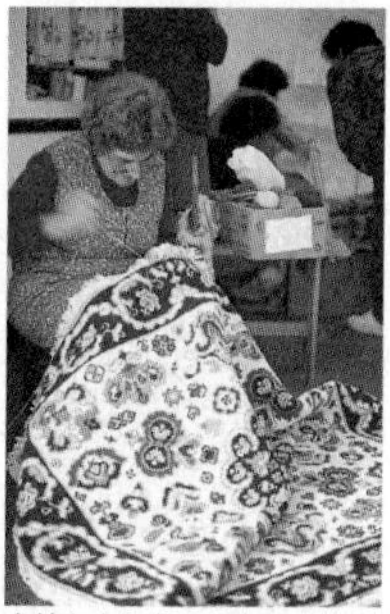
女性たちに伝えられてきた手織り絨毯

🍴 レストラン & ホテル

[R] ア・モアージェン
A Moagem　MAP：P.292

アレンテージョの郷土料理とワインを提供する家庭的なレストラン。予算€15～。

[住]Rua da Fábrica 2
☎ 934 149 724
[営]12:00～15:00、19:00～22:00
[休] 火　[カード][M][V]

[H] ドン・ディオゴ
Casa Dom Diogo　MAP：P.292

町の中心にあるこぢんまりとした宿。アズレージョの内装が美しい。

[住]Rua Cunha Rivara 6
☎266 490 025
[料] ⓈⓌ €55～65
[カード][M][V]　[客室数]5　[Wi-Fi] 無料

[H] ポザーダ・コンベント・アライオロス
Pousada Convento Arraiolos　MAP：P.292外

16世紀の修道院を改装した、モダンなデザインのポザーダ。オリーブ畑の真ん中に建ち、眺めがすばらしい。屋外プールあり。

[住]7044-909 Arraiolos　☎266 419 340
[URL]www.pousadas.pt
[料] ⓈⓌ €110～200
[カード][A][D][J][M][V]　[客室数]32　[Wi-Fi] 無料

[H] カーザ・ド・プラタノ
Casa do Platano　MAP：P.292

レプブリカ広場に面したプチホテル。部屋が美しいと評判が高い。従業員は親切で、ていねいに対応してくれる。

[住]Pr. da República 18　☎ & [FAX]266 429 429
[URL]www.casaplatanoarraiolos.com
[料] ⓈⓌ €83～110
[カード][M][V]　[客室数]9　[Wi-Fi] 無料

ルドンド

アクセス

リスボンから
🚌 セッテ・リオス・バスターミナルまたはオリエンテ・バスターミナルから2時間10分～2時間50分、1日4～5便運行。

エヴォラから
🚌 RE社またはAlentejo社（URL www.rodalentejo.pt）のバスで30～45分、平日10便程度、土・日・祝は3便。

ルドンドの🅸
（ワイン博物館）
🏠Pr. da República
☎266 909 100
URL www.cm-redondo.pt
🕐 火～日　10:00～13:00
　　　　　14:00～19:00
　（11～3月は～18:00）
🈺 月、1/1、聖日曜、5/1、12/25

旧市街への入口となる城門

工房で陶器の絵つけをする女性たち

　エヴォラから東へ約34km、6月から7月にかけてならヒマワリ畑がまぶしいほど美しい道を走り抜け、ルドンドに到着する。ポルトガルのみやげ物屋でよく見かける、素朴な童画が描かれた陶器はここが生産地だ。昔は50ほどあった窯元も現在では10余りになってしまったが、それでもやはり農業とともに町の経済を支えている。特別な見どころはないが、工房を巡りながら町全体の雰囲気を楽しんでみたい。

🧭 歩き方

　市庁舎が建つ**レプブリカ広場 Pr. da República**が町の中心。バスもここに停車する。広場に面した**ワイン博物館 Museu do Vinho**は🅸を兼任しており、ワイン造りに関する展示のほか、販売も行っている。レプブリカ広場からRua 5 de Outubroを上ってい

くと、白壁の城門が見えてくる。この先の城壁に囲まれた地区は、ディニス王によって14世紀に城が築かれた頃の面影を残す旧市街。城壁内のメインストリートには、**エノテカ Enoteca**というワインバーがあり、ルドンド周辺で造られるワインを紹介・販売している。また城壁の北

人通りも少なくひっそりとした旧市街

側を出て100mほど進むと、町外れの丘に建つ教会の裏側に**陶土博物館 Museu do Barro** がある。

📷 おもな見どころ

町を見下ろす丘に建つ　　　　　　　　MAP：P.294 外

陶土博物館
Museu do Barro　　★

　17世紀に建てられたサント・アントニオ・ダ・ピエダーデ修道院が博物館として使われている。ルドンドの重要な産業である陶器について、パネルや写真を使ってさまざまな角度から解説。伝統的な陶器も多数展示されている。

ルドンド

🌙 ホテル

🏨 コンベント・デ・サン・パウロ
Convento de São Paulo　　MAP：P.294 外

　ルドンドからエストレモス方向へ10km、16世紀の修道院を改装したホテル。

🏨 バスティアオン
Casa de Hóspedes Bastião　　MAP：P.294

　ルドンドの町なかにある唯一の宿。レプブリカ広場のすぐ近く。朝食なし。

ルドンドの工房ガイド

　この町にある窯元をいくつか紹介しよう。それぞれに特徴があり、模様も異なる。❶で工房の場所を記した地図をもらい、出会った人に道を聞きながら、お気に入りの工房を見つけよう。

左／絵つけは女性の仕事　右／町角に飾られた陶器

オラリア・メルトラ Olaria Mértola
　城壁内にある、ルドンドで最も古い工房。パステルカラーの花や牧童の絵柄が特徴。
🏠 Rua do Castelo 36　☎ 962 679 394
🕐 毎日 9:00 ～ 19:00

オラリア・ジェレミアス Olaria Jeremias
　ルドンドで一番大きな工房で、品揃えも豊富。ろくろを回している様子も見られる。
🏠 Calçada da Cruz de São Pedro　☎ 266 909 380
🕐 月～金 9:00 ～ 13:00、14:00 ～ 18:00

オラリア・シッコ・タレッファ Olaria Xico Tarefa
　小さな工房だが、素朴な風合いの陶器はリスボンのみやげ物屋でもよく見かける。
🏠 Rua João Anastácio da Rosa 4　☎ 964 635 494
🕐 毎日 9:00 ～ 13:00、15:00 ～ 19:00

オラリア・ピラッサ Olaria Pirraça
　ショップのみで作業しているところは見られないが、とてもきれいなブルーが印象的。
🏠 Rua Conde Redondo 85
☎ 266 909 797　URL www.olariapirraca.pt
🕐 毎日 9:00 ～ 13:00、14:00 ～ 19:00

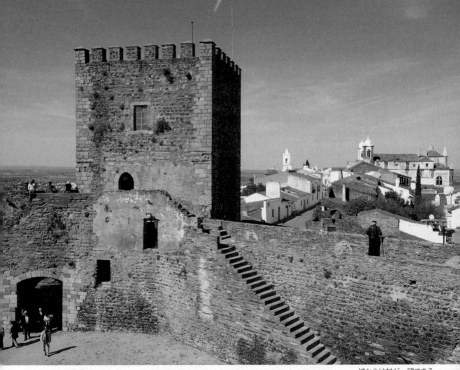

城からは村が一望できる

Monsaraz
時間の流れから取り残されたような村
モンサラーシュ

エヴォラから52km、ポルトガルで最も美しい村のひとつに数えられるモンサラーシュは、アルト・アレンテージョ地方とスペインとの国境近くの標高332mに位置している。

1167年、アフォンソ・エンリケスがこの地をムーア人より奪還。現在この村の闘牛場としても利用される城は、13世紀にディニス王によって再建されたものだ。いまや下界の町の生活からすっかり取り残されたようなこの小さな村の中に、中世に造られた慈悲病院や裁判所が現在も残っていることで、かつて軍事的に重要な拠点であったことがしのばれる。

毎朝、黒い衣服を身につけた村の女性たちは、無造作に枯木を束ねたようなホウキを持って家の前の石畳を掃除する。また夏になると、真っ白に石灰で塗られた家々の壁を塗り変える作業が始められる。

城壁の入口をくぐり、最初の小道を左に曲がると、ここの織物に魅せられこの村に住み着いたオランダ人ミゼッテさんの店がある。これらの毛織物は床に敷くのみならず、寒い冬に冷たい風が家に吹き込まないように玄関のカーテン

左／村の周囲にはのどかな田園風景が広がっている
中／郷土料理のエンソパーダ・デ・ボレゴとミーガシュ・デ・ポルコ
右／窓を飾るレースのカーテン

左／アレンテージョ地方の素朴な民芸品を並べたみやげ物屋
右上／小高い丘の上、城壁に囲まれてモンサラーシュの村がある
右下／石畳の道に沿って、白い家が並ぶ

として用いられる。自然な色と伝統的な柄は人の心を和ませるものだ。

小さな村だから30分もあれば一周できるけれど、どうしても夕日と朝日を見てみたい衝動にかられる。この村では「日暮れ時とやや遅めの朝に沈黙の音がする」といわれているからだろうか。または「この村で生まれこの村から出ることなく死んでいく人もいる」ということを知ったからだろうか。城からの眺望がすばらしいことは言うまでもなく、距離をおいて下から遠くに見上げるモンサラーシュも、その昔戦略的に重要な役割を果たしてきた威厳がある。

村の目抜き通り、Rua Direitaに[i]があり、宿とレストランを紹介してもらえる。モンサラーシュでの楽しみは、大パノラマのなかの日の出と日の入りを見ること、そして郷土料理のEnsopada de Borrego（汁気の多いマトンのシチュー）やMigas de Porco（炒めた豚肉のうま味をパンに吸わせた料理）を味わうことだ。小さな村だがレストランは数軒あり、どこもそれなりにおいしい。またいずれの宿もこの村の民家を改装したものなので、なかなか情緒がある。

アクセス ▶
エヴォラから Alentejo 社のバス（[URL]www.rodalentejo.pt）で約1時間30分、途中レゲンゴス・デ・モンサラーシュ Reguengos de Monsaraz で乗り換える。エヴォラ6:40発（土・日は運休）、帰りはモンサラーシュ8:00、17:35発が乗り継げる。または RE 社など平日10便、土・日2便が運行しているレゲンゴス・デ・モンサラーシュまでバスで行き、そこからタクシーで向かう方法もある。タクシーは片道€20程度。日帰りも可能だが、できれば1泊することをおすすめする。なお、バスの時刻は変更されることもあるので、必ず現地で確認をすること。

モンサラーシュの[i]
[住] Rua Direita　☎ 266 508 177
[URL]www.cm-reguengos-monsaraz.pt
[開]4～9月　毎日 9:30～12:30、14:00～17:30
　10～3月　毎日 9:30～13:00、14:00～17:00

モンサラーシュのホテル
村にはエスタラージェンのほか、民家を改装した宿が10軒ほどある。

● Estalagem de Monsaraz
古い建物を生かしており、天井は木の梁が重厚な雰囲気。乗馬もアレンジしてくれる。
[住]Largo S. Bartolomeu 5
☎266 557 112
[URL]www.thehyggesuites.com
[料]ⓈⓌ€72～145
[カード][M][V]　[客室数]18　[Wi-Fi]無料

● Casa D. Antónia
白い建物の外壁に花が植えてある。部屋は清潔でかわいらしく、ご主人は気さくで親切。
[住]Rua Direita 15　☎266 557 142
[FAX]300 013 188
[料]ⓈⓌ€90～110
[カード][M][V]　[客室数]7　[Wi-Fi]無料

● Casa Pinto
ポルトガルの旧植民地をテーマにした客室は、それぞれ内装が異なり個性的。屋上テラスで夕日を眺めながらくつろげる。
[住]Pr. de Nuno Alvares Pereira 10
☎962 612 275
[料]ⓈⓌ€68～120
[カード][A][M][V]　[客室数]6　[Wi-Fi]無料

城壁で囲まれた陶器で有名な町　　　　　　　　　　**Estremoz**

エストレモス

Porto●

Lisboa ●

★ エストレモス

アクセス

リスボンから
🚌 セッテ・リオス・バスターミナルから2時間〜2時間30分、1日7〜9便。
エヴォラから
🚌 所要30〜40分、1日4便。
エルヴァスから
🚌 所要約45分、1日5便。

エストレモスの ❶
🏠 Rossio Marquês de Pombal
☎ 268 339 227
URL www.cm-estremoz.pt
🕐 毎日　　　　9:00〜12:30
　　　　　　　14:00〜17:30
🚫 1/1、聖金・日曜、6/2、11/1、12/1・8・25

ロシオ広場の陶器市

丘の上の城を中心に広がるエストレモスの町

　エヴォラから北東へ約 45km、コルク樫とオリーブの木が茂る広野を抜けると、緩やかな丘陵に広がるエストレモスの町が見えてくる。中世の城と城壁が残る「上の町」と、人々の生活の匂いがあふれる「下の町」からなっており、「上の町」は13世紀以来ほとんど変わっていないという。ここは陶器が名産。素焼きの水差しやカラフルな土人形は 16 世紀以来続いており、広場の市などで売られている。

🔍 歩き方

　バスターミナルは中心街の東にある。ここから西へと延びる Av. Condessa da Cuba を真っすぐ進めば 5 分ほどで**ロシオ広場 Rossio** に出る。広場では陶器市が立つことが多い。❶はロシオ広場の南側にあり、エストレモス陶器として有名な土人形を展示しているので立ち寄ってみよう。この一帯は「下の町」と呼ばれ、公園や広場、カフェやレストランなどに人々が集まっている。

　次は、Rua da Frandina をたどって「上の町」へ行ってみよう。小高い丘の頂に、城壁に囲まれて建っているのが、現在は人気のポザーダになっている**城 Castelo**。その向かいには**市立博物館 Museu Municipal** が、西側にはイザベル王妃の生涯や奇跡を描いた内部のアズレージョが美しい**サンタ・イザベル王妃礼拝堂 Capela da Rainha Santa Isabel** がある。

📷 おもな見どころ

数々の逸話が残る
MAP：P.298

城
Castelo ★★

13世紀の建造。主塔はアフォンソ4世、ペドロ王、フェルナンド王の3人の時代を経て造られた。ディニス王はスペインから王妃としてイザベルを迎え、この城に住んでいたことがある。彼女は後に長旅が原因となり死亡するが、王妃として、また聖女として人々の心に残り、彼女にまつわるいくつもの伝説や奇跡が残っている。またヴァ

スコ・ダ・ガマは航海に先立ち、この城でマヌエル1世に謁見した。1698年の爆発で主塔を残して崩壊したが、その後再建され現在はポザーダとなっている。

13世紀建造の主塔がそびえ立つ

陶器のコレクションが充実
MAP：P.298

市立博物館
Museu Municipal ★★

1階にはエストレモスの土人形や素焼きの壺、ローマ時代の遺物などが展示されており、奥にある別棟では土人形の実演販

売も行っている。2階は木彫りのスプーンやコルク細工などの工芸品のほか、この地方の家具や民芸品を使って台所、居間、寝室が再現されていて興味深い。

奥には土人形の工房もある

王妃の奇跡を伝える
MAP：P.298

サンタ・イザベル王妃礼拝堂
Capela da Rainha Santa Isabel ★

礼拝堂の壁は聖イザベルの生涯や奇跡を描いたアズレージョで覆われている。なかでも有名なのがバラの奇跡だ。伝説によると、王妃は城からパンや金貨を持ち出しては貧しい人々に与えていた。ある日、王にそれを見とがめられた王妃が包みを開けると、金貨がバラの花に変わっていたという。

城内の見学
主塔へは宿泊客のみアクセスが可能。予算が許せばぜひ宿泊してみたいが、城内のレストランやカフェは誰でも利用することができるので、その雰囲気を味わうためにも訪れてみたい。
●レストラン
🕐13:00 ～ 15:00
　19:30 ～ 22:30
🈺無休
カードＡＤＪＭＶ

市立博物館
🏠 Largo Dom Dinis
☎ 268 339 219
🕐 火～日　9:00 ～ 12:30
　　　　14:00 ～ 17:30
🈺 月
💰 €2

サンタ・イザベル王妃礼拝堂
🏠 Rua da Rainha Santa Isabel 8
🕐 火～日　9:00 ～ 12:30
　　　　14:00 ～ 17:30
🈺 月
💰 無料
※内部を見学するにはポザーダ前の広場にあるアートギャラリーに申し出て鍵を開けてもらう。

ポザーダ前の広場に立つ、バラの花を抱える聖イザベル像

🌙 ホテル

🏨 ポザーダ・カステロ・エストレモス
Pousada Castelo Estremoz ★★★★　MAP：P298

豪華さではトップクラス。館内には価値ある美術品が飾られている（→ P.43）。

🏠Largo D. Dinis　☎268 332 075
URLwww.pousadas.pt　💰Ｓ Ｗ€105 ～ 240
カードＡＤＪＭＶ　客室数29　Wi-Fi無料

🏨 アレンテジャーノ
Residencial Alentejano　MAP：P298

ロシオ広場に面している。1階はカフェ、2階はレストラン兼宿の受付。

🏠Rossio 13-14　☎268 337 300
💰Ｓ€30 ～ 40　Ｗ€44 ～ 55
カードＡＭＶ　客室数12　Wi-Fi無料

スペイン国境に近い要塞都市

エルヴァス

Elvas

正面にノッサ・セニョーラ・ダ・アスンサオン教会が建つレプブリカ広場

スペインとの国境からわずか12km。そのためイスラム教徒対キリスト教徒、ポルトガル対スペインなどさまざまな攻防戦が繰り広げられてきた。町は17世紀に築かれた塁壁に囲まれ、1801年にナポレオン軍によるスペイン侵入戦争の舞台となったときも、塁壁が要塞となって町を守り抜いたという。現在はスペインのバダホスと高速道路でつながれ、両国を行き来する国際バスも運行している。

アクセス

リスボンから
🚌 セッテ・リオス・バスターミナルから2時間40分～3時間50分、1日7～9便。
エヴォラから
🚌 所要約1時間15分～2時間15分、1日4～6便。

[世][界][遺][産]
エルヴァスとその要塞群(2012年登録)

エルヴァスの ℹ
[住]Pr. da República
☎268 622 236
[URL] www2.cm-elvas.pt
[開]4～9月
月～金 9:00～19:00
土・日 9:00～12:30
14:00～17:30
10～3月
毎日 10:00～13:00
14:00～18:00
[休]1/1、聖日曜、5/1、12/25

スペインのバダホスへ
Alentejo社のバス([URL]www.rodalentejo.pt) が平日2便運行(土・日・祝は運休)。エルヴァス9:30、15:00発でバダホスのバスターミナルまで所要約30分。タクシーは€25～30ほど。

エルヴァスのホテル
サンタ・ルジア
Hotel Santa Luzia
レストランの評判も高いので、食事に立ち寄るのもおすすめ。
[住] Av. de Badajoz
☎ 268 637 470
[URL] www.slhotel-elvas.pt
[料] ⓈⓌ €77～120
[カード][A][D][M][V] [客室数] 25

歩き方

町の中心は**レプブリカ広場 Pr. da República**。バスターミナルは城壁の外にあり、レプブリカ広場まで歩くと20～30分かかる。上り坂を歩くことになるので、荷物が多い人はタクシー(€5～6)を利用しよう。

レプブリカ広場にはℹ、銀行、カフェなどが集まっている。見どころが多いのは広場の北側、古い城壁で囲まれた地域だ。広場を挟んでℹの向かいに建つのは、かつて大聖堂だった**ノッサ・セニョーラ・ダ・アスンサオン教会 Ig. N. S. da Assunção**。その裏にはサンタ・クララ広場 Largo Santa Clara に面して**ドミニカ教会 Ig. das Dominicas**(別名**ノッサ・セニョーラ・ダ・コンソラサオン教会 Ig. da N. S. da Consolação**)がある。広場の中央に立っている柱は16世紀のペロリーニョだ。ここから道を右に取ると**城 Castelo** へといたる。ここは町の北端。遠くには**グラサ要塞 Forte da Graça** も見える。城を出て左へ進みすぐ右に入ると、そこがベアタス通り Rua das Beatas。鳥の鳴き声がどこからともなく聞こえ、随所に花々が飾られた美しくのどかな一角だ。

サンタ・クララ広場のペロリーニョ

はみだし 町の西側に高さ約30m、全長7kmほどのアモレイラの水道橋 Aqueduto de Amoreira が延びている。1498年から1622年にかけて建造され、現存するものではイベリア半島最長の水道橋だ。

おもな見どころ

最盛期の面影を伝える　MAP : P.301

ノッサ・セニョーラ・ダ・アスンサオン教会

Ig. N. S. da Assunção　★★

　かつてはゴシック様式だったが、16世紀にマヌエル様式に改装された。現在は教区教会に格下げされているが、大理石で覆われた僧席など、司教座がおかれていた頃の面影をいまに伝えている。円柱、タイルなどとともに、キリストの顔が浮き出ている大理石もお見逃しなく。教会内に宗教芸術博物館を併設している。

独特の雰囲気をもつ　MAP : P.301

ドミニカ教会

Ig. das Dominicas　★★

　16世紀に建てられた、ルネッサンス様式の小さな八角形の教会で、別名ノッサ・セニョーラ・ダ・コンソラサオン教会 Ig. da N. S. da Consolação としても知られている。中に入ると、幻想的な空間が広がっている。丸屋根を支えているのは、唐草模様が描かれた8本の円柱で、壁一面には17世紀のとても美しいアズレージョが施されている。

八角形に並んだ円柱が屋根を支える

ノッサ・セニョーラ・ダ・アスンサオン教会

住Pr. da República
開4〜9月
　毎日　10:00〜12:00
　　　　15:00〜18:00
　10〜3月
　毎日　10:00〜12:30
　　　　14:30〜17:00
料無料

天井に唐草模様が描かれている

ドミニカ教会

住Av. 14 de Janeiro 7
開4〜9月
　毎日　10:00〜12:00
　　　　15:00〜18:00
　10〜3月
　毎日　10:00〜12:30
　　　　14:30〜17:00
料無料

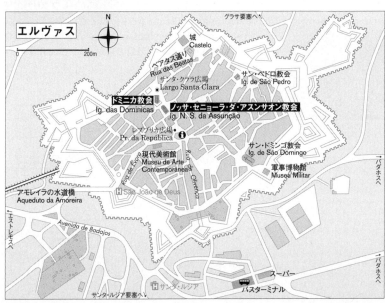

はみだし　町の頂に建つ城は、イスラム教徒がローマの要塞跡に13世紀に築き、レコンキスタ後の15世紀に拡張された。城壁からの眺めがすばらしい。開火〜日9:30〜13:00、14:00〜17:30　休月　料€2

ブラガンサ公爵家ゆかりの地　Vila Viçosa

ヴィラ・ヴィソーザ

城から町の中心レプブリカ広場を望む

スペインとの国境近くにある、人口5000人ほどの小さな町。ヴィラ・ヴィソーザとは「樹木の茂った町」という意味で、その名のとおりオレンジやレモンの林に囲まれた、緑豊かな美しい町だ。15世紀初め、ポルトガル王家に次いで最も強大な権力を握っていた貴族、ブラガンサ公爵家はこの地に住まいを定め館を建設した。またヴィラ・ヴィソーザは大理石の産出地として知られ、特にピンク大理石は世界的に有名。

アクセス

リスボンから
セッテ・リオス・バスターミナルから2時間35分〜3時間15分、1日3〜4便。
エヴォラから
RE社またはAlentejo社（URL www.rodalentejo.pt）のバスで約1時間、1日3〜4便。

ヴィラ・ヴィソーザの❶
Pr. da República
☎268 889 317
URL www.cm-vilavicosa.pt
毎日　9:00〜12:30
14:00〜17:30
休1/1、12/25

レプブリカ広場から見た
ヴィラ・ヴィソーザ城

▶日本とのつながり
1584年にリスボンに到着した天正遣欧少年使節（→P.291コラム）は、ローマへの行き帰りにこの町に立ち寄り、公爵の宮殿に滞在した。当主ドン・テオドジオ2世とその母カタリーナから手厚いもてなしを受けた4人の少年たちは、当時15歳と年の近かった公爵の息子と衣装の取り替えなどをして遊んだという。

🧭 歩き方

町の中心は、オレンジの街路樹がかわいらしい**レプブリカ広場 Pr. da República**。広場を見下ろすようにして、現在は博物館になっている**ヴィラ・ヴィソーザ城 Castelo de Vila Viçosa**がそびえている。町最大の見どころ、**公爵の宮殿 Paço Ducal**はレプブ

リカ広場から徒歩 10 分ほど。バスターミナルはレプブリカ広場から徒歩 5 分ほどの Rua André Gomes Pereira にある。小さな町なので、エヴォラから日帰りで訪れることも可能だ。

おもな見どころ

ブラガンサ家の住まいだった MAP : P.302

公爵の宮殿

Paço Ducal ★★★

現在の館は 4 代目公爵ドン・ジャイメにより、1501 年に建設が開始された。宮殿前の広場中央に建つのは、1640 年にブラガンサ朝初代国王として即位した、8 代目公爵ジョアン 4 世の騎馬像。左右 110m に及ぶファサードには町の周辺から採掘された大理石がふんだんに使われ、内部は 17 世紀のアズレージョやタペストリー、数々の調度品や美術品で飾られている。出口には**馬車博物館 Museu dos Coches** があり、70 両もの馬車が展示されている。

ブルーとピンクの大理石で覆われた宮殿正面

公爵の宮殿
[住] Terreiro do Paço
☎268 980 659
[URL] www.fcbraganca.pt
[開] 6 ～ 9 月
火　14:00 ～ 18:00
水～日 10:00 ～ 13:00
14:00 ～ 18:00
(7・8 月は火の 10:00 ～ 13:00 もオープン)
10 ～ 5 月
火　14:00 ～ 17:00
水～日 10:00 ～ 13:00
14:00 ～ 17:00
※入場は閉館 1 時間前まで
[休] 月、1/1、聖日曜、5/1、12/8・25
[料] €8、馬車博物館€3
※宮殿内の見学は、ポルトガル語のガイドに従って所要約 1 時間

現在は博物館になっている MAP : P.302

ヴィラ・ヴィソーザ城

Castelo de Vila Viçosa ★★

城と城壁はディニス王によって 13 世紀末に建造され、17 世紀に補強された。城内は考古学博物館と狩猟博物館になっており、係のおじさんがポルトガル語で説明しながら案内してくれる。城の上からは、ヴィラ・ヴィソーザの町と、かつてブラガンサ家の狩猟場だった広大な公園が一望できる。

ヴィラ・ヴィソーザ城
☎268 980 659
[URL] www.fcbraganca.pt
[開] 公爵の宮殿と同じ
[料] €5

堀に囲まれた堅牢な城

レストラン & ホテル

[R] レスタウラサォン

Restauração MAP : P.302

地元の人が推薦する店。手前がカフェ、その奥がレストラン。予算€10 ～。

[住] Pr. da República　☎268 980 256
[営] 12:00 ～ 15:00、19:30 ～ 23:00
(カフェは 7:00 ～ 24:00)
[休] 水　[カード] [M][V]

[H] アレンテージョ・マルモリス

Alentejo Marmoris ★★★★★ MAP : P.302

大理石をふんだんに利用して建てられた、贅沢なスパもある高級ホテル。

[住] Largo Gago Coutinho 11　☎268 980 246
[URL] www.marmorishotels.com
[料] [S][W]€175 ～ 260
[カード] [A][M][V]　[客室数] 45　[Wi-Fi] 無料

[H] ポザーダ・コンベント・ヴィラ・ヴィソーザ

Pousada Convento Vila Viçosa ★★★★ MAP : P.302

16 世紀の修道院を改装。当時のフレスコ画が残るサロンやレストランも趣がある。

[住] Terreiro do Paço　☎268 980 742
[URL] www.pousadas.pt　[料] [S][W]€105 ～ 230
[カード] [A][D][J][M][V]　[客室数] 36　[Wi-Fi] 無料

[H] ソラール・ドス・マスカレーニャス

Hotel Solar Dos Mascarenhas ★★★ MAP : P.302

貴族の邸宅だった旧館と、モダンな新館がある。バーや屋外プールも完備。

[住] Rua Florbela Espanca 125　☎268 886 000
[URL] solardosmascarenhas.com
[料] [S][W]€90 ～ 159　[カード] [A][M][V]　[客室数] 22　[Wi-Fi] 無料

山の麓に広がる静かな町 **Portalegre**

ポルタレグレ

Porto●

Lisboa● ★ポルタレグレ

アクセス

リスボンから
🚌セッテ・リオス・バスターミナルから2時間45分〜4時間25分、1日5〜7便。
エヴォラから
🚌所要1時間25分〜2時間30分、1日4〜5本。

小高い丘の上に広がるポルタレグレの町

　1259年にアフォンソ3世によって築かれたポルタレグレは、国境に近いため古くから戦略上の要衝として幾度もスペインの攻撃にさらされてきた。19世紀以降は毛織物やタペストリーの生産が盛んになり、当時ブルジョアたちが建てた邸宅が町のあちこちに残っている。現在はポルタレグレ県の県都として、背後に自然豊かなサン・マメーデ山脈を控え、カステロ・デ・ヴィデやマルヴァオンを訪れる際の起点となっている。

🧭 歩き方

　バスは町の中心、**レプブリカ広場 Pr. da República**（ロシオ Rossio とも呼ばれる）に近いバスターミナルに到着する。城壁に囲まれた旧市街へは、Rua 5 de Outubro を上っていく。旧市街の中心は**カテドラル Sé** を中心とした一角。向かいには**市立博物館 Museu Municipal** もある。小さな町なので、数時間もあれば見て回ることができる。

ポルタレグレの ⓘ
🏠Rua Guilherme Gomes Fernades 22
☎245 307 445
🌐www.cm-portalegre.pt
🕐6〜9月
　毎日　　9:30〜13:00
　　　　　14:30〜18:00
　10〜5月
　毎日　　9:00〜12:30
　　　　　13:30〜17:00
🚫1/1、5/1、12/25

ひっそりとした旧市街の路地

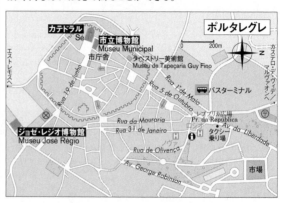

ポルタレグレ

カテドラル Sé
市立博物館 Museu Municipal
市庁舎
タペストリー美術館 Museu de Tapeçaria Guy Fino
🚌バスターミナル
ジョゼ・レジオ博物館 Museu José Régio
Rua da Mouraria
Rua 31 de Janeiro
Rua de Olivença
Av. George Robinson
Rua 1 de Maio
Rua 5 de Outubro
レプブリカ広場 Pr. da República
Av. da Liberdade
タクシー乗り場
市場
エストレモスへ
Rua 19 de Junho
カステロ・デ・ヴィデ／マルヴァオンへ
0 200m

おもな見どころ

2 本の鐘楼が印象的 MAP : P.304

カテドラル

Sé ★

16 世紀に建てられた大聖堂。ファサードは 18 世紀の建造で、白壁と花崗岩の壁柱とのコントラストが美しい。中に入って右側 2 番目のチャペルには、聖母マリアの生涯を表した祭壇飾りがある。また、聖具安置所はアズレージョで飾られている。

カテドラル
[住]Pr. do Municipio
☎ 245 309 480
[開] 毎日 8:00 ～ 18:00
[料] 無料

旧市街の中心に建つ

日本の焼き物も展示 MAP : P.304

市立博物館

Museu Municipal ★★

こぢんまりとした博物館だが、家具、陶器、絵画などコレクションは多岐にわたっている。なかでも 15 世紀から現代までの聖アントニオの像を集めた部屋、日本の薩摩焼や中国の磁器、ポルタレグレで最初に使用されたという自動車の展示は興味深い。

市立博物館
[住]Rua José Maria da Rosa
☎ 245 307 525
[開] 火～日 9:30 ～ 13:00
14:30 ～ 18:00
[休] 月・祝
[料] €2.10

宗教芸術から民芸品まで MAP : P.304

ジョゼ・レジオ博物館

Museu José Régio ★

詩人ジョゼ・レジオ（1901 ～ 69 年）の暮らした家が博物館となっており、彼が収集したコレクションを中心に展示している。特に 16 ～ 19 世紀に作られたキリスト受難の像、アンティークの家具、この地方の民芸品などは見応えがある。

ジョゼ・レジオ博物館
[住]Rua do Poe. José Régio 204
☎245 307 535
[URL] www.joseregio.pt
[開] 火～日 9:30 ～ 13:00
14:30 ～ 18:00
[休] 月・祝
[料] €2.10

近郊の見どころ

城壁に囲まれた白い町 MAP : P.282

カステロ・デ・ヴィデ

Castelo de Vide ★★

ポルタレグレから約 15km、サン・マメーデ山脈の麓に位置する人口 4000 人ほどの美しい町。13 世紀にディニス王によって築かれた**城 Castelo** に上ると、白壁と赤茶色の屋根が続く家並み、町を囲むオリーブ畑、そしてサン・マメーデ山脈までが見渡せる。城のすぐ下にはかつての**ユダヤ人地区 Judiaria** があり、中世のユダヤ教会、**シナゴガ Sinagoga** も残っている。またカステロ・デ・ヴィデは温泉で知られ、高血圧・肝炎・糖尿病などに効能があるという。

カステロ・デ・ヴィデへのアクセス
ポルタレグレからバスで約 30 分、平日のみ 4 便運行している。

城を中心に白い家並みが広がる

ホテル

ロシオ

Hotel Rossio ★★★★ MAP : P.304

レプブリカ広場から路地を入った所にある。こぢんまりとしたホテルだが、新しく設備も充実している。

[住]Rua 31 de Janeiro 6 ☎245 082 218
[URL]www.rossiohotel.com [料]ⓈⓌ€73 ～ 85
[カード][M][V] [客室数]18 [Wi-Fi]無料

ノヴァ

Pensão Nova MAP : P.304

レプブリカ広場からジョゼ・レジオ博物館に向かう道沿いに建つこぢんまりとしたペンサオン。

[住]Rua 31 de Janeiro 30 ☎245 331 212
[料]ⓈⓌ€45 ～65
[カード][A][D][J][M][V] [客室数]14 [Wi-Fi]無料（公共エリアのみ）

断崖の上に、白壁の家々が身を寄せるように並んでいる

「鷲の巣」と呼ばれる天上の村
マルヴァオン

アルト・アレンテージョ地方の北、なだらかな山々が連なるサン・マメーデ山脈の中にマルヴァオンの村はある。標高865mの岩山の頂に、城壁に抱かれるようにして村がちょこんと載っている様子は、「鷲の巣」という形容がぴったりだ。

スペイン国境近くに位置するマルヴァオンは、古くから戦略上重要な拠点であった。村の名は9世紀にこの地を支配したムーア人の王、イブン・マルアンに由来するとされる。1166年にアフォンソ・エンリケスがイスラム教徒を排撃したあとも、しばしば外敵の脅威にさらされ、また1833年の内戦の際にはその難攻不落さゆえに戦いの舞台となった。

現在のマルヴァオンは、下界から切り離されたかのように、静かで平和なたたずまいを保っ

左／城からはスペインまで見渡せる
右／家の玄関に付けられた石造りの郵便受け

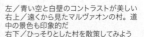

左／青い空と白壁のコントラストが美しい
右上／遠くから見たマルヴァオンの村。道
中の景色も印象的だ
右下／ひっそりとした村を散策してみよう

マルヴァオン

ている。バスが停まる村の入口から、二重のロ
ダオン門を通って城壁の中に入り、車1台が
やっと通れる狭い石畳の道を歩く。石造りの
家々はすべて壁が白く塗られ、バルコニーは色
とりどりの花で飾られている。小さな村なので、
1時間もあればひと回りできてしまう。家の戸
口で編み物をしているおばあさんとあいさつ
を交わしたり、みやげ物屋をのぞいてみるのも
楽しい。

　村の西端には13世紀ディニス王によって築
かれた城がある。見張り塔に上ってみよう。北
にエストレーラ山脈、南にサン・マメーデ山脈、

そして東にスペインと、すばらしいパノラマが
広がる。風に吹かれながらこの景色を見てい
ると、はるばるここまでやってきてよかったと
感じるはずだ。

　城の下には、白壁がまぶしいサンタ・マリア
教会 Igreja de Santa Maria が建ち、その中
に小さな博物館 Museu Municipal もある。
またマルヴァオンで昼食を取るなら、ぜひポ
ザーダへ。ガラス張りのレストランで、すばら
しい眺めを楽しみながら食事ができる。

アクセス ▶
ポルタレグレからバスで約45分〜
1時間20分。Alentejo社（**URL**www.
rodalentejo.pt）のバスが10:20、
17:00、18:20発。マルヴァオンか
らは7:10、13:15発。土・日・祝は
運休。バスの時刻は必ず現地で確
認のこと。タクシーならポルタレグ
レから片道 €35 程度。

マルヴァオンの❶
🏠 Largo da Silveirinha (Rua de Baixo)
☎ 245 909 131
URL www.cm-marvao.pt
🕐 毎日 10:00 〜 17:00
🚫 12/25

マルヴァオンのホテル
ポザーダ、　アルベルガリア、　ペ
ンサオンが 1 軒ずつ、　また民宿
が 5 軒ほどある。
● **Pousada Marvão**
眺めがすばらしいサロンもあり、く
つろげる。
🏠 Rua 24 de Janeiro 7
☎ 245 993 201
URL www.pousadas.pt
🛏 Ⓢ Ⓦ € 110 〜 165
カード Ⓐ Ⓓ Ⓙ Ⓜ Ⓥ
客室数 29　**Wi-Fi** 無料
● **Albergaria El Rei Dom Manuel**
こぢんまりとした宿だが、　レス

トランやバーも完備。
🏠 Largo de Olivença
☎ 245 909 150　**FAX** 245 909 159
URL www.turismarvao.pt
🛏 Ⓢ Ⓦ € 95 〜 130
カード Ⓜ Ⓥ　**客室数** 15　**Wi-Fi** 無料
● **Dom Dinis**
城の近くにあり、テラスからの眺
めがすばらしい。
🏠 Rua Dr. Matos Magalhães 7
☎ 245 909 028
URL domdinis.pt
🛏 Ⓢ Ⓦ € 70 〜 125
カード Ⓐ Ⓓ Ⓜ Ⓥ　**客室数** 9
Wi-Fi 無料

日本とポルトガルの 交流史

長崎に上陸したポルトガル人を描いた『南蛮屏風』（国立古美術館蔵→P.107）

東西の出合い

　大航海時代の幕開けの頃、ポルトガル人の航海熱を高めたものに、黄金の国ジパング伝説がある。しかし、極東情報を得て黄金の国でないことを知ると、彼らは日本への関心をなくしてしまう。ポルトガルと日本との交流は、まったくの偶然の事故によって始まった。

　3人のポルトガル商人を乗せた明国船が、種子島に漂着したのは1543年。領主種子島時堯は彼らが携えていた武器に注目し、2丁を購入した。鉄砲の伝来である。おりしも日本は戦国時代にあり、この新兵器はたちまち各地で量産されるようになった。

　1549年には、カトリック布教のため、イエズス会修道士フランシスコ・ザビエルが来日。ザビエルは2年後に離日するが、このとき洗礼名ベルナルドという鹿児島藩士が同行した。その後にベルナルドは単身リスボンに到達、初めてヨーロッパの土を踏む日本人となった。

　ザビエルの滞日中、ポルトガル商船が初めて平戸に入港し、日本との貿易が始まった。彼らは欧州や東南アジアの産品を多数持ち込み、ボタン、カルタ、パン、たばこ、コップなど今も日本語として日常的に使われるポルトガル語がここから普及した。

蜜月期とその終わり

　安土桃山時代前期には、南蛮文化を好んだ織田信長の守護によって貿易と布教は順調に拡大した。キリスト教徒が数十万人に上っただけでなく、アベ・マリアが流行歌となったり、武将がビロードで陣羽織を作るなど、南蛮文化は大流行する。

　1582年（天正10年）、キリシタン大名有馬晴信らによって、伊東マンショ、千々石ミゲル、中浦ジュリアン、原マルティノら13歳前後の少年4人がローマ法王への使者として選ばれた。日本初の欧州親善使節として、少年たちはリスボンから上陸し、シントラ、エヴォラ、スペイン各地を経てローマへ向かった。

　吉野の花見の仮装に南蛮衣装を採用した豊臣秀吉もまた、南蛮文化に好意的であった。しかし、イエズス会がキリシタン大名の政策に口を挟むようになると、太閤の姿勢は変わってくる。ポルトガル人は布教と貿易を同軸にしていたが、すでにスペインに併合されていたフィリピンの例を見ても、キリスト教会が侵略の先兵として果たす役割は懸念されていた。そして1587年、修道士が日本征服論を漏らしたことから太閤はバテレン追放令を発布、宣教師を国外追放する。ポルトガルと日本との外交関係は一気に冷え込んだ。

　戦国時代が終わり、内政の安定を最重視する江戸幕府は、宗教と貿易を切り離すオランダとの通商関係を強化する。1611年にオランダ国王がポルトガルに密謀がある旨を徳川家康に通告したことから、翌年幕府はキリスト教を禁令。3代将軍家光は鎖国政策を採り、ポルトガル人を出島に押し込めた。1639年に幕府は鎖国を完成、オランダと明を除く外国船の来港を禁じた。

交流再開から現在まで

　幕末の1860年、日本は再びポルトガルと修好通商条約を締結する。1863年には竹内保徳、福沢諭吉らが遣欧使節としてポルトガル国王ルイス1世に謁見した。しかしポルトガルにかつての勢いはなく、明治になっても両国の交流は進まなかった。1899年にポルトガル領事として神戸に赴任したモラエスが、執務のかたわら見聞記を本国で紹介したことが、この時代では特筆される。

　その後、第2次世界大戦中にポルトガルは中立国だったことから、日本は欧州情勢をリスボンで確保した。しかしサラザール政権（1932～74年）下では、日本との関係はあまり発展しなかった。2013年に「日葡友好470周年」を迎え、近年は渡航先として人気が高まっている。

青い海と緑が美しい常春の楽園マデイラ島

アルガルヴェとマデイラ島 アソーレス諸島
Algarve & Madeira, Açores

アルガルヴェ とマデイラ島 アソーレス諸島
Algarve & Madeira, Açores

気候

アルガルヴェ地方は夏は暑くなるものの、海風が心地よくて過ごしやすい。冬はあまり冷え込まず、日中の気温は10～15度で快適だ。一方、大西洋に浮かぶマデイラ島、アソーレス諸島はともに亜熱帯性で、年間を通じて温暖な気候。ただし島は天気が変わりやすいので注意しよう。

周遊のヒント

アルガルヴェ地方は列車、バスともに路線が発達していて便利だ。本土からマデイラ島、アソーレス諸島へは飛行機で。マデイラ島内はバス路線網が張り巡らされている。またアソーレス諸島では各島との間は飛行機、フェリーを利用することになる。

おもな祭りとイベント

● カーニバル　Carnaval
　マデイラ島フンシャル ……… 2/7～18('24)
● 花祭り　Festa da Flor
　マデイラ島フンシャル ……… 5/2～26('24)
● サント・クリスト祭
　Festas do Senhor Santo Cristo
　アソーレス諸島サン・ミゲル島… 5/3～8('24)
● サン・ジョアン闘牛祭
　Feira Taurina das Sanjoaninas
　アソーレス諸島テルセイラ島 ……… 6月下旬
　URL www.sanjoaninas.pt
● ファロ音楽祭　Festival Faro
　ファロ ……………………… 9/5～7('24)
　URL www.festivalf.pt

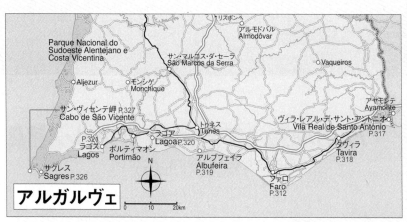

アルガルヴェとマデイラ島 アソーレス諸島で
楽しみたいことベスト5

1 ラゴス近郊の洞窟を カヤックで巡る

夏期にはラゴスのバンデイラ岬要塞が建つビーチから、カヤックのツアーが催行されている。ボートで近郊の洞窟へ行き、カヤックに乗り換えて周遊。ツアーで行く場所は波が穏やかなので初心者でも安心だ。→ P.321

ツアー出発地にカヤックが並ぶ

2 アルガルヴェ地方の郷土料理 カタプラーナを食べる

魚介や野菜類をフタ付きの専用鍋に入れ、蒸し煮したカタプラーナは、代表的なアルガルヴェ地方の郷土料理。2～3名で取り分けて食べるといいだろう。ハマグリは必須だが、エビやタコが入っていることもある。→ P.324

銅製のフタ付き鍋で調理される

3 ユーラシア大陸の最西南端 サン・ヴィセンテ岬を訪れる

漁港の町サグレスから約6kmの所にあるサン・ヴィセンテ岬。ここはユーラシア大陸の最西南端で、海面から約75mの絶壁の上に灯台が建っている。最果ての地にやってきたという感慨にふけってみたい。→ P.327

海から吹きつける風が心地よい

4 マデイラ島のフンシャルで 国内で最も美しい市場へ

色とりどりの青果や魚介などが売られ、伝統衣装を着た花売りの女性が見られるラヴラドーレス市場。マデイラ島のフンシャル中心街にあり、ポルトガルで最も美しい市場ともいわれ、活気に満ちている。→ P.331

庶民的な市場ながら観光の見どころでもある

5 アソーレス諸島のピコ島で 伝統的なブドウ園を見学

世界遺産にも登録されているブドウ園文化の景観が、アソーレス諸島のピコ島で見られる。溶岩を積み上げた石垣が連なっており、これは大西洋の潮風からブドウを守るために考案された農法だ。→ P.338

まるで石の迷路のような独特な農園

ファロ

Porto●

Lisboa●

★ファロ

アクセス

リスボンから
✈ ポルトガル航空が1日4便運航、約45分。
🚄 オリエンテ駅からAPまたはICで3時間〜3時間30分、1日5便。
🚌 セッテ・リオス・バスターミナルまたはオリエンテ・バスターミナルから3時間15分〜3時間50分、毎時1〜2便。
ラゴスから
🚄 所要約1時間45分、1日7〜8便。
🚌 所要1時間45分〜2時間、1日3〜4便。
エヴォラから
🚌 所要約4時間、1日2便。

ファロの❶
🏠 Rua da Misericórdia 8
☎ 289 803 604
URL www.cm-faro.pt
🕐 毎日　　9:30〜13:00
　　　　　14:00〜17:30
🚫 1/1、5/1、12/25

空港からのアクセス
ファロ空港とバスターミナルとの間を16番のバスが30分〜1時間おきに運行、所要20分。

ヨットやボートが並ぶマリーナ

ラグーンに囲まれたファロの町並みをカテドラルの上から眺める

　1249年アフォンソ3世によって再征服されたファロは、ポルトガルにおけるイスラム勢力終焉の地となった町。現在はイギリスやドイツなどからの飛行機も発着し、周辺リゾート地への玄関口としてにぎわっている。リゾートというと夏のイメージが強いが、もうひとつのベストシーズンは春。ポルトガルで最も春の訪れが早いアルガルヴェ地方は、1月には満開になるアーモンドの花に覆われ、あたりはさながら雪景色のように白く染まる。アプリコットの白い花がこれに続き、風景はしだいに萌ゆる新緑へと変わっていく。町なかのアーモンドはすっかり減ってしまったが、郊外に出ればまだすばらしいアーモンド林が残っている。

🧭 歩き方

　駅を出たらレプブリカ通りAv. da Repúblicaを右へ進んでいこう。この通りの途中右側にバスターミナルがある。駅から約5分でドン・フランシスコ・ゴメス広場 **Pr. D. Francisco Gomes** に到着。ここが町の中心で、広場の真ん中には高さ15mのオベリスクが立っている。マリーナに面してヤシの木が植えられた遊歩道があり、いかにもリゾート地らしい風情だ。さらにマリーナの向こうにはラグーンが広がっている。

　ドン・フランシスコ・ゴメス広場に続くマヌエル・ビヴァール庭園を抜けると、旧市街への入口アルコ・ダ・ヴィラ **Arco da Vila** が見えてくる。この門の左隣が❶。門をくぐると、イスラム支配時代を彷彿とさせる石畳の狭い道と白い家並みが続く。坂道を

アルコ・ダ・ヴィラは旧市街の入口

ファロから西へラグーンを渡る橋を越えて行くと、何kmも砂浜が続いており、レストランやホテルもたくさんあります。歩いて30分ほど、空港方面のバスでも行けます。またファロのマリーナ近くから、ラグーンを╱

上りきるとオレンジの街路樹に囲まれた広場があり、中央には**カテドラル Sé** がそびえている。さらに奥へ進むと、アフォンソ3世の像が立つ広場に面して**市立博物館 Museu Municipal de Faro** がある。ここから東へ進み、**アルコ・ド・レポウゾ Arco do Repouso** をくぐれば旧市街の外に出られる。

ファロはこぢんまりとした町だ。**カルモ教会 Ig. do Carmo** と**郷土博物館 Museu Regional do Algarve** を見学したあとは、プロムナードを散策したり、港の風情を味わおう。また**ファロ・ビーチ Praia de Faro** へは、バスターミナルから空港を経由する16番のバスで約25分。夏期（6月～9月中旬）は港の南側の桟橋からフェリーが運航しており、所要20分ほど。

正面から見たカルモ教会

スペインへのバス
Alsa社（URL www.alsa.com）がファロからセビーリャまで直通バスを1日6～8便（冬期は減便）運行しており、所要2時間45分。タヴィラやスペインのウエルバを経由する便もある。

白壁の建物が並ぶ旧市街を歩いてみよう

アルガルヴェとマデイラ島 アソーレス諸島

ファロ

↘ 挟んだ4つの離島に渡ることができます。私たちはフェリーで35分のデゼルタ島に渡りましたが、きれいな砂浜やレストラン、パラソルや寝椅子のレンタルもあって快適に過ごせました。（富山県　けいちゃん）['23]

アルコ・ダ・ヴィラ
🕙 見学自由

門をくぐって旧市街へ

カテドラル
🏠 Largo da Sé
☎ 289 823 018
🕙 月～金　10:00 ～ 17:00
　　　土　　9:30 ～ 13:00
休 日
料 €3

市立博物館
🏠 Largo Dom Afonso III 14
☎ 289 870 827
🕙 火～金　10:00 ～ 18:00
　　　土・日　10:30 ～ 17:00
休 月・祝
料 €2

郷土博物館
🏠 Pr. da Liberdade 2
☎ 289 870 893
🕙 火～金　10:00 ～ 18:00
　　　土　　10:00 ～ 16:30
休 日・月
料 €1.50

カルモ教会
🏠 Largo do Carmo 21
☎ 289 824 490
🕙 月～金　9:00 ～ 13:00
　　　　　　15:00 ～ 17:00
　　　土　　9:00 ～ 13:00
休 日・祝
料 €2

📷 おもな見どころ

城壁に囲まれた旧市街への入口　　　MAP：P.313
アルコ・ダ・ヴィラ
Arco da Vila　　★

「市の門」という意味。18 世紀、ドン・フランシスコ・ゴメス司教によって造られた。イタリア様式の柱をもち、壁のくぼみには聖トマス・アクイナス像が置かれている。

旧市街の中心にそびえる　　　MAP：P.313
カテドラル
Sé　　★★

1755 年の地震のあとに再建された

13 世紀の教会を 18 世紀に建て替えた大聖堂で、ゴシック、ルネッサンス、バロックなどさまざまな建築様式が見られる。内部は 17 世紀のアズレージョが美しい。聖堂内に据えてあるバロックオルガンは、音楽的、美術的にも優れたものだ。

ファロの歴史がわかる　　　MAP：P.313
市立博物館
Museu Municipal de Faro　　★

建物は 16 世紀の修道院を改装。回廊に面した部屋に、さまざまな考古学資料が展示されている。なかでもミルレウのローマ遺跡から発掘されたモザイクは必見。また古代の武器やコイン、15 世紀の石棺、16 世紀の司教座などが見られる。

前にアフォンソ 3 世の像が立つ

アルガルヴェ地方の民俗を紹介　　　MAP：P.313
郷土博物館
Museu Regional do Algarve　　★★

写真、絵画、生活用品、衣服などを用いて、アルガルヴェ地方の文化や伝統的な暮らしを紹介している。農家や雑貨屋などを再現したコーナーもあり、小さい博物館ながらも楽しめる。

人骨堂のある　　　MAP：P.313
カルモ教会
Ig. do Carmo　　★★

18 世紀から 19 世紀にかけて建てられた、ふたつの鐘楼をもつバロック様式の教会。奥にある**人骨堂 Capela dos Ossos**は、天井から床まで全 1575 人の修道士の骨で覆われている。

人骨堂の内部

 ファロのバスターミナルから北へ約 25 分、エストーイ Estoi という町に行きました。町の中心にある教会や宮殿もすばらしかったが、何といってもローマ居住区遺跡 Roman Villa de Milreu が見応えがあります ↗

ファロのレストラン & ホテル

　町で一番にぎやかなのは、ドン・フランシスコ・ゴメス広場から郷土博物館にかけて。レストランもこの地域に集まっている。国際的なリゾート地ファロだが、町なかに大規模なホテルは少ない。夏のピークシーズン（7～9月）は、特に高級ホテルに泊まる場合は予約したほうがよい。またこの時期は料金も高くなる。

ファロ・エ・ベンフィカ

Faro e Benfica

新鮮なシーフードが自慢

MAP：P.313

　マリーナに面したレストラン。夏はテラス席で食事をするのも気持ちがいい。ケースには取れたての魚介類が並べられている。おすすめはやはりシーフード。予算€30～。

🏠Docas de Faro
☎289 821 422
🕐12:30～15:30
　19:30～23:30
🈂祝、日の夜
カード A D J M V

タスカ

Taska

家庭的な雰囲気で郷土料理を

MAP：P.313

　新鮮な食材を用い、アルガルヴェ地方の伝統料理を提供。こぢんまりとした店内も感じがいい。アローシュ・デ・バカリャウなどの米料理は€11～13。魚介料理は単品で€9～15。

🏠Rua do Alportel 38
☎289 824 739
🕐12:00～14:30
　19:00～22:30
🈂日・祝
カード A M V

ソル・エ・ジャルディン

Sol e Jardim

にぎやかに食事を楽しむ

MAP：P.313

　夏はガーデン席がオープンし、観光客でにぎわう。おすすめは9種類もあるカタプラーナ（2人前€33～）。夏期には週に1回程度、ポルトガル音楽のライブをやることもある。

🏠Pr. Ferreira de Almeida 22-23
☎289 820 030
🕐10:00～23:00
🈂10～4月の日・祝
カード A M V

アデガ・ノヴァ

Adega Nova

季節の魚介料理がおすすめ

MAP：P.313

　鉄道駅から徒歩2分。夜は観光客の利用者が多いが、昼食時には地元の人も。手書きのメニューで季節の料理が張り出されており、手頃な値段で魚介料理が食べられる。予算€20～30。

🏠Rua Francisco Barreto 24
☎289 813 433
🕐11:30～23:00
🈂無休
カード A M V

テルトゥリア・アルガルヴィア

Tertúlia Algarvia

カフェとしても利用できる

MAP：P.313

　考古学博物館の近くにあり、気軽に入れる雰囲気のおしゃれな店。2階はレストランになっていて、昼食は€12程度。カタプラーナは3人前で€50。多種多様なワインも揃っている。

🏠Pr. Afonso III 13
☎289 821 044
🕐10:30～23:00
🈂無休
カード A M V

↘した。2世紀のモザイクが、浴場をはじめ遺跡のあちこちに残っています。エストーイの中心から10分ほど坂を下ると到着。帰りはRoman Villa近くのバス停からファロ行きに乗れます。（富山県　けいちゃん）['23]

315

[H] エヴァ

Hotel Eva

マリーナに面した大型ホテル

★★★★
MAP：P.313

　ファロ最大級の規模を誇る。バルコニーが付いた部屋からはマリーナやラグーンが見渡せ、リゾート気分を演出してくれる。プール、レストラン、ピアノバーなど設備も充実している。

[住]Av. da República 1
☎289 540 154 [FAX]289 001 003
[URL]www.ap-hotelsresorts.com
[料]Ⓢ€105～267
Ⓦ€114～281
[カード][A][D][J][M][V]
[客室数]148 [Wi-Fi]無料

[H] ファロ

Hotel Faro

繁華街の広場に面したホテル

★★★★
MAP：P.313

　レストランやカフェが近くに並ぶ場所に建つ。旧市街の入口アルコ・ダ・ヴィラも近く、観光にも便利。プールがある屋上テラスからはマリーナを一望でき、リゾート気分を味わえる。

[住]Pr. D. Francisco Gomes 2
☎289 830 830
[URL]www.hotelfaro.pt
[料]ⓈⓌ€90～265
[カード][A][D][J][M][V]
[客室数]90
[Wi-Fi]無料

[H] ドン・ベルナルド

Hotel Dom Bernardo

住宅街に建つ中級ホテル

★★★
MAP：P.313

　カルモ教会近くにあり、周囲は閑静な住宅街なので、落ち着いて過ごせる。旧市街へは徒歩10分ほどかかるが、近くにカフェや小さなレストランもあるので不便は感じない。

[住]Rua General Teofilo da Trindade 20
☎289 889 800
[URL]www.bestwestern.com
[料]ⓈⓌ€83～176
[カード][A][M][V]
[客室数]43
[Wi-Fi]無料

[H] ソル・アルガルヴェ

Hotel Sol Algarve

駅やバスターミナルから近い

★★
MAP：P.313

　白を基調とした客室はとても清潔感があり、すべての部屋にバルコニーとエアコンが付いている。朝食はビュッフェ形式で、夏期は開放的なパティオで食べることもできる。

[住]Rua Infante D. Henrique 52
☎289 895 700
[URL]www.hotelsolalgarve.com
[料]ⓈⓌ€70～165
[カード][A][M][V]
[客室数]38
[Wi-Fi]無料

[H] アヴェニーダ

Residencial Avenida

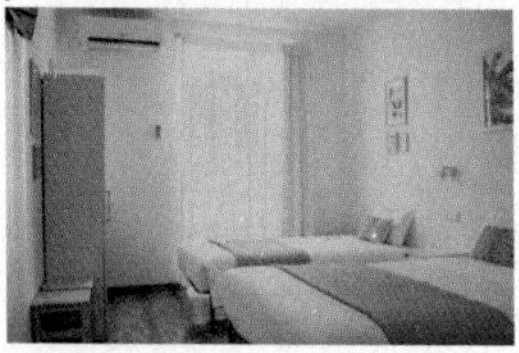

移動に便利で旧市街にも近い

★
MAP：P.313

　鉄道駅とバスターミナルから近い路地に位置する、こぢんまりとしたレジデンシャル。旧市街へも歩いて5分ほどで行ける。設備は簡素だが、明るくて清潔。トリプルルームもある。

[住]Rua da Barqueta 21
☎938 437 698
[料]ⓈⓌ€56～189
[カード][M][V]
[客室数]7
[Wi-Fi]無料

[H] ア・カーザ・ダ・アルヴォレ

Hostel A Casa da Árvore

静かな住宅街にあるホステル

MAP：P.313

✉ドミトリーの部屋内にはバスルームが男女兼用でひとつ、外に男女別であります。スタッフはていねいに対応してくれて親切でした。（東京都　ナリエアポート）['23]

[住]Rua Pedro Nunes 14
☎917 813 126
[休]Ⓓ€20～30
ⓈⓌ€60～90
[カード]不可
[客室数]23
[Wi-Fi]無料

買い物客でにぎわう国境の町 Vila Real de Santo António

ヴィラ・レアル・デ・サント・アントニオ

カフェのテーブルが並ぶマルケス・ポンバル広場

グアディアナ川の対岸、スペイン側の町アヤモンテとは全長約4kmの橋でつながれている。物価の安いポルトガルで買い物をしようと、国境を越えてスペイン人も訪れる。

歩き方

ファロ方面から列車で来ると、終点のヴィラ・レアル・デ・サント・アントニオ駅に到着する。駅前の道を直進して4つ目の角を左折すればフェリー乗り場がある。徒歩なら約10分。バスターミナルはフェリー乗り場の正面。駅前の道を真っすぐ歩いていけば、目抜き通りのRua do Dr. Teófilo Bragaと交差する。これといった見どころはないが、目抜き通りを歩いたり、途中の**マルケス・ポンバル広場 Pr. Marquês Pombal**でくつろぐのもいい。なお**マヌエル・カバナス博物館 Museu Manuel Cabanas**には版画のほか、日本で生涯を終えたヴェンセスラウ・デ・モラエス（→P.15）の本も展示されている。

スペインへの行き方

セビーリャまでEVA社の直通バスが1日1便運行しており、所要約2時間。または、対岸の町アヤモンテまでフェリーで10分。8:40から19:00まで40分おきに運航している。アヤモンテのバスターミナルはフェリー乗り場から1.5kmほど離れた所にあり、Damas社がセビーリャまでローカルバスを1日5～8便運行、所要2時間～3時間15分。なおスペイン側のアヤモンテには安い宿が少ないので、泊まるならヴィラ・レアル・デ・サント・アントニオのほうがよいだろう。

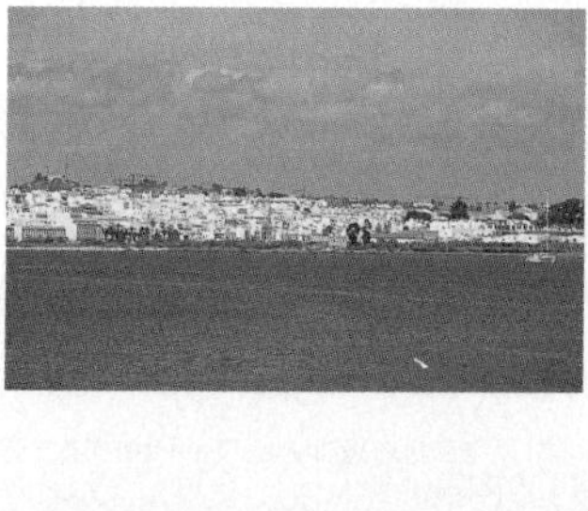
対岸にアヤモンテの白い町並みが見える

アクセス

リスボンから
🚃 オリエンテ駅からAPまたはICでファロまで行き、普通列車に乗り換える。リスボンから4時間15分～5時間、1日5便。
🚌 セッテ・リオス・バスターミナルまたはオリエンテ・バスターミナルから4時間25分～5時間10分、毎時1便程度。

ファロから
🚃 所要約1時間10分、1日10便。
🚌 所要約1時間40分、1日10便程度。

スペインへのバス
ヴィラ・レアル・デ・サント・アントニオ9:35発、セビーリャ12:40着。時差があり、スペインはポルトガルより1時間早いので注意しよう。
● EVA社
URL www.eva-bus.com
● Damas社
URL www.damas-sa.es

ヴィラ・レアルのホテル
アポロ Hotel Apolo
市街の便利な場所にあり、鉄道駅やフェリー乗り場にも歩いていける。
住 Av. dos Bombeiros
☎ 281 510 700
URL www.apolo-hotel.com
料 ⓈⓌ€57～135
カード AMV 客室数 56
Wi-Fi 無料

ジラオン川の河口に位置する静かな町　**Tavira**

タヴィラ

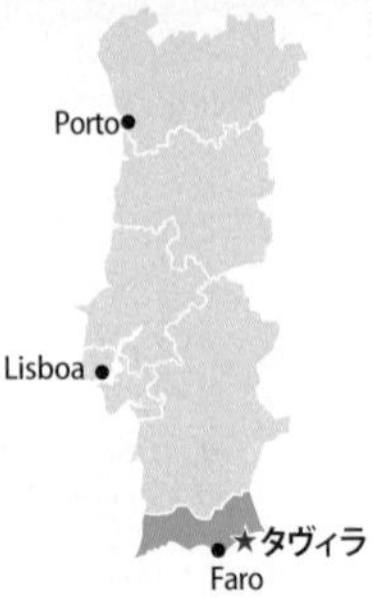
Porto
Lisboa
★タヴィラ
Faro

アクセス

リスボンから
🚃 オリエンテ駅からAPまたはICでファロまで行き、普通列車に乗り換える。リスボンから3時間40分～4時間30分、1日5便。
🚌 セッテ・リオス・バスターミナルまたはオリエンテ・バスターミナルから約4～5時間、毎時1便程度。
ファロから
🚃 所要35～40分、1日10～13便。

タヴィラの[i]
[住]Pr. da República 5
☎281 322 511
[URL] cm-tavira.pt
[開] 月～金　9:00～17:00
[休] 土・日、1/1、5/1、12/25

タヴィラのホテル
プリンセーザ・ド・ジラオン
Hotel Princesa do Gilão
ジラオン川に面しており、部屋からの眺めもいい。
[住]Rua Borda d'Água Aguiar 10
☎ 281 325 171
[URL] hprincesadogilao.com
[料] ⓈⓌ€68～88
[カード] [A][M][V]　[客室数]22
[Wi-Fi] 無料

ジラオン川の両岸に町が広がっている

紀元前8世紀頃にフェニキア人によって築かれたタヴィラ。その後ローマ人やムーア人もこの地に居住し、重要な港として発展した。町の中心に架かる橋はローマ人が建造し、17世紀に修復されたものだ。いまは国際的リゾート地アルガルヴェのなかでも、静かで素朴なたたずまいを残している。

歩き方

駅を出たら左斜め前方に延びるAv. Dr. Teixeira de Azevêdoを真っすぐ進むと10分ほどで町の中心、**レプブリカ広場 Pr. da República**に到着する。バスターミナルからはジラオン川に沿って東へ徒歩約2分。ジラオン川に面したレプブリカ広場から、南西側に細い道を入って階段を上ると[i]がある。

まずは石造りのアーチを抜けて、町の頂に建つ**城 Castelo**へ。現在は城壁や塔など一部が残っているのみだが、中は美しい庭園になっており、タヴィラの町を一望できる。城の隣にはモスク跡に建てられた**サンタ・マリア・ド・カステロ教会 Ig. de Santa Maria do Castelo**があり、内部のアズレージョが美しい。

レプブリカ広場に戻り、川に沿って東へ行くと**市場 Mercado**に突き当たる。漁を終えた色とりどりの船が、キラキラ光るジラオン川に浮かんでいる。川沿いのカフェで夕日を眺めるのもいい。

Column

タコの漁村で有名なサンタ・ルジア

タヴィラから約3km南にあるサンタ・ルジア Santa Luziaという漁村は、タコが水揚げされることで有名。5～10kmほどの沖合でタコが捕獲され、村の中心部にある市場でセリが行われる。ただし一般の人は市場内に入れないので、外からのぞくことになる。市場近くにはタコ料理が食べられるレストランが点在しており、レンタカーなどで来る観光客に人気が高い。タヴィラからはタクシーで所要約5分。戻る際はレストランなどでタクシーを呼んでもらおう。

市場で見られるタコ

はみだし　タヴィラの町からジラオン川を2kmほど下ると、海水浴を楽しめるタヴィラ島 Ilha de Tavira がある。夏期は市場近くから連絡船やツアーボートが出ていて、往復€10程度。

アルブフェイラ

変化に富んだ岩場の間にビーチが点在する

ファロとラゴスの中間に位置する漁業の町。アラブ語で「海上の城」という町の名のとおり、イスラム時代に要塞が築かれた。現在はアルガルヴェ地方を代表するリゾート地となっており、ヨーロッパ各国からバカンス客が訪れる。

歩き方

町の中心はバスターミナルから徒歩10分ほどの**ドゥアルテ・パシェーコ広場 Largo Eng. Duarte Pacheco**。ここから西に進んだ所がメインストリートの Rua 5 de Outubro。❶もこの通りにある。その先の断崖をくり抜いたトンネルを抜けるとビーチに出る。海岸の東側は**バルコス・ビーチ Praia dos Barcos**（船の砂浜を意味する）と呼ばれ、名前のとおりカラフルな漁船が並んでいる。リゾート客のかたわらで黙々と働く漁師たちの姿が印象的だ。

特に見どころはないが、イスラム時代の面影を残す**旧市街 Vila Velha** を歩いたり、ビーチリゾートのにぎわいを味わうだけでも、十分に楽しめる所だ。またクルーズ、ジープサファリ、乗馬ツアーなどもあるので、❶やホテルで問い合わせてみよう。

アクセス

リスボンから

🚄 オリエンテ駅からファロ行きの AP または IC で2時間35分〜3時間10分、1日5便。アルブフェイラ駅から町へは約7km、バスで約10分。

🚌 セッテ・リオス・バスターミナルまたはオリエンテ・バスターミナルから2時間45分〜3時間15分、毎時1〜2便（冬期は減便）。

ファロから

🚌 所要45分、1日5便程度。ファロ空港からも便がある。

アルブフェイラの❶
🏠 Rua 5 de Outubro 8
☎ 289 585 279
URL www.cm-albufeira.pt
🕐 毎日　　　 9:30〜13:00
　　　　　　 14:00〜17:30
🚫 1/1、12/25

アルブフェイラのホテル
ソル・エ・マール
Hotel Sol e Mar
海に面した最高の立地。夏は早めに予約を。
🏠 Rua José Bernardino de Sousa
☎ 289 580 080
URL www.baratahotels.com
💰 Ⓢ€85〜363
　 Ⓦ€97〜375
カード AMV　客室数74
Wi-Fi 無料

ラゴア

Porto ●

Lisboa ●

ラゴア
★
● Faro

アクセス

リスボンから
🚌 セッテ・リオス・バスターミナルまたはオリエンテ・バスターミナルから約3時間～3時間30分、1日10便程度（冬は減便）。

ファロから
🚌 所要約1時間40分、1日10便程度。

ラゴスから
🚌 所要約1時間、1日10便程度。

ラゴアの🛈
🏠 Largo da Praia, Carvoeiro
☎ 282 357 728
URL cm-tavira.pt
🕐 月～金　9:30～17:30
🚫 土・日・祝

▶ベナジル洞窟
洞窟近くのビーチからボートを利用するのが一般的。少し遠いが、アルブフェイラやポルティマオン、ラゴスなどからもボートツアーを催行している。料金は1名€10～30。

ラゴアのホテル
ラゴア・アパートメント
Lagoa Apartment Hotel
バスターミナルから徒歩約3分、国道125号に面した4つ星ホテル。プールもある。
🏠 Estrada Nacional 125
☎ 282 380 130
URL www.lagoahotel.pt
💰 Ⓢ Ⓦ €45～253
カード A D J M V
客室数 44
Wi-Fi 無料

崖の上に漁師の白い家々が立ち並ぶカルヴォエイロ・ビーチ

ポルトガル語でラグーンを意味するラゴア。タイファ（イスラム君主国）の首都だったシルヴェスの管轄下に長くおかれ、漁業や造船業で発展した。町の南側には美しいビーチが数多く点在し、現在はアルガルヴェ観光の中心都市のひとつとして、また高い評価を得ている白ワインの産地としても知られる。

🧭 歩き方

　バスターミナルは国道125号沿いにあり、その北側にイスラム時代の名残である細い道が入り組んだ旧市街が広がっている。町なかにホテルは少ないので、夏期は早めに予約しておこう。

　ラゴアの市街地から5.5kmほど南には**カルヴォエイロ・ビーチ Praia do Carvoeiro**があり、崖上の白い家並みが印象的。ビーチの周りにはレストランやバーが軒を連ね、🛈もある。

　さらにその東側には、断崖絶壁に囲まれた**カルヴァリョ・ビーチ Praia do Carvalho**、ベナジル・ビーチ Praia de Benagil、「ヨーロッパで最も美しいビーチ」に選ばれた**マリーニャ・ビーチ Praia da Marinha**などが続く。またベナジル・ビーチの近くにある**ベナジル洞窟 Algar de Benagil**は、大西洋の荒波が岩を浸食してできた海中洞窟。海からしかアクセスできないロケーションと、岩の内部に広がる幻想的な風景が人気のスポットとなっている。

天井にぽっかりと空いた穴から光が差し込むベナジル洞窟

はみだし　ベナジル洞窟周辺は波が高いことが多く、天候や海の状態によっては洞窟内に入れないこともある。なおベナジル・ビーチから遊歩道を30分ほど歩くと、洞窟内を上からのぞくことができる。

ラゴス

漁業の町としても知られる国際的リゾート地

　アルガルヴェ地方のかつての首都、ラゴスの歴史は古い。紀元前から大西洋・地中海交易で栄え、文化の担い手がイスラム教徒に移ったあとも、ヨーロッパとアフリカの接点としての役割を果たしてきた。1434年、アフリカのボジャドール岬に到達したジル・エアネスが船出したのもこの町だった。その後1755年の大地震はラゴスにも大きな被害をもたらし、一時は復興が危ぶまれたが、いまでは国際的なリゾート地に成長し、見事に南部の中心地として返り咲いた。

歩き方

　列車とバスのいずれで来ても町の北側に到着する。駅を出て正面の建物をくぐるとマリーナがあり、橋を渡るとデスコブリメントス通り Av. dos Descobrimentos に出る。正面奥に見えるのがバスターミナルだ。

　町の中心へ行くには、橋を渡ったら左へ。デスコブリメントス通りを南下し、市場を通り過ぎ Rua da Porta de Portugal を右に入ると、❶があるジル・エアネス広場 Pr. Gil Eanes に出る。駅からは徒歩15分ほど。

　ジル・エアネス広場から、南東に延びる**4月25日通りRua 25 de Abril**を進もう。レストランやみやげ物屋が並ぶ、ラゴスで最もにぎやかな通りだ。4月25日通りの先は道がふたつに分かれているので、左側の道を行くと**レプブリカ広場 Pr. da República**。旧

マリーナに面したデスコブリメントス通り

アクセス

リスボンから

🚆 オリエンテ駅からファロ行きのAPまたはICに乗り、途中トゥネスTunesでラゴスゆきに乗り換える。リスボンから3時間45分〜4時間10分、1日5便。

🚌 セッテ・リオス・バスターミナルまたはオリエンテ・バスターミナルから所要約3時間30分〜4時間30分、毎時1〜2便（冬期は減便）。

ファロから

🚆 所要1時間35分〜1時間50分、1日7〜9便。

🚌 所要1時間45分〜2時間、1日5便程度。

ラゴスの❶
🏠 Pr. Gil Eanes
☎ 282 763 031
URL www.cm-lagos.pt
開 月〜金　　9:30〜17:30
　　土　　　9:30〜15:00
休 日・祝

▶**カヤックツアー**
ラゴス郊外の洞窟をカヤックで巡るツアーがある。催行は3〜11月、所要約2時間30分、料金€35。オンラインで申し込めるほか、バンデイラ岬要塞の前に出る案内所でも申し込める。
URL www.kayaktours.com.pt

奴隷市場 Mercado de Escravos とサンタ・マリア教会 Ig. de Santa Maria が向かい合うように建ち、エンリケ航海王子の像が港を見つめて立っている。

　レプブリカ広場の南側は城壁に沿った庭園になっており、ジル・エアネスの像が立っている。庭園を抜け、道路を渡った所にあるのが**バンデイラ岬要塞 Forte Ponta de Bandeira**。対岸には**メイア・ビーチ Meia Praia** という広大な砂浜が広がっている。夏には、デスコプリメントス通りからビーチやピエダーデ岬に行く観光船が出る。

▶ラゴスのビーチ
町の東側にあるメイア・ビーチのほか、南へ2kmほどのドナ・アナ・ビーチ Praia da Dona Ana が有名。周辺にはリゾートホテルも多い。ほかにも多くのビーチがあり、夏のシーズン中はラゴスのバスターミナルからバスが随時運行している。

夏は海水浴客でにぎわう

昔ながらのたたずまいを残す旧市街

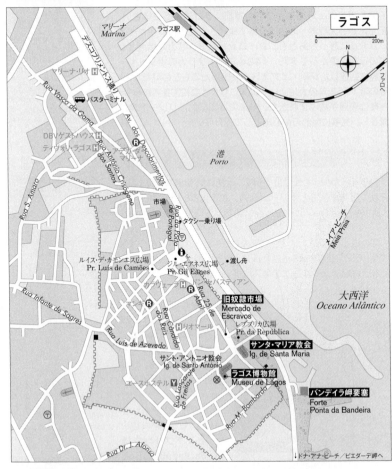
ラゴス

ラゴス郊外の洞窟付近にはピエダーデ岬からも行けます。岬の上から見る洞窟やビーチの景色はすばらしく、また崖の隙間に作られた階段を下りて行くと隠れた砂浜もあります。（富山県　けいちゃん）['23]

📷 おもな見どころ

付属の教会も必見
ラゴス博物館
Museu de Lagos ★★

MAP：P.322

ラゴスを中心としたアルガルヴェ地方の民芸品、陶器、農作業や漁に使う道具などが展示されており、アルガルヴェの歴史や人々の暮らしを知ることができる。また、博物館に併設して**サント・アントニオ教会 Ig. de Santo António**がある。18世紀の建築で、バロック様式の豪華な装飾や青一色のアズレージョが見事だ。

小さな博物館だが見応えがある

ラゴス博物館
🏠Rua Gen. Alberto da Silveira 1
☎ 282 762 301
URLmuseu.cm-lagos.pt
🕐火～日　10:00～13:00
　　　　　14:00～18:00
🚫月、1/1、聖日曜、4/25、5/1、12/1・24・25
💰€3（旧奴隷市場との共通券€5）

エンリケ航海王子ゆかりの
サンタ・マリア教会
Ig. de Santa Maria ★

MAP：P.322

エンリケ航海王子が埋葬されていた教会。王子はアルガルヴェ知事としてラゴスに住んでいた。その後遺体はバターリャ修道院（→ P.183）に移されている。教会前のレプブリカ広場にはエンリケ航海王子の像が立っているが、これは1960年に没後500周年を記念して造られたものだ。

サンタ・マリア教会
🏠Pr. do Infante
☎ 282 762 723
🕐月～金　9:00～19:00
　　土　　9:00～20:00
　　日・祝　9:00～13:00
💰無料

ふたつの鐘楼をもつ

大航海時代の遺物
旧奴隷市場
Mercado de Escravos ★★

MAP：P.322

レプブリカ広場を挟んでサンタ・マリア教会の向かいにある、アーケードの付いた小さな建物。1444年、ここでヨーロッパ最初の奴隷市が開かれた。大航海時代はラゴスに多くの富をもたらしたが、アフリカから連れてこられた奴隷たちもそのひとつだった。現在の建物は1755年の大地震後に再建されたものだ。

画廊として使用されている

旧奴隷市場
🏠Pr. do Infante
☎ 282 771 700
URLmuseu.cm-lagos.pt
🕐火～日　10:00～13:00
　　　　　14:00～18:00
🚫月、1/1、聖日曜、4/25、5/1、12/1・24・25
💰€3（ラゴス博物館との共通券€5）

港に築かれた
バンデイラ岬要塞
Forte Ponta da Bandeira ★

MAP：P.322

町に残る歴史的建築物

港を守るため17世紀に築かれた要塞のひとつ。中には小さな博物館やみやげ物屋がある。海に突き出すように建っており、テラスに出るとラゴスの港が望める。バスターミナルから徒歩約20分。

バンデイラ岬要塞
🏠Cais da Solaria
☎ 282 761 410
🕐火～日　10:00～13:00
　　　　　14:00～18:00
🚫月、1/1、聖日曜、4/25、5/1、12/1・24・25
💰€2

ラゴスのレストラン ⑧ ホテル

　レストランは 4 月 25 日通り周辺に多く、港町だけに新鮮なシーフードが食べられる。ラゴスの町なかには、大型ホテルからユースホステルまでさまざまな宿泊施設が整っている。7 〜 9 月はハイシーズンで料金も高くなるが、探せば手頃な民宿（プライベートルーム）も見つかる。ただし冬期は休業するレストランやホテルもある。

Ⓡ ドン・セバスティアン
Don Sebastião

魚介料理のメニューが豊富
MAP：P.322

　1979 年創業のラゴスを代表するレストランのひとつ。レストランやみやげ物店が軒を連ねる遊歩道にある。旬の魚介が用意されているので、おすすめを尋ねてみよう。予算€ 20 〜。

🏠 Rua 25 de Abril 20-22
☎ 282 780 480
🕐 12:00 〜 21:30
　（5 〜 9 月は〜 22:30）
🗓 12 月
カード A J M V

Ⓡ マンギ
Mangi

ワインとタパスを楽しむ
MAP：P.322

　気軽に利用できるタパスバー。地中海料理やイタリア料理を中心としたメニューが揃っており、なかでも本格的なピザが人気。ワインの種類も豊富。予算€15 〜 20。

🏠 Rua da Laranjeira 1
☎ 282 763 909
🕐 10:00 〜 15:00
　17:30 〜 21:30
🗓 木
カード A D M V

Ⓡ アデガ・ダ・マリーナ
Adega da Marina

地元客にも観光客にも人気
MAP：P.322

　港に面した通り沿いにある規模の大きいレストラン。昼食時には広い店内が満席になることも。魚介から肉料理まで、一品€9 〜 20 とリーズナブルな料金で食事ができる。

🏠 Av. dos Descobrimentos 35
☎ 282 764 284
🕐 12:00 〜翌 2:00
　（11 〜 3 月は〜 24:00）
🗓 無休
カード A D J M V

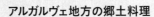

Column
アルガルヴェ地方の郷土料理

　代表的な料理は、貝のようなフタ付きの銅鍋を使ったカタプラーナ Cataplana。アサリやハマグリ、エビ、タマネギ、トマト、ニンニクなどを入れ、蒸し煮したものが一般的だ。この鍋は熱が均一に回り、素材のうま味を逃さず調理する。

　シャーレン Xarém は、貝の汁にトウモロコシの粉を練った、おかゆ風のおふくろの味。マテ貝のリゾット、アロス・デ・リングヴェイラオン Arroz de Lingveirão は、米に貝の味がしみこんで美味。ファヴァス・ア・アルガルヴィア Favas á Algarvia は、おたふく豆とドライソーセージの煮物。塩水で保存した生のマグロの身をさき、トマト、ピーマンと合わせ、酢とオリーブオイルで味つけしたエストペッタ・デ・アトゥン Estopeta de Atum は、ビールのつまみにもってこい。また魚の炭焼きは何を食べてもお

いしい。通に言わせると、イワシはアルガルヴェのものが一番おいしいとのこと。

　お菓子は、特産の干しイチジクやアーモンドを使ったものが代表的。アーモンドから造ったお酒アマルギーニャ Amarguinha は、アルコール度 20％と強いが、とろけるような甘さが特徴だ。

魚介のカタプラーナ

ティヴォリ・ラゴス

Hotel Tivoli Lagos

★★★★
MAP：P.322

ラゴスを代表するホテル

プライベートビーチやゴルフクラブ
も所有する、ラゴスを代表する高級ホ
テル。屋外・屋内プール、ヘルスクラブ、
テニスコート、3 つのレストランなど、
設備も充実している。

住Rua António Crisógono dos
Santos
☎282 790 079　FAX282 790 345
URLwww.tivolihotels.com
料Ⓢ€61〜207　Ⓦ€70〜216
カードAⅮⅯⅤ　客室数324
Wi-Fi無料

マリーナ・リオ

Hotel Marina Rio

★★★★
MAP：P.322

マリーナに面して建つ

駅を出て橋を渡った正面。マリーナ
に面した部屋はバスターミナル側より
料金が少し高い。客室はシックで落ち
着いた雰囲気。屋上プールやビーチへ
の無料送迎バスもある。

住Av. dos Descobrimentos,
Apartado 388
☎282 780 830
URLwww.marinario.com
料ⓈⓌ€93〜195
カードAⅯⅤ　客室数36
Wi-Fi無料

リオマール

Hotel Riomar

★★★
MAP：P.322

町の中心に位置し便利

1966 年創業の、ラゴスでは老舗ホ
テルのひとつ。客室は改装されている
ので快適に過ごせる。ほとんどの部屋
にバルコニーが付いており、海が見え
る部屋もある。

住Rua Cândido dos Reis 83
☎282 770 130
URLwww.hoteisdirect.com/
hotel-riomar/
料ⓈⓌ€71〜238
カードⅯⅤ　客室数42
Wi-Fi無料

カラヴェーラ

Pensão Caravela

★★
MAP：P.322

こぢんまりとしたペンサオン

4 月 25 日通りに面している。部屋
はシンプルだが清潔。夏は夜遅くま
でにぎわうので、通りに面した部屋だ
と外の音が気になるかもしれない。12
〜 3 月は休業する。

住Rua 25 de Abril 8
☎282 763 361
料Ⓢ€25〜30　Ⓦ€30〜60
カード不可
客室数16
Wi-Fi無料

DBV ゲストハウス

DBV Guesthouse

MAP：P.322

交通の便のよさが魅力

ティヴォリ・ラゴスの向かいにある
ゲストハウス。駅からもバスターミナル
からも近いので、荷物の重い人には便
利。部屋はこぢんまりとしているが清
潔で、冷蔵庫やヒーターも付いている。

住Rua António Crisógono
dos Santos 60
☎282 762 477
URLwww.pensaohotelsolar.com
料ⓈⓌ€44〜102
カードⅯⅤ　客室数28
Wi-Fi無料

ユースホステル

Pousada de Juventude

MAP：P.322

各種サービスが充実

駅から徒歩約 20 分。近代的な建物
で、吹き抜けの中庭の周りに部屋が並
んでいる。受付は 8:00 〜 24:00。キ
ッチン、レンタサイクル、インターネ
ット利用サービスあり。

住Rua Lançarote de Freitas 50
☎282 761 970
URLwww.pousadasjuventude.
pt
料Ⓓ€18〜22　ⓈⓌ€41〜52
カードAⅯⅤ　ベッド数59
Wi-Fi無料（公共エリアのみ）

サグレス

Porto●

Lisboa

サグレス ★　Faro

アクセス

ラゴスから
🚌 アルガルヴェバス（**URL**
www.algarvebus.info）
で所要50分、1日5～
8便。一部のバスはサン・
ヴィセンテ岬まで行く。

サン・ヴィセンテ岬から大西洋を望む

　ラゴスから約30km、ここはユーラシア大陸の南西の果て。岬の突端には、エンリケ航海王子が航海学校を開いた要塞がある。荒涼とした大地にそそり建つ城壁が、近づくにつれて威圧感を増してくる。砂地と未知の大海しか目に入らないこの要塞の中で、天文学者、数学者、地理学者たちが航海術の研究を行った。そしてジル・エアネスのアフリカ・ボジャドール岬到達に続く数々の快挙をなし遂げたのだった。

 歩き方

　ラゴスからのバスはバレエイラ港まで行くので、**レプブリカ広場 Pr. da República** で下車しよう。閑散とした広場の周りに❶やレストランがある。ここから**サグレス要塞 Fortaleza de Sagres**へは徒歩15分ほど。町の東端にはバレエイラ港があり、多様な魚介類が漁船から水揚げされる。その北側には、バレエイラ海岸のビーチが広がっている。

サグレスの❶
🏠Rua Comandante
Matoso 75
☎282 624 873
🕐 月～木　　9:30～13:00
　　　　　　14:00～17:30
　　金　　　9:30～17:30
❌ 土・日・祝

サグレス要塞への入口

アルガルヴェとマデイラ島 アソーレス諸島 サグレス

📷 おもな見どころ

大航海時代の夢の跡　　　　　　　　　MAP：P.326
サグレス要塞
Fortaleza de Sagres　　★★

　16世紀に築かれ、1755年の大地震後に再建された。入口を入ってすぐの地面に、石で印をつけた巨大な円が描かれている。ローザ・ドス・ヴェントス（羅針図）と呼ばれる直径43mの風向盤だ。要塞内にはほかに、エンリケ航海王子の住居や航海学校だった建物跡や、礼拝堂や発見の記念碑などが残っている。

📍 近郊の見どころ

ヨーロッパ大陸の最西南端　　　　　　MAP：P.310外
サン・ヴィセンテ岬
Cabo de São Vicente　　★★

　サグレスから北西へ約6km、高さ75mの絶壁の上に灯台がポツンと建っている。岬の名の由来は、スペインのバレンシアで殉教したリスボンの守護聖人サン・ヴィセンテの遺体を乗せた船が、この岬に流れ着いたという伝説からきている。大西洋から吹きつける風を受けながら砕け散る波を見ていると、地の果てに来たという感慨がわきおこってくる。

灯台が建つサン・ヴィセンテ岬

サグレス要塞
🏠Fortaleza de Sagres
☎282 620 140
🌐www.monumentosdoalgarve.pt
🕐5～9月
　毎日　　9:30～20:00
　10～4月
　毎日　　9:30～17:30
🚫1/1、1/22、聖日曜、5/1、12/25
💴€3、学割・65歳以上€1.50

要塞内には礼拝堂もある

サン・ヴィセンテ岬へのアクセス
ラゴスからの直通バスはサグレス経由で月～金3便、土・日2便運行しており、所要約1時間。サグレスからは平日のみ1日2便のバスが運行、所要約20分。レンタサイクルやタクシーを利用するのもいい。

🌙 ホテル

🏨 ポザーダ・サグレス
Pousada Sagres　　MAP：P326

　岬の崖上に建つ白い外観のポザーダ。部屋の窓やカフェテリアからの眺めがすばらしい。

🏠Ponta da Atalaia　☎282 620 240
🌐www.pousada.pt
💴Ⓢ Ⓦ€105～320
💳Ⓐ Ⓓ Ⓙ Ⓜ Ⓥ　客室数39　WiFi無料

🏨 マレータ・ビーチ
Hotel Mareta Beach　　★★ MAP：P326

　レプブリカ広場に面しており便利な立地。周囲にはカフェやレストランが数軒ある。

🏠Pr. da República　☎282 620 040
🌐www.maretabeachhotel.com
💴Ⓢ Ⓦ€50～176
💳Ⓜ Ⓥ　客室数18　WiFi無料

Column

レンタサイクルでサグレス周辺を巡る

　サグレスの町にはサーフショップが数軒あり、店で自転車を借りることができる。料金は1日€10～12。サグレスからサン・ヴィセンテ岬までは約6kmなので、30分もあれば行ける。ただし海風が強く吹くこともあるので、道中は気をつけよう。サグレス要塞やバレエイラ港などへ行ってみてもいいだろう。サーフショップでは、カヌーツアー（€40～）やサーフィンレッスン（€60～）も催行している。

サグレス・ネイチャー Sagres Natura
MAP：P.326　🏠Rua de São Vicente
☎282 624 072
🌐sagresnatura.com
ショップはレプブリカ広場の近くにある。宿泊施設も営業しており、4～5人用のドミトリルームで1ベッド€20～25（最低2泊から）。

📮投稿　目抜き通りの Rua Comandante Matoso からポザーダ方面へ遊歩道があり、アタライア岬の展望台に出られます。世界の最果ての場所に来たと強く感じられました。（東京都　のりたま）['23]

大西洋に浮かぶ緑豊かな島

マデイラ島

Ilha da Madeira

★フンシャル

アクセス

リスボンから
✈ポルトガル航空、イージージェット、ライアンエアーが合わせて1日15便程度運航、約1時間45分。
ポルトから
✈ポルトガル航空、イージージェット、ライアンエアーが合わせて1日7便程度運航、約2時間。

世界遺産

マデイラ島の月桂樹林
（1999年登録）

空港からのアクセス
マデイラ空港～フンシャル～フォルモーザ・ビーチの間を、空港バスAerobusが30分～1時間おきに運行しており、片道€5、往復€8。フンシャル市内まで所要約30分、ラヴラドーレス市場近くやサン・ローレンツ要塞前などにバス停がある。タクシーは片道€25程度。

マデイラ空港の❸
🏠Santa Cruz
☎ 291 524 933
🕐 毎日　　9:00 ～ 20:00

フンシャルの❸
🏠Av. Arriaga 16
☎291 145 305
URLwww.visitmadeira.pt
🕐 月～金　　9:00 ～ 19:00
　　土・日・祝 9:00 ～ 15:30
🚫1/1、聖日曜、12/25・26

マデイラ島内の路線バス
URLwww.horariosdofunchal.pt

海に面した傾斜地に広がるフンシャルの町並み

　マデイラ諸島は、リスボンの南西約1000kmの大西洋上に浮かぶ、マデイラ島を中心とした島々。ローマ時代にはすでにその存在が知られていたが、1419年エンリケ航海王子の命を受けた探検家ジョアン・ゴンサルヴェス・ザルコによって再発見され、ポルトガル領となった。当時、島は深い森林に覆われていたことから、マデイラ（木）と名づけられた。その後、新大陸との重要な中継地として発展。砂糖の買い付けにやってきたコロンブスは、ポルト・サント島の領主の娘と結婚し、フンシャルで航海論を学んだ。

　マデイラ島は東西約57km、南北約22km。「冬が春を過ごしにやってくる土地」といわれるように年間をとおして温暖で、北ヨーロッパからの避寒客も多い。現在マデイラ島の人口は約25万人、その中心都市がフンシャルだ。

🔍 歩き方

　マデイラ島の南東に位置する**フンシャル Funchal** の町は、港に面した山の斜面に広がっている。町の名はこの地にたくさんのフンショ Funcho（ウイキョウ）が生えていたことに由来する。

　目抜き通りは、❸のある**アリアガ通り Av. Arriaga**。マデイラ

ザルコの像が立つアリアガ通り

島を再発見したザルコの像が海に向かって立ち、正面には**カテドラル Sé** がそびえている。春にはジャカランダの花が満開になり、通りは紫色に染まる。❸のすぐ隣には**ブランディーズ・ワインロッジ Blandy's Wine Lodge** があり、その横の**サン・フランシスコ庭園 Jardim de São Francisco** では、この島にあふれる豊かな植物が訪れる人々の心を和ませてくれる。

軍事博物館もあるサン・ローレンソ要塞

カテドラル前からカフェが並ぶにぎやかな通りを南へ下ると、海岸沿いの Av. do Mar に出る。通りの中ほどには**サン・ローレンソ要塞 Forte de São Lourenço** があり、その前方がマリーナ。かつてビートルズが所有していたヨット（現在はカフェレストラン）も置かれ、海岸に沿って遊歩道が続いている。夜はイルミネーションがきれいだ。さらにアリアガ通りを西へ進むと、**サンタ・カタリーナ公園 Parque de Santa Catarina** があり、フンシャルの町と港が一望できる。公園の入口には海を見下ろすコロンブスの像が立ち、また西側奥にはカジノもある。

アリアガ通りから東へ行くと、**ラヴラドーレス市場 Mercado dos Lavradores** に着く。エキゾチックな花々や果物も売られ、のぞくだけでも楽しい所だ。市場の東側に広がっているのは**旧市街 Vila Velha**。海岸沿いには**モンテ Monte** 行きのロープウエイ乗り場があり、また 1 本北側のサンタ・マリア通り Rua de Santa Maria にはしゃれたレストランが並んでいる。

フンシャル市内だけなら徒歩でも回れるが、ちょっと遠出をする場合はバスを利用しよう。島内のバス路線は発達しており、時刻表は❶で手に入る。ただし効率よく観光するにはバスツアーが便利だ。またタクシーをチャーターするのもいい。

レストランが並ぶサンタ・マリア通り

▶マデイラ島内バスツアー
コースや料金はツアー会社によって多少異なる。以下は「MB Travel」の例。ホテルにはパンフレットが置いてあり、予約もしてもらえる。
●エイラ・ド・セラード／モンテ半日ツアー
フンシャル郊外の景勝地、エイラ・ド・セラードとモンテを訪れる。モンテでは別料金でトボガンにも乗れる。月・木曜催行、€27.50。
●ポルト・モニス 1 日ツアー
素朴な漁村カマラ・デ・ロボス、世界で 2 番目に高いジラオン岬、溶岩でできたプールがあるポルト・モニスなど、島西部を訪れる。毎日(10〜3 月は水・金・日曜)催行、€39（昼食別途）。
●サンタナ 1 日ツアー
標高1810mのピコ・ド・アリエイロ、伝統的なわらぶき屋根の家が残るサンタナ、柳細工で知られるカマーシャなど、島東部を訪れる。毎日(10〜3 月は火・木・土曜)催行、€39（昼食別途）。
●ティピカル・ナイト
郷土料理を食べながら、民俗舞踊やファドを楽しむ。水・金・日曜催行、€40。
ほかに島の自然に触れられるマウンテンウオークやジープサファリツアーなどもある。
URL www.mb-travel.pt

展望台もあるジラオン岬

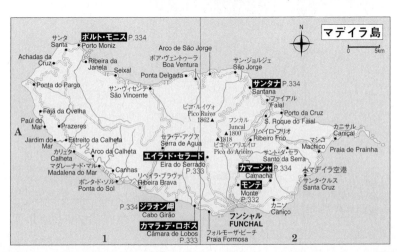

マデイラ島

N

0 ───── 5km

ポルト・モニス P.334
Porto Moniz

サンタ
Santa

Achadas da
Cruz

Ribeira da
Janela

Seixal

Ponta do Pargo

サン・ヴィセンテ
São Vicente

Arco de São Jorge

ボア・ヴェントゥーラ
Boa Ventura

Ponta Delgada

サン・ジョルジェ
São Jorge

サンタナ P.334
Santana

ファイアル
Faial

Porto da Cruz

S. Roque do Faial

カニサル
Caniçal

Fajã da Ovelha

Paúl do
Mar

Prazeres

ピコ・ルイヴォ
Pico Ruivo
1862m

フンカル
Juncal

1800

リベイロ・フリオ
Ribeiro Frio

マシコ
Machico

Praia de Prainha

A

Jardim do
Mar

Estreito da Calheta

カリエタ
Calheta

Arco da Calheta

マダレーナ・ド・マル
Madalena do Mar

セラ・デ・アグア
Serra de Agua

1818
ピコ・ド・アリエイロ
Pico do Arieiro

サンタ・ダ・セラ
Santo da Serra

エイラ・ド・セラード
Eira do Serrado
P.333

Canhas

リベイラ・ブラヴァ
Ribeira Brava

カマーシャ P.334
Camacha

マデイラ空港

サンタ・クルス
Santa Cruz

ポンタ・ド・ソル
Ponta do Sol

モンテ
Monte
P.332

P.334 **ジラオン岬**
Cabo Girão

カマラ・デ・ロボス
Câmara de Lobos
P.333

フンシャル
FUNCHAL

カニソ
Caniço

フォルモーザ・ビーチ
Praia Formosa

1   2

329

📷 おもな見どころ

ポルトガルの海外進出をしるす
カテドラル
Sé ★★

MAP：P.330

カテドラル
🏠 Rua do Aljube
☎ 291 228 155
🔗 www.catedraldofunch
al.com
🕐 火〜金 　7:15 〜 18:30
　　土 　　9:00 〜 12:00
　　　　　16:00 〜 19:00
　　日・祝 　7:15 〜 12:00
　　　　　16:15 〜 19:00
💰 無料

15世紀末にキリスト騎士団によって造られた。ポルトガルが本土以外に建設した、最初のカテドラルだ。マヌエル様式で、ポルトガルの教会の例にもれず、ここでも美しいアズレージョが使われている。

アリアガ通りの東端に建つ

ワインの試飲もできる
ブランディーズ・ワインロッジ
Blandy's Wine Lodge ★★

MAP：P.330

ブランディーズ・ワインロッジ
🏠 Av. Arriaga 28
☎ 291 228 978
🔗 www.blandyswinelodge.
com
🕐 月〜金 　10:00 〜 18:30
　　土 　　10:00 〜 13:00
　　　（ショップは〜 16:00)
💤 日・祝
💰 プレミアムツアー€12.50
（所要45分)、ビンテージツ
アー€25（所要1時間)、
試飲のみも可

17世紀の修道院を改造した、フンシャルで一番古いワインロッジ。現在ワインは別の工場で造られているが、ビンテージの一部はいまもこの酒蔵にねかせてある。見学はガイドツアーで。昔のブドウ搾り器などが展示されている部屋を案内しながら、マデイラワインの歴史について説明してくれる。ツアーの最後にマデイラワインを試飲する。

古めかしい内装が歴史を感じさせる

植物園、空港へ↗

キンタ・ダス・クルーゼス
Quinta das Cruzes

サンタ・クララ修道院
Convento de Santa Clara

カルモ H

市立博物館
Museu Municipal

市庁舎

パトリシオ＆
ゴウベイア S
スーパー S

宗教美術館
Museu de Arte Sacra

コンパテンテス R
サン・フランシスコ庭園 ℹ
Jardim de São Francisco

ラヴラドーレス市場
Mercado dos
Lavradores

カテドラル
Sé

サン・ローレンソ要塞
Forte de São Lourenço

劇場

モンテ行き
ロープウエイ乗り場

ブランディーズ・ワインロッジ
Blandy's Wine Lodge

サンタ・カタリーナ公園
Parque de Santa Catarina
H レイズ（約100m）へ

大西洋
Oceano Atlântico

N

0　　　　　200m

フンシャル

Rua dos Netos
Rua dos Ferreiros
Rua Bom Jesus
Rua João de Deus
Rua do Carmo
Rua 31 de Janeiro
Rua 5 de Outubro
Rua das Pretas
Rua Dr. Fernão
de Ornelas
Rua Visconde de Anadia
Rua da Carreira
Rua da Carreira
Av. Zarco
Rua Gorges
Av. Arriaga
アリアガ通り
Av. do Mar
Av. do Infante
Av. Sá Carneiro
Rua de Santa Maria
Rua D. Carlos I

自然の恵みがあふれる
ラヴラドーレス市場
Mercado dos Lavradores ★★

MAP：P.330

おそらくポルトガルで一番美しい市場だろう。花を売る女性たちの大半は伝統衣装を身につけ、マデイラ情緒を盛り上げる。野菜や果物は、特産の柳で編んだ籠にきれいに並べられている。2階から1階をのぞくと、思わず自然の恵みに感謝してしまうほどのカラ

フルさ。隣は魚売り場で、魚の種類は黒タチウオ、マグロ、アジといったところで少ないが、活気に満ちている。ここは、フンシャルに暮らす人々の生活と観光名所が一緒になった、一番おもしろい観光スポットだ。

トロピカルフルーツが並ぶ市場内

伝統衣装を着た花売り女性

ラヴラドーレス市場
🏠 Largo dos Lavradores
☎ 291 214 080
🕐 月～木　　7:00 ～ 19:00
　　金　　　7:00 ～ 20:00
　　土　　　7:00 ～ 14:00
🚫 日・祝

マデイラの富を象徴する
宗教美術館
Museu de Arte Sacra ★

MAP：P.330

マデイラでは15世紀から16世紀にかけて、サトウキビの栽培が盛んだった。ここに集められた美術品は、マデイラ島内の教会がたいへん高価だった砂糖と交換に入手したものだ。そのすばらしさに、当時の砂糖の貴重さがうかがえる。

おもに絵画や彫刻を展示する

宗教美術館
🏠 Rua do Bispo 21
☎ 291 228 900
🔗 www.masf.pt
🕐 月～金　　10:00 ～ 17:30
　　土　　　10:00 ～ 13:30
🚫 日・祝
💰 €8、学割無料

庭園も美しい
キンタ・ダス・クルーゼス
Quinta das Cruzes ★

MAP：P.330

マデイラ島を再発見したザルコが住んでいた館。1748年の大地震で一部が崩壊したが、18世紀のマデイラ様式で建て直された。現在の館は、家具や調度品を展示する装飾博物館。また庭園は考古学博物館になっている。

庭園には眺めのいいカフェもある

キンタ・ダス・クルーゼス
🏠 Calçada do Pico
☎ 291 740 670
🔗 mqc.madeira.gov.pt
🕐 火～日　　10:00 ～ 12:30
　　　　　　13:30 ～ 17:30
🚫 月・祝
💰 €3、学割無料
●庭園
🕐 月～土　　9:30 ～ 17:30
🚫 日・祝
💰 無料

Columna　マデイラワイン入門

シェイクスピアの『ヘンリー4世』にすでにその名が登場するマデイラワイン。15世紀にギリシアのクレタ島からブドウの木がもたらされて以来、ワインはマデイラの主要産業となった。当時は普通のテーブルワインだったが、18世紀、インドや南米へ向かう船の中で暑さと揺れのため発酵が進み、まったく違う味になったといわれている。現在では、約50℃の温熱器で6ヵ月ほど発酵させ、ブランデーを加えてから樽詰めにして熟成させる。この特殊な醸造法が、マデイラワイン独特の強い芳香を生

み出しているのだ。マデイラワインには4種類あり、それぞれ原料となるブドウや合う料理が異なる。セルシアルとヴェルデーリョは冷やして食前酒に、ブアルとマルムジーは甘いデザートワインだ。

高貴な香りと気品ある味わいが魅力

植物園

住 Caminho do Meio
☎ 291 211 200
URL ifcn.madeira.gov.pt
開 毎日　9:00 ～ 18:00
※入場は閉園30分前まで
休 12/25　**料** €7.50
交 フンシャル市内からバス29、31、31A番で約15分。モンテからロープウエイでも行ける

モンテ行きロープウエイ

住 Av. do Mar e das Comunidades Madeirenses
☎ 291 780 280
URL www.madeiracablecar.com
営 毎日　9:00 ～ 17:45
休 12/25
料 片道€12.50、往復€18

モンテ教会

住 Rampa da Sacristia 1
☎ 291 783 877
開 月～土　9:00 ～ 18:30
　　日・祝　7:30 ～ 12:00
　　　　　13:00 ～ 19:00
料 無料

モンテ宮殿

住 Caminho do Monte 174
☎ 291 780 800
URL montepalace.com
開 毎日　9:30 ～ 18:00
　（博物館は 10:00 ～ 16:30）
休 12/25　**料** €12.50

トボガン

URL www.carreirosdomonte.com
営 毎日　9:00 ～ 18:00
休 1/1、8/14・15、12/25
料 1 名€27.50、2 名€35、3 名€52.50
※トボガンの終点にはタクシーが客待ちしているほか、バスで市内まで戻れる。

珍しい植物がいっぱい　　　　　　　　　MAP：P.330 外

植物園
Jardim Botânico　★★

マデイラ島は、バナナ畑の終わる標高約 400m までが亜熱帯性気候。植物の種類は豊富で、マデイラ原産あるいは島特有の植物だけでも 1 冊の図鑑ができるほどだ。中国からは柳、日本からはツバキやビワが大航海時代に持ち込まれ、また第 4 紀の寒冷化現象によりヨーロッパ大陸では滅びてしまった植物も、ここマデイラではいまも

海を望む高台にある

なお生き続けている。この植物園以外にも、町なかにある数々の公園などで、珍しい植物を観賞することができる。

マデイラ名物トボガンに乗る　　　　　　MAP：P.329/A2

モンテ
Monte　★★

フンシャルの中心部から北へ約 3km、町を見下ろす丘の中腹に位置する。海岸沿いからロープウエイに乗り、すばらしい眺めを楽しむこと 15 分ほどで展望台に到着。丘には**モンテ教会 Ig. do Monte** や、トロピカルガーデンが美しい**モンテ宮殿 Monte Palace** もある。ここでは、ぜひトボガン Toboggan（ポルトガル語でカーロ・デ・セスト Carro de Cesto）に挑戦してみたい。トボガンとは、木

製のソリが付いた大きなバスケットで、坂を下るための乗り物。19 世紀頃から人や作物を運ぶ交通手段として使われていたが、いまは観光客に人気のアトラクションとなっている。

約 2km のコースを一気に滑り下りる

アルガルヴェとマデイラ島 アソーレス諸島

マデイラ島

近郊の見どころ

壮大なパノラマが広がる

エイラ・ド・セラード
Eira do Serrado

MAP：P.329/A2 ★★

フンシャルから北西へ約20km、標高1094mの山の中にあり、壮大な眺望で知られている。展望台からは噴火口跡や、谷間の村**クラル・ダス・フレイラス Curral das Freiras**が一望できる。クラル・ダス・フレイラスとは「修道女の避難場所」という意味。1566年、フランスの海賊の攻撃から逃れるため、サンタ・クララ修道院の修道女たちはこの村に隠れたという。

エイラ・ド・セラードへの行き方
フンシャルのサン・ローレンソ要塞の前から81番のバスで約40分、ほぼ1時間おきに運行（土・日・祝は減便）。

エイラ・ド・セラードからの雄大な眺め

昔ながらのたたずまいを残す漁港

カマラ・デ・ロボス
Câmara de Lobos

MAP：P.329/A1 ★

カマラ・デ・ロボスとは「アザラシの部屋」という意味。かつてはこのあたりにアザラシがたくさん生息していたことから名づけられた。港にはカラフルな漁船が並び、イギリスの元首相ウィンストン・チャーチルが座って絵を描いたというベンチが残っている。

カマラ・デ・ロボスへの行き方
フンシャルのサン・ローレンソ要塞の前からサン1番で約15分、30分おきに運行。フンシャル市内を循環している観光バスでも行ける。

展望台から町を見下ろす

カマラ・デ・ロボスの漁師

おみやげに最適のマデイラ刺繍

ワインと並ぶマデイラの特産品として有名なのがマデイラ刺繍。もともとマデイラにあった繊細な刺繍が、19世紀中頃、英国人ワイン貿易商の娘によってイギリスに紹介されたのがその始まり。以後、英国式のステッチやマデイラならではの花のモチーフが取り入れられ、より洗練されたものになっていった。

ラヴラドーレス市場の近くにあるマデイラ刺繍の専門店「パトリシオ＆ゴウベイア」では作業場の見学もできる。まず紙に絵柄を描き、それに沿って機械で小さな穴を開ける。麻や綿などの生地に紙を載せ、青い染料で上からなぞる。絵付けされた布は、工場が契約している刺し手たちに送られる。刺繍は島の女性たちの仕事だ。刺し上がった生地は再び工場に集められ、カットワーク、洗濯、アイロンがけを経てようやく完成する。

すべて手仕事のため値段は安くはないが、ハンカチや花瓶敷きなどは比較的手頃で、リスボンで買うより3〜4割は安い。

パトリシオ＆ゴウベイア Patrício & Goubeia
MAP：P.330 🏠 Rua Visconde de Anadia 34
☎ 291 222 723 URL www.patriciogouveia.pt
🕐月〜金 9:00 〜 13:00、14:00 〜 18:00
　　土　　9:30 〜 12:00 🚫日・祝

左／カットワークの作業をする女性たち
右／完成したテーブルクロス

世界で2番目に高い岬
ジラオン岬
Cabo Girão ★★

海抜約580m、ヨーロッパでは最も高く、世界でも2番目の高さを誇る。海から断崖が垂直に切り立ち、展望台から下を見るとまるで吸い込まれそうな感じだ。

ジラオン岬への行き方
フンシャルからバス56、103、138番で約1時間10分～1時間30分、平日9便、土は4便、日は3便運行。

伝統的な家屋が残る
サンタナ
MAP：P.329/A2
Santana ★

まるでおとぎ話に出てくるような、正三角形の壁にかやぶき屋根が載った、伝統的な家屋で有名な町。町外れにはテーマパークがあり、刺繍や柳細工などの実演も見られる。

数は少なくなったが、いまも現存する

サンタナへの行き方
フンシャルからバス129番で約30分、平日は30分～1時間おき、土・日は1時間～1時間30分おきに運行。

柳細工で知られる
カマーシャ
MAP：P.329/A2
Camacha ★

標高約700mの山腹に位置する小さな村。民芸センターでは特産の柳で作られた籠や家具を販売しており、職人たちの作業風景も見学できる。かつてはカマーシャで取れた花を柳の籠に入れて、フンシャルの市場に運んだという。

カマーシャへの行き方
フンシャルのモンテ行きロープウエイ乗り場から129番で約30分、1時間～1時間30分おきに運行。

柳で家具を編む職人

荒々しい波が打ち寄せる
ポルト・モニス
MAP：P.329/A1
Porto Moniz ★

島の北西部に位置する、天然のプールで知られる町。海に流れ出した溶岩によって海水がせき止められ、干潮時でも泳ぐことができる。海辺には眺めのよいレストランもある。

ポルト・モニスへの行き方
便数が少ないためバスツアー（→ P.329）の利用が便利。

無料の天然プール

🍽 レストラン & ホテル 🌙

🍴 コンバテンテス
Combatentes MAP：P.330

地元客に人気で、ランチタイムは早めに行かないと満席になる。予算€10～15。

🏠 Rua de Sao Francisco 1
☎ 291 221 388
🕐 11:45～15:30、18:00～22:30　休 日・祝
カード Ⓜ Ⓥ

🍴 ア・ビッカ
A Bica MAP：P.330

昼は地元客で、夜は観光客でにぎわう。観光シーズン中は予約を。予算€15～20。

🏠 Rua do Hospital Velho 17
☎ 291 221 346
🕐 11:30～15:00、18:00～22:00　休 日
カード Ⓓ Ⓙ Ⓜ Ⓥ

🏨 レイズ
Reid's Hotel ★★★★★ MAP：P.330外

サンタ・カタリーナ公園の西、崖の上に建つ、フンシャルを代表するホテル。

🏠 Estrada Monumental 139
☎ 291 717 171
URL www.belmond.com　料 ⓈⓌ€420～730
カード Ⓐ Ⓓ Ⓜ Ⓥ　客室数 163　Wi-Fi 無料

🏨 カルモ
Hotel do Carmo ★★★ MAP：P.330

町の中心にあり、空港バスの停留所も近い。ホテルの人も親切だ。屋上プールあり。

🏠 Trav. do Rego 10　☎ 291 201 240
URL www.hoteldocarmomadeira.com
料 ⓈⓌ€88～143　カード Ⓐ Ⓓ Ⓜ Ⓥ
客室数 80　Wi-Fi 無料

アソーレス諸島

北大西洋に浮かぶ9つの島

ポルトガル本土から西へ約1000km。
周辺から孤立して北大西洋に浮かぶ9つの島々がある。
アソーレス諸島は、ユーラシアプレートと北米プレートが
ぶつかる活発な火山活動で生まれた。
そのため島々には、火山やクレーター、カルデラ湖、
洞窟、温泉などがあり、豊かな地形を生んでいる。
15世紀にポルトガル人が到達して以来、
アソーレス諸島は大西洋貿易の中継地として発展。
また19～20世紀には
捕鯨や遠洋漁業の基地として繁栄した。
最大の島は東部にあるサン・ミゲル島で、
中心都市はポンタ・デルガータ。
冬は暖かく夏はさわやかで温暖な気候を求めて、
多くの観光客が訪れる。

Açores

アソーレス諸島

28°

コルヴォ島
Corvo

フローレス島
Flores

グラシオーザ島
Graciosa

テルセイラ島
Terceira

サン・ジョルジェ島
São Jorge

ファイアル島
Faial

ピコ島
Pico

アングラ・ド・エロイズモ
Angra do Heroísmo

38°

オルタ
Horta

サン・ミゲル島
São Miguel

ポンタ・デルガーダ
Ponta Delgada

N

大西洋
Oceano Atlântico

サンタ・マリア島
Santa Maria

0　100km

サン・ミゲル島 São Miguel

アソーレス諸島で最大の島。面積は日本の奄美大島より少し大きいくらいだ。島の南北は狭い所ではわずか8kmほどだが、東西は約90kmと細長い形をしている。人口は約14万人で、これはアソーレス諸島全体の約半分。そのうちの約7万人が、島の南部にある**ポンタ・デルガーダ Ponta Delgada** の町に住んでいる。

他のアソーレスの島々と同様、サン・ミゲル島は火山の噴火により生成された火山島で、島内には3つの火山とそのカルデラ湖、温泉などがあり、変化に富んだ地形が楽しめる。

最大の町ポンタ・デルガーダは16世紀の都市建設以来、港町として発展してきた。町の中心は港に面した**市の門 Portas da Ciudad** 付近で、カフェやレストラン、旅行会社も多く、夏のシーズン中は観光客でにぎわうエリアだ。ここから港沿いに西へ10分ほど歩けば、港を守るために16世紀に建設された**サン・ブラス要塞 Forte de São Bras** に出る。

島内の見どころは現地発ツアーかレンタカーで回るのが一般的だ。島の西部にある**セッテ・シダーデス湖 Lagoa das Sete Cidades** は色の異なるふたつのカルデラ湖で、周囲を巡る約12kmの遊歩道が人気。湖畔から高台まで高低差がある眺望のよいコースで、夏には道沿いがアジサイの花に彩られる。

島の東部にある**フルナス湖 Lagoa das Furnas** の周囲は緑が豊かな温泉リゾート地。ここは植物園、温泉、ゴルフコースなどがあり、天然のスパ施設も人気だ。湖の北側には**地熱公園 Fumarolas de Lagoa Furnas** があり、いくつもの温泉池が煙を上げている。

上／海に面したポンタ・デルガーダの町　下／地熱公園の温泉では湯煙が上がっている

サン・ミゲル島へのアクセス
アソーレス諸島の玄関口となるポンタ・デルガーダ空港へは、リスボンから飛行機で2時間30分、1日5〜8便。テルセイラ、ピコなどのアソーレス諸島のほかの島からの便もある。空港からポンタ・デルガーダ市内へはタクシーで10〜15分、€10ほど。シャトルバスで€8。

島内の交通
バスなどの公共交通は少なく、旅行会社のツアーかレンタカーの利用が一般的。ポンタ・デルガーダにある旅行会社が島内周遊ツアーを催行しており、€50〜60。ただし夏のシーズン以外は催行しないことも多い。

旅行会社
● Pure Azoles
URL www.pureazores.com
● Greenzone Azores
URL greenzoneazores.com

サン・ブラス要塞
☎ 296 304 920
🕐 月〜金 10:00 〜 18:00
休 土・日　料 無料

人気の高い景勝地セッテ・シダーデス湖

テルセイラ島 *Terceira*

人口約5万3000人のテルセイラ島は、アソーレス諸島では2番目に住民が多い島。主要な町は島の南部にある**アングラ・ド・エロイズモ Angra do Heroísmo**と、東部にある**プライア・ダ・ヴィトーリア Praia da Vitória**だ。

アングラ・ド・エロイズモ（地元の人は略してアングラと呼ぶ）は入植の歴史がアソーレスで最も古い町。アングラは大西洋交易の重要な寄港地として発展し、アソーレス諸島の最初の首都もここにおかれていた。しかし19世紀になって蒸気船の時代になると北大西洋航路から外れ、町は徐々に衰退していく。1980年には大きな地震の被害を受けて町の建物の多くが倒壊するが、その後に人々の努力によって町は復興され、1983年にはその中心部がユネスコの世界遺産に登録された。教会や修道院、市庁舎など19世紀の歴史的建造物が残るが、真新しく見えるのは地震後に再建と修復された部分だ。町の東側には**サン・セバスティアン要塞 Fortaleza de São Sebastião**が、南には**ブラジルの丘 Monte Brasil**があり、丘の上にある十字架が立つ展望台からは町の全景が見渡せる。

島の中央部に向かって車で走ると、石垣に囲まれた牧草地が見えてくる。土壌は農業にはあまり向いていないが、その代わり牧畜が盛んで乳牛や肉牛が飼育され、牛肉や乳製品が輸出されている。

テルセイラ島にはいくつか洞窟があるが、標高550mほどの山中にある**カルヴァオン洞窟 Algar do Carvão**が観光スポットになっている。ほぼ垂直に空いた約45mの穴の底に降りると、ライトアップされた鍾乳洞へと遊歩道が続き、内部には地下水が溜まった池もある。

また、テルセイラ島は6月下旬の祭りで行われるトゥラーダ・ド・コルダ Tourada à Corda（牛追い）でも知られている。町の通りに首に紐をつけた牛を放ち、一般の人々が傘やコートなどで煽ったりするもの。危険になりそうなときは紐が引っ張られるので、けがをすることはない。牛は殺されずに、牛追いが終われば牧草地に戻される。

アングラ・ド・エロイズモの町並み

テルセイラ島へのアクセス

島の北東部にあるラジェス空港へは、リスボンから飛行機で約2時間30分、1日2～3便。アソーレス諸島のほかの島からの便もある。ラジェス空港からアングラへの直通バスは月～金11便、土8便、日5便、所要約50分。タクシーは約20分、€20ほど。

テルセイラ島内の交通

バスの便数は少なく、タクシー、旅行会社のツアーかレンタカーの利用が一般的。アングラにある旅行会社が各種ツアーを催行している。ホエールウオッチングツアーもある。

旅行会社
● Ocean Emotion
URL www.oceanemotion.pt

カルヴァオン洞窟
🕐 毎日 14:30～17:00
（6～9月は～18:00）
🚫 10～3月の月・木・日・祝、1/1、カーニバル、聖日曜、12/1・24・25・31
💰 €10

左／牧草地に牛が放し飼いされている
下／クレーターのなかにあるカルヴァオン洞窟

ピコ島 *Pico*

アソーレス諸島の中部群島にあるピコ島。面積では諸島で2番目に大きく、東西の長さは約42km。南北の幅は西部がふくらみ15kmほどあるが、東部はその半分ほどでおたまじゃくしのような形をしている。島の西部に

独特な景観の伝統的なブドウ畑

あるピコ山は標高2351mで、本土にある山よりも高いポルトガル最高峰だ。

約1万4000人の島民の多くは、観光業や漁業のほか、島の特産であるワイン造りなどに従事している。おもな町は西部の**マダレーナ Madalena**、中央部北岸の**サン・ロケ São Roque**、中央部南岸の**ラジェス・ド・ピコ Lajes do Pico** など。隣のファイアル島まではわずか6kmほどで、フェリーが運航している。

ピコ島では19世紀末から20世紀初頭にかけて捕鯨業が盛んで、港は解体されたクジラの血で染まっていたという。しかしやがて鯨油の需要もなくなり、1980年代に捕鯨はやめてしまった。ラジェス・ド・ピコにある**捕鯨博物館 Museu dos Baleeiros** では、クジラを追いかけたボート、鯨油を採るための機械や保存用のタンク、そして解体の写真などが展示され、当時の捕鯨の様子を知ることができる。現在もクジラは島の沖に出没し、町からはホエールウオッチングツアーが催行されている。

またピコ島では、ワイン造りのためのブドウ栽培が盛んだ。溶岩のかけらを積み上げて石垣を造り、その割れ目に苗木を這わせるという独特のブドウ栽培は、「ピコ島のブドウ園文化の景観」として2004年にユネスコの世界遺産に登録された。この伝統的なブドウ畑は島内各所にあるが、島の北西部のマダレーナとサン・ロケの間、空港近くにある畑が見つけやすい。手作業で収穫し、足踏みで果汁を絞るという伝統的な製法のワイン造りは、マダレーナの町外れにある**ワイン博物館 Museu do Vinho** でその様子を知ることができる。ピコ島産のワインは日本にも輸出されているが、おみやげに買ってみるのもいいだろう。

ピコ島へのアクセス
飛行機はサン・ミゲル島から1日3便、55分。テルセイラ島から1日3便、35分。フェリーはAtlantico Lineがファイアル島のオルタから2路線運航しており、マダレーナまで1日7便、所要30分。サン・ロケまで週6便、所要約1時間10分。
● **Atlantico Line**
URL www.atlanticoline.pt

ピコ島内のアクセス
公共バスは Cristiano Limitada が島の西端のマダレーナからサン・ロケを経由して東端のピエダーデ Piedade へ向かう北回りルートと、ラヘス・ド・ピコを経由する南回りルートを運行しているが、それぞれ1日2往復程度と少ない。観光にはレンタカーかタクシー、旅行会社のツアーを利用するのが一般的だ。
● **Cristiano Limitada**
URL www.cristianolimitada.pt

捕鯨博物館
住 Rua dos Baleeiros 13
開 4〜9月 10:00〜17:30
　 10〜3月 9:30〜17:00
休 月　料 €2

捕鯨博物館の前にある漁師の像

ワイン博物館
住 Rua do Carmo
開・料 捕鯨博物館と同じ

ポルトガル国内で最も高い標高のピコ山

アソーレス諸島、その他の島々

その他の島で外国人旅行者に人気が高いのは中部群島にある**ファイアル島 Faial**。中心となる町は東部にあるオルタ Horta。港は大西洋横断ヨットの寄港地となっており、国際的なヨット競技も行われている。島の中央部にはカルデイラ Caldeira と呼ばれる直径 2km ほど、深さ約 400m の巨大な火山のクレーターがあり、ハイキング客に人気だ。島の西端のカペリニュス Capelinhos では、1957 年の火山活動で海中から隆起した岩によってできた、草木ひとつない荒涼とした地形を見ることができる。

フェリーから見たファイアル島のオルタ

東部群島にある**サンタ・マリア島 Santa Maria** はアソーレス諸島最東端の島で人口は約 5600 人。諸島で最初に船が到達した島で、コロンブスも米大陸からの帰路に立ち寄った。中部群島にある**サン・ジョルジェ島 São Jorge** の人口は約 9000 人で、諸島で 5 番目の人口をもつ。中心となる町は西部にあるヴェーラス Velas で、東西に細長い島ではトレッキングが人気。**グラシオーザ島 Graciosa** は島全体がひとつの火山で人口は約 5000 人。家の壁が白く塗られていることから「白い島」として知られ、硫黄を含む洞窟フルナ・ド・エンソフレ Furna do Enxofre の観光が人気だ。アソーレス最西端の**フローレス島 Flores** は人口約 4000 人。他の地域よりも降水量が多い緑濃い島で、多くの滝や 7 つの火口湖をもち、小さいながら変化に富んだ自然を求めて夏は多くの観光客が訪れる。**コルヴォ島 Corvo** は人口わずか 400 人ほどの小さな島で、ここにも大きなカルデラがある。

●食事事情

アソーレス諸島は年間 160 万人ほどが訪れる人気観光地なのでレストランの数は多く、一般的なポルトガル料理からヨーロッパ料理全般、アジア料理、豊かなシーフードを使った寿司まで多様な料理が味わえる。ただし冬期のオフシーズンには、多くの店が休業してしまうので要注意。火山の地熱を使った**コジード・ダス・フルナス Cozido das Furnas** は、肉と野菜を地中に 6 時間ほど埋めて作る蒸し料理で、サン・ミゲル島で試してみたい。魚や牛肉などを土鍋で煮込んだ**アルカトラ Alcatra** は、テルセイラ島の名物。ほかには一本釣りしたマグロを使ったステーキや、エビ料理、変わったものでは**クラカス Cracas** というフジツボの料理も。地元産のワインも味わってみよう。また牧畜が盛んなため、チーズは各島で作られており、特にサン・ジョルジェ島のチーズは人気がある。

●宿泊事情

アソーレス諸島にはサン・ミゲル島のポンタ・デルガーダ、テルセイラ島のアングラ・ド・エロイズモといった主要な町などに、高級ホテルから経済的なホテルまで多数ある。ただし夏期は混雑し、冬期は休業する小さな宿もあるので、ウェブサイトを通じて調べて早めに予約したほうがよい。

各島へのアクセス

ファイアル島へはリスボンから飛行機が 1 日 1 便、所要約 2 時間 45 分。ピコ島からフェリー（→ P.338）でも行ける。
サンタ・マリア島、サン・ジョルジェ島、グラシオーザ島、フローレス島、コルヴォ島へは、サン・ミゲル島かテルセイラ島から Azores Airlines の飛行機が 1 日 2 ～ 4 便程度あり、島間によっては夏期に Atlantico Line のフェリーも運航している。
● Azores Airlines
URL www.azoresairlines.pt
● Atlantico Line
URL www.atlanticoline.pt

地熱を利用した料理のコジード・ダス・フルナス

あなたの**旅の体験談**をお送りください

「地球の歩き方」は、たくさんの旅行者からご協力をいただいて、
改訂版や新刊を制作しています。
あなたの旅の体験や貴重な情報を、これから旅に出る人たちへ分けてあげてください。
なお、お送りいただいたご投稿がガイドブックに掲載された場合は、
初回掲載本を1冊プレゼントします！

ご投稿はインターネットから！

URL www.arukikata.co.jp/guidebook/toukou.html
画像も送れるカンタン「投稿フォーム」
※左記のQRコードをスマートフォンなどで読み取ってアクセス！

または「地球の歩き方　投稿」で検索してもすぐに見つかります

 地球の歩き方　投稿　　　　 検索

▶**投稿にあたってのお願い**

★**ご投稿は、次のような《テーマ》に分けてお書きください。**

《**新発見**》―――ガイドブック未掲載のレストラン、ホテル、ショップなどの情報
《**旅の提案**》―――未掲載の町や見どころ、新しいルートや楽しみ方などの情報
《**アドバイス**》―――旅先で工夫したこと、注意したこと、トラブル体験など
《**訂正・反論**》―――掲載されている記事・データの追加修正や更新、異論、反論など

> ※記入例「○○編20XX年度版△△ページ掲載の□□ホテルが移転していました……」

★**データはできるだけ正確に。**

ホテルやレストランなどの情報は、名称、住所、電話番号、アクセスなどを正確にお書きください。
ウェブサイトのURLや地図などは画像でご投稿いただくのもおすすめです。

★**ご自身の体験をお寄せください。**

雑誌やインターネット上の情報などの丸写しはせず、実際の体験に基づいた具体的な情報をお
待ちしています。

▶**ご確認ください**

※採用されたご投稿は、必ずしも該当タイトルに掲載されるわけではありません。関連他タイトルへの掲載もありえます。
※例えば「新しい市内交通バスが発売されている」など、すでに編集部で取材・調査を終えているものと同内容のご投稿をいただいた場合は、ご投稿を採用したとはみなされず掲載本をプレゼントできないケースがあります。
※当社は個人情報を第三者へ提供いたしません。また、ご記入いただきましたご自身の情報については、ご投稿内容の確認や掲載本の送付などの用途以外には使用いたしません。
※ご投稿の採用の可否についてのお問い合わせはご遠慮ください。
※原稿は原文を尊重しますが、スペースなどの関係で編集部でリライトする場合があります。

アズレージョで有名なポルトのサン・ベント駅

 # 旅の準備と技術
Travel Information

旅の必需品

5年用は濃紺、10年用は赤

パスポートに関する情報
最新情報は外務省ウェブサイト内「海外渡航・滞在」のパスポート（旅券）を参照。
URL www.mofa.go.jp/mofaj/toko/passport/index.html

パスポートに関する注意
国際民間航空機関（ICAO）の決定により、2015年11月25日以降は機械読取式でない旅券（パスポート）は原則使用不可。日本ではすでにすべての旅券が機械読取式に置き換えられたが、機械読取式でも2014年3月19日以前に旅券の身分事項に変更のあった人は、ICチップに反映されていない。渡航先によっては国際標準外と判断される可能性もあるので注意が必要。

在日ポルトガル大使館
🏠 東京都港区西麻布3-6-6
☎ 03-6447-7873（領事部）
URL toquio.embaixadaportugal.mne.gov.pt/ja/

ETIAS（欧州渡航情報認証制度）の導入予定
日本国民がビザなしでシェンゲン協定加盟国に入国する際に、ETIAS電子渡航認証システムへの申請が2025年より必要となる予定。最新情報は下記サイトで確認を。
URL etias-web.com

国際学生証と国際青年証
オンライン申請でバーチャルカードが発行されている（12歳以上が対象）。申し込みはウェブサイトで、Pay Palによる決済のみ。
＜申請に必要なもの＞
① 学生証（有効期限の記載が必要）または在学証明書など。国際青年証の場合は年齢の証明ができる公的書類
② 写真（JPG形式で450×540px以上）
③ 発行手数料2200円
● ISIC Japan
URL isicjapan.jp

▌パスポート（旅券）

住民登録している各都道府県の旅券課に必要書類を提出する。有効期間は5年と10年間の2種類（18歳未満は5年用旅券のみ）。申請後、土・日曜、祝日、年末年始を除き1週間ほどで発給されるので、旅券名義の本人が申請窓口まで受け取りに行く。

申請に必要なもの	1. 一般旅券発給申請書1通：各都道府県の旅券申請窓口などにある。5年用と10年用では申請用紙が異なる。 2. 戸籍謄本1通：本籍地の市区町村が6ヵ月以内に発行したもの。有効期間内のパスポート更新で、記載事項に変更がない場合は原則不要。 3. 写真1枚：縦4.5cm×横3.5cm、6ヵ月以内撮影。 4. 身元を確認するための書類：マイナンバーカード、運転免許証など。健康保険証の場合は年金手帳、学生証（写真が貼ってあるもの）などもう1点必要。更新時は原則不要。 ※住基ネットの利用を希望しない人は住民票が必要 ※有効期間内のパスポートの切り替えには、有効旅券が必要
受け取りに必要なもの	1. 受領書（申請時に窓口で渡された受理票） 2. 発給手数料（収入印紙と都道府県証紙） 10年用：1万6000円（20歳以上） 5年用：1万1000円（12歳以上）、6000円（12歳未満） ※ 収入印紙、都道府県証紙は窓口近くの売り場で購入

パスポート残存有効期間とビザ（ETIAS →側注）

パスポートの残存有効期間は、ポルトガルを含むシェンゲン協定加盟国（→ P.352側注）出国時に3ヵ月以上。90日以内の観光旅行ならビザは不要。留学や駐在などで90日を超えて滞在する場合は、ポルトガル大使館で事前にビザを取得すること。

▌旅行前に手に入れたい証明書

出発前に、必要に応じて準備しておこう。

国際学生証（ISICカード）国際青年証（IYTCカード）	ポルトガルの観光施設や美術館などでは、学生割引が適用されるところが多数ある。学生であることを証明するには、国際学生証が必要。また国際青年証は、26歳未満なら学生でなくても取得できるカードで、国際学生証と同じような特典がある。いずれも有効期間は発行日から1年間。申込みはISIC Japanまで。
ユースホステル会員証	宿泊先としてユースホステルを考えている人は、あらかじめ会員証の取得が必要。日本ユースホステル協会に申し込む（→ P.361側注）。
国外運転免許証	レンタカーを借りるには、国外運転免許証が必要。運転免許試験場や運転免許更新センター、指定警察署で取得できる（→ P.356側注）。

 ポルトガルでは、学割だけでなくシニア割引（通常65歳以上）やユース割引が適用される施設もある。「何か割引はありますか？」と聞いてみよう。年齢確認のためにパスポートの提示を求められることが多い。

▋情報収集

　旅のおもしろさを何倍にも広げてくれるのが"いい情報"。本誌を参考にしながらさらに+αの情報を収集し、各自に合ったよりよい旅を目指そう。

ポルトガル政府観光局ウェブサイト

　ポルトガルの世界遺産や主要な町の見どころ、モデルプラン、イベント情報に関してなどが日本語で読めるので、旅立つ前に調べておきたい。また、各地域の自治体や観光局などがホームページで見どころなどの情報をポルトガル語、または英語で発信している。詳細については、各エリアのページを参照するように。

現地の観光案内所

　ポルトガルでは空港や主要駅、町の中心などにツーリストインフォメーション（ポルトガル語ではポスト・デ・トゥリズモ Posto de Turismo という。❶のマークが目印）があり、市内地図、パンフレット、ホテルリストなどの提供、見どころや交通の案内などを行っている。どこでもほとんど英語が通じるから、旅行者の強い味方になってくれること間違いなしだ。

リスボン空港の❶

▋海外旅行傷害保険

　旅行中に思いがけずけがや病気に見舞われたとき、保険なしで現地の病院に行くのは金銭的に大きな負担になる。また旅先で盗難などの被害に遭うことも。安心して旅行を楽しむためにも、海外旅行保険にはぜひ加入しておきたい。

保険の種類と加入タイプ

　海外旅行保険には、あらかじめ必要な保険と補償を組み合わせた「セット型」と、ニーズや予算に合わせて各種保険を選択できる「オーダーメイド型」がある。最近は「セット型」でも高価な荷物のない単身者向けや子供連れのファミリー向け、病気が心配な高齢者向けなど、さまざまなタイプが用意されている。いずれにしても、十分考慮のうえ、自分に合った保険に決定しよう。また、海外旅行保険を扱う保険会社はたくさんあるが、商品の特徴や保険料の違い、現地連絡事務所の有無、日本語救急サービスの充実度などもよく検討したい。海外旅行保険の加入はインターネット、または出発する日本の空港で申し込める。

カード付帯保険の「落とし穴」

　クレジットカードには、海外旅行保険が付帯されているものが多く、保険はこれで十分と考える人もいるだろう。ただし、注意したいのは、疾病死亡補償がない、補償金額が十分でない、複数のカードの傷害死亡補償金額は合算されない、カードによっては旅行代金をカード決済しないと対象にならない、などの「落とし穴」があることだ。自分が持っているクレジットカード付帯保険の内容を確認したうえで、「上乗せ補償」として海外旅行保険に加入することをおすすめする。

ポルトガル政府観光局ウェブサイト
URL www.visitportugal.com

ポルトガルのさまざまな観光情報が得られる

海外旅行の最旬情報はここで!
「地球の歩き方」公式サイト。ガイドブックの更新情報や、海外在住特派員の現地最新ネタ、ホテル予約など、旅の準備に役立つコンテンツが満載。
URL www.arukikata.co.jp

「地球の歩き方」ホームページで海外保険について知ろう
「地球の歩き方」ホームページでは、海外旅行保険情報を紹介している。保険のタイプや加入方法の参考に。
URL www.arukikata.co.jp/web/article/item/3000681/

おもな海外旅行保険会社
●損保ジャパン
URL www.sompo-japan.co.jp
●東京海上日動
URL www.tokiomarine-nichido.co.jp
● AIG 損害保険
URL www.aig.co.jp
●エイチ・エス損保
URL www.hs-sonpo.co.jp
●三井住友海上
URL www.ms-travel-ins.com

利用付帯保険に注意!
クレジットカード付帯の保険には、カードを所持していれば自動的に付いてくる「自動付帯」と、カード会社が指定する条件を満たした際に利用できる「利用付帯」の2種類がある。利用付帯は、旅行代金（パッケージツアー、旅行地に向かうための航空券、空港に向かうための新幹線やリムジンバスなど）のカード決済が条件となる場合が多い。今まで自動付帯だったカードが利用付帯に変更になるケースが増えているので、旅行前にカード会社のウェブサイトなどで確認しておこう。

春
Primavera （3 ～ 5月）

　ポルトガルの春は早く、2月末ともなればアルガルヴェ地方は満開のアーモンドの花で真っ白に染まる。4月に入ると草木がいっせいに芽吹き、緑や色とりどりの花々が美しい。3・4月は比較的雨が多く、さながら梅雨のよう。しかし、日本のようにジトジトはしない。温暖だが急に冷え込むこともあるので、ジャケットや薄手のコートが必要。
●おもなイベント
3月または4月：聖週間（ポルトガル全土）
4月または5月：花祭り（マデイラ島フンシャル）

マデイラ島の花祭り

夏
Verão （6 ～ 8月）

　乾季で、カラッとした晴天が続く。気温が30℃以上になったとしても、湿気がないので日陰や屋内は涼しく実に快適。観光客が多くて混雑しているとはいえ、やはり夏はベストシーズンだろう。基本的に昼間は半袖でOKだが、朝晩は肌寒いこともあるので、長袖のシャツやジャケットを用意しておこう。
●おもなイベント
6月13日：聖アントニオ祭（リスボン）
6月24日：サン・ジョアン祭（ポルト）
8月第3週：ロマリア祭（ヴィアナ・ド・カステロ）

からりとした晴天が続く

日の出／日の入は リスボンの各月15日の時刻	1月	2月	3月	4月	5月
日の出／日の入	7:53／17:39	7:27／18:14	6:47／18:43	7:00／20:13	6:24／20:41

平均気温

── リスボン
── ポルト
── エヴォラ
── ファーロ
── 東　京

30
25
20
15
10
5
0
(℃)

	1月	2月	3月	4月	5月
時　差	日本時間より－9時間		サマータイム中（3月最終		
サッカー開催期間	冬休み　　後半戦				夏休み
闘　牛				シーズン開幕	
バーゲン（Rebaixa）	冬物（前年12月下旬～2月末）				

事前に天気予報をチェック インターネットでポルトガルの天気予報を知ることができる。服装や持ち物の参考にしよう。
URL tenki.jp/world/1/135（日本語）　**URL** www.ipma.pt（ポルトガル語、英語）

旅のシーズン

秋
Outono（9～11月）

　秋風の吹く頃になると、空気は清澄になり、晴れた日はさわやか。秋から春にかけては雨季に当たり、天候は不安定。晴れていたかと思ったら急に雨が降り出したりと、1日のうちでも変化が激しい。一般的にポルトなど北部のほうが雨が多く、南へ行くほど少なくなる。温暖なので長袖のシャツと薄手のジャケットでよいが、風が強いと傘は役に立たないのでレインコートは必需品。

●**おもなイベント**
9月上旬：聖女レメディオスの祭り（ラメーゴ）
10月下旬：郷土料理の祭典（サンタレン）

ワイン用のブドウは9月頃に収穫

冬
Inverno（12～2月）

　リスボンの平均最高気温は約15℃、最低気温が8℃程度と温暖で、北ヨーロッパ諸国に比べると格段にしのぎやすい。毛皮のコートのご婦人から薄っぺらいジャケット1枚のお兄さんまで人々の装いは千差万別だが、基本的にはセーターと薄手のコートで十分だ。雨が多いので、傘はもちろんのこと、レインコートがあると便利。

●**おもなイベント**
12月31日：聖シルヴェストレ祭（マデイラ島フンシャル）
2月または3月：カーニバル（ポルトガル全土）

冬の風物詩、焼き栗売り

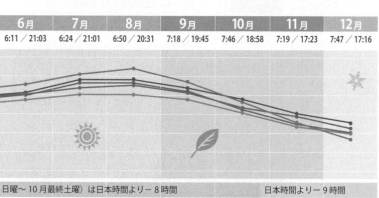

6月	7月	8月	9月	10月	11月	12月
6:11／21:03	6:24／21:01	6:50／20:31	7:18／19:45	7:46／18:58	7:19／17:23	7:47／17:16

日曜～10月最終土曜）は日本時間より－8時間　　　　日本時間より－9時間

夏休み　　　前半戦　　　冬休み

シーズン終了

夏物（7月上旬～9月上旬）

旅のモデルルート

モデルコース

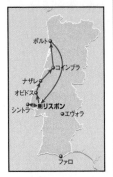
のんびりとした風景に出合えるポルトガルの田舎

　ゆったりと流れる時間のなかで、人々がのんびりと暮らす国、ポルトガル。訪ねてみたい場所はたくさんあるが、あまり欲張るよりは、ひとつの町に長めに滞在したほうがポルトガルのよさが実感できるはず。以下のコースは「最低限これだけは必要」という所要日数で組んであるが、できればもう少し余裕がほしい。自分なりにアレンジして、オリジナルな旅を創造してみよう。

コース1　ポルトガル周遊の旅 10 日間

　おもな観光名所を巡る、初めてのポルトガル旅行におすすめのコース。リスボン、ポルトの2大都市を中心に、旅行者に人気のあるオビドス、ナザレ、コインブラを訪れる。なお、帰りのフライトをポルト発にすれば1日分が節約できる。

1. 午前：日本発、夜：リスボン着
2. リスボン観光
3. シントラ、ロカ岬へ日帰り観光
4. オビドスへ移動
5. ナザレへ移動
6. コインブラへ移動
7. ポルトへ移動
8. リスボンへ移動
9. リスボン発
10. 日本着

歴史ある大学町のコインブラ

コース2　2大都市に泊まる 10 日間

　リスボンとポルトに連泊し、周辺の町へ足を延ばす。ホテルの移動が少なくて済むので楽。右記のほかにも日帰りできる町はあるので、好みに合わせて行き先を変えるとよい。なお、帰りのフライトをポルト発にすれば1日節約できる。

1. 午前：日本発、夜：リスボン着
2. リスボン観光
3. シントラ、ロカ岬へ日帰り観光
4. オビドスへ日帰り観光
5. ポルトへ移動
6. ブラガへ日帰り観光
7. ギマランイスへ日帰り観光
8. リスボンへ移動
9. 午前：リスボン発
10. 午前：日本着

ポルトガル発祥の地、ギマランイス

旅のモデルルート

コース3　ポルトガル中部の旅 8 日間

のどかなアレンテージョ地方を巡るコース。アライオロスやモンサラーシュに 1 泊して、のんびり過ごすのもいい。またエルヴァス経由でスペインのバダホスへ抜けることもできる。

1. 午前：日本発、夜：リスボン着
2. リスボン観光
3. エヴォラへ移動
4. モンサラーシュへ日帰り観光
5. アライオロスへ日帰り観光
6. リスボンへ移動
7. 午前：リスボン発
8. 午前：日本着

町全体が博物館のようなエヴォラ

コース4　ポルトガル南部の旅 8 日間

アルガルヴェ地方を訪れる、リゾート気分いっぱいのコース。ラゴスからヨーロッパ大陸の西南端サグレスへも足を延ばしてみよう。ファロからはスペインのセビーリャへ抜けることもできる。

1. 午前：日本発、夜：リスボン着
2. リスボン観光
3. ラゴスへ移動
4. サグレスへ日帰り観光
5. ファロへ移動
6. リスボンへ移動
7. 午前：リスボン発
8. 午前：日本着

ヨーロッパ大陸の果て、サグレス

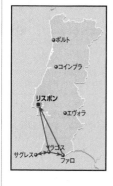

コース5　リスボンを起点にした 7 日間

旅行期間が短い人におすすめ。リスボンに連泊して周辺の町や地方へ。片道 2 時間以内なら日帰り圏内だ。ほかにも日帰りできる町はたくさんあるので、自分の興味に合わせて選びたい。

1. 午前：日本発、夜：リスボン着
2. リスボン観光
3. シントラ、ロカ岬へ日帰り観光
4. オビドスへ日帰り観光
5. エヴォラへ日帰り観光
6. 午前：リスボン発
7. 午前：日本着

中世のたたずまいを残すオビドス

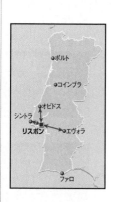

旅の予算とお金

最新両替レートをチェック
●地球の歩き方ホームページ
URL www.arukikata.co.jp/rate

おもなクレジットカード会社
●アメリカン・エキスプレス
URL www.americanexpress.
com/ja-jp
●ダイナースカード
URL www.diners.co.jp
● JCB カード
URL www.jcb.co.jp
● MasterCard
URL www.mastercard.co.jp
● VISA カード
URL www.visa.co.jp

カードの請求通貨に注意
海外でクレジットカードを利用する際に、支払い通貨をユーロか日本円か選べることがある。日本円だと金額がその場でわかるので一見便利に思えるが、為替レートが不利な場合もあるので、決済する前に金額とレートをよくチェックしよう。

ATM の暗証番号について
クレジットカードなどを使ってATM で現地の現金を引き出す際、ポルトガルでは 6 桁の PIN（暗証番号）入力を求められる。自分の暗証番号（4桁）に続けて 00 を入力する。

▌通貨の単位

　通貨単位はユーロ（€、Euro、Eurとも略す）、補助通貨単位はセント（Cent）。それぞれのポルトガル語読みは「エウロ Euro」と「センティモ Céntimo」となる。
　€ 1 = 100 セント=約 162 円（2023 年 11 月 10 日現在）
※ユーロ通貨の種類→ P.10

▌お金の持っていき方

現 金

　日本円からユーロへの両替ができるのは、ポルトガル国内ではリスボンやポルトなど主要都市の一部の銀行や両替所にかぎられる。またレートも、日本で両替するほうが有利な場合が多い。日本出発前にある程度のユーロの現金を用意しておこう。ただし、多額の現金を持ち歩くことは避けたいので、両替は最小限にとどめ、下記の方法も合わせて利用したい。

クレジットカード C/C

　ポルトガルでのクレジットカードの通用度はかなり高く、ホテルやレストラン、スーパー、駅の切符売り場など、ほとんどの場所で使えると考えていい。多額の現金を持ち歩く必要がないので安全だし、いざというときは街角の ATM でキャッシング（借り入れ）もできる。またクレジットカードは身分証明書の役割を果たし、レンタカーを借りる際には必携。紛失に備えて 2 枚以上あると安心だ。なお、IC カード（IC チップ付きのクレジットカード）で支払う際は、サインではなく PIN（暗証番号）が必要。不明な場合は日本出発前にカード発行金融機関に確認しておこう（確認には最低 2 週間程度かかるので注意）。

ATM の操作方法

　Cirrus や PLUS マークが付いた ATM（ポルトガルではムルティバンコ Multibanco と呼ばれる）では、クレジットカードでの現金の借り入れ（キャッシング）ができる。海外専用プリペイドカードやデビットカードを使って日本で預けた円をユーロに両替して引き出すことも可能。ATM は銀行、空港、駅、ショッピングセンターなどに設置されており、24 時間稼働している。

1. 国際キャッシュカードまたはクレジットカードを入れる

2. 英、仏、独、西、葡語のなかから言語を選ぶ。英語は左上

3. 暗証番号を入力し、正しければ緑のボタンを押す

4. 引き出しの場合は左上の「WITHDRAWAL」を押す

5. 金額を入力し、正しければ緑のボタンを押す

6. 現金、カード、レシートを受け取る

 現地の ATM でクレジットカードを使ってキャッシングする場合、返済するまでの日数に応じた金利（おおむね年利 18％）がかかる。帰国してすぐ繰り上げ返済できることもあるので、よく調べたうえで上手に利用したい。

海外専用プリペイドカード

　海外専用プリペイドカードは、カード作成時に審査や年齢制限がなく、外貨両替の手間や不安を解消してくれる便利なカードのひとつだ。出発前にコンビニ ATM などで円をチャージ（入金）し、入金した残高の範囲内で渡航先の ATM で現地通貨の引き出しやショッピングができる。各種手数料が別途かかるが、使い過ぎや多額の現金を持ち歩く不安もない。おもに右記のようなカードが発行されている。

デビットカード

　使用方法はクレジットカードと同じだが、支払いは発行金融機関の預金口座から原則即時引き落としとなる。口座の残高以上は使えないので、予算管理にも便利だ。JCB デビットカードや VISA デビットカードがあり、それぞれの加盟店（一部除く）で買い物ができる。また現地 ATM でユーロの現金を引き出せる。

■ ポルトガルでの両替

　日本円からユーロへの両替は、空港や"Cambio（両替）"の表示がある銀行、大きなホテルなどでできる。銀行 Banco の営業時間は 8:30 ～ 15:00、土・日曜と祝日は休み。手数料は銀行によって異なるが、現金で€5 程度。両替する金額にかかわらず 1 回ごとに取られることが多いので、こまめに少額を両替するよりは、ある程度まとめて両替するようにしたい。またリスボンの街なかにある両替所（→ P.75）は、手数料が銀行より安く、休日でも営業しているので便利だ。なお、地方の小さな町では円の現金を両替できないことが多いので、あらかじめリスボンなどで両替しておくか、クレジットカードや海外専用プリペイドカード、デビットカードを併用するとよいだろう。

両替所は「カンビオ」という

海外専用プリペイドカード
2023 年 11 月現在、発行されているカードはおもに下記のとおり。
● アプラス発行
「MoneyT Global マネーティーグローバル」
URL www.aplus.co.jp/prepaidcard/moneytg/
● トラベレックスジャパン発行
「Travelex Money Card トラベレックスマネーカード」
URL www.travelex.co.jp/travel-money-card

デビットカード
● JCB デビット
URL www.jcb.jp/products/jcbdebit
● VISA デビット
URL www.visa.co.jp

両替に関するポルトガル語
両替	カンビオ	Câmbio
買い	コンプラ	Compra
売り	ヴェンダ	Venda
紙幣	ノータ	Nota
硬貨	モエーダ	Moeda
手数料	コミサオン	Comissão

高額紙幣より小額紙幣
両替すると、€100 札などの高額紙幣で渡されることもあるが、€10 や€20 にしてもらったほうがいい。高額紙幣は自動券売機には使えないし、小額の買い物ではおつりがないと言って断られることもある。また€1、€2 のコインはトイレやバスに乗る際などに必要で、ないと困ることがあるので、常にキープしておきたい。

旅に必要な予算

　「南欧の物価は安い」とはよく聞く言葉だが、ここポルトガルも例外ではない。近年は物価が上昇の傾向にあるが、それでも北ヨーロッパの国々に比べるとまだまだ安い。おまけに宿はこぎっぱりと清潔で、食事はボリュームたっぷりでおいしい。北ヨーロッパの人々が、夏のバカンスシーズンを待ちかねてぞくぞくやってくるのもうなずけてしまう。では、実際に 1 日どれくらい必要なのかを、タイプ別にみてみよう。

● リッチな旅を楽しみたい人

　ホテルは快適な 4 つ星やポザーダに泊まり€100 ～ 150。昼はちょっとおしゃれなレストランで€20。夜は高級レストランも試してみるとして平均€40。雑費を加えて合計€200 ～ 300。

● 贅沢は望まないけど快適な旅をしたい人

　宿泊はこぎれいな 2 つ星ホテルか 3 つ星ペンサオンで€50 ～ 80。昼は庶民的なレストランに入り€15、夜はたまに名物料理も味わうとして平均€30。雑費を加えて合計€100 ～ 200。

● できるだけ節約したい人

　ユースや 1 つ星ペンサオンに泊まって€15 ～ 30。昼は軽く済ませ€8。夕食は食堂で料理 1 品と飲み物で€15。雑費を加えて合計€50 ～ 100。

　それぞれのタイプについて、1 日の予算×滞在日数が総予算となる。ただし観光スポットの入場料や長距離の移動費、おみやげ代などが思いのほかかさんでしまうことがあるので、少し余裕をもって予算を組んだほうが無難だ。

 ポルトガルの ATM でキャッシングすると、一部の ATM でユーロ払いか円払いかの選択画面がないまま、非常に悪いレートでの円払いになりました。注意が必要です。（大阪府　森本喜晴）['23]

349

ポルトガルへのアクセス

燃油サーチャージとは
航空会社は運賃に燃油サーチャージ（燃油特別付加運賃）を別途加算して販売している。これは燃油を仕入れた時点での原油価格を考慮して決定されるため、同じ行き先でも時期や航空会社によって金額が異なる。航空券購入の際には燃油サーチャージ込みの料金かどうかを必ず確認しよう。

eチケットについて
各航空会社とも「eチケット」システムを導入している。予約完了後にeメールや郵送で届くeチケットの控えを携帯すればいい。万一、eチケット控えを紛失しても搭乗は可能だが、念のため携帯しよう。

液体物の持ち込み制限
日本発の国際線およびEU内の各空港を出発する全便を対象に、液体物（飲料や化粧品、薬品、ジェルやエアゾールなども含む）の持ち込みが制限されている。手荷物として客室内に持ち込むには、それぞれ100mℓ以下の容器に入れ、それらを密閉式の透明ビニール袋（容量1ℓ以下、1人1袋まで）に入れること。詳細は航空会社のウェブサイトや旅行会社などで確認を。

モバイルバッテリーは手荷物に
スマートフォンやタブレットなどで使う高電圧のモバイルバッテリー（リチウムイオン電池）は、電池単体では預け荷物に入れられないので、手荷物にする必要がある（160wh以下のもの、ひとり2個まで）。

（※注1）ウクライナ情勢により、所要時間が通常より長くなる場合がある。また、新型コロナの影響で一部欠航中の路線もあるので、最新情報は各航空会社の公式サイトなどで確認すること。

■日本からポルトガルへの航空便

日本からポルトガルへの直行便はないため、まずヨーロッパの主要都市まで飛び、そこでポルトガル行きの飛行機に乗り継ぐのが一般的。その場合よく利用さ

ポルトガルの空の玄関、リスボン空港

れるのが、エールフランス航空、ブリティッシュ・エアウェイズ、KLMオランダ航空、ルフトハンザ・ドイツ航空、スイスインターナショナルエアラインズ、フィンエアーなど。いずれも乗り継ぎ時間を入れてリスボンまで17〜20時間ほど（※注1）。日本を午前中に出発すると、現地時間の同日夜にはリスボンに到着できる。またヨーロッパ系以外では、ターキッシュエアラインズ、カタール航空、エミレーツ航空もよく利用される。なおポルトガルと合わせてスペインも訪れる予定なら、**オープンジョー Open Jaw**といって、行きの目的地と帰国便の出発地を変えられる航空券にすると便利だ。

同じ飛行機の同じクラスに搭乗しても料金はさまざまで複雑。近年は航空会社が割り引いたペックス航空券（正規割引航空券）が安くなっており、旅行会社が販売する格安航空券と値段があまり変わらないことも。ペックス航空券には、航空会社が独自の価格を設定したゾーンペックスや、早く予約することでさらに値段を抑えたエーペックスがある。旅行会社が販売している格安航空券は、パッケージ旅行用の団体割引運賃を使用したチケットだ。ただしいずれも制約が多くて便の変更やキャンセルは、ペックス航空券は航空会社の規定、格安航空券は旅行会社の規定による。どちらも航空券の購入後は変更ができないものが多いので事前確認が必要。

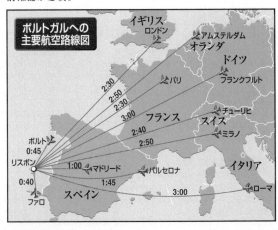

ポルトガルへの主要航空路線図

成田、羽田、中部、関西など主要な国際空港には顔認証ゲートが設置されている。自動化ゲートではパスポートの出国・入国スタンプは省略されるので、希望する人は専用カウンターに申し出よう。

■日本出入国

出国、入国の手順はどこの国も同じ。出発日、帰国日は早め早めに行動して、手続きをスムーズに行おう。

日本を出発する

空港には出発時刻の2時間前までには到着すること。ツアーは指定の集合場所へ。

1. 搭乗手続き	航空会社のカウンターでeチケット控えとパスポートを提示。荷物を預け、搭乗券（ボーディングパス）と荷物引換証（バゲージクレームタグ）を受け取る。
2. 手荷物検査	機内持ち込み手荷物のX線検査とボディチェックを行う。客室内への液体物の持ち込みは、出国手続き後の免税店などの店舗で購入されたものを除き、制限があるので注意すること（→ P.350 側注）。
3. 税　関	高価な外国製品や貴金属を持っている人は「外国製品持ち出し届」を提出し、確認印をもらう。申告しないと海外で購入したものとみなされて帰国時に課税される場合がある。現物を見せる必要があるので、預け荷物に入れないこと。
4. 出国審査	顔認証ゲートへ進むか、有人ブースでパスポートと搭乗券を提示する。帽子やサングラスは必ず外すこと。
5. 出発ロビー	搭乗アナウンスがあったら、搭乗券に記載されている搭乗ゲートへと向かう。

日本に入国する

機内で「携行品・別送品申告書」をもらい記入しておく、もしくは「Visit Japan Web」にて申告を。

1. 検　疫	通常は通過。旅行中にひどい下痢や高熱など異常があった場合は健康相談窓口へ。
2. 入国審査	日本人と書かれたほうに向かい、顔認証ゲートへ。または、有人ブースでパスポートを提示する。
3. 荷物の受け取り	到着便名の表示されたターンテーブルで機内預け荷物を受け取る。紛失や破損の場合は係員に荷物引換証を提示して対応してもらう。
4. 動植物検疫	果物や肉類、切り花などは、動植物検疫カウンターで証明書提出や検査が必要。ただし、証明書付きの肉類はほとんどない。
5. 税　関	持ち込み品が免税範囲内の人は緑のカウンター、免税範囲を超えていたり別送品がある人は赤のカウンターに並び、「携行品・別送品申告書」を提出する。持ち込み規制品目（動植物、銃刀類など）や、持ち込み禁止品目（偽ブランド品など）には要注意。

ウェブチェックイン

あらかじめ自宅などでウェブチェックインを済ませておけば、空港でチェックインの列に並ぶことなく、荷物を預けるだけで済む。航空会社にもよるが、通常は出発24時間前から利用可。

国際観光旅客税

日本からの出国には1回につき1000円の国際観光旅客税がかかる。原則として支払いは航空券代に上乗せされる。

Visit Japan Web

日本入国時の「税関申告」をウェブで行うことができるサービス。必要な情報を登録することでスピーディに入国できる。
URL vjw-lp.digital.go.jp

日本帰国時の免税範囲

たばこ ▶ 紙巻き200本、加熱式個装等10個、葉巻50本、そのほか250g のいずれか
香水 ▶ 2オンス（約56 ㎖）
酒類 ▶ 3本（1本760 ㎖程度のもの）
その他 ▶ 同一品目ごとの合計が海外購入価格で1万円以下のもの（1本5000円のネクタイ2本など）。それ以外で海外購入価格の合計が20万円以下のもの
※合計額が20万円を超える場合には、20万円以内に納まる品物が免税となり、その残りの品物に課税される。

日本の「携帯品・別送品申告書」の記入例

A面 記入例

成田、羽田、関西、中部、福岡、新千歳、那覇の7つの空港で税関の電子申告が導入されている。事前に Visit Japan Web で手続きしておけば、手荷物を受け取ったあとは電子申告ゲートに進めばよい。

シェンゲン協定加盟国
アイスランド、イタリア
エストニア、オーストリア
オランダ、ギリシア
クロアチア、スイス
スウェーデン、スペイン
スロヴァキア
スロヴェニア、チェコ
デンマーク、ドイツ
ノルウェー、ハンガリー
フィンランド、フランス
ベルギー、ポーランド
ポルトガル、マルタ
ラトビア、リトアニア
リヒテンシュタイン
ルクセンブルク
（2023年11月現在、27ヵ国）
加盟国間では、国境での
旅券審査は行われない。
つまり、日本から上記の国
を経由してポルトガルへ行
く場合は、経由地の空港
で審査があるため、ポル
トガルでの入国審査は不
要となる。

**ポルトガル入国時の
免税範囲**
たばこ▶紙巻き200本、葉
巻50本、たばこの葉250g
のいずれか
香水▶50gまたはオーデトワ
レ250mℓ
酒類▶アルコール度数22%
以上の蒸留酒、およびアル
コール飲料計1ℓ。または
アルコール度数22%以下の
蒸留酒、アルコール飲料な
ど計2ℓ
その他▶物品価格が€175
以下（15歳以下の旅行者
は€90以下）の場合

Renfe（スペイン鉄道）
URL www.renfe.com

Alsa
URL www.alsa.es

おもな格安航空会社
●ライアンエア
URL www.ryanair.com
●イージージェット
URL www.easyjet.com
●ユーロウイングス
URL www.eurowings.com
●ブエリング
URL www.vueling.com

ポルトガル入出国

リスボン、ポルト、ファロ、マデイラ島のフンシャルなどに国際空港がある。入国・出国の手順はどこも同じ。

ポルトガル入国

1. 入国審査	パスポートを提示。何か質問されることはほとんどない。シェンゲン協定加盟国（→側注）を経由して入国する場合は、ポルトガルでの入国審査は不要。
2. 荷物の受け取り	搭乗した便名のターンテーブルで待つ。預けた荷物が万一出てこなかったら、荷物引換証（バゲージクレームタグ）を提示してロストバゲージに申し出る。
3. 税関申告	ポルトガルへの持ち込み品が免税内であれば、申告する必要はないので、緑色のゲートからそのまま出口へ。免税範囲を超える場合は税関申告書を提出する。

ポルトガル出国

1. 免税手続き	免税手続き（→ P.362）が必要な人は、出発ロビーにある免税カウンターへ。混雑していることが多いので、時間には余裕をもって。
2. 搭乗手続き	空港でのチェックインは通常2時間前から。余裕をもって空港へ向かおう。航空会社のカウンターで、パスポートと航空券を提示して搭乗券を受け取る。
3. 出国審査	パスポート、搭乗券を提示する。何か尋ねられることはほとんどない。搭乗時間まで、免税店で最後のショッピングを楽しもう。

近隣諸国からポルトガルへ

●スペインから陸路で

リスボン～マドリード間の夜行列車ルシタニア号が2022年に廃止されたため、直通列車はポルトガル北部のポルトとスペイン・ガリシア地方のビーゴ Vigo を結ぶ路線のみ。1日2往復運行しており、所要約2時間20分。

また直通バスは、マドリード～リスボン（所要約8時間）、マドリード～ポルト（所要8時間30分）、セビーリャ～リスボン（所要約7時間）の3路線。時刻表はスペインのバス会社 Alsa のウェブサイトで検索できる。

●ヨーロッパ各国から空路で

時間を節約するなら、やはり飛行機が便利だ。近年増えているLCC（格安航空会社）を利用すれば、列車や国際バスより安く移動できることも多い。ただしこうした格安チケットは、預け荷物や座席指定が有料だったり、料金プランによっては予約の変更やキャンセルが不可のこともある、また航空会社によっては、町から離れた一般に知られていない小さな空港を利用するケースもあるので、よく確認してから利用しよう。

現地での国内移動

鉄　道

　ポルトガルの鉄道は Comboios de Portugal（コンボイオス・デ・ポルトガル）、略して **CP**。リスボンを中心に路線が各地方の都市へと延びている。なかでもリスボンとポルトを結ぶ幹線は、CP が誇る高速列車アルファ・ペンドゥラールが両都市間を約3時間で走り、列車の本数も多い。しかしそれ以外の路線となると、本数は多いとはいえず、まれに遅れることもある。

リスボンのオリエンテ駅に停車するアルファ・ペンドゥラール

列車の種類

アルファ・ペンドゥラール Alfa Pendular（AP）：ポルトガル鉄道が誇る、設備のよい高速列車。現在、リスボン～コインブラ～ポルト～ブラガ、リスボン～ファロの2路線が運行されている。1等は Conforto、2等は Turistica と呼ばれる。全席指定席。
インテルシダーデ Intercidade（IC）：急行列車。リスボン～コインブラ～ポルト～ギマランイス、ポルト～レグア、リスボン～ベージャ、リスボン～ファロなど主要路線を走る。全席指定席。
レジオナル Regional（R）：普通列車。全席自由席。
ウルバノス Urbanos（U）：リスボン、ポルトとその周辺を結ぶ都市近郊線。全席自由席。

切符の買い方

　切符は **Bilhete**（ビリェッテ）という。駅の窓口で日時、行き先、列車番号、人数を告げ（紙に書いて渡すと確実）、往復なら "Ida e Volta"（イーダ エ ヴォルタ）と付け加える。**1等は Primeira Classe**（プリメイラ クラッセ）、**2等は Segunda Classe**（セグンダ クラッセ）。特に指定しなければ2等の切符が出てくる。
　AP と IC は全席指定制となっており、予約が義務づけられている。夏の旅行シーズン、イースターや年末年始など混み合う時期は満席になることもあるので、予定が決まったら早めに予約しておこう。切符を買えば自動的に席が予約される。

リスボンのサンタ・アポローニア駅

ポルトガル鉄道のサイト

URL www.cp.pt
時刻表や料金を検索できるほか、チケットのオンライン購入が可能。

CP はポルトガル鉄道のマーク

時刻表について

時刻表はポルトガル語でオラリオ Horário という。駅の案内所や切符売り場で、路線別の時刻表が表示されている。時刻表を見る際に注意したいのが、運行日などの注意書き。土・日曜運休、または土・日曜のみ運行の列車などもあるので気をつけよう。

アプリを活用しよう

ポルトガル鉄道のアプリ（→ P.358）をスマホにインストールしておくと、どこでも時刻表検索ができて便利。また駅の窓口が混雑しているときでも、アプリなら簡単にチケットを購入できて、車内で検札のときにスマホに表示されるチケット画面を見せるだけ。

ポルトのサン・ベント駅のホーム

荷物預かりについて
駅にコインロッカーがあるのは、リスボン、コインブラ、ポルト、ブラガのみ。小さな町で荷物を預けたいときは、駅やバス乗り場の近くにあるカフェで頼んでみるといい。ただしその場合は、何か注文したりチップを渡すなどの心遣いを。また、ⓘやバスターミナルの事務所でも預かってくれることがある。

列車の乗り方

まず駅構内にある発着案内板を確認する。案内板は通常2種類あり、**Partidas(パルティーダス)は出発、Chegadas(シェガーダス)は到着**。出発の場合は、Hora(オラ)(出発時刻)、Destino(デスティーノ)(行き先)、Linha(リーニャ)(発車ホーム)、Comboio(コンボイオ)(列車名)などが表示されている。

自分が乗る列車を確認したらホームへ。あとは、行き先、1等か2等かを確かめて乗るだけだ。ただし小さな駅では発着案内板がなく、列車が到着する少し前にポルトガル語のアナウンスがあるのみ。不安なら周りの人に聞いて確かめよう。

ポルトガルでは他のヨーロッパの国々と同様、改札がない駅が多く切符を見せなくても列車に乗り込める。しかし列車内には車掌が検札に回ってくるので、切符は目的地まで正しく買うこと。

なお、リスボンやポルトから郊外へ延びている近郊線ウルバノス(U)は、自動券売機で切符を購入し、ホームなどに設置されている検札機にタッチしてから乗車すること。

ポルトガル鉄道のサイトで時刻表を検索する

①トップ画面

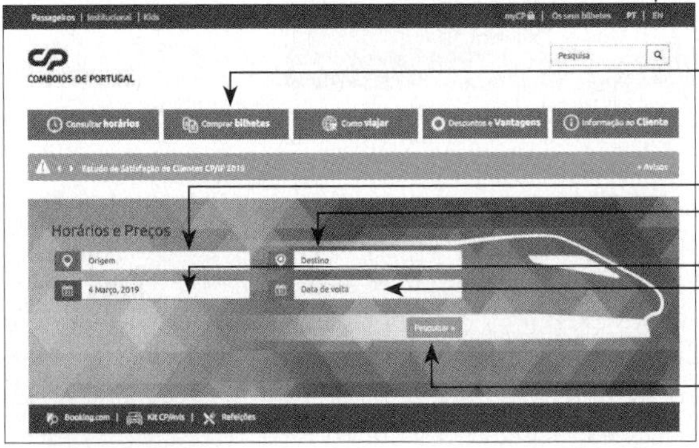

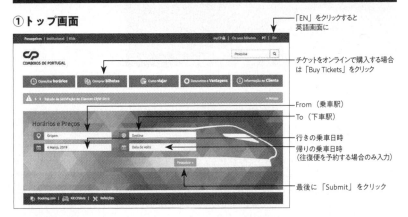

Passageiros | Institucional | Kids
myCP | Os seus bilhetes | PT | EN
Pesquisa
COMBOIOS DE PORTUGAL
Consultar horários
Comprar bilhetes
Como viajar
Descontos e Vantagens
Informação ao Cliente
Estudo de Satisfação de Clientes CP/IP 2019
Horários e Preços
Origem
Destino
4 Março, 2019
Data de volta
Pesquisar
Booking.com | Kit CP/Avis | Refeições
「EN」をクリックすると英語画面に
チケットをオンラインで購入する場合は「Buy Tickets」をクリック
From(乗車駅)
To(下車駅)
行きの乗車日時
帰りの乗車日時(往復便を予約する場合のみ入力)
最後に「Submit」をクリック

②時刻表画面

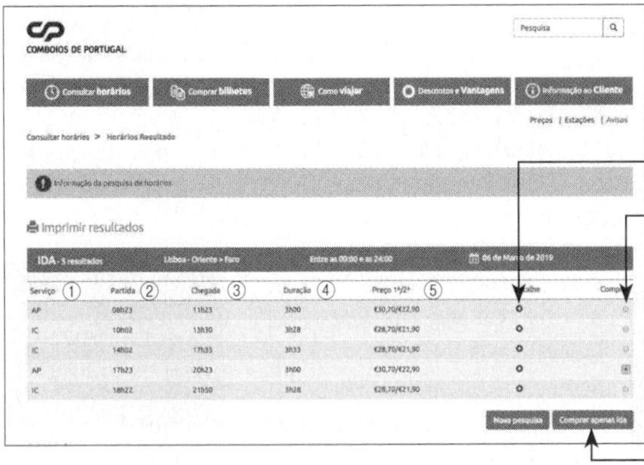

COMBOIOS DE PORTUGAL
Pesquisa
Consultar horários
Comprar bilhetes
Como viajar
Descontos e Vantagens
Informação ao Cliente
Preços | Estações | Avisos
Consultar horários > Horários Resultado
Informação da pesquisa de horários
Imprimir resultados
IDA - 5 resultados
Lisboa - Oriente > Faro
Entre as 00:00 e as 24:00
06 de Março de 2019
Serviço ① Partida ② Chegada ③ Duração ④ Preço 1ª/2ª ⑤
AP 08h23 11h23 3h00 €30,70/€22,90
IC 10h02 13h30 3h28 €28,70/€21,90
IC 14h02 17h35 3h33 €28,70/€21,90
AP 17h23 20h23 3h00 €30,70/€22,90
IC 18h22 21h50 3h28 €28,70/€21,90
Nova pesquisa
Comprar apenas ida
① Service:列車の種類(乗り換えが必要な場合は複数の列車が表示される)
② Leaving:出発時刻
③ Arrival:到着時刻
④ Duration:所要時間
⑤ Price:料金(1等、2等、右欄は割引料金)
「detail」をクリックすると列車の詳細が表示される
乗車したい列車を選んでクリック(オンラインで購入できるのは近郊列車以外)
「Buy」をクリックすると登録場面へ移動する。1ª(1等)または2ª(2等)を選び、eメールのアドレスとパスワードを入力し、「Continue」をクリック。続けて支払い情報(クレジットカードのみ)を入力し、「Continue」をクリック。予約完了画面が現れるので、それを印刷する(印刷した用紙がチケットとなる)

バス

　ポルトガル最大のバス会社である Rede Expressos(RE)のほか、各社のバスがポルトガル中を網の目のように走っており、特に地方での利用価値は大きい。同じ目的地へ行くのに、列車よりバスのほうが早く、本数も多い場合もある。

時刻表と切符の買い方

　バスの時刻表 Horário（オラリオ）は、バス会社の公式サイトのほか、検索サイトでも調べられる（→側注）。ただし、ローカルなバス会社だと公式サイトがないところもあり、その場合はバス乗り場の窓口や❸で確認するしかない。

　切符の買い方は列車と同じ。窓口で日時、行き先、枚数などを告げる。通常は出発時刻の20〜30分前にバスターミナルへ行けば十分だ。早朝・深夜出発の場合は窓口が閉まっていることがあるが、その場合は運転手から切符を買う。また長距離バスは前もっての予約が可能だ。人の移動が激しいシーズンは、余裕をもってせめて前日には切符を買っておきたい。

バスの乗り方

　バスターミナルはポルトガル語で **Terminal Rodoviário**（テルミナル・ロドヴィアリオ）という。乗り方は特に難しいことはないが、リスボンのように大きなバスターミナルとなるとアナウンスに注意していなければならない。自分の乗るバスが告げられたら、指定の出発番線 Linha（リーニャ）へ向かう。チケットに書かれているバス番号 Viatura（ヴィアトゥーラ）とバスのフロントガラスに張られている番号が同じかどうか確認すること。乗る前にもう一度運転手に尋ねれば安心。

長距離バスの発着所

　運転手に切符を提示して車内へ。切符に座席番号 Lugar（ルガール）が書いてあれば指定の席に座る。特に指定がなければ、空いている席に座ってかまわない。なお大きな荷物は車内に持ち込めないので、床下の荷物庫に入れる。あとは目的地に着くまでのんびりくつろぐだけだ。

おもなバス会社
● Rede Expressos
ポルトガル全土を網羅する国内最大のバス会社。
URL www.rede-expressos.pt
※公式サイトとスマホアプリ（→P.358）は、日本のネット環境では使用できないことがある。その際は、下記に紹介する検索サイトを利用しよう。
● Rodotejo
リスボン〜オビドスなどを運行。
URL www.rodotejo.pt
● Rodonorte
ポルトを起点に、おもに北東部地方を運行。

バスの検索サイト
出発地と目的地、乗車日を入力すれば、その区間を運行するバスが表示され、チケットも購入可。アプリ（→P.358）もある。
URL www.busbud.com

格安バス会社について
ヨーロッパ各国に路線をもつFlixBusをはじめ、数社が運行している。路線はまだ少ないが、かなりのディスカウント料金もある。
● FlixBus
URL global.flixbus.com

タクシーについて
田舎ではバスの便が少なく、日曜や祝日は運休、ということもある。こんなとき頼りになるのがタクシーだ。小さな村でもたいていは個人タクシーが営業しており、ホテルやカフェで頼むと電話で呼んでくれる。料金は1km当たり€1、待ち時間は1時間につき€10が目安。

バス利用の注意

　ポルトガルでは、曜日によって運行スケジュールが異なる場合が多い。特に土・日曜や祝日は極端に本数が減ったり、全面運休となる場合もあるので注意を。時刻表もあるが、わかりにくい場合は、必ずバスターミナルの窓口などで確認すること。キーワードを以下にまとめたので、参考に。

Preço…料金　Mudançade Autocarro…乗り換え
Frequencia…運行日　Periodo…運行期間
Diariamente…毎日運行
Dias Utéis…月〜金曜（祝日除く）

Excepto Sábados…土曜は運休
Excepto Domingos e Feriados…日曜と祝日は運休
Aos Domingos…日曜のみ運行
Às 6as Feiras (ou 5as Feiras se Feriado)…金曜運行（金曜が祝日の場合は木曜運行）
De 01 Jul a 15 Set…7/1〜9/15のみ運行
2as Feiras…月曜　3as Feiras…火曜
4as Feiras…水曜　5as Feiras…木曜
6as Feiras…金曜　Sábados…土曜
Domingos…日曜　Feriados…祝日

 RE社のバスは車内で無料インターネットに接続できる。スマートフォンやパソコンなどを持っていれば、移動中にインターネットが閲覧できて便利だ。

■ レンタカー

ドライブ旅行なら時間に制約されることなく、自分の行きたい所へ行くことができる。景色はいいし、都心でなければ渋滞などはめったにないので、スイスイ走れてとても気持ちがいい。

レンタカーの借り方

空港や市内の営業所で借りることができる。大手の会社は支店も多く、万一故障したときにも、速やかに修理または車の交換を行ってくれる。また、無料で乗り捨て（ワンウェイ・レンタル）できる都市もかなり自由に選択できる。借りる際には、国際運転免許証、パスポートのほか、クレジットカードの提示を求められることが多い。シーズン中は希望する車種が見つからないこともあるので、事前に予約しておいたほうがいい。慣れない外国での運転だから、保険には必ず入っておこう。

運転中の注意

走り出す前に、まず車をよく点検する。ギア、ウインカーやワイパーの位置（日本とは逆）などを確認し、わからないことがあればレンタカー会社の人に尋ねておくこと。

右側通行で特に気をつけたいのは、右折や左折のとき。慣れるまでは「右側、右側」と意識して走ろう。またラウンドアバウト（ロータリー）内は一方通行で左回り。注意点は、ラウンドアバウトの中に入っている車に優先権があるということだ。

ポルトガル人の運転は一般に乱暴でスピードが速い。また車間距離を十分に取らない人が多いので、事故に巻き込まれないよう注意しよう。車から離れるときは、目につく場所にバッグや貴重品は置かないこと。窓ガラスを破っての盗難も多い。

ガソリンスタンドとパーキング

ガソリンスタンドはセルフサービスのところが多い。ガソリンの種類は Gasóleo、Super、S/Chumbo などがあるので、車を借りる際に確認しておこう。路上に駐車するときは必ずパーキング区域に。近くにチケット販売機があるので、駐車時間に応じてチケットを購入し、フロントウインドーの内側に置いておく。ただし夜間や休日は無料で駐車できる場合も多い。

■ 飛行機

ポルトガルは小さな国なので飛行機を使う機会はあまりないが、本土からマデイラ島やアソーレス諸島へ行く場合は飛行機を利用することになる。ポルトガル航空 TAP などが国内便を運航しており、リスボン、ポルト、ファロ、フンシャル（マデイラ島）、ポンタ・デルガーダ（アソーレス諸島のサン・ミゲル島）がおもな空港。夏のバカンスシーズンやクリスマス前後は混むので、早めに予約しておこう。

国内線も運航している

国際運転免許証
管轄内の警察署交通課または運転免許試験場で申請すると、その場で発行してくれる。必要書類は以下のとおり。なお国際運転免許証は、日本の国内運転免許証とともに携行することが義務づけられている。
① 国内運転免許証
② パスポート
③ 写真 1 枚（縦 4.5cm × 横 3.5cm。カラー、白黒可。6 ヵ月以内に撮影のもの）
④ 手数料 2350 円

おもなレンタカー会社
● ハーツ
URL www.hertz-japan.com
● エイビス
URL www.avis.com
● ヨーロッパカー
URL www.europcar.jp

制限速度
市内と一般道　　　50km
幹線道路　　　70 ～ 90km
高速道路　　　　120km

高速道路 Auto-Estrada
料金は日本と同様に、最初にチケットを取り、出口料金所で表示された料金を支払う。なお緑の V マークが表示された出口は、ETC（自動料金収受システム）を備えた車専用。

ポルトガルの道路はよく整備されており走りやすい

おもな航空会社
● TAP
URL www.flytap.com
● SATA Azores
URL www.azoresairlines.pt

ポルトガルはレンタカーでの観光が便利ですが、高速道路の利用には注意が必要です。課金方法は、通常の料金所のほか、E-Toll という感知システムのみの区間があり、支払いをしないと罰金が科せられるよう

通信・郵便事情

┃インターネット

情報収集をしたり、位置情報を確認したり、家族や友人と連絡を取ったりと、今や旅行には欠かせないインターネット。ポルトガル旅行中のスマートフォンやタブレットを使ってのネット接続には、下記の4つの手段がある。自分の旅スタイルを考慮しながら、納得の方法を選ぼう。

●無料Wi-Fiを利用する

たまにつながればいいという人向け。ポルトガルでもインターネットは広く普及しており、ホテルではほぼ100%、Wi-Fiを無料で利用できる。チェックインの際に渡される宿泊カードに、ユーザーIDとパスワードが書かれていることが多い。または部屋番号などを入力すれば自動的につながるところもある。

ホテル以外にも、飲食店、空港、列車やバスの車内、美術館などの公共施設で、無料Wi-Fiを使えるところも多い。カフェやファストフード店では、パスワードは店員に聞けば教えてもらえるし、レシートに印字されているケースも。

●海外用モバイルWi-Fiルーターをレンタル

1週間前後の期間を何人かで旅行する人におすすめなのが、持ち運び可能な小型Wi-Fiルーター。ウェブサイトで申し込み、宅配や空港カウンターで受け取る。海外ですぐ使えるように設定されており、通信速度も十分。料金は渡航先やサービス提供会社によって異なるが、1日あたり約800円〜で利用できる。セキュリティ面でも安全で、海外からの問い合わせにも24時間対応してもらえる。ルーター1台で複数の端末につなげられるので、家族やグループ旅行でシェアすると割安。

●携帯電話会社の海外パケット定額サービス

日本の携帯電話会社（キャリア）が提供する、海外専用のパケット定額プラン。普段使っているスマートフォンのみで、利用したいときにネット接続ができる。出発前に各携帯キャリアのウェブサイトなどで料金や内容を確認し、海外用アプリをダウンロードしておこう。料金はキャリアによって異なるが、1時間200円、24時間1000円程度。なおNTTドコモの「ahamo」プランなら、事前手続きや追加料金なしで、海外ローミングを20GBまで無料で利用できる。

●海外で使用可能なSIMカードを購入する

現地滞在日数が長い人や、頻繁に海外へ行く人におすすめ。SIMフリーのスマホを持っていれば、現地キャリアに対応したSIMカードに差し替えて使うことができる。SIMロックがかかっている場合は、出発前に解除しておこう。プリペイドタイプのSIMカードは、現地の携帯電話会社の店舗で販売しており、スマホの設定が必要な場合も手助けしてくれる。また多少割高になるが、日本のAmazonなどのECサイトでも購入できる。

インターネットを使うには
「地球の歩き方ホームページ」では、海外旅行中のネット接続についての情報をまとめた特集ページを公開中。こちらもぜひ参考に。
URL www.arukikata.co.jp/net/

Wi-Fiはポルトガル語ではウィーフィーと発音する。Gratisは「無料」という意味

高額請求に注意！
日本で使っているスマホを海外で使用する場合、契約によってはデータ通信に高額の使用料がかかるので注意しよう。データローミングはオフにして、インターネットはWi-Fiのみで使うこと。

ポルトガルの携帯電話会社
大手キャリアは、MEO、NOS、Vodafoneの3社。リスボン空港の到着ロビーにはVodafoneの店舗があり、プリペイドSIMを購入できる（データ量10GB、30日間有効で€25）。なお、EU域内やイギリスで購入したSIMカードは、追加のローミング料金なしにポルトガルでも使用できる（その逆も可）。
● MEO
URL www.meo.pt
● NOS
URL www.nos.pt
● Vodafone
URL www.vodafone.pt

リスボン空港の到着ロビーにあるVodafoneの店舗

「地球の歩き方」公式LINEスタンプが登場！
旅先で出合うあれこれがスタンプに。旅好き同士のコミュニケーションにおすすめ。LINE STOREで「地球の歩き方」と検索！

で旅行者には面倒です。大手レンタカー会社ではこれに対応した機器をレンタル（1日あたり€2程度）できるので、オプションで申し込んでください。通信料は後日レンタカー会社から請求されます。（兵庫県　レオ）['23]

357

ポルトガル旅行に役立つアプリ

ポルトガル国内の交通

CP

ポルトガル鉄道の公式アプリ。駅を指定しての時刻表が見やすく、特急列車アルファから普通列車まで切符の購入もできる。

myRNE

ポルトガル最大のバス会社 Rede Expressos（RE）の公式アプリ。2023 年 11 月現在、日本では起動しないので現地到着後に登録しよう。

Busbud

都市間を結ぶバス路線の検索とチケット購入ができる。ポルトガル最大のバス会社 Rede Expressos 以外のバスも表示されるので便利。

リスボンの交通

Carris

カリスはリスボンの市バス、市電、ケーブルカーを運営する交通機関。市バスの路線や時刻表、待ち時間がリアルタイムで分かる。

配車サービス

Uber

ウーバーは世界中で使われている配車サービス。言葉が通じなくても目的地を正確に指定でき、遠回りやボラれる心配もなく便利。

Bolt

IT 先進国の北欧エストニア発の配車サービス。ウーバーよりも料金が安いことが多く、ポルトガルではよく利用されている。

ルート検索

Omio

ヨーロッパの大都市間の鉄道、バス、飛行機の路線や時刻を比較でき、購入した切符をオフラインで表示できる。予約手数料は別途。

翻訳

Google 翻訳

文字の翻訳だけでなく、翻訳されたテキストを自動的に読み上げたり、カメラで読み取った文章を翻訳してくれる機能もある。

地図

Waze

地図アプリは Google Map がよく利用されるが、車での移動なら Waze のほうがより使いやすい。レンタカーで旅をするなら必須。

INFORMATION
ポルトガルでスマホ、ネットを使うには

　スマホ利用やインターネットアクセスをするための方法はいろいろあるが、一番手軽なのはホテルなどのネットサービス（有料または無料）、Wi-Fiスポット（インターネットアクセスポイント、無料）を活用することだろう。主要ホテルや町なかにWi-Fiスポットがあるので、宿泊ホテルでの利用可否やどこにWi-Fiスポットがあるかなどの情報を事前にネットなどで調べておくとよい。ただしWi-Fiスポットでは、通信速度が不安定だったり、繋がらない場合があったり、利用できる場所が限定されたりするというデメリットもある。そのほか契約している携帯電話会社の「パケット定額」を利用したり、現地キャリアに対応したSIMカードを使用したりと選択肢は豊富だが、ストレスなく安心してスマホやネットを使うなら、以下の方法も検討したい。

☆海外用モバイルWi-Fiルーターをレンタル

　ポルトガルで利用できる「Wi-Fiルーター」をレンタルする方法がある。定額料金で利用できるもので、「グローバルWiFi（【URL】https://townwifi.com/）」など各社が提供している。Wi-Fiルーターとは、現地でもスマホやタブレット、PCなどでネットを利用するための機器のことをいい、事前に予約しておいて、空港などで受け取る。利用料金が安く、ルーター1台で複数の機器と接続できる（同行者とシェアできる）ほか、いつでもどこでも、移動しながらでも快適にネットを利用できるとして、利用者が増えている。

▼グローバルWiFi

　海外旅行先のスマホ接続、ネット利用の詳しい情報は「地球の歩き方」ホームページで確認してほしい。
【URL】http://www.arukikata.co.jp/net/

▌電　話

ポルトガルから日本へ電話をかける

　日本で使用しているスマートフォンを持参し、ポルトガルで通話するためには、通信キャリア各社が提供している「海外パケット定額サービス」を利用するか、「LINE」「Messenger」「WhatsApp」といったアプリをWi-Fi環境で利用する方法がある。なお、日本国内におけるパケット通話料は、海外では適用されないので注意したい。また、公衆電話の設置台数は激減しており、見つけるのが難しいほどになっている。

●ダイヤル直通

　直接相手につながるダイヤル直通通話の場合、まず「00」をダイヤルして発信音が変わったことを確認し、次に日本の国番号「81」、そして「市外局番の0を除いた相手の電話番号」をダイヤルする。ホテルの部屋からかける場合は、まず外線番号（「0」か「9」が多い）をダイヤルし、上記の手順を続ける。

国際電話識別番号 00	+	日本の国番号 81	+	市外局番と携帯電話の最初の 0を除いた相手先の番号

●日本語オペレーターに申し込むコレクトコール

　日本の国際電話会社のオペレーターに直接申し込む。料金はかなり割高なので使い過ぎに注意しよう。以下はアクセス番号。
KDDIジャパンダイレクト　☎ 800-800-810
URL www.kddi.com/phone/international/with-operator/

日本からポルトガルへ電話をかける

　国際電話会社の識別番号、国際電話識別番号「010」、ポルトガルの国番号「351」、相手の電話番号の順で（詳細は→ P.10）。

ポルトガル国内通話

　市外局番はないので、市内、市外にかかわらず、9桁の番号をダイヤルする。

▌郵　便

　郵便局の表示はCTT（Correio Telefone Telegramaの頭文字）だが、単にコレイオ Correioと言えば通じる。営業時間は月〜金曜9:00〜18:00、土・日曜、祝日は休み。切手セーロシュ Selosだけなら、Correioまたは

ポルトガルのポスト。赤が普通、青が速達用

Selosの看板がある雑貨屋、たばこ屋などでも買える。
　日本へのはがき、20gまでの封書はともに€1.15、20g以上50g未満の封書は€2.25。ポルトガル語で日本はJapão、航空便はPor Aviãoと書く。急ぎの場合は国際速達便Correio Azul Inter-nationalで。はがきと20gまでの封書が€4、20g以上50g未満の封書が€4.55。日本まで普通便で7〜10日、速達便で3〜5日ほどかかる。

日本での国際電話の問い合わせ先
●NTTコミュニケーションズ
☎ 0120-003300（無料）
URL www.ntt.com
●ソフトバンク
☎ 0088-24-0018（無料）
URL www.softbank.jp
●au（携帯）
☎ 0057
☎ 157（auの携帯から無料）
URL www.au.com
●NTTドコモ（携帯）
☎ 0120-800-000
☎ 151（NTTドコモの携帯から無料）
URL www.docomo.ne.jp
●ソフトバンク（携帯）
☎ 0800-919-0157
☎ 157（ソフトバンクの携帯から無料）
URL www.softbank.jp

携帯電話を紛失した際のポルトガルからの連絡先
利用停止の手続きは以下の番号へ。全社24時間対応。
●au
（国際電話識別番号 00）
＋81＋3-6670-6944
auの携帯から無料、一般電話からは有料
●NTTドコモ
（国際電話識別番号 00）
＋81＋3＋6832-6600
NTTドコモの携帯から無料、一般電話からは有料
●ソフトバンク
（国際電話識別番号 00）
＋81＋92＋687-0025
ソフトバンクの携帯から無料、一般電話からは有料

郵便局によっては、外に切手の券売機が設置されているところもある

ホテルの基礎知識

ホテル利用の仕方

チェックインは通常14:00以降だが、部屋が準備できていれば14:00前に入室できることも多い。チェックインの際にはパスポートを提示して、宿泊カードに必要事項を記入する。なお、到着が遅くなるとキャンセル扱いされることもあるので、その場合は事前に到着時間を連絡しておこう。チェックアウトは通常12:00だが、そのあと町を観光したい場合は、荷物を預かってもらうこともできる。

宿泊税

リスボンとポルトではホテル料金とは別にひとり1泊あたり€2の宿泊税がかかる。宿泊税の上限は7泊まで。

3つ星ホテルのマーク

3つ星ペンサオン・レジデンシャル

民宿（ゲストハウス）

ポルトガルでは、一般の家庭が空いている部屋を旅行者に貸す、ゲストハウスまたはプライベートルームと呼ばれる宿泊施設がある。夏場バカンス客でホテルがいっぱいになってしまうリゾート地に多い。"Quarto/Chambre/Zimmer/Room"（各国語で「部屋」という意味）といった看板が出ている場合もあるし、バスターミナルなどで客引きが声をかけてくることもある。

民宿の表示

▌ポルトガルのホテル事情

ポルトガルでは、高級ホテルから家族経営のペンサオンまで、さまざまな宿泊施設が旅行者を迎え入れてくれる。料金も西ヨーロッパの国々のなかでは比較的安く、清潔な宿が多いので、快適な旅ができるだろう。通常は4～10月がハイシーズン料金、11～3月がオフシーズン料金となり、さらにリゾート地では7・8月に料金が高くなる。特に聖週間（イースター）、夏のバカンスシーズン、クリスマスから年末年始にかけては混み合うので、早めに予約しておこう。

▌ホテルの種類

ポルトガルの宿泊施設は、設備や立地、食事の有無、サービスなどによって以下のように分類されており、入口にその種類を示すプレートが掲げられている。

●ホテル Hotel

ポルトガル語では「オテル」と発音する。1つ星から5つ星まで格付けされており、星の数が多いほど高級になる。3つ星以上なら快適な設備が期待できる。なおレジデンシャル Residencial というのはレストランがないところ。

●アパートホテル HA（Hotel Apartamento）

簡単なキッチンや家具を備えており、ホテルの充実したサービスを満喫しながら、より自由に過ごしたい人におすすめ。

●エスタラージェン Estalagem

由緒ある建物を改装したり、歴史的名所や自然景勝地に建てられた宿泊施設。2～4つ星があり、設備はほぼホテルに匹敵する。

●ペンサオン Pensão

ホテルより小規模な宿泊施設で、1～4つ星がある。ホテルとペンサオンの星の数の相関関係ははっきりしないが、だいたい3つ星ペンサオンが2つ星ホテルに相当すると考えればよいだろう。たんにレジデンシャル Residencial またはレジデンシア Residência と名のっているところは、レストランのないペンサオン。またドルミーダ Dormida は特に安い素泊まり宿。

●アルベルガリア Albergaria

4つ星クラスのペンサオンで、立地条件から例外的にペンサオンと区別した宿泊施設。

●アロハメント・ロカル AL（Alojamento Local）

「地域の宿泊施設」という意味で、家族経営の小規模な宿が多い。シャワーやトイレは共同のこともある。

●トゥリズモ・デ・アビタサオン TH（Turismo de Habitação）

旧家や荘園主の居宅を、旅行者が宿泊できるよう改築したマナーハウス。このほか、田園地帯にある素朴な地方の家を利用した TR（Turismo Rural）、農家の大きな家を改装した AT/AG（Agro Turismo）などがあり、Casa ～、Quinta ～といった名前がついていることが多い。たいていは町から離れた不便な場所にあるが、ポルトガルならではのユニークな宿泊施設として、特に車で旅する人におすすめだ。

民泊仲介サイト「Airbnb」は、宿泊費を安く抑えられるのが一番のメリットだが、現地の暮らしに触れたい人にとっても魅力的だ。ただし時にはトラブルも起こりうる。よくある例は、ホストが急用で不在になり連◞

一度は泊まってみたいポザーダ

古城や修道院、貴族の館など歴史的建造物を改修したり、景勝地にその地方特有の建築様式を生かして建てられた、ポルトガルならではの宿泊施設。設立当初は国営だったが、現在はペスターナ・グループというホテルチェーンが運営している。リーズナブルに豪華な雰囲気が味わえるとあって、旅行者に人気がある。なかでもオビドス、エヴォラ、エストレモスのポザーダは人気が高く、部屋数も少ないので、早めに予約を入れておくこと。またレストランやバーは宿泊客でなくても利用できるので、食事などに立ち寄って雰囲気を味わうのもいいだろう。

エストレモスのポザーダ

ユースホステルについて

ポルトガル語でユースホステルは Pousada de Juventude。全国に約40ヵ所ある。町の中心から離れているところが多いが、1泊朝食付€15～30程度で泊まれるユースホステルは旅行者にとっては強い味方だ。何より世界各国から来た若者たちと知り合いになれるのがいい。

国際ユースホステル協会に加盟している施設に泊まるには原則ユースホステル会員証が必要だが、そのほかに会員証がなくても宿泊できるドミトリー形式の宿もある。こうしたプライベートホステルは、リスボンやポルトなど都市部を中心に増えており、宿代を節約したい若い旅行者に人気がある。

ホテルを予約する

自分で予約する場合、ホテルの公式サイトやホテル予約サイトを利用するのが最も便利。インターネットで予約すると、早期割引料金やキャンペーン料金などが適用されることもある。ただし、変更やキャンセルができないプランもあるので、条件をよく確認してから予約すること。支払いは、予約時または宿泊日の数日前にクレジットカード決済される場合と、ホテルに到着してからチェックインの際に支払う方法がある。

Airbnbやアパートメントを利用する

世界中で利用者が増えている民泊仲介サイト、Airbnb（エアビーアンドビー）。空き部屋を貸したいホストと泊まる場所を探すゲストをつなぐオンラインサービスで、ポルトガルでも若い人たちを中心に利用者が増えている。

また家族や友人同士3～4人で滞在したい、という場合にはアパートメントを利用するのもいい。数人でシェアすれば割安になるし、キッチン付きなので自炊したい人や小さな子供連れで外食できない人にもおすすめだ。アパートメントはブッキングドットコムなどのホテル予約サイトでも見つけられる。

こうした宿はスタッフが常駐しているわけではないし、ホテルとは設備やサービスも異なる。トラブルが起きた際には自分で対処しなければならないので、旅慣れた人におすすめだ。

旅の準備と技術　ホテルの基礎知識

ポザーダの予約先
●ポザーダ公式サイト
URL www.pousadas.pt
●イベロ・ジャパン
住 東京都新宿区岩戸町17 文英堂ビル4F
☎ (03) 6228-1734
URL www.ibero-japan.co.jp
来社での旅行相談は完全予約制なので、前日までに電話で連絡すること。

ポルトガルのユースホステル公式サイト
URL www.pousadasjuventude.pt

ユースホステル会員証の発行窓口
●日本ユースホステル協会
URL www.jyh.or.jp
会員証は日本国内のユースホステル、全国の入会案内所で申し込める。1年間有効で成人パス（19歳以上）2500円、青年パス（中学生修了年齢～19歳未満）1500円など。

ホステルワールド
世界中のプライベートホステルの予約ができる。
URL www.japanese.hostelworld.com

おもなホテル予約サイト
●ブッキングドットコム
URL www.booking.com
●エクスペディア
URL www.expedia.co.jp
●ホテルズドットコム
URL www.hotels.com
●ホテリスタ
URL hotelista.jp

Airbnb
URL www.airbnb.jp

ショッピングの基礎知識

営業時間
店舗によって異なるが、一般的な営業時間は月〜土曜の10:00〜19:00。昼休みで13:00〜15:00の間は閉まることもある。基本的に日曜と祝日は休みだが、リスボンやポルトでは店によっては休日でも営業している。

洋服、靴のサイズ
日本とポルトガルはサイズ表示が異なる。下記はおおよその目安なので、試着してから買うようにしよう。

●洋服（女性）
ポルトガル	36	38	40	42	44
日本	7	9	11	13	15

●靴（女性）
ポルトガル	35	36	37	38
日本	22.5	23	23.5	24

●靴（男性）
ポルトガル	40	41	42	43
日本	25	25.5	26	26.5

コピー商品の購入は厳禁！
旅行先では、有名ブランドのロゴやデザイン、キャラクターなどを模倣した偽ブランド品や、ゲーム、音楽ソフトを違法に複製した「コピー商品」を、絶対に購入しないように。これらの品物を持って帰国すると、空港の税関で没収されるだけでなく、場合によっては損害賠償請求を受けることも。「知らなかった」では済まされないのだ。

■ ショッピングする際のマナー

ポルトガルでは店員さんにあいさつをするのが最低限のマナー。スーパーや大型量販店は別として、店に入る際には「オラ Olá!（こんにちは）」とあいさつしよう。また高級ブランド店や小さなブティックでは、商品を見たいときは勝手に触らず、ひと言かけるか店員さんに取ってもらうように。もちろん商品が気に入らなかったら、断っても大丈夫。たとえ何も買わなかったとしても「アテ・ロゴ Até logo（またあとで）」、または「アデウス Adeus（さようなら）」とあいさつをしよう。

店に入る際はあいさつを忘れずに

■ バーゲンシーズン

通常年2回、夏物は7月上旬〜9月上旬、冬物は12月下旬〜2月末に行うのが一般的だ。バーゲンはポルトガル語で「レバイシャ Rebaixa」と呼ぶ。定価の2〜4割引きになるので、この期間にポルトガルを旅行する人は見逃さないようにしよう。第1弾、第2弾と何回かに分けてバーゲンを行う店も多い。

■ クレジットカードでの支払い

小さな食料雑貨店などを除いて、大半の店でクレジットカードが使える。通用度が高いのは VISA と MasterCard。それに次いで AMEX、Diners Club、JCB といったところだ。紛失や盗難に備えて別の種類のクレジットカードが2枚以上あると安心して買い物ができる。クレジットカードを使用するときは、店によって身分証明書の提示を求められることもあるので、パスポートを携帯しておこう。IC チップ入りのカードを使う場合は、PIN（暗証番号）の入力が必要になる。クレジットカードには利用限度額や利用可能残高があるので、出発前にカード発行金融機関に上記の不明点を問い合わせておくと安心だ。

Column
免税手続き

ポルトガルでの買い物には通常23%のIVA（付加価値税）がかかる。しかし旅行者には免税の特典があり、最大で購入金額の16%の金額が戻ってくる。免税の条件は、1日1店舗当たりの買い物が€61.50以上（マデイラ島は€61以上、アソーレス諸島は€59以上）で、かつその商品を未使用の状態でEU圏外へ持ち出すこと。ただし免税の手続きができるのは「Tax Free Shopping」の加盟店のみ。

手続きの方法は、レジでの支払いの際に「タックスフリー、プリーズ」と申し出て、パスポートを提示し、リファンド・チェック（免税書類）を作成してもらう。その際、還付金の受け取り方法を「クレジットカード口座への送金」「現金（空港）」などから自分で選ぶ。

帰国時、EU圏の最終出国地の空港（乗り継ぎ時間が短い場合はポルトガルの空港でも可）にあるタックス・リファンド・カウンターで、パスポートと搭乗券、免税書類、購入商品を提示し、確認スタンプをもらう。購入商品は未開封のまま、手荷物にするのを忘れずに。手続きに時間がかかることもあるので、空港には時間に余裕をもって到着するようにしよう。

還付金の受け取り方法を「クレジットカード口座への返金」にした場合は、スタンプを押してもらった免税書類を封筒に入れて、近くにあるポストに投函する。この書類が免税手続き代行会社に届くと、払い戻しの手続きをしてもらえる。

ポルトガルでは非接触型（コンタクトレス）のクレジットカードが普及している。タッチ決済対応のカードなら、PIN（暗証番号）を入力する必要がなく、決済端末にカードをかざすだけで支払いができる。

旅の技術

旅のトラブルと安全対策

リスボンはヨーロッパ諸国の首都のなかでは比較的安全といわれているが、近年はスリ、置き引き、ひったくりなど観光客を狙った犯罪も増えている。また、ヨーロッパからの旅行者が多いポルトやアルガルヴェ地方も、盗難などの被害が発生している。以下のことに気をつけ、自分の身は自分で守るよう十分に心がけたい。

困ったら警察に相談を

- **外出時はなるべく貴重品を持たない。やむを得ず持ち歩く場合は、1ヵ所にまとめず、分散させておく。**
- **町を歩く際は周囲に不審者がいないか警戒する。**
- **ショルダーバッグはたすき掛けにし、市電や地下鉄内など混雑している場所では体の正面に抱えるように持つ。**
- **荷物はテーブルや椅子、足下に放置しない。**
- **人通りの少ない場所や時間帯の外出は控える。**
- **声をかけてくる人を安易に信用しない。**

盗難・紛失の場合 トラブル別対処法

パスポート

まず現地の警察署に届けて、盗難・紛失届出証明書を発行してもらう。その後にリスボンの日本大使館でパスポートの失効手続きを行い、新規パスポートの発給（申請日を含め、3営業日後に交付）か、帰国のための渡航証明書の発給を申請する。手続きをスムーズに進めるためにも、パスポートの顔写真があるページのコピーを取り、原本とは別の場所に保管しておこう。

現金

まず見つからないと思ったほうがいい。クレジットカードや海外専用プリペイドカードなどがあればATMで現金の引き出しができるが、カードもなくして一切の手だてがない場合は、リスボンの在ポルトガル日本大使館で相談にのってもらうしかない。

クレジットカード

悪用されることを防ぐために、一刻も早くクレジットカードを発行している会社に連絡して、無効にしてもらう。クレジットカードの16桁の番号、盗難・紛失時の連絡先をメモ帳や日記用のノートなどに必ず控えておこう。日本に帰ってから再発行手続きを取ることになるが、どうしても旅行中にクレジットカードがないと困るという人は、緊急再発行できる場合もあるので各社に問い合わせを。

病気になったら

海外旅行傷害保険（→ P.343）に加入していれば、現地のアシスタントサービスが受けられる。多くは24時間日本語対応で、病院やクリニックの予約のほか、必要なら通訳の手配、現地にかけつける家族のサポートも行っている。ヨーロッパでは一般に医療費が高額なので、支払いの面からも海外旅行保険には必ず加入しておこう。保険会社によっては、キャッシュレス治療サービス（治療費は保険会社から医療機関に直接支払われるため、旅行者が現金で支払う必要がない）も受けられる。

在ポルトガル日本大使館
Embaixada do Japão
→ P.75

外務省海外安全情報
[URL] www.anzen.mofa.go.jp

観光警察署
●リスボン
☎ 213 421 623
●ポルト
☎ 222 081 833

パスポート発給に必要なもの
①紛失届出書1通
②発給申請書1通
③現地警察署の発行した盗難・紛失届出証明書
④写真2枚（縦4.5cm×横3.5cm、6ヵ月以内に撮影）
⑤運転免許証など本人確認ができる公的機関が発給した身分証明書
⑥戸籍謄本1通
⑦手数料（10年用旅券は€114、5年用旅券は€79）
※紛失届出書と発給申請書は大使館でもらえるが、下記からもダウンロードできる
[URL] www.mofa.go.jp/mofaj/toko/passport/download/top.html

渡航証明書発給に必要なもの
パスポート発給に必要な①③④⑤（→上記）に加え、渡航書申請書、旅行の日程などが確認できる書類（eチケット控えなど）、手数料（€18）が必要。パスポートを発給する時間がなく、日本へ直接帰国する場合のみ有効。受領は原則として帰国日前日。

渡航先で最新の安全情報を確認できる「たびレジ」に登録しよう
外務省提供の「たびレジ」は旅程や滞在先、連絡先を登録するだけで、渡航先の最新安全情報を無料で受け取ることのできる海外旅行登録システム。メール配信先には本人以外も登録できるので、同じ情報を家族などとも共有できる。またこの登録内容は、万一大規模な事件や事故、災害が発生した場合に滞在先の在外公館が行う安否確認や必要な支援に生かされる。安全対策として、出発前にぜひ登録しよう。
[URL] www.ezairyu.mofa.go.jp/index.html

はみだし 航空券は現在、各航空会社ともeチケットと呼ばれるシステムを導入しており、従来の紙の航空券と違って紛失・盗難を心配する必要がない。eチケット控えは万一紛失しても、無料で再発行が可能。

旅の会話集

　主要な観光地やホテル、レストランでは英語が比較的通じる。しかし現地語しか話せない年配の人もいるので、ある程度のポルトガル語を覚えておいたほうがいいだろう。あいさつだけでも簡単なフレーズを話すと、相手の印象もぐっとよくなる。なお、本書では「s」を「ス」と表記したが、ポルトガル人の発音は「シュ」に聞こえる。（例：「カスカイス」→「カシュカイシュ」）。

■ これだけは覚えておこう!

Bom dia. ボン ディア	おはよう、こんにちは。昼食の前までに使われるあいさつ	Desculpe. デスクルペ	ごめんなさい
Boa tarde. ボア タルデ	こんにちは、こんばんは。昼食の後から使われるあいさつ	Com licença コン リセンサ	失礼します。人にどいてもらう際などに
Boa noite. ボア ノイテ	こんばんは、おやすみなさい	Sim. スィン	はい
Olá! オラ	親しい人の間で交わされるあいさつ。1日中使える	Não. ナォン	いいえ
Adeus. アデウス	さようなら	Sehnor セニョール	男性に呼びかける際の言葉
Até logo. アテ ロゴ	またあとで	Sehnora セニョーラ	既婚女性に呼びかける際の言葉
Obrigado (Obrigada). オブリガード (オブリガーダ)	ありがとう。（ ）内は女性の言葉	Sehnorita セニョリータ	未婚女性に呼びかける際の言葉
De nada. デ ナダ	どういたしまして	Quanto custa? クアント クスタ?	いくらですか?
Por favor. ポル ファヴォル	お願いします	Onde é? オンデ エ?	どこですか?
Perdão. ペルダォン	すみません	Que horas são? ケ オーラス サォン?	何時ですか?

■ 数　字

zero ゼロ	0	onze オンゼ	11	quarenta クアレンタ	40
um / uma ウン／ウマ	1	doze ドーゼ	12	cinquenta シンクエンタ	50
dois / duas ドイス／ドゥアス	2	treze トレゼ	13	sessenta セセンタ	60
três トレス	3	quatorze カトルゼ	14	setenta セテンタ	70
quatro クアトロ	4	quinze キンゼ	15	oitenta オイテンタ	80
cinco シンコ	5	dezaseis デザセイス	16	noventa ノヴェンタ	90
seis セイス	6	dezassete デザセッテ	17	cem セン	100
sete セッテ	7	dezoito デゾイト	18	mil ミル	1,000
oito オイト	8	dezanove デザノーヴェ	19	dez mil デス ミル	10,000
nove ノヴェ	9	vinte ヴィンテ	20	cem mil セン ミル	100,000
dez デース	10	trinta トリンタ	30	um milhão ウン ミリャオン	1,000,000

旅の会話集

基本会話

Muito prazer. ムイント　プラゼール	はじめまして	Fala inglês? ファーラ　イングレス？	英語を話せますか？
Vim do japão. ヴィン　ド　ジャパォン	私は日本から来ました	Eu não falo português. エウ　ナォン　ファーロ　ポルトゥゲス	私はポルトガル語が話せません
Meu nome é ○○. メウ　ノーメ　エ　○○	私の名前は○○です	Eu não compreendo. エウ　ナォン　コンプレエンド	わかりません
Como se chama? コモ　セ　シャマ？	あなたの名前は何ですか？	Pode falar mais devagar? ポデ　ファラール　マイス　デヴァガール？	もう少しゆっくり話してもらえますか？
Como vai? コモ　ヴァイ？	お元気ですか？	Escreva aqui, por favor. エスクレヴァ　アキー　ポル　ファヴォル	ここに書いてください
Muito bom. ムイント　ボン	とても元気です		

疑問詞

Quando? クアンド？	いつ？	Onde? オンデ？	どこ？	Que? ケ？	何？	Qual? クアル？	どれ？
Quem? ケン？	誰？	Quanto? クアント？	どのくらい？	Como? コモ？	どのように？	Por que? ポル　ケ？	なぜ？

色

branco ブランコ	白	azul アズル	青	castanho カスタニョ	茶	cor de rosa コル　デ　ロザ	ピンク
preto プレト	黒	verde ヴェルデ	緑	lilás リラス	紫	prateado プラテアド	銀
vermelho ヴェルメリョ	赤	amarelo アマレロ	黄色	cinzento シンゼント	灰色	dourado ドウラド	金

時間／曜日／月／季節

um segundo ウン　セグンド	1秒	amanhã アマニャン	明日	Março マルソ	3月
um minuto ウン　ミヌート	1分	depois de amanhã デポイス　テ　アマニャン	明後日	Abril アブリル	4月
cinco minutos シンコ　ミヌートス	5分	semana セマナ	週	Maio マイオ	5月
trinta minutos トリンタ　ミヌートス	30分	domingo ドミンゴ	日曜日	Junho ジュニョ	6月
uma hora ウマ　オーラ	1時間	segunda feira セグンダ　フェイラ	月曜日	Julho ジュリョ	7月
duas horas ドゥアス　オーラス	2時間	terça feira テルサ　フェイラ	火曜日	Agosto アゴスト	8月
meio dia メイオ　ディア	半日	quarta feira クアルタ　フェイラ	水曜日	Setembro セテンブロ	9月
um dia ウン　ディア	1日	quinta feira キンタ　フェイラ	木曜日	Outubro オウトゥブロ	10月
manhã マニャン	朝	sexta feira セスタ　フェイラ	金曜日	Novembro ノヴェンブロ	11月
dia ディア	昼	sábado サバド	土曜日	Dezembro デゼンブロ	12月
tarde タルデ	夕方	feriado フェリアド	祝日	primavera プリマヴェラ	春
noite ノイテ	夜	mês メス	月	verão ヴェラォン	夏
ontem オンテン	昨日	Janeiro ジャネイロ	1月	outono オウトノ	秋
hoje オジェ	今日	Fevereiro フェヴェレイロ	2月	inverno インヴェルノ	冬

歩く

ここは何という通りですか？
Qual é o nome desta rua?
クアル エ オ ノーメ デスタ ルア？

レプブリカ広場へはこの道で合ってますか？
Esta rua dá na Praça da República?
エスタ ルア ダ ナ プラサ ダ レプブリカ？

観光案内所はどこですか？
Onde fica o posto de turismo?
オンデ フィカ オ ポスト デ トゥリズモ？

市立博物館に行きたいのですが
Gostaria de ir o Museu da Cidade.
ゴスタリア デ イール オ ムゼウ ダ シダーデ

地図で場所を教えてください
Indique-me onde estamos, neste mapa.
インディケ メ オンデ エスタモス ネステ マパ

単語帳	este エステ	東
	oeste オエステ	西
	sul スル	南
	norte ノルテ	北
	direito ディレイト	右
	esquerdo エスケルド	左
	directo ディレクト	真っすぐ
	esquina エスキーナ	角

移動

次の列車は何時発ですか？
A que horas parte o próximo comboio?
ア ケ オーラス パルテ オ プロシモ コンボイオ？

ここからどれくらい時間がかかりますか？
Quanto tempo leva daqui?
クアント テンポ レヴァ ダキー？

これはポルト行きですか？
Vai para o Porto?
ヴァイ パラ オ ポルト？

この席は空いていますか？
Posso sentar-me aqui?
ポッソ センタール メ アキー？

タクシーを呼んでもらえますか？
Poderia chamar um taxi?
ポデリア シャマール ウン タクシ？

単語帳	ferrovia フェロヴィア	鉄道
	autocarro アウトカーロ	バス
	eléctrico エレクトリコ	路面電車
	bilheteria ビリェテリア	発券所
	tarifa タリファ	運賃
	horário オラリオ	時刻表
	partida パルティーダ	出発
	chegada シェガーダ	到着

ホテル

今晩泊まれますか？
Tem vaga para esta noite?
テン ヴァガ パラ エスタ ノイテ？

バス付きのツインルームをお願いします
Um quarto duplo com banheiro, por favor.
ウン クアルト ドゥプロ コン バニェイロ ポル ファヴォル

1泊いくらですか？
Quanto é a diária?
クアント エ ア ディアリア？

領収書をください
Quero o recibo, por favor.
ケーロ オ レシーボ ポル ファヴォル

荷物を預かってもらえますか？
Pode guardar a minha bagagem?
ポーデ グアルダール ア ミニャ バガジェン？

単語帳	recepção レセプサォン	フロント
	reserva レゼルヴァ	予約
	escada エスカダ	階段
	elevador エレヴァドール	エレベーター
	refrigeração レフリジェラサォン	冷房
	aquecedor アケセドール	暖房
	chuveiro シュヴェイロ	シャワー
	toalha トアリャ	タオル

旅の会話集

▌レストラン

地元料理はどこで食べられますか？
Onde posso comer comida local?
オンデ　ポッソ　コメール　コミーダ　ロカル？

今の時間、食事できますか？
Servem refeições a esta hora?
セルヴェン　レフェイソンエス　ア　エスタ　オーラ？

英語のメニューはありますか？
Tem o menu em inglês?
テン　オ　メヌー　エン　イングレス？

まだ料理が来ていません
O meu pedido ainda não veio.
オ　メウ　ペディド　アインダ　ナォン　ヴェイオ

会計をお願いします
A conta, por favor.
ア　コンタ　ポル　ファヴォル

単語帳	bebida ベビーダ	飲み物
	antepasto アンテパスト	前菜
	plato principal プラト プリンシパル	主菜
	sobremesa ソブレメザ	デザート
	assado アサード	焼いた
	frito フリート	揚げた
	cozido コジード	ゆでた
	guisado ギザード	煮込んだ

▌ショッピング

おすすめの店を教えてもらえますか？
Qual é a loja que recomenda?
クアル　エ　ア　ロジャ　ケ　レコメンダ？

それを見せてください
Mostre-me esse, por favor.
モストレ　メ　エセ　ポル　ファヴォル

試着できますか？
Posso experimentar isto?
ポッソ　エスペリメンタール　イスト？

これはいくらですか？
Quanto custa isto?
クアント　クスタ　イスト？

このクレジットカードは使えますか？
Posso usar este cartão?
ポッソ　ウザール　エステ　カルタォン？

単語帳	armazém アルマゼン	デパート
	supermercado スーベルメルカード	スーパーマーケット
	mercado メルカード	市場
	farmácia ファルマシア	薬屋
	grande グランデ	大きい
	pequeno ペケーノ	小さい
	caro カーロ	高い
	barato バラート	安い

▌トラブル

パスポートをなくしました
Perdi o meu passaporte.
ペルディ　オ　メウ　パサポルテ

財布を盗まれました
Roubaram-me a carteira.
ロウバーラン　メ　ア　カルテイラ

警察を呼んでください
Chame a polícia.
シャメ　ア　ポリシア

具合が悪いです
Sinto-me mal.
シント　メ　マル

医者に連れていってください
Leve-me ao médico, por favor.
レヴェ　メ　アオ　メディコ　ポル　ファヴォル

単語帳	hospital オスピタル	病院
	embaixada do Japão エンバイシャーダ ド ジャパォン	日本大使館
	delegacia de polícia デレガシア デ ポリシア	警察署
	registo do roubo レジスト ド ロウボ	紛失証明書
	febre フェブレ	熱
	vertigem ヴェルティジェン	めまい
	diarreia ディアレイア	下痢
	contusão コントゥザォン	打撲

メニューの手引き

A

abacate [アバカッテ] ●アボカド
abóbora [アボーボラ] ●かぼちゃ
abra-latas [アブララタシュ] ●缶切り
abrotia [アブロッティア] ●タラの一種
açafrão [アサフラォン] ●サフラン
ácido [アシッド] ●酸っぱい
açorda [アソルダ] ●パンがゆ
açucar [アスーカー] ●砂糖
agrião [アグリアォン] ●クレソン
agri-doce [アグリドース] ●甘酸っぱい
aguardente [アグアルデンテ] ●蒸留酒
agulha [アグーリャ] ●ダツ（サンマの仲間）
aipo [アイポ] ●セロリ
alcachofra [アルカショフラ] ●アーティチョーク
alcatra [アルカトラ] ●牛のもも肉、アソーレス諸島
　の郷土料理である牛の煮込み
álcool [アルコール] ●アルコール
alentejana [アレンテジャーナ]
　　●アレンテージョ地方の
alface [アルファース] ●レタス
algarvia [アルガルヴィーア] ●アルガルヴェ地方風の
alho [アーリョ] ●にんにく
alho francês [アーリョ・フランセーシュ] ●ポロねぎ
almoço [アルモーソ] ●昼食
almôndegas [アルモンデガシュ] ●ミートボール
alperce [アルペルス] ●アプリコット
ameijoa [アメイジョーア] ●あさり
ameixa [アメイシャ] ●すもも、プラム
ameixa seco [アメイシャ・セッコ] ●ドライプラム
amêndoa [アーメンドア] ●アーモンド
amendoim [アーメンドイン] ●ピーナッツ
americana [アメリカーナ] ●アメリカ風の
amora [アモーラ] ●桑の実、ブラックベリー
ananás [アナナーシュ] ●パイナップル
anchova [アンチョヴァ] ●アンチョビ
angulas [アングーラシュ] ●うなぎの稚魚
anona [アノーナ] ●チリモナ（果物）
arroz [アローシュ] ●米
arroz doce [アローシュ・ドース]
　　●米を牛乳と砂糖で煮て、卵黄を加えたデザート
asparago [アスパルゴ] ●アスパラガス
assado [アサード] ●焼いた、あぶった
assado na brasa [アサード・ナ・ブラッザ]
　　●炭火焼き
assado no carvão [アサード・ノ・カルヴァオン]
　　●炭火焼き
assado no forno [アサード・ノ・フォルノ]
　　●天火焼き
atum [アトゥン] ●まぐろ
aveia [アヴェイア] ●からす麦、オート麦
aves [アヴェシュ] ●鳥類
azeite [アゼイテ] ●オリーブ油
azeitona [アゼイトーナ] ●オリーブの実
azevia [アズヴィーア] ●中にサツマイモあんやエジ
　プト豆あんの入った半月形の揚げ菓子

B

bacalhau [バカリャウ] ●塩漬けにして干したタラ
bacon [ベーコン] ●ベーコン
badejo [バデジョ] ●タラの一種
bagre [バーグレ] ●なまず

banana [バナーナ] ●バナナ
bar [バール] ●カフェや軽食を出す店
batata [バタータ] ●じゃがいも
batata doce [バタータドース] ●さつまいも
batata frita [バタータ・フリッタ] ●フライドポテト
batido [バティード] ●ミキサーにかけて作ったジュース
baunilha [バウニーリャ] ●バニラ
bebida [ベビーダ] ●飲み物
berinjela [ブリンジェーラ] ●なす
bica [ビッカ] ●エスプレッソコーヒー
bifana [ビッファーナ] ●豚肉ソテーのサンドイッチ
bife [ビッフ] ●ステーキ
biscoito [ビスコイット] ●ビスケット
bocas [ボッカシュ] ●爪
boi [ボイ] ●雄牛
bola [ボーラ] ●丸いボール状の揚げパン
bolacha [ボラシャ] ●ビスケット
bôlo または bolo [ボーロ] ●菓子
borrego [ボレゴ] ●マトン
brandy [ブランディ] ●ブランデー
brocolos [ブロッコロシュ] ●ブロッコリー
bufete [ブフェッテ] ●ビュッフェ
busgo [ブズゴ] ●ヒメダイ
búzio [ブジオ] ●ほら貝

C

cabeça [カベッサ] ●頭
cabrito [カブリット] ●ラム肉
cacao [カカオ] ●ココア
caldeirada [カルディラーダ] ●魚介の煮込み
caldo [カルド] ●だし、汁
caldo verde [カルド・ヴェルデ] ●チリメン
　キャベツの千切りが入ったポタージュスープ
camarão [カマラオン] ●エビ
cana de açucar [カーナ・デ・アスーカー]
　　●さとうきび
canela [カネラ] ●シナモン
canja [カンジャ] ●米入りの澄んだスープ、一般的
　には鶏の米入りスープ
cantaril [カンタリール] ●キントキダイ
cantarilho [カンタリーリョ] ●アラスカざけ
caracois [カラコイッシュ] ●小型のかたつむり
caracoleta [カラコレッタ] ●大型のかたつむり
caramelo [カラメロ]
　　●キャラメル、カラメル（砂糖を焦がしたもの）
carangueijo [カランゲイジョ] ●小かに
carapau [カラパウ] ●あじ
caril [カリール] ●カレー
carne [カルネ] ●肉
carneiro [カルネイロ] ●羊（雄）、羊肉
carpa [カルパ] ●こい
casca [カシカ] ●皮
caseiro [カゼイロ] ●自家製の
castanha [カスターニャ] ●くり
cavala [カヴァーラ] ●さば
caviar [カヴィアール] ●キャビア
cebola [セボーラ] ●玉ねぎ
ceia [セイア] ●夜食
cenoura [セノーラ] ●人参
centeio [センテイオ] ●ライ麦
cereja [スレージャ] ●さくらんぼ
ceriais [セリアイシュ] ●穀物類、 シリアル
cerveja [セルヴェージャ] ●ビール
cerveja preta [セルヴェージャ・プレッタ] ●黒ビール

chá [シャー] ●茶

chá preta [シャー・プレッタ] ●紅茶

chá verde [シャー・ヴェルデ] ●緑茶

champanha [シャンパーニャ] ●シャンパン

chanfana [シャンファーナ] ●ヤギの煮込み料理

chaputa [シャプッタ] ●シマガツオ

cherne [シェルネ] ●はた（魚）の一種

chicharro [シシャーロ] ●大あじ

chispe [シスペ] ●豚の足先

choco [ショッコ] ●甲イカ

chocolate [ショコラーテ] ●チョコレート

chouriço sange [ショーリッソ・サング]
　　●豚の血の腸詰め

churrasco [シュラスコ] ●バーベーキュー

côco [コーコ] ●ココナッツ

codorniz [コドロニーシュ] ●うずら

coelho [コエリョ] ●うさぎ

coentros [コエントロシュ] ●コリアンダー

cogumelo [コグメロ] ●マッシュルーム

colher [コリェール] ●スプーン

colorau doce [コロラウ・ドース] ●パプリカ

com [コン]
　　●〜と（英語の with）。〜添え、〜付きの

comida [コミーダ] ●食べ物

comihno [クミーニョ] ●クミンシード

compota [コンポッタ] ●コンポート

congro [コングロ] ●あなごの一種

conhaque [コニャック] ●コニャック

conta [コンタ] ●勘定

copo [コッポ] ●コップ

coquetel [コクテル] ●カクテル

corvina [コルヴィナ] ●にべ（魚）

costeleta [コシュテレッタ] ●あばら

courgettes [コルジェッテシュ] ●ズッキーニ

couve [コーヴェ] ●キャベツ

couve-chinesa [コーヴェ・シネーザ] ●白菜

couve-flor [コーヴェ・フローレ] ●カリフラワー

coxa de frango [コッシャ・デ・フランゴ]
　　●鶏もも肉

cozido [コジード] ●ゆでた

cravinho [クラヴィーニョ] ●クローブ

creme [クレム] ●クリーム、ポタージュスープ

crépe [クレップ] ●クレープ

croquete [クロケッテ] ●コロッケ

culinaria [クリナリア] ●料理法

D

da [ダ] ●〜の

de [デ] ●〜の

delicioso [デリシオーゾ] ●おいしい

descafeinado [ディスカフェイナード]
　　●カフェインなしコーヒー

digestivo [ディジェスティーヴォ] ●食後酒

do [ドゥ] ●〜の

doce [ドース] ●甘い、甘いもの、菓子

dose [ドーゼ]
　　●1回分の分量、一般的に1人前の食事の量

dourada [ドゥラーダ] ●黒鯛

E

eiró [エイロー] ●うなぎ

empada [エンパーダ] ●肉や魚を入れたパイ

empadão [エンパダオン] ●大きく焼いたパイ

empadas de galinha [エンパーダシュ・デ・ガリー
　　ニャ] ●チキンパイ

enchidos [エンシードシュ] ●腸詰め類

enguia [エンギーア] ●うなぎ

ensopado [エンソパード] ●シチュー

entrada [エントラーダ] ●前菜

entrecosto [エントレコシュト] ●リブロース

entremeada [エントレミアーダ] ●豚三枚肉

erva doce [エルヴァ・ドース] ●アニス

ervilha [エリヴィーリャ] ●グリンピース

ervilha torta [エリヴィーリャ・トルタ]
　　●絹さやいんげん

escabeche [エスカベシュ] ●酢漬けにしたもの

espadarte [エシュパダルテ] ●めかじき

espaguete [エシュパゲッテ] ●スパゲティ

espargo [エシュパルゴ] ●アスパラガス

esparregado [エシュパレガード] ●野菜のピューレ

especialidade da casa [エスペシャリダーデ・ダ・
　　カーザ] ●自慢料理

especias [エスペシーアシュ] ●香辛料

espetada [エスペターダ] ●バーベキュー

espinafre [エスピナッフル] ●ホウレン草

estufado [エストゥファード] ●蒸し煮

F

faca [ファッカ] ●ナイフ

faisão [ファイザオン] ●きじ

faneca [ファネッカ] ●なまずの一種

farófias [ファロフィアシュ]
　　●メレンゲのカスタードソースかけ

fava [ファーヴァ] ●ソラ豆

feijão branco[フェイジャオン・ブランコ]●白いんげん豆

feijão encarnado [フェイジャオン・エンカルナード]
　　●レッドビーンズ

feijão preto [フェイジャオン・プレット] ●黒豆

feijão verde [フェイジャオン・ヴェルデ]
　　●オランダインゲン

feijoada [フェイジョアーダ] ●豆と肉の煮込み

fiambre [フィアンブレ] ●ハム

figado [フィーガド] ●レバー

figo [フィーゴ] ●いちじく

filete [フィレッテ] ●ヒレ肉、魚の骨なし切り身

filhós [フィリョース]
　　●伝統的な揚げ菓子（南蛮菓子）

fios de ovos [フィオシュ・デ・オヴォシュ]
　　●鶏卵そうめん

fôfo [フォーッフォ] ●フワフワした

fondue [フォンドゥ] ●フォンデュー

forno [フォルノ] ●天火、窯

frango [フランゴ] ●若鶏

fresco [フレシュコ] ●冷たい、新鮮な

fricass [フリカッセー] ●卵でとじる料理法

frio [フリーオ] ●冷たい

frito [フリット] ●揚げた

fruta [フルータ] ●果物

fruta da epoca [フルータ・ダ・エポカ]
　　●季節の果物

frutos secos [フルートシュ・セッコシュ] ●ナッツ類

fumeiro [フメイロ] ●薫製したもの

funcho [フンシュ] ●フェンネル、ういきょう

G

galinha [ガリーニャ] ●雌鳥

galina-do-mar [ガリーニャ・ドゥ・マール]
　　●アラスカざけ

gamba [ガンバ] ●エビ

garfo [ガルホ] ●フォーク

garrafa [ガラファ] ●ビン
garoupa [ガロッパ] ●はた（魚）の一種
gasosa [ガソーザ] ●炭酸水
gelado [ジェラード] ●アイスクリーム
geléia [ジェレイア] ●ゼリー
gêlo [ジェーロ] ●氷
gema [ジェーマ] ●卵黄
gengibre [ジェンジーブレ] ●ショウガ
gim [ジン] ●ジン
gim-tónica [ジントニカ] ●ジントニック
ginja [ジンジャ] ●さくらんぼの一種、チェリー酒
goiaba [ゴイアバ] ●グァバ
goma [ゴーマ] ●グミ
grão [グラオン] ●エジプト豆、ひよこ豆
gratinado [グラティナード] ●グラタンにした
grelhado [グリリャード] ●網焼きにした
grêlo [グレーロ] ●菜の花
guardanapo [グアルダナッポ] ●紙ナプキン
guisado [ギザード] ●煮込み、シチュー料理

H

hambúrguer [ハンブルガー] ●ハンバーグ、ハンバーガー
hortaliça [オルタリーサ] ●野菜
hortelã [オルテラーン] ●ミント

I

imperial [インペリアール] ●生ビール
iogurte [イオグルテ] ●ヨーグルト
iscas [イシュカシュ] ●レバーステーキ

J

jantar [ジャンタール] ●夕食
javari [ジャバリー] ●いのしし
joaquimjinho [ジョッキーンジーニョ] ●小あじ
joelho [ジョエリョ] ●ひざ

K

ketchup [ケチュップ] ●ケチャップ
kiwi [キーヴィー] ●キウイ

L

lagosta [ラゴスタ] ●伊勢エビ
lampreia [ランプレイア] ●八つ目うなぎ
lanche [ランシェ] ●おやつ、軽食
lapa [ラッパ] ●かさ貝
laranja [ラランジャ] ●オレンジ
lebre [レーブリ] ●野うさぎ
legume [レグーメ] ●野菜
leitão [レイタオン] ●バイラーダ名物の子豚の丸焼き
leite [レイテ] ●牛乳
leite cream [レイテ・クレーム]
　●カスタードクリームの表面に砂糖をふりかけ焦が
　したもの。クレームブリュレ
licor [リコール] ●リキュール
limão [リマァオン] ●レモン
língua [リングア] ●舌
linguado [リングアード] ●舌平目
linguiça [リングイッサ] ●細目の豚の薫製ソーセージ
lista de vinho [リスタ・デ・ヴィーニョ] ●ワインリスト
lombo [ロンボ] ●腰肉、ロース
longueirão [ロンゲイラオン] ●マテ貝
louro [ロウロ] ●月桂樹
lula [ルーラ] ●いか

M

maçã [マッサァン] ●りんご
maionese [マイオネーズ] ●マヨネーズ
manga [マンガ] ●マンゴー
manteiga [マンテイガ] ●バター

margarina [マルガリーナ] ●マーガリン
marisco [マリシュコ] ●魚介の
marmelada [マルメラーダ] ●マルメロのジャム
maruca [マルーカ] ●タラの一種
massa [マッサ] ●パスタ、麺
meia dose [メイア・ドーゼ] ●半分の量（レストラ
　ンでは半分よりやや多めで出てくる）
mel [メル] ●はちみつ
melaço [メラッソ] ●きびみつ
melancia [メランシーア] ●すいか
melão [メラオン] ●メロン
merenda [メレンダ] ●おやつ
mesa [メザ] ●テーブル
metade [メターデ] ●半分、2分の1の
mexilhão [ミシェラオン] ●ムール貝
migas [ミーガシュ]
　●肉や魚のうまみをパンにしみこませた料理
milho [ミーリョ] ●とうもろこし
minhoto [ミニョット] ●ミーニョ地方の
miolo de camarão [ミオロ・デ・カマラオン]
　●むきえび
misto [ミシュト] ●混じった、ミックスした
molho [モーリョ] ●ソース
molho de piripiri [モーリョ・デ・ピリピリ]
　●赤とうがらしをオリーブ油に漬けたもの
molotofe [モロトッフ]
　●メレンゲにカラメルを混ぜ、蒸し焼きにしたもの
morango [モランゴ] ●いちご
moreia [モレイア] ●うつぼ
mostarda [モスタルダ] ●マスタード

N

nabiça [ナビッサ] ●かぶ菜、小松菜
nabo [ナボ] ●かぶ
natural [ナトゥラル] ●常温の
novilha [ノーヴィリャ] ●若い雌牛
noz [ノーシュ] ●くるみ
noz-moscada [ノーシュモシュカーダ] ●ナツメグ

O

omelete [オメレッテ] ●オムレツ
orégãos [オレガォンシュ] ●オレガノ
orelha [オリェーラ] ●耳
osso [オッソ] ●肉の骨
ostra [オストラ] ●かき
ouriço do mar [オウリッソ・ドゥ・マール] ●うに
ova [オヴァ] ●魚の卵
ovelha [オヴェーリャ] ●雌羊
ovo [オヴォ] ●卵

P

pão [パォン] ●パン
pão de centeio [パォン・デ・センテイオ] ●ライ麦パン
pão integral [パォン・インテグラル]
　●ふすま粉入りパン
pão ralado [パォン・ララード] ●パン粉
pão torrada [パォン・トラーダ] ●トーストパン
papa [パッパ] ●かゆ状の食べ物
papos de anjo [パッポシュ・デ・アンジョ]
　●砂糖を入れ泡立てた卵を天火焼きし、シロップ
　漬けしたもの
pargo [パルゴ] ●鯛
passas de uva [パッサシュ・デ・ウヴァ]
　●干しぶどう
pasta [パシュタ] ●練り物、 練り粉
pastel [パシュテル] ●粉を練って作った食べ物

旅の準備と技術

メニューの手引き

pastel de bacalhau [パシュテル・デ・バカリャウ] ●タラのコロッケ

pato [パット] ●アヒル、合ガモ

peito [ペイト] ●胸肉

peixe [ペイシュ] ●魚

peixe espada [ペイシュ・エシュパーダ] ●たちうお

pepino [ペピーノ] ●きゅうり

pera [ペーラ] ●洋なし

percebes [ペルセブシュ] ●かめの手（貝）

perdiz [ペルディーシュ] ●うずら

perna [ペルナ] ●足、脚部

peru [ペルー] ●七面鳥

pescada [ペシカーダ] ●たらの一種

pêssego [ペーセゴ] ●もも

petinga [ペティンガ] ●小いわし

petisco [ペティシュコ] ●おつまみ

picado [ピッカード] ●細かく刻んだ

picante [ピカンテ] ●辛い

pimenta [ピメンタ] ●こしょう

pimento [ピメント] ●ピーマン

pipis [ピピーシュ] ●鶏のモツ煮

piripiri [ピリピリ] ●赤唐辛子

polvo [ポルヴォ] ●たこ

porco [ポルコ] ●豚

prato [プラット] ●皿、一品

prato de dia [プラット・デ・ディーア] ●日替わりメニュー

prato principal [プラット・プリンシパル] ●メインディッシュ

pregado [プレガード] ●かれいの一種

presunto [プレズント] ●生ハム

pudim [プディン] ●プリン

pudim flan [プディン・フラン] ●カスタードプリン

puré [プレー] ●ピューレ

Q

queijada [ケイジャーダ] ●チーズタルトレット

queijo [ケイジョ] ●チーズ

queijo de Serra da Estrela [ケイジョ・デ・セーラ・ダ・エシュトレラ] ●羊乳から作られた熟成チーズ。クリーミーでやや酸味をおびた味。ポルトガルで最も有名なチーズ

queijo fresco [ケイジョ・フレシュコ] ●フレッシュチーズ

queixo [ケイショ] ●あご

queques [ケークシュ] ●カップケーキ

quiabo [キアボ] ●オクラ

R

rã [ラァン] ●カエル

rabanete [ラバネッテ] ●ラディシュ

rabo [ラボ] ●しっぽ

raia [ライア] ●エイ

raiz [ライーシュ] ●根

raspar [ラシパール] ●（おろし金で）すりおろす

ravióli chinês [ラヴィオーリ・シネーシュ] ●ぎょうざ

receita [リセイタ] ●レシピ

recheio [リシェイオ] ●パイなどの中身、具

refeição [リフェイサオン] ●食事

repolho [リポーリョ] ●キャベツ

rissól de camarão [リソール・デ・カマラオン] ●エビクリームコロッケ

robalo [ロバーロ] ●すずき

rodovalho [ロドヴァーリョ] ●なめたがれい

rosbife [ロスビーフ] ●ローストビーフ

ruivo [ルイボ] ●ほうぼう

rum [ルン] ●ラム酒

S

safio [サフィーオ] ●あなご

sal [サル] ●塩

salada [サラーダ] ●サラダ

salda [サルダ] ●さば

saldinha [サルディーニャ] ●いわし

salmão [サルマォン] ●サーモン、さけ

salmonete [サルモネッテ] ●ひめじ（魚）

salsicha [サルシーシャ] ●ソーセージ

sandes [サンデシュ] ●サンドイッチ

sangue [サング] ●血

santola [サントーラ] ●毛ガニの一種

sapateira [サパテイラ] ●かに

sarrabulho [サラブーリョ] ●豚の血が凝結したもの

seco [セッコ] ●乾燥した、辛口の、ドライな

segundo prato [セグンド・プラット] ●2番目に出される料理

sem [セン] ●〜なしの、〜のない

sessami [セサミ] ●ごま

seta [セッタ] ●ヒラタケの一種

sobremesa [ソブレメーザ] ●デザート

soja [ソージャ] ●大豆

solha [ソーリャ] ●かれい

soltiado [ソルティアード] ●ソテーした

sonho [ソーニョ] ●揚げシュー

sopa [ソーパ] ●スープ

sorvete [ソルヴェッテ] ●シャーベット

suspiro [シュスピーロ] ●メレンゲを乾燥させた菓子

T

tainha [タイーニャ] ●ぼら

tamboril [タンボリール] ●あんこう

taminho [タミーニョ] ●タイム

tarte [タルテ] ●タルト

tenra [テンラ] ●柔らかい

tipico [ティピコ] ●代表的な、典型的な

tomate [トマーテ] ●トマト

torrada [トラーダ] ●トーストした

torta [トルタ] ●ロールケーキ

tosta [トシュタ] ●トースト

tosta mista [トシュタ・ミシュタ] ●ハムとチーズを挟んだトースト

toucinho [トウシーニョ] ●豚の三枚肉

tradicional [トラデッシオナル] ●伝統的な

tripa [トリッパ] ●腸

truta [トゥルータ] ●ます

U

uísque [ウイスキ] ●ウイスキー

unha [ウーニァ] ●つめ

uva [ウヴァ] ●ぶどう

V

vaca [ヴァッカ] ●雌牛、牛肉

vapor [ヴァポール] ●蒸気、湯気

vermute [ヴェルムッテ] ●ベルモット酒

vinagre [ヴィナーグレ] ●ワインビネガー、酢

vinho [ヴィーニョ] ●ワイン、ぶどう酒

vitela [ヴィテーラ] ●子牛

X

xárem [シャーレン] ●アルガルヴェ地方の郷土料理で、トウモロコシの粉を練ったもの

xarope [シャロッペ] ●シロップ

xerez [シェレーシュ] ●シェリー酒

ポルトガルの歴史

紀元前のポルトガル

イベリア半島の他地域に対するポルトガルの文化的独自性は、新石器時代にはすでに現れていた。農業が発展すると精霊信仰的な巨石信仰が深まり、アレンテージョ地方にはいまも残るストーンサークルが造られた。紀元前10世紀頃には地中海沿岸諸国の影響を強く受け、フェニキア人やギリシア人の植民地が築かれるようになった。

紀元前2～1世紀に、ローマが支配権を確立すると、先住民のローマ化が進められた。土地の言葉は失われ、ラテン語系のポルトガル語が話されるようになった。こうしたローマの影響は、例えば大土地所有制が世襲農園として受け継がれているなど、今日も社会の隅々に見いだされる。また、ローマの行政区が現在の国境とおおむね一致しているのは興味深い。

イスラム教徒の支配から独立へ

モーロ人がジブラルタル海峡を渡ってきたのは、711年のこと。わずか5年のうちにイベリア半島のほぼ全域を征服し、コルドバ・カリフ帝国をうち立てた。物質的にも文明的にもヨーロッパ人より進んでいたモーロ人は寛容な施政をし、カトリックも認められ、農工業や司法・行政制度も格段に進歩した。

しかし、異民族による支配を潔しとしないキリスト教徒たちは、レコンキスタ（キリスト教徒による再征服）を北部から徐々に進めていった。イスラム教徒排撃を支援したフランス貴族のひとり、

大航海時代の立役者、エンリケ航海王子

アンリ・ド・ブルゴーニュは、1096年にカスティーリャ王女テレサと結婚し、拠点をドウロ川一帯に構え、ポルトゥカーレ伯爵を名乗った。伯爵の死後、領地をめぐって、カスティーリャ王国が推すテレサと、領内貴族が推す息子エンリケスとの間で戦いが始まる。エンリケスはサン・マメーデの戦いで母の軍を破り、続いてオウリッケの戦いでイスラム軍に圧勝。これを機に国王を称した。首都をギマランイスとし、ポルトとコインブラがその領土に含められていた。1143年、カスティーリャはポルトガル支配を諦め、独立を承認した。

初代国王エンリケスの活躍はめざましく、在世中にリスボンやベージャを征服して国土を2倍に広げた。1249年にモーロ人の最後の砦ファロが陥落し、ポルトガルはレコンキスタを完了。1297年にはカスティーリャと条約を結び、ほぼ現在の国境を確定した。

大航海時代

ポルトガルの海外進出の第一歩は、1415年に発動された国王ジョアン1世による北アフリカのセウタ攻略だった。その後、エンリケ航海王子は積極的に海外進出を計画する。当時、ユーラシアからアフリカにいたる広範な海は、すでにアラブ人によって貿易路が網羅されていた。彼らのもたらす富を自前で確保するために、政府はインド航路を探し出そうと努めた。1498年、ヴァスコ・ダ・ガマがそれをなしとげ、ポルトガルはアラブ世界の貿易網に食い込むことに成功する。

以降のポルトガルの勢力拡大はすさまじかった。数年のうちに、新大陸ブラジルを併合、インドのゴアを占領、マラッカ海峡を掌握して太平洋への拠点を確保した。地球規模に広がった帝国から富が集められ、世界征服の野望さえをもつようになった。

しかし、大航海時代の輝かしい業績は、リスボンの資産家を肥え太らせた一方で、人材の海外流失から地方農村の荒廃を招いた。経済的にも海外依存の体質が強まるばかりで国内産業はあまり育たず、社会基盤整備にも努力がはらわれなかった。ポルトガルの絶頂期は、長くは続かなかった。

帝国の衰退と王政復古

帝国が衰退を始めるなか、騎士道精神に心を傾けたドン・セバスティアン王は、1578年に無謀なモロッコ進軍を開始する。しかし戦いの途中で王は忽然と姿を消し、混乱したポルトガル軍は壊滅。同王に皇太子がなかったため、スペイン王が王位継承権を主張して侵入してきた。以降、ポルトガルは60年にわたってスペイン領となる。これによる弱体化でマラッカがオランダの手に落ちるなど、ポルトガルは重要な植民地を失った。

1640年、ブラガンサ公爵がスペインに反旗を翻して国王に即位、独立をなしとげた。しかし国

民は貧窮したままだった。混迷する経済に光明がさしたのは、ブラジルで金鉱脈が発見されたことにある。続くダイヤ鉱脈発見によって、以降1世紀にわたる植民地依存の繁栄が始まった。が、ここでも膨大な富は国内産業に投資されず、宮殿建設などに浪費されてしまう。その結果、英国やオランダといった新興国に経済力で後れを取り、ポルトガルはヨーロッパの後進国に転落する。

かつてはサラザール橋と呼ばれた4月25日橋

国家の現状を冷静に見つめたポンバル侯は、王の信任を得て体制の大改革に乗り出した。各種学校の建設、奴隷制の廃止、産業の奨励など、ポンバル侯が近代ポルトガルに果たした役割は非常に大きい。ことに、リスボン大地震の後に振るった政治的手腕は見事で、リスボンは厄災後に大復興をとげる。

ナポレオン軍の侵入

欧州を席巻するナポレオン軍がポルトガルに侵攻すると、1807年、不利を悟ったジョアン6世ら王族は財産を持ってブラジルに逃亡した。フランスの支配下で産業の芽はつまれ、植民地からの富の流入が止まり、ポルトガル経済はたちまちひっ迫した。

この頃すでにブラジルの経済力は宗主国・ポルトガルを上回っていた。ポルトガルは英国の支援を受けてナポレオン軍を撃退するものの、臣民を見捨てた王は帰国しようとはしなかった。

「ブラジルの植民地」と揶揄されるまでに没落したポルトガルに、1821年、心ならずも王は帰国するが、その翌年、皇太子ドン・ペドロを皇帝にしてブラジルは独立を宣言する。また、この独立の背景には同盟関係にある英国の策謀があった。

不成功に終わったとはいえ、ナポレオンの侵略は、ブラガンサ王朝とポルトガルに深い傷を残した。政治は不安定で、各地で反乱や農民蜂起が頻発した。ポルトガルは、内政的にも外交的にもヨーロッパ列強の思惑に振り回される存在であった。

サラザール独裁時代

1910年、王政への積年の不満から海軍将校を中心として反乱が起こり、ついに王制は倒れ、ポルトガルは共和国となった。政治体制は激変しても、財政は慢性赤字が続き、英国からの巨額の借款が国家に重くのしかかっていた。1919年から25年にかけて政権交代やクーデターが頻発し、国内は混乱状態に陥っていた。

そして1926年、クーデターによって大統領に就いたカルモナ将軍は、強権を行使して2年のうちに国内秩序を回復させた。ついで、軍に請われて蔵相に就いたコインブラ大学教授サラザールは、わずか1年で財政を立て直すという奇跡をなしとげる。サラザールは1932年に、国民の圧倒的な支持を得て首相に就いた。直ちに新憲法が公布され、新体制は盤石となった。しかしサラザールは、独伊西らに誕生した独裁政権に影響され、政治姿勢は独裁制に傾いていく。

第2次世界大戦を通じて中立を守ったポルトガルは、独裁制を残したまま戦後を迎えた。世界的に民主主義・民族自決の潮流が強まるなか、サラザールはかえって独裁を強める。植民地からの搾取を続けるため、植民地独立戦争の対策費は国家予算の4割にも及んだ。反対意見は弾圧された。もはやこの政権が時代遅れになっているのは明らかだった。

1968年にサラザールが脳卒中で倒れると、あとを継いだカエターノ首相は体制内改革案を打ち出し「国の発展・植民地解放・民主化」をうたったが、実務的には従来路線と変わりがなかった。したがって国の発展と植民地解放は、完全に矛盾する政策でポルトガルは行き詰まる。

ポルトガルの現代

1974年4月25日、軍部左派が反乱を起こした。民衆は歓呼で反乱軍兵士を迎え、無血革命（カーネーション革命）は成功する。新政府は民主化を進め、翌年にはマカオを除くすべての植民地独立を承認した。あまりにも性急かつ準備不足な解放は、東ティモールのように後の紛争の原因となったほどだ。また、植民地からの70万人にのぼる無一文の引揚者問題は深刻で、現在でもこれを語ることはマスコミのタブーとなっている。

多数の問題を抱えながらも、1986年にはポルトガルはEC加盟国となり、後進地域援助融資を得て経済は活気を取り戻した。政治も安定した。20世紀最後の10年間は、かつてないほどの繁栄を享受したといえる。1998年には万国博覧会を催し、その発展ぶりを世界に披露した。

2002年に欧州通貨統合でユーロを導入した。しかし経済規模はEU加盟国では低い水準で、地方の過疎化や失業率上昇など諸問題を抱えている。一方で観光業は好調で、毎年多くの旅行者が訪れる。

ポルトガル史年表

	ポルトガル	世界・日本	
ローマ・ゲルマン	BC2~3世紀 ローマ人がイベリア半島侵入	BC272 ローマがイタリア半島統一	
	BC1世紀 ローマ人のイベリア半島支配完成	BC23 ローマ帝国成立	
	5世紀 ゲルマン族侵入	350 大和朝廷成立	
	411 ゲルマン系スエヴィ族、ブラガを都にスエヴィ王国建国	476 西ローマ帝国滅亡	
	585 西ゴート王国がスエヴィ王国を併合	593 聖徳太子の新政開始	
イスラム時代	711 イスラム教徒がイベリア半島に侵入	732 フランク王国にモーロ人侵入、撃退される	平安
	756 コルドバを都に後ウマイア朝成立（西カリフ帝国）	750 バグダッドにアッバース朝成立（東カリフ帝国）	
	1031 後ウマイア朝崩壊	1007 紫式部の源氏物語	
	1037 カスティーリャ王がドウロ川南部のレコンキスタを開始	1035 カスティーリャ王国成立	
	1094 フランス貴族アンリがドウロ川一帯を所領とする		
	1096 アンリ、ポルトゥカーレ伯爵を名乗る	1096 第1回十字軍　（～1099）	
	1128 アンリ伯の子エンリケスがポルトカリア伯爵を名乗る		
ブルゴーニュ王朝	-1139 エンリケス（アフォンソⅠ世）が国王に即位、ポルトガル建国	1162 アラゴン・カタルーニャ連合王国成立	
	1143 カスティーリャがポルトガル独立を承認	1185 壇ノ浦の戦い　（平家滅亡）	
	-1185 サンショⅠ世	1185 鎌倉幕府成立	
	-1211 アフォンソⅡ世	1206 チンギス・ハーンがモンゴル統一	
	1222 アルコバサ修道院が完成	1236 カスティーリャ軍がコルドバに入城	
	-1223 サンショⅡ世	1238 蒙古軍がモスクワを占領。グラナダ王国建国	
	-1248 アフォンソⅢ世	1241 蒙古軍がドイツ騎士団を撃破	鎌倉
	1249 モーロ人の最後の拠点ファロが陥落、レコンキスタ終了		
	1255 リスボンに遷都		
	-1279 ディニスⅠ世	1271 マルコ・ポーロが東方旅行に出発	
	1288 王妃イザベルがオビドスを直轄地に	1274 蒙古軍が博多侵攻　（文永の役）	
	1290 コインブラ大学創設		
	1297 カスティーリャとアルカニセス条約を締結、国境を確定	1299 オスマン＝トルコ帝国成立	
	-1325 アフォンソⅣ世　（勇敢王）	1334 建武の新政	
	1348 ペストが流行、以降10年間で人口の4分の1が死亡	1337 イングランドとフランス百年戦争始まる	
	-1357 ペドロⅠ世　（イネスとの恋に落ちた王）		
	-1367 フェルナンド　（～1383）		
	1373 英国と攻守同盟条約締結		南北朝
アヴィス王朝	-1385 ジョアンⅠ世即位、　アヴィス朝を創始		
	1415 セウタの征服。大航海時代始まる		
	1420 エンリケ航海王子がキリスト騎士団長に任命される		
	-1433 ドゥアルテ		
	-1438 アフォンソⅤ世　（アフリカ王）	1467 応仁の乱　（～1477）　京都の大半が焼失	
	エンリケ航海王子がサグレスに航海学校設立	1469 カスティーリャ王女とアラゴン王子結婚	
	1460 エンリケ航海王子死去	1479 スペイン王国成立	
	-1481 ジョアンⅡ世	1492 コロンブス新大陸到達。グラナダ王国滅亡	
	1494 トルデシリャス条約締結。ポルトガルとスペインの世界分割		室町
	-1495 マヌエルⅠ世		
	1498 ヴァスコ・ダ・ガマがインド航路発見		
	1500 カブラルがブラジルに到着		
	1510 インドのゴアを征服		
	1511 マラッカを征服	1517 ポルトガルの使節が広東にいたる	
	1518 セイロンを征服	1519 マゼランの世界周航　（～1522）	

旅の準備と技術

ポルトガル史年表

		ポルトガル			世界・日本	
ア ヴ ィ ス 王 朝	-1521	ジョアンⅢ世	1521	スペイン人コルテスがメキシコ征服	室 町
	-1557	セバスティアン	1538	スペイン・法王連合艦隊がトルコに敗北	
	1563	イエズス会がエヴォラ大学を設立	1543	種子島にポルトガル人が漂着、鉄砲伝来	
	-1578	エンリケⅡ世	1549	鹿児島にフランシスコ・ザビエル来航	
		独身のセバスティアン王、モロッコ戦役で消息を絶つ	1569	宣教師ルイス=フロイスが織田信長に謁見	
		リスボン大司教エンリケが摂政から王位に就く	1573	信長が足利幕府を滅亡させる	
フ ィ リ ペ 王 朝	-1580	フィリペⅠ世　（スペイン王フェリペⅡ世）	1582	天正遣欧少年使節団（～1590）、本能寺の変	安 土 ・ 桃 山
		ポルトガルがスペインに併合される	1587	豊臣秀吉がキリスト教を禁止	
	-1598	フィリペⅡ世　（スペイン王フェリペⅢ世）	1613	支倉常長遣欧使節（～1620）	
	-1621	フィリペⅢ世　（スペイン王フェリペⅣ世）	1639	江戸幕府が鎖国を完成	
ブ ラ ガ ン サ 王 朝	-1640	ジョアンⅣ世即位、　ブラガンサ朝を創始	1641	ポルトガル領マラッカをオランダが奪う	江 戸
		ポルトガルがスペインから再独立	1644	明滅亡、満州人が清を建国	
	-1656	アフォンソⅥ世	1655	ポルトガル領セイロンをオランダが奪う	
	-1683	ペドロⅡ世	1661	ポルトガル領ボンベイが英国領に編入	
	-1706	ジョアンⅤ世	1701	スペイン王位継承戦争（仏・西vs墺・英・蘭・普）	
	-1750	ジョゼⅠ世			
	1755	リスボン大地震			
	1759	イエズス会の廃止			
	-1777	マリアⅠ世	1776	アメリカ合衆国独立	
	1807	フランス軍がポルトガル侵入（～1813）、王家がブラジルに逃避	1789	フランス革命勃発	
	1814	英国軍がポルトガルの実権を握る（～1820）	1804	ナポレオンがフランス皇帝に即位	
	-1816	ジョアンⅥ世			
	1822	ブラジルがジョアンⅥ世の嫡子を皇帝にして独立	1821	ペルー・メキシコなどがスペインから独立	
	-1826	ペドロⅣ世			
	-1828	ミゲル			
	-1834	マリアⅡ世			
	1839	フェルナンドⅡ世がシントラにペーナ宮殿建設			
	-1853	ペドロⅤ世	1854	日米和親条約締結、　日露和親条約締結	
	-1861	ルイスⅠ世　（民衆王）	1860	日葡修好通商条約締結	
	-1889	カルロスⅠ世	1868	明治維新	
	-1908	マヌエルⅡ世（～1910）カルロスⅠ世暗殺される			
現 代	1910	王制崩壊、ポルトガル共和国成立	1912	中華民国成立	明 治 ・ 大 正 ・ 昭 和 ・ 平 成 ・ 令 和
	1917	ファティマの奇跡	1914	第1次世界大戦勃発	
	1926	共和制が崩壊。カルモナ将軍の軍事独裁。労組弾圧	1929	世界恐慌始まる	
	1928	サラザールが蔵相就任	1933	ヒトラーがドイツ首相に就任	
	1932	サラザールが首相就任、権力がサラザールに集中する	1939	第2次世界大戦勃発	
	1936	スペイン内戦勃発。サラザールはフランコを支援	1941	太平洋戦争勃発	
	1949	ポルトガルがNATO加盟	1942	日本軍が太平洋に展開。葡領マカオ占領	
	1960	ベレンに発見のモニュメント建設	1945	第2次世界大戦終結	
	1961	アンゴラ独立戦争開始。インドがゴアを武力併合	1949	NATO成立。中華人民共和国成立	
	1974	カーネーション革命成功で独裁政権が倒れ、民主化始まる	1967	EC発足	
	1986	ポルトガルがEC加盟	1975	スペイン独裁制終了。ベトナム戦争終了	
	1992	マーストリヒト条約締結	1989	冷戦終了	
	1998	リスボン万博	1999	葡領マカオが中国に返還	
	2013	日本ポルトガル友好470周年	2002	ユーロ発足	

地球の歩き方 関連書籍のご案内

ポルトガルとその周辺諸国をめぐるヨーロッパの旅を「地球の歩き方」が応援します！

※表示価格は定価（税込）です。改訂時に価格が変更になる場合があります。

地球の歩き方

ぷらっと地球を歩こう！

ぷらっと Plat

自分流に
旅を楽しむための
コンパクトガイド

これ1冊に
すべて
凝縮！

軽くて
持ち歩きに
ピッタリ！

定価1100円～1650円（税込）

＼写真や図解でわかりやすい！／

気の観光スポットや旅のテーマは、
っくり読み込まなくても写真や図解でわかりやすく紹介

＼モデルプラン＆散策コースが充実！／

そのまま使えて効率よく楽しめる
モデルプラン＆所要時間付きで便利な散策コースが満載

地球の歩き方 シリーズ一覧

2023年12月現在

＊地球の歩き方ガイドブックは、改訂時に価格が変わることがあります。 ＊表示価格は定価（税込）です。 ＊最新情報は、ホームページをご覧ください。www.arukikata.co.jp/guidebook/

地球の歩き方 ガイドブック

A ヨーロッパ

A01	ヨーロッパ	¥1870
A02	イギリス	¥2530
A03	ロンドン	¥1980
A04	湖水地方＆スコットランド	¥1870
A05	アイルランド	¥1980
A06	フランス	¥2420
A07	パリ＆近郊の町	¥1980
A08	南仏プロヴァンス コート・ダジュール＆モナコ	¥1760
A09	イタリア	¥1870
A10	ローマ	¥1760
A11	ミラノ ヴェネツィアと湖水地方	¥1870
A12	フィレンツェとトスカーナ	¥1870
A13	南イタリアとシチリア	¥1870
A14	ドイツ	¥1980
A15	南ドイツ フランクフルト ミュンヘン ロマンチック街道 古城街道	¥2090
A16	ベルリンと北ドイツ ハンブルク ドレスデン ライプツィヒ	¥1870
A17	ウィーンとオーストリア	¥2090
A18	スイス	¥2200
A19	オランダ ベルギー ルクセンブルク	¥1870
A20	スペイン	¥2420
A21	マドリードとアンダルシア	¥1760
A22	バルセロナ＆近郊の町 イビサ島／マヨルカ島	¥1760
A23	ポルトガル	¥2200
A24	ギリシアとエーゲ海の島々＆キプロス	¥1870
A25	中欧	¥1980
A26	チェコ ポーランド スロヴァキア	¥1870
A27	ハンガリー	¥1870
A28	ブルガリア ルーマニア	¥1980
A29	北欧 デンマーク ノルウェー スウェーデン フィンランド	¥1870
A30	バルトの国々 エストニア ラトヴィア リトアニア	¥1870
A31	ロシア ベラルーシ ウクライナ モルドヴァ コーカサスの国々	¥2090
A32	極東ロシア シベリア サハリン	¥1980
A34	クロアチア スロヴェニア	¥2200

B 南北アメリカ

B01	アメリカ	¥2090
B02	アメリカ西海岸	¥1870
B03	ロスアンゼルス	¥2090
B04	サンフランシスコとシリコンバレー	¥1870
B05	シアトル ポートランド	¥2420
B06	ニューヨーク マンハッタン＆ブルックリン	¥1980
B07	ボストン	¥1980
B08	ワシントンDC	¥2420
B09	ラスベガス セドナ＆グランドキャニオンと大西部	¥2090
B10	フロリダ	¥2310
B11	シカゴ	¥1870
B12	アメリカ南部	¥1980
B13	アメリカの国立公園	¥2640
B14	ダラス ヒューストン デンバー グランドサークル フェニックス サンタフェ	¥1980
B15	アラスカ	¥1980
B16	カナダ	¥2420
B17	カナダ西部 カナディアン・ロッキーとバンクーバー	¥2090
B18	カナダ東部 ナイアガラ・フォールズ メープル街道 プリンス・エドワード島 トロント オタワ モントリオール ケベック・シティ	¥2090
B19	メキシコ	¥1980
B20	中米	¥2090
B21	ブラジル ベネズエラ	¥2200
B22	アルゼンチン チリ パラグアイ ウルグアイ	¥2200
B23	ペルー ボリビア エクアドル コロンビア	¥2200
B24	キューバ バハマ ジャマイカ カリブの島々	¥2035
B25	アメリカ・ドライブ	¥1980

C 太平洋／インド洋島々

C01	ハワイ オアフ島＆ホノルル	¥2200
C02	ハワイ島	¥2200
C03	サイパン ロタ＆テニアン	¥1540
C04	グアム	¥1980
C05	タヒチ イースター島	¥1870
C06	フィジー	¥1650
C07	ニューカレドニア	¥1650
C08	モルディブ	¥1870
C10	ニュージーランド	¥2200
C11	オーストラリア	¥2200
C12	ゴールドコースト＆ケアンズ	¥2420
C13	シドニー＆メルボルン	¥1760

D アジア

D01	中国	¥2090
D02	上海 杭州 蘇州	¥1870
D03	北京	¥1760
D04	大連 瀋陽 ハルビン 中国東北地方の自然と文化	¥1980
D05	広州 アモイ 桂林 珠江デルタと華南地方	¥1980
D06	成都 重慶 九寨溝 麗江 四川 雲南	¥1980
D07	西安 敦煌 ウルムチ シルクロードと中国北西部	¥1980
D08	チベット	¥2090
D09	香港 マカオ 深圳	¥2420
D10	台湾	¥2090
D11	台北	¥1980
D13	台南 高雄 屏東＆南台湾の町	¥1650
D14	モンゴル	¥2
D15	中央アジア サマルカンドとシルクロードの国々	¥2
D16	東南アジア	¥1
D17	タイ	¥2
D18	バンコク	¥1
D19	マレーシア ブルネイ	¥2
D20	シンガポール	¥1
D21	ベトナム	¥2
D22	アンコール・ワットとカンボジア	¥2
D23	ラオス	¥2
D24	ミャンマー（ビルマ）	¥2
D25	インドネシア	¥1
D26	バリ島	¥2
D27	フィリピン マニラ セブ ボラカイ ボホール エルニド	¥2
D28	インド	¥2
D29	ネパールとヒマラヤトレッキング	¥2
D30	スリランカ	¥1
D31	ブータン	¥1
D33	マカオ	¥1
D34	釜山 慶州	¥1
D35	バングラデシュ	¥2
D37	韓国	¥2
D38	ソウル	¥1

E 中近東 アフリカ

E01	ドバイとアラビア半島の国々	¥2
E02	エジプト	¥1
E03	イスタンブールとトルコの大地	¥2
E04	ペトラ遺跡とヨルダン レバノン	¥2
E05	イスラエル	¥2
E06	イラン ペルシアの旅	¥2
E07	モロッコ	¥1
E08	チュニジア	¥2
E09	東アフリカ ウガンダ エチオピア ケニア タンザニア ルワンダ	¥2
E10	南アフリカ	¥2
E11	リビア	¥2
E12	マダガスカル	¥2

J 国内版

J00	日本	¥3
J01	東京 23区	¥2
J02	東京 多摩地域	¥2
J03	京都	¥2
J04	沖縄	¥2
J05	北海道	¥2
J07	埼玉	¥2
J08	千葉	¥2
J09	札幌・小樽	¥2
J10	愛知	¥2
J12	四国	¥2

地球の歩き方 aruco

●海外

1	パリ	¥1650
2	ソウル	¥1650
3	台北	¥1650
4	トルコ	¥1430
5	インド	¥1540
6	ロンドン	¥1650
7	香港	¥1320
9	ニューヨーク	¥1320
10	ホーチミン ダナン ホイアン	¥1650
11	ホノルル	¥1320
12	バリ島	¥1320
13	上海	¥1320
14	モロッコ	¥1540
15	チェコ	¥1320
16	ベルギー	¥1430
17	ウィーン ブダペスト	¥1320
18	イタリア	¥1760
19	スリランカ	¥1540
20	クロアチア スロヴェニア	¥1430
21	スペイン	¥1320
22	シンガポール	¥1650
23	バンコク	¥1650
24	グアム	¥1320

25	オーストラリア	¥1430
26	フィンランド エストニア	¥1430
27	アンコール・ワット	¥1430
28	ドイツ	¥1430
29	ハノイ	¥1430
30	台湾	¥1650
31	カナダ	¥1320
33	サイパン テニアン ロタ	¥1320
34	セブ ボホール エルニド	¥1320
35	ロスアンゼルス	¥1320
36	フランス	¥1430
37	ポルトガル	¥1650
38	ダナン ホイアン フエ	¥1430

●国内

	東京	¥1540
	東京で楽しむフランス	¥1430
	東京で楽しむ台湾	¥1430
	東京の手みやげ	¥1430
	東京おやつさんぽ	¥1430
	東京のパン屋さん	¥1430
	東京で楽しむ北欧	¥1430
	東京のカフェめぐり	¥1480
	東京で楽しむハワイ	¥1480
	nyaruco 東京ねこさんぽ	¥1480

東京で楽しむイタリア&スペイン	¥1480
東京で楽しむアジアの国々	¥1480
東京ひとりさんぽ	¥1480
東京パワースポットさんぽ	¥1599
東京で楽しむ英国	¥1599

地球の歩き方 Plat

1	パリ	¥1320
2	ニューヨーク	¥1320
3	台北	¥1100
4	ロンドン	¥1320
6	ドイツ	¥1320
7	ホーチミン／ハノイ／ダナン／ホイアン	¥1320
8	スペイン	¥1320
10	シンガポール	¥1100
11	アイスランド	¥1540
14	マルタ	¥1540
15	フィンランド	¥1320
16	クアラルンプール／マラッカ	¥1100
17	ウラジオストク／ハバロフスク	¥1430
18	サンクトペテルブルク／モスクワ	¥1540
19	エジプト	¥1320
20	香港	¥1100
22	ブルネイ	¥1430

23	ウズベキスタン サマルカンド ブハラ ヒヴァ タシケント	¥
24	ドバイ	¥
25	サンフランシスコ	¥1
26	パース／西オーストラリア	¥1
27	ジョージア	¥
28	台南	¥

地球の歩き方 リゾートスタイル

R02	ハワイ島	¥
R03	マウイ島	¥
R04	カウアイ島	¥
R05	こどもと行くハワイ	¥
R06	ハワイ ドライブ・マップ	¥
R07	ハワイ バスの旅	¥
R08	グアム	¥
R09	こどもと行くグアム	¥
R10	パラオ	¥
R12	ブーケット サムイ島 ピピ島	¥
R13	ペナン ランカウイ クアラルンプール	¥
R14	バリ島	¥
R15	セブ&ボラカイ ボホール シキホール	¥
R16	テーマパークinオーランド	¥
R17	カンクン コスメル イスラ・ムヘーレス	¥
R20	ダナン ホイアン ホーチミン ハノイ	¥

あとがき

のんびりとしたところが魅力のポルトガルですが、近年では観光客の急増により、変化も早くなっています。4年ぶりとなる今回の改訂では、最新の情報をたくさん加えてお届けすることができました。読者の皆さまがポルトガルへと旅立つとき、本書がお役にたてることを願っています。Bon Viagem!（ボン・ヴィアージェン）よい旅を！

STAFF

制　作：清水裕里子	Producer：Yuriko Shimizu
編　集：中田瑞穂	Editor：Mizuho Nakata
調　査：さかぐちとおる	Researcher：Toru Sakaguchi
写　真：有賀正博	Photographer：Masahiro Ariga
デザイン：エメ龍夢	Designer：EME RYUMU
アトリエ・プラン	atelier PLAN
地　図：平凡社地図出版	Maps：Heibonsha Chizu Shuppan
辻野良晃	Yoshiaki Tsujino
校　正：槇楯社	Proofreading：Sojunsha
表　紙：日出嶋昭男	Cover Design：Akio Hidejima
協　力：田中紅子 Beniko Tanaka、智子ドゥアルテ Tomoko Duarte、©iStock

本書についてのご意見・ご感想はこちらまで
読者投稿　〒141-8425　東京都品川区西五反田2-11-8
　　　　　　株式会社地球の歩き方
　　　　　　地球の歩き方サービスデスク「ポルトガル編」投稿係
　　　　　　https://www.arukikata.co.jp/guidebook/toukou.html
地球の歩き方ホームページ（海外・国内旅行の総合情報）
　　　　　　https://www.arukikata.co.jp/
ガイドブック『地球の歩き方』公式サイト
　　　　　　https://www.arukikata.co.jp/guidebook/

地球の歩き方 Ⓐ23
ポルトガル 2024～2025年版

2023年12月26日　初版第1刷発行

Published by Arukikata. Co., Ltd.
2-11-8 Nishigotanda, Shinagawa-ku, Tokyo, 141-8425, Japan

著作編集　地球の歩き方編集室
発 行 人　新井 邦弘
編 集 人　宮田 崇
発 行 所　株式会社地球の歩き方
　　　　　〒141-8425　東京都品川区西五反田2-11-8
発 売 元　株式会社Gakken
　　　　　〒141-8416　東京都品川区西五反田2-11-8
印刷製本　TOPPAN株式会社

※本書は基本的に 2023年7～11月の取材データに基づいて作られています。
発行後に料金、営業時間、定休日などが変更になる場合がありますのでご了承ください。
更新・訂正情報：https://www.arukikata.co.jp/travel-support/

●この本に関する各種お問い合わせ先
・本の内容については、下記サイトのお問い合わせフォームよりお願いします。
　URL ▶ https://www.arukikata.co.jp/guidebook/contact.html
・広告については、下記サイトのお問い合わせフォームよりお願いします。
　URL ▶ https://www.arukikata.co.jp/ad_contact/
・在庫については Tel ▶ 03-6431-1250（販売部）
・不良品（落丁、乱丁）については Tel ▶ 0570-000577
　学研業務センター 〒354-0045　埼玉県入間郡三芳町上富 279-1
・上記以外のお問い合わせは Tel ▶ 0570-056-710（学研グループ総合案内）

※本書は株式会社ダイヤモンド・ビッグ社より 1990年6月に初版発行したもの（2019年8月に改訂第21版）の最新・改訂版です。
学研グループの書籍・雑誌についての新刊情報・詳細情報は、下記をご覧ください。
学研出版サイト　URL ▶ https://hon.gakken.jp/